성당,
빛의 성작

전례와 공간

성당,
빛의 성작

전례와 공간

김 광 현

이유출판

추천의 글

성당은 '하느님의 집'이요 '하느님 백성의 집'입니다.

✚ 주님의 은총과 평화를 빕니다.

성당은 하느님의 백성이 주님의 식탁을 둘러싸고 미사를 거행하는 가장 거룩한 건축물입니다. 성당의 장소와 공간은 천상의 예루살렘을 향하는 우리의 마음을 나타냅니다. 우리를 맞이해주는 성당의 마당, 성당을 향해 오르는 계단, 하느님께로 나아가며 열게 되는 성당의 문, 하느님이 머무시는 성당 안의 높은 공간, 제대를 향해 걷는 행렬 통로 그리고 거룩한 제대. 이 모든 것은 하느님께서 우리를 부르셔서 구원의 길로 인도하시는 여정을 보여줍니다.

가톨릭교회의 전례는 말, 일어서고 앉는 동작, 걸어 나가고 들어오는 신자들의 행렬, 제의와 촛불, 울려 퍼지는 노래, 십자고상과 감실, 스테인드글라스를 통해 들어오는 빛과 함께 성당 안에서 하나가 됩니다. 그러므로 성당은 전례가 사람과 언어, 동작, 행렬, 음악, 미술, 빛과 함께 최고의 종합예술로 통합되는 공간입니다.

이런 이유로 전례와 공간이라는 관점에서 성당이라는 건축물을 바라보며, 아름다운 성당을 지을 수 있게 설명하고 가르치는 것은 매우 어려운 일입니다. 폭넓은 지식이 종횡으로 엮여야 하고, 여기에 하느님을 향한 믿음과 사랑이 함께해야 가능합니다. 그런데 김광현 안드레아 교수님의 『성당, 빛의 성작-전례와 공간』은 '하느님의 집'을 폭넓고 깊은 시선으로 바라보게 해줍니다. 그만큼 이 책은 우리 한국 교회 건축의 중요한 바탕을 제시하는 값진 책입니다.

이 책은, '하느님의 집'은 하느님께서 스스로 지으시는 집임을 강조합니다. 그리고 하느님께서는 왜 당신의 집을 지으셨는지, 그 안에 있는 하느님의 백성은 어떻게 예배를 드려야 하는지, 초기 그리스도교에서 오늘에 이르기까지 성당 건축이 보여준 진수는 어떠했는지를 상세하게 밝혀주고 있습니다. 또 성당 안의 여러 장소가 전례 안에서 어떻게 깊숙이 관여하며 우리를 하느님께 더욱 가까이 가게 해주는지를 평이하게, 그러나 깊고 상세하게 짚어주고 있습니다. 게다가 큰 노력을 기울여 아직도 분명히 정리되지 않은 하느님 집의 여러 장소의 이름을 다시 정리한 것도 교회 건축과 관련하여 우리에게 귀중한 바탕이 될 것입니다.

또한 이 책은 마지막 장인 '성당 건축의 근본 과제'에서 성당은 '최고의 사회적 건축', '모든 이의 기쁨인 건축'이어야 하고, '집의 근본을 말하는 집'으로서 '공동체 공간의 원점'임을 힘있게 밝히고 있습니다. 그것은 건축과 도시라는 관점에서 성당의 본질적인 역할을 다시 정의한 것이며, 새로운 성당 건축의 방향을 제시한 것이기도 합니다. 더욱이 성당이란 하느님께서 "나를 찾지도 않는 자들"을 '공간'으로 부르는 건축이라고 정의하는 마지막 주장은, 누구에게나 열려 있고 큰 자와 작은 자 모두를 품는 성당, 믿음을 갈구하며 찾아와 위로를 받는 성당이라는 근원적 가치를 요약하고 있습니다. 하느님의 자비가 넘쳐나는 공간임을 느끼게 하는 대목입니다.

특히 마음이 더 끌리는 것은 '성당, 빛의 성작'이라는 이 책의 제목입니다. 성작 아래의 오목한 부분은 땅이고, 그 안에 비어 있는 것은 하늘입니다. 성작에는 하늘 아래 땅이 있으며 그 사이를 빛이 가득 채우고 있습니다. 저자는 독일의 대표적 교회 건축가 루돌프 슈바르츠에게서 영감을 얻었다고 밝혔지만, 성당은 성체와 성혈을 모시는 성합과 성작이 놓인 제대를 담고, 그 앞에 무릎 꿇고 예배하는 모든 하느님 백성을 담아, 저 높은 돔의 빛을 향해 들어 올리는 그릇이라는 뜻을 내포한 아름다운 제목입니다.

이 책은 건축가 안토니 가우디의 입을 빌려 "건축의 역사는 성당의 역사다"라고 시작합니다. 그렇듯이 우리도 이제는 "우리 건축의 역사는 우리 성당의 역사다"라고 말할 수 있어야 하겠습니다. 저자 김광현 교수님의 바람대로 이 책을 통해 성당을 설계하는 건축가만이 아니라 모든 사제와 신자들이 성당의 공간이 전례와 어떤 관계가 있는지 깊이 이해하게 되고, 이 책이 하느님 백성을 품어 이 땅에서 높이 들어 올려지는 빛의 성작, 성당이 많이 지어지는 토대가 되기를 기도드립니다.

2021년 5월 23일 성령 강림 대축일에

천주교서울대교구장
추기경 염수정 안드레아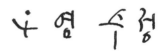

차례

머릿말

건축가 안토니 가우디(Antoni Gaudi)는 "건축의 역사는 성당의 역사다"라고 말했다. 건축의 역사에서 성당 건축은 가장 중요한 건물 유형의 하나였고, 언제나 그 시대를 대표하는 건축물이었다. 그런 까닭에 건축사 책에는 수많은 성당 건축이 언급되어 있다. 그러나 근대에 들어와 다양한 건물 유형이 나타났으며, 성당 건축은 여러 건물 유형의 한 가지가 되고 말았다. 이런 탓에 성당 건축이 저명한 건축가의 대표작으로 꼽히는 경우는 참 드물다.

지금 우리나라의 사정은 어떤가? 성당 건축이 건축 문화 전체를 대표하는 건물 유형이라는 깊은 인식이 있으며, 과연 성당은 그런 인식 위에 지어지는가? 성당 건축을 언급할 기회가 있을 때마다 많은 사람이 '하느님의 집', '하느님 백성의 집'이라 하지만, 이에 진정 어울리는 성당 건축을 얼마나 많이 가지고 있는지 자문하게 된다. 이는 물론 반드시 크고 화려한 성당만을 말하는 것은 아니다. 크고 작음을 넘어 정성을 다해 성당을 짓겠다는 높은 '안목'과 '인식'이 정말 우리에게 있는가를 묻고 있는 것이다.

건축공간은 인간의 정신에 작용한다. 그래서 건축은 돌과 콘크리트로 지어진 단순한 물체를 훨씬 넘어선다. 너무나 당연하게 들리겠지만, 주택은 가족이 행복하게 살기 위해 짓는 것이며, 학교는 우리 후세를 잘 가르치기 위해 짓는 것이다. 건축은 가장 가까운 곳에서 우리의 삶을 풍요롭게 해주고 소중한 공동체를 만들어가게 해준다.

일상을 담는 건축물이 그러한데, 하물며 '하느님의 집'은 어떠해야 하겠는가? 성당은 하느님의 백성이 주님의 식탁을 둘러싸고 미사를 거행하는 가장 거룩한 장소다. 전례는 성당의 장소와 공간과 함께한다. 따라서 성당의 장소와 공간를 빼고는 전례를 제대로 말할 수 없다. 성당을 향해 오르는 계단에는 거룩한 땅을 향하는 정신이 담겨 있다. 성당의 문을 여는 순간은 세속을 지나 거룩함 속으로 들어가는 순간이다. 성당 안의 높은 공간은 하느님이 머무시는 하늘을 대신한다. 제대를 향해 걷는 가운데 통로는 천상의 예루살렘을 향해 떠나는 여정을 나타낸다. 그래서 '하느님의 집'인 성당은 세속의 다른 건물과 같을 수 없다.

'하느님의 집'은 신앙 공동체가 하느님께 지어 바치는 집이 아니다. 그 집을 짓는 분이 하느님이시기 때문이다. '하느님의 집'이자 '하느님 백성의 집'인 성당에 대해 가장 많이 알아야 할 사람들은 '하느님의 집'에 가장 가까운 이들이다. 그런데도 '하느님의 집'에 대해, '하느님의 집'을 세우는 것에 대해 많이 알려고 하지도 않고 말하지도 않는다. 하느님께서는 왜 당신의 집을 지으셨는지, 성당 건축은 어떻게 지어져 왔는지, 그 안에 있는 하느님의 백성은 어떻게 예배를 드려야 하는지, 그 안의 공간이 전례와 어떤 깊은 관계를 가진 것인지를 잘 모르는 것 같다.

성당이라는 건축물 안에서 드리는 미사는 모든 사람과 언어, 동작, 행렬, 음악, 미술, 빛이 통합되는 최고의 종합예술이다. 가톨릭교회의 전례에서는 말과 일어서고 앉는 동작, 걸어 나가고 들어오는 신자들의 행렬, 제의와 촛불, 울려 퍼지는 노래, 십자고상과 감실, 스테인드글라스를 통해 들어오는 빛 등, 이 모든 것이 성당 안에서 하나가 된다.

하느님 백성은 '하느님의 집'에 대해 이런 질문을 가져야 한다. 교회는 거룩한 성당으로 어떻게 하느님께 영광을 드리려 하는가? 성당은 무엇을 위해 세워졌는가? 초기 그리스도교에서 오늘에 이르기까지 성당 건축이 보여준 진수를 어떻게 알아야 하는가? 성당 안의 여러 장소는 전례 안에서 어떻게 깊숙이 관여하며, 어떻게 우리를 하느님께 더욱 가까이 가게 해주는 것일까? 그렇다면 하느님의 집에 있는 여러 장소, 공간, 물체, 기물이 전례 안에서 깊이 이해되어야 한다. 내 집의 방도 현관이며 안방, 건넌방, 윗방, 아랫방이라고 이름을 붙이고 살고 있는데, 하느님의 집에 있는 여러 방의 이름은 왜 그렇게 지어졌으며 전례 안에서 어떤 역할을 하는지 잘 알아야 되지 않을까?

성작(聖爵)은 성찬 전례에서 성혈을 받아 모시는 거룩한 그릇이다. 로마노 과르디니(Romano Guardini)는 성작에 대해 "금빛 못에 신성한 피를 방울방울 받아 순전한 불이며 순전한 사랑인 저 풍요하고 감미로운 피의 헤아릴 수 없는 신비를 고이 담은 그릇이여"라고 묵상했다. 자, 그러면 이 성작을 계속 확대해보자. 그리고 그 금빛 재료를 빛을 받는 돌이라 여기고 더욱 확대해보자. 이 돌로 만들어진 거대한 그릇은 성혈을 모시는 성작과 그것이 놓인 제대를 담을 뿐 아니라, 그 앞에 무릎 꿇고 예배하는 모든 하느님 백성도 담아 저 높은 돔

성당, 빛의 성작

의 빛을 향해 들어 올리는 그릇이 된다. 그 그릇이 바로 성당이며, 성당이야말로 거룩하게 빛나는 또 다른 빛의 성작이다.

건축공간은 본래 인간의 활동이 펼쳐지는 곳이다. 이에 건축사가 스피로 코스토프(Spiro Kostof)는 인간이 짓는 모든 건축물을 '의례(ritual)'와 '배경(setting)'이라는 관점에서 넓게 파악했다. 학교 건축에서 교육이라는 활동도, 국회의사당에서 의사라는 활동도 모두 '의례'의 한 종류다. 이 책은 종교적 인간이 요구하는 공간의 본모습과 함께 가톨릭교회의 전례와 건축공간의 심오하고 아름다운 관계를 살펴보고 있다. 따라서 이 책은 '의례'에 집중하여 성당이라는 건축물을 바라보는 건축 책이지, 가톨릭교회의 신앙에 관한 종교서는 아니다.

한편 유럽의 건축사는 크게 그리스에서 시작하여 로마, 르네상스, 바로크, 신고전주의로 이어지는 고전계(古典系) 건축과, 초기 그리스도교, 로마네스크, 고딕으로 이어지는 중세계(中世系) 건축이라는 두 가지 흐름이 있다. 고전계 건축은 '기둥'과 '받쳐지는 것'이라는 조형 원리를 따라 인간의 숭고함을 바라보았다면, 중세계 건축은 '벽'과 '에워싸는 것'이라는 조형 원리로 만들어진 천상의 공간에서 하느님의 위대함을 바라보았다. 이 책에서는 최고의 빛의 공간인 성당을 역사적으로 살펴보되 중세계 건축에만 한정했다. 성당을 '빛의 성작'으로 보는 관점을 부각하고자 했기 때문이다.

나는 42년간 건축을 가르치는 교수로, 짓는 건축가로 살아왔다. 전공이 교회 건축은 아니었으나, 평신도인 나에게 성당 건축의 본질은 늘 중요한 관심의 대상이었다. 게다가 주변의 여러 조건이 나에게 성당 건축을 공부하게 해주었다. 2011년부터 서울대교구 사제평생교육원과 중견사제연수원에서 사제들에게 성당 건축을 가르치고 있다. 또한《가톨릭평화신문》에 26회에 걸쳐 교회 건축에 관한 내용을 기획하고 다른 분들과 함께 1년 동안 기고했으며, 사제들과 함께 여러 차례 유럽 성당 건축 기행을 기획하고 동행했다. 2014년에는《가톨릭평화신문》, 2016년에는《경향잡지》에 각각 1년 동안 교회 건축에 관한 글을 연재할 기회를 얻었다. 이때 쓴 글이 이 책의 바탕이 되었다.

2013년부터 가톨릭대학교 문화영성대학원에서 교회 건축을 가르쳤으며,

서울대교구 직장사목부에서 마련한 문화영성아카데미, 평신도 봉사자들이 이끄는 '문화와 복음 아카데미'에서 기획한 프로그램 등을 통해 평신도들에게 교회 건축을 가르치는 기회를 많이 가졌다. 이런 기회를 통해 성당 건축은 사제와 평신도에게 깊은 영성을 줄 수 있어야 함을 더욱 절감했다.

건축하는 사람으로서 그리고 가톨릭 신자로서 준비해오던 이 책을 적어도 정년퇴임하기 전에는 꼭 내겠다고 마음먹고 있었다. 그러나 어찌하다 보니 많이 늦어졌다. 그럼에도 부디 이 책이 성당을 설계하는 건축가만이 아니라 신자 모두에게 성당 건축을 깊이 이해하게 되는 바탕이 되기를 바란다. 이 책을 통해 신학대학에서도 성당 건축을 많이 가르치고, 예비자들도 성당 공간이 전례와 어떤 관계가 있는지 충분히 알 수 있게 되기를 바란다. 그리하여 이 책이 이 땅에 아름답게 빛나는 빛의 성작, 성당이 제대로 지어지는 토대가 되기를 기도드린다.

무엇보다도 흔쾌하게 추천의 글을 써 주신 염수정 안드레아 추기경님께 깊은 감사를 드린다. 추천의 글은 일찍 보내 주셔서 편집에 반영 중이었으나, 성령 강림 대축일 새벽에 다시 쓰신 글을 또 보내 주셨다. 추기경님의 귀한 글을 두 번씩이나 받았으니 이 책은 얼마나 복된 책인가! 또한 천주교 서울대교구 성미술 담당이신 정웅모 에밀리오 신부님께서는 일찍부터 이 책의 출간에 깊은 관심을 보여 주셨고, 귀한 시간을 내시어 최종 편집 내용을 꼼꼼히 검토해 주셨으며 더 좋은 사진 자료도 제공해 주셨다. 신부님의 세심한 배려와 격려에 그저 감사드릴 뿐이다. 마지막으로 이 책의 출판을 흔쾌히 받아주고 긴 시간에 걸쳐 아름답게 완성해준 이유출판 여러분의 노고에 깊이 감사드린다.

2021. 5.
김 광 현

1

성당,
돌로 만든 기도서

돌로 만든 기도서

성당은 하느님의 집이다. 그런데 하느님은 세상을 만드셨다. 그것도 건축가처럼 컴퍼스를 들고 세상을 만드셨다는 옛 그림을 보면, 당신의 집인 성당은 그분께서 컴퍼스를 들고 직접 지으신 것이다.[1-1] 그런데도 우리는 과연 하느님의 집에 대해 어떻게 알고 있을까? 여기에서 말하는 성당이란 돌과 나무와 벽돌과 콘크리트로 지어진 결과물만을 말하는 것은 아니다. 만일 그렇게만 본다면 왜 '하느님의 집'이라 부르겠는가, 하느님은 왜 '하느님의 집'을 가져야 하는가, 전능하셔서 온 우주를 창조하신 하느님께 사람이 살기 위해 짓는 집이 왜 필요한가라는 물음에 답할 수 없다.

집이란 비바람 막고 살아가기 위한 수단이라고만 이해해서는 안 된다. 집은 그 안에 살고 있는 사람들 자체다. 집은 이렇게 말해야 할 정도로 사는 사람과 떼려야 뗄 수 없는 관계에 있다. 그런데도 하느님께서는 당신의 집으로 사람이 사는 집을 택하셨다. 하느님께서는 오직 사람을 사랑하시는 이유 하나만으로 사람이 사는 집과 같은 집을 당신의 집으로 삼으셨다. 당신이 머무를 집을 택

[1-1] 〈세상을 재고 계신 하느님〉(1250년경)
오스트리아 국립도서관 소장

020   성당, 빛의 성작

하신 것은 당신의 사람을 택하신 것과 같다. 참 신비한 일이다. 따라서 성당이란 하느님께서 세상을 얼마나 사랑하는가를 말씀으로 드러내는 건축물이다.

성당은 하느님께서 당신의 백성, 그것도 당신을 거부하기까지 하며 잘못을 저지른 당신의 백성 가운데 머무시려고 지어진 집이다. 성당은 하느님의 백성이 둘러싸는 식탁, 곧 제대에 하늘나라의 잔치가 차려지는 곳이다. 성당은 구체적인 세상의 물질로 지어져 어둠 속에서 빛나는 빛을 확대해 보이고, 모든 이에게 생명수를 나누어주며, 미사 전례를 통해 하느님을 찬미하는 아름다운 성가가 울려 퍼지는 곳이다.

건축은 사람이 이 땅에 살기 시작했을 때부터 의사를 전달하는 수단이었다. 건축물을 이루는 형태와 공간은 반드시 무언가의 가치, 예를 들면 살아가는 방식, 문화, 거주 방식, 사회적 조건 등을 표현한다. 그래서 건축은 공동체가 말하는 공동의 언어. 대성당, 바실리카, 경당 등 견고하게 짜인 성당의 형태와 공간은 사람의 눈으로 보기에 아름다운 집을 넘어 거룩한 하느님의 현존을 나타내고 그리스도의 참모습을 읽게 해준다. 아주 오래전부터 성당의 평면은 십자형이었다.[1-2] 그런데 이것은 인간의 몸, 더 정확하게는 2,000년 전 인류의 구원을 위해 십자가에 못 박힌 예수님의 몸을 말한다.

성당 안에서는 사물 하나라도 그곳에 그저 있는 게 아니다. 제단에 있는 주례사제석이라는 의자는 주교에게서 받은 권위를 상징한다. 그것은 기도를 이끄는 사제의 역할을 강조하고 미사의 시작과 마침에 초점을 이룬다. 그뿐인가? 성당 안과 밖에 있는 모든 사물도 그것의 형태, 놓인 장소와 함께 거룩한 공간 안에서 그분을 찬미하는 하느님 백성의 믿음을 표현한다. 성당의 첨탑은 하늘을 가리키며, 정면 파사드, 제대, 회중석, 창, 종탑, 볼트, 장미창, 미로 등 성당을 구성하는 모든 것은 예수 그리스도를 구체적으로 표현한다. 성당은 교회의 언어다.

언어에는 그 시대의 언어가 있듯이 중세의 대성당은 오늘날의 과학기술의 시대가 보지 못하는 중세 사람들의 영적인 세계를 상징으로 나타냈다. 그 안에 있는 작은 디테일까지도 그 자체가 하느님께서 건네주시는 장대한 서사요, 하느님의 신비에 대한 거대한 이콘(icon, 성화상)이었다. 그러므로 중세의 대성

[1-2] 십자형 평면의 성당, 두오모, 이탈리아 피사

당에 들어갈 때 우리는 마음속으로 중세인이 되어야 한다. 그래야 중세인이 지녔던 다양한 상징의 세계를 함께 읽고, 그것을 통해 내려주신 하느님의 은총을 상상해볼 수 있다. 오늘날에 지어진 성당도 마찬가지로 하느님을 향한 오늘날의 사람들의 믿음을 나타낸다.

성당은 다른 건물보다 훨씬 더 많이 그리고 깊이 읽어야 하는 건물이다. 미사를 집전하는 사제의 목소리, 성가, 사람의 발자국 소리도 그저 들리는 소리가 아니다. 그것은 음악을 듣듯이 곰곰이 들어야 하는 소리다. 성당 안에 있는 눈에 보이는 물체, 공간, 볼륨, 크기, 높이도 그저 보이는 대로 보는 게 아니다. 책을 읽듯이 자세히 읽어야 한다. 성당은 건물을 들을 줄 모르고 읽을 줄 모른 채, 단지 사람들이 모이는 곳, 비어 있는 큰 공간, 여러 이미지와 색채로 아름답게 치장된 커다란 공간 정도로 간단히 생각할 수 있는 건물이 아니다.

성당에는 많은 이미지가 담겨 있다. 예를 들어 스테인드글라스는 성경의 말씀과 이야기를 나타내는 메시지의 집합체다. 흔히 성경의 이야기가 그림으

성당, 빛의 성작

로 표현된 스테인드글라스는 글을 읽을 수 없는 사람들을 위한 것이었다고 한다. 글을 읽을 줄 아는 사람은 성경을 읽고, 그렇지 못한 사람들은 성경 대신에 스테인드글라스의 그림을 보고 성경의 내용을 알았다는 말이다. 과연 그럴까? 그렇다면 왕족이 개인적으로 예배드리는 경당 생트 샤펠(Sainte Chapelle)[3-54]에는 이미지가 전혀 없어야 하고, 반대로 농촌의 농부들이 많이 다니는 성당에는 스테인드글라스가 많이 있어야 한다. 또한 글을 읽을 안다고 스테인드글라스의 이미지의 내용을 잘 아는 것도 아니다. 스테인드글라스의 이미지는 이와는 다른 의미를 담고 있음을 새로 배워야 알 수 있다.

수 세기 전에도 아주 평범한 신자들은 성당을 읽을 줄 알았다. 그런데 오늘날에는 성당을 '읽는다'는 것이 새삼스러운 일이 되었다. 이에는 큰 원인이 두 가지 있다. 하나는 기능만을 중시하고 순수한 조형을 추구하며 장식을 없앤 근대건축의 영향을 많이 받아, 교회 건물이 지녔던 상징적이며 영적인 측면이 약해졌기 때문이다. 또 다른 하나는 성당에서 '하느님 백성의 집'이 더 강조되어 신자들의 회합을 위한 비어 있는 공간으로 이해하는 경향이 강해진 것이 그 이유다.

성당의 공간을 읽는 것은 기도서를 펼쳐놓고 읽는 것과 같다. 나를 이끌어주는 기도를 기도서에서 찾아 하느님께 청하듯이, 기도하는 마음과 성당의 공간, 빛, 조각물과 함께 살아 계신 하느님을 만나 뵙기를 청해야 한다. 그래서 성당은 돌로 만든 기도서다.

'살아 있는 돌'로 지은 집

교회는 하느님의 집이다(1코린 3,9). 주님께서 친히 당신을 돌에 비겨 말씀하셨듯이 교회는 집 짓는 이들이 내버린 돌이 모퉁이의 주춧돌이 된 집과 같다(마태 21,42). 교회는 예수 그리스도라는 기초 위에 사도들을 통해 견고하게 지어지는 집과 같다(1코린 3,11). 그래서 그 집의 이름은 여러 가지다. 돌로 지은 지성소로 표상되는 성전은 하느님의 집(1티모 3,15), 하느님의 거처(에페 2,22), 하느님께서 사람들 가운데 계시는 거처(묵시 21,3), 거룩한 도읍, 새 예루살렘(묵시 21,16-27)으로도 비유된다. 그래서 〈교회헌장〉은 교회는 표상으로

전해진다고 가르친다.[01]

집을 짓는 것은 주님의 말씀을 실행하는 것에 비유된다. 반석 위에 집을 지었는가, 모래 위에 집을 지었는가에 따라 슬기로운 사람인가 어리석은 사람인가가 드러난다(마태 7,24-27). 그만큼 나무나 벽돌을 쌓고 올려 실제로 집을 짓는 일이 사람에게 근본이 되기 때문이다. 더구나 하느님께서 집을 지어주셔야 한다. 그래서 성경은 "주님께서 집을 지어주지 않으시면 그 짓는 이들의 수고가 헛되리라"(시편 127,1)고 말한다.

사도 바오로는 '집을 세우는 것'을 이렇게 말했다. 영어 성경은 '집을 세우는 것, 오이코도메오(oikodomeo)'를 '짓는다'로 번역했으나, 우리말 성경은 '성장하는 것'이라고 번역했다. "그러니 평화와 서로의 성장에 도움이 되는 일에 힘을 쏟읍시다(Let us then pursue what leads to peace and to building up one another)"(로마 14,19). "지식은 교만하게 하고 사랑은 성장하게 합니다(Knowledge inflates with pride, but love builds up)"(1코린 8,1). "'모든 것이 허용됩니다.' 그러나 모든 것이 성장에 도움이 되지는 않습니다('Everything is lawful.' but not everything builds up)"(1코린 10,23).

"사랑은 성장하게 합니다"는 영어로 "Love builds up"이다. 직역한다면 "사랑은 지어 올리는 것이다." 그렇다면 이 말의 앞과 뒤를 바꾸고 질문을 만들어보자. 지어 올리고 세우는 건축이 어떻게 사랑이 될 수 있을까? '살아 있는 돌'로 지어 올린 성당이 어떻게 사랑을 나누는 곳이 될 수 있을까?

신약의 예배는 구약에서처럼 어느 한 특정한 장소에만 매어 있지 않고 "영과 진리 안에서"(요한 4,24) 예배드린다. 그런데 신약의 예배는 집에 비유되어 있다. 집을 짓는 것은 하느님 백성을 모으는 것이다. 또한 교회는 돌로 집을 짓듯 '살아 있는 돌'로 지어진다. 'a church'를 짓는 돌은 'a stone(돌)'이고, 'church'를 짓는 돌은 'a living stone(살아 있는 돌)'이다. 하느님의 집은 돌로 짓지만, 교회는 믿는 백성인 '살아 있는 돌'로 지어진다. 살아 있는 교회는 하느님의 건물

---

01 〈교회헌장〉 6항.

⁰²이다. 그래서 미국 가톨릭 주교회의의 성당 건축 지침서는 제목을 《살아 있는 돌로 지음: 예술·건축·예배》⁰³라고 지었다.

성당을 지은 돌은 오히려 '살아 있는 돌'의 의미를 깊이 해준다. "수 세기 동안 베네딕도 수도회는 벽돌을 만들 수 있는 한 명의 수사와 이 벽돌들을 성당의 벽에 올려놓고 옛날 방식으로 쌓을 수 있도록 숙련된 다른 한 명의 수사를 포함하지 않으면, 설립자 그룹이 새로운 수도원을 짓지 못하도록 금지했다."⁰⁴ 도널드 윌리엄 우얼 추기경이 전해주는 이 말에는 수도원을 새로 지을 때 벽돌에 대해 두 사람이 언급되어 있다.

한 사람은 벽돌을 만들 수 있는 사람이고, 다른 한 사람은 벽돌을 쌓을 줄 아는 사람이다. 이는 수도원 건물을 만들 수 있는 사람이 있다는 것은 수도원 건물을 지을 벽돌을 다른 곳에서 사오거나 다른 기술자를 시켜 벽돌을 만들지 않는다는 것이다. 수사 자신이 하느님을 찬미할 곳, 자기가 살며 기도할 곳에 쓰일 벽돌을 직접 만들어야 한다는 뜻이다. 벽돌 한 장은 작다. 그러나 그 작은 벽돌 한 장에는 사람의 지향이 담겨 있다. 또한 벽돌을 쌓는 사람은 수도회에서 전통적으로 늘 써오던 옛날 방식으로 쌓을 줄 아는 사람이어야 한다. 벽돌을 쌓는 방식은 건물을 짓는 기술에 관한 것이지만, 그 기술에 수도회의 지향이 들어 있다. 만일 이 두 조건을 만족하지 못한다면 수도원을 짓지 않고 이 조건을 만족할 때까지 기다려야 한다.

베네딕도 수도회는 수 세기 동안 이런 간단한 규정을 지켜왔다. 왜 그런가? 수도회의 정신이 깃들게 만들어진 벽돌과 그것을 오랫동안 쌓아온 방법으로 세워야, 수도회는 비로소 '살아 있는 벽돌'로 영적인 집을 지을 수 있다고 여겼기 때문이다. 나는 이 인용문을 건축학과 학생들에게 자주 말하고 그 뜻을 가르쳤다. 그러나 이 인용문은 건축학과 학생들보다 성당 건축을 하는 모든 사람

02   The living church, God's building.
03   *Built of Living Stones: Art, Architecture, and Worship*, Guidelines of the National Conference of Catholic Bishops. 2000.
04   Cardinal Donald Wuerl, Mike Aquilina, *The Church: Unlocking the Secrets to the Places Catholics Call Home*, Image, 2013, pp.25~26.

들이 몇 배나 더 잘 새겨두어야 할 아주 소중한 말이라고 생각한다.

성당이라는 건축물은 어떻게 시작하는 것일까? 이러한 질문에 제일 먼저 생각나는 두 장면이 있다. 아래의 두 사진은 건축학과 건축의장 강의 첫 시간에 보여주던 첫 사진이기도 하다. 하나는 높은 나무들이 줄 지어 서 있는 거리를 한 사람이 청소하고 있다. 그런데 그는 우연히 봉성체를 위해 길을 걸어가는 사제를 만나자 하던 일을 멈추고 길거리에 무릎을 꿇고 두 손을 모아 정성을 다해 기도하고 있다.[1-3] 이 장면에는 벽도 없고 지붕도 없다. 그러나 바로 이 장면에 성당이라는 건물의 원형이 나타나 있다.

이것에 멕시코의 건축가 루이스 바라간(Luis Barragán)이 설계한 카푸치나스 사크라멘타리아스(Capuchinas Sacramentarias)라는 수녀원의 경당[1-4, 4-14]을 찍은 장면을 대입해보자. 이 장면에서는 청소하던 사람이 수녀로 바뀌고, 걸어가던 사제는 사라지고 그 대신 제대가 나타났다. 길바닥은 경당 바닥으로 변했고, 길거리의 가로수들은 벽이 되었으며, 나와 저 사람들 사이에 격자의 창이 가로놓였다. 이 두 장면은 건축적인 장치가 있고 없고의 차이만 있지 본질은 같다. 저렇게 청소하는 사람처럼 더 많은 신자들이 길에 앉아 있다고 하

[1-3] 거리를 청소하다 사제에게 경배하는 사람

[1-4] 카푸치나스 사크라멘타리아스 수녀원 경당,
멕시코, 멕시코시티 트랄판

성당, 빛의 성작

자. 그러면 '살아 있는 돌'로 지어진 교회(church)가 된다. 이를 바탕으로 돌과 벽돌과 나무로 실제의 성당(a church)을 지었다면 이렇게 물질로 지어진 성당은 그 안에 '살아 있는 돌'로 지어진 교회를 담게 된다.

짓는 것이 믿는 것

"보는 것이 믿는 것이다(Seeing is believing)"는 프랜시스 베이컨(Francis Bacon)의 말이다. 보아야 믿을 수 있고, 믿으려면 보아야 한다는 말이다. 그런데 노르웨이의 통널 교회(Stave Church)[1-5]를 설명하는 어떤 에세이의 제목이 이러했다. "짓는 것이 믿는 것이다(Building is Believing)." 지어야 믿을 수 있고,

[1-5] 통널 교회, 노르웨이 부르군트

믿으려면 지어야 한다는 말이다.

피요르드의 풍경 속에 이런 통널 교회가 서 있는 모습은 참 아름답다. 그러나 통널 교회의 존재 이유를 체감할 수 있는 때는 따로 있다. 세차게 비바람이 부는 날 마을 사람들의 집 옆에 이 교회가 굳건히 서 있을 때다. 통널 교회는 못을 전혀 사용하지 않고 기둥과 상인방에 '스타브(stave)'라는 통널을 끼워 지은 중세 북유럽의 목조 교회다. 노르웨이에서는 그리스도교가 전파된 11세기 이후 통널 교회를 1,000개 정도 지었다. 지붕은 떡갈나무를 손바닥만하게 잘라 기하학적으로 정교하게 연결했다. 지붕은 아주 경사가 급한데 눈이 쌓이지 않도록 하기 위해서다. 방수를 위해 해마다 지붕의 통널에 송진을 칠했다.

그들은 고딕 대성당처럼 짓고 싶었지만 적절한 돌이 없어서 돌 대신에 풍부한 나무로 하느님의 집을 지었다. 기둥에 로마네스크의 기둥머리를 두고 아치도 돌렸으며, 나무 벽을 정성스럽게 조각했다. 바이킹의 배를 만드는 기술을 응용해 복잡한 목구조로 바람에 견디게 했다. 내부는 아주 비좁고, 창을 충분히 낼 수 없어서 구멍과 같은 곳으로 빛이 들어와 안이 어둡다. 신자들은 교회 앞에 있는 좁은 포티코(portico)로 드나들었다. 교회 건물을 이렇게 지음으로써 그들의 믿음을 나타냈다.

터키 카파도키아의 괴렘(Göreme)에는 오랜 풍화작용을 거친 특이한 암석군이 많다. 로마제국 시대에는 4세기 초까지 박해를 피해 이곳으로 온 그리스도인들이 살았고, 그리스도교를 공인하자 더욱 많은 신자가 몰려들었다. 그들은 비교적 쉽게 깎을 수 있는 응회암을 파내어 주택이나 성당 또는 수도원 등을 만들었는데, 성당이 400여 개나 되었다. 성당의 형태는 비잔티움 건축을 따랐고 프레스코로 다양한 이콘을 그렸다. 4세기에는 작은 은수자 공동체가 바위 동굴에 수도원을 만들어 기도하는 생활을 시작했다. 그중에서 가장 큰 것이 토칼리 성당(Tokali Kilise)[1-6]인데 1980년대에 복원되었다. 그들은 이리도 척박한 곳에서도 하느님께 오롯이 찬미드릴 수 있는 곳을 찾아 나섰고, 깎아낸 돌이라는 물질 속에 하느님을 사랑하는 마음을 남겨두었다.

에티오피아 랄리벨라에 있는 성 게오르그 성당(Bete Giyorgis, Church of Saint George, Lalibela)[1-8]도 감동적이다. 12세기 후반에서 13세기 초에 해발

[1-6] 토칼리 성당, 터키 카파도키아

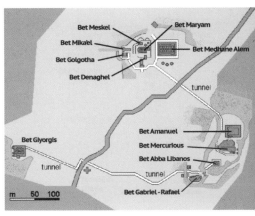

[1-7] 랄리벨라 암굴교회군, 에티오피아

[1-8] 성 게오르그 성당, 에티오피아 랄리벨라

3,000m인 산지의 화산암을 깎아 만든 성당이다. 세계 8대 불가사의 중의 하나
인 이 성당의 평면은 한 변이 25m인 정사각형이고 높이가 30m가 된다. 이곳에
는 자그웨 왕조의 랄리벨라 왕의 명으로 120년 동안 이런 성당이 11개가 만들
어졌다. 이를 두고 '랄리벨라 암굴교회군(Rock-hewn Churches of Lalibela)'[1-7]
이라고 부른다. 이들은 오로지 하느님에 대한 경외심과 사랑 때문에 조각하듯

이 화산암을 깎아 내려가 이런 성당을 만들었다.

더구나 이 11개의 성당을 좌우에 두고 그 가운데에 요르다노스(Yordanos)강이 흐른다. 요르다노스강은 요르단강의 이름을 딴 것이다. 암굴교회는 미로처럼 터널로 서로 연결되어 있지만, 이들은 요르단이라 부르는 작은 강을 사이에 두고 나뉘어 있다. 그들에게 지하통로로 이어진 11채의 중세 암굴교회는 '새 예루살렘'이었다. 요르단강의 남동쪽에 있는 4개 성당은 '지상의 예루살렘(earthly Jerusalem)'을 상징하고, 반대편 북서쪽에 있는 7개 성당은 보석과 황금 길의 도시라고 성경에서 묘사한 '천상의 예루살렘(heavenly Jerusalem)'을 상징했다.

성 프란치스코에게도 짓는 것은 믿는 것이었다. 1205년 청년 프란치스코가 예수 그리스도의 음성을 들었다. "프란치스코야, 가서 무너져 가는 나의 집을 고쳐라!" 이 말씀에 그는 동료들과 함께 직접 돌을 나르고 쌓아 올리며 교회를 고쳤다. 실제로 고쳐 짓는 일을 했다. 그 후에 또다시 같은 말씀을 듣고는 포르치운쿨라의 '천사들의 성 마리아 성당'도 고쳤다. 이것은 당시의 부와 권력에 결탁하는 교회를 가난한 교회로 바꾸어 교회를 쇄신하라는 뜻이었는데, 성 프란치스코는 집을 실제로 고쳐 짓는 것으로 알아들었다. 그런데 우리는 그가 실제로 돌을 쌓고 성당을 고쳐 지은 것에 대해서는 그다지 관심을 기울이지 않는다. 그렇다면 주님께서 교회를 쇄신하라는 말씀을 왜 "무너져 가는 나의 집을 고쳐라"라고 말씀하셨는가? 무너져 가는 성당을 실제로 고쳐 짓는 것이 곧 믿음의 교회를 다시 고쳐 짓는 것이었다.

독일 바헨도르프에 브루더 클라우스 수사 야외 경당(Bruder Klaus Feldkapelle, 2007)[1-9]이 있다. 스위스 평화주의자 성 브루더 클라우스(Saint Nicholas von der Flue, 흔히 Brother Klaus로 불림, 1417~1487)를 기리기 위해 봉헌된 건물이다. 이 경당은 농장 경영자 부부가 페터 춤토르(Peter Zumhtor)에게 설계를 의뢰했다. 이 부부는 친구, 지인, 장인의 손을 빌렸지만 거의 대부분은 자기 힘으로 건설했다. 경당 내부는 112개의 나무로 틀을 이룬 인디언 티피와 같은 구조물로 짰다. 그리고 그 위에 50cm 두께의 콘크리트를 치고 내부를 3주 동안 태웠다. 그 결과 나무는 타버려 사라지고 연기는 콘크리트를 검게 변화시켰

성당, 빛의 성작

[1-9] 브루더 클라우스 수사 야외 경당과 내부, 독일 메헤르니히-바헨도르프

[1-10] 롱샹 경당, 프랑스 벨포르

다. 천장 꼭대기에서 비추는 빛은 작은 공간 안에 하늘의 그림자를 남긴다. 마을 사람들과 함께 작은 경당을 지어 바침으로써 스스로 짓는 것이 믿는 것임을 증명했다.

세계적인 걸작인 르 코르뷔지에(Le Corbusier)의 롱샹 경당(Chapelle Notre Dame du Haut de Ronchamp)[1-10]은 1944년 제2차 세계대전 때 폭격을 맞아 크게 파괴된 옛 경당에서 나온 많은 돌과 콘크리트를 새 건물의 벽으로 다시 사용했다. 옛 경당의 돌과 콘크리트가 새 경당의 몸이라고 여겼기 때문이다. 콜룸바 쾰른 대교구 미술관(Kolumba, Art Museum of the Cologne Archdiocese, 2007)[1-11]은 '살아 있는 미술관'이다. 이 건물은 제2차 세계대전으로 파괴되어 폐허가 된 후기 고딕 양식의 성 콜룸바 성당의 유적 위에 높이 서 있다. 지상층에는 1세기 중반에 건설된 옛 성당의 유적과 함께, 1950년에 고트프리트 뵘(Gottfried Böhm)이 설계한 '폐허의 성모 마리아 경당'도 있다. 폭격을 당한 이 성당은 사라져버렸으나, 성가대 기둥 위에 얹은 후기 고딕의 성모상과 그 주위에 있던 벽 하나만 남았다. 그것은 당시 쾰른 사람들에게 희망의 표지요 삶의 상징이었고, 예전 건물의 잔해에서 나온 돌들을 모아 새로운 건물을 짓게 된 원동력이었다. 다시 40년이 지나 이 자리에 대교구 미술관을 지었다.

전주의 전동성당(殿洞聖堂)[1-12]의 돌과 벽돌도 다를 바 없다. 전동성당은 1908년과 1914년 사이 일제강점기에 지어진 전주에서 가장 오래된 성당이고, 한국 최초의 천주교 순교터이며 호남에 천주교를 전파한 모태 본당이고 전교의 발상지였다. 전주 본당이 설립된 것은 1889년이었는데, 이때 초대 주임신부로 파리외방전교회에서 파견된 보두네(Baudounet) 신부가 부임했다. 당시 전주 신자들의 열화와 같은 요청 때문이었다. 전주 성당은 날로 급증하는 신자들을 수용하기에 너무 비좁아서 큰 성당을 짓게 됐다.[05]

이 성당은 첫 순교자의 피와 얼이 서린 풍남문 근처의 남문 밖의 터에 자리 잡았다. 이곳은 전주읍성의 성벽이 풍남문을 지나 태조로로 이어지다가 경기전길로 꺾이는 곳이다. 지금의 태조로가 성벽 자리이며, 성당은 성벽에 바짝

---

05   김진소,《천주교 전주교구사 I》, 천주교 전주교구, 1998, 422~436쪽.

성당, 빛의 성작

[1-11] 콜룸바 쾰른 대교구 미술관, 독일 쾰른

[1-12] 전동성당, 한국 전주

붙은 채 경기전을 마주보고 있었다. 일제강점기의 통감부는 도로 개수사업을 하고 신작로를 신설한다는 계획에 따라 풍남문을 제외한 세 개 성문과 성벽을 헐어버렸고, 철거되는 남문 밖 성벽의 돌과 흙을 성당 건축재로 써도 좋다고 허락했다. 공사가 한창이었을 때 전주 성곽의 돌을 성당 주춧돌로 사용했다. 이때 모든 신자들은 합심하여 성벽의 돌과 흙을 운반해 성당의 기초와 벽을 세웠다. 그러나 이 돌은 흔히 있는 돌이 아니었다. 풍남문 옆에서 순교자들의 참수를 지켜보던 성벽의 돌이 성당의 주춧돌이 된 것이다. 석재는 화강암으로 제일 유명한 익산 황등산의 화강석을 썼고, 목재는 치명자산을 매입하고 그곳의 나무를 사용했다. 치명자산 또한 유항검과 그의 처 신희, 동정부부로 순교한 큰아들 유중철과 며느리 이순이 등 가족 6인의 합장묘가 있는 곳이었다.

이렇게 하여 전동성당은 지은 자리, 돌, 흙, 벽돌, 나무들이 모두 모여 순교터를 이어받은 건축물이 됐다. 성당은 화강암을 주춧돌로 하여 외벽은 중국인 100여 명이 전주에서 구운 붉은 벽돌로 지어졌다. 이 붉은 벽돌 벽을 보거나 만져볼 때 늘 보던 평범한 벽돌로만 보면 안 된다. 이들의 참수를 지켜본 성벽에서 나온 흙으로 만들어진 붉은 벽돌이기 때문이다.

이 성당은 공사 기간 내내 전주 시내에 사는 많은 신자들이 공사에 참여했다. 그뿐만 아니라 진안, 장수 심지어는 장성 지역의 신자들까지 공사 기간 동안 밥을 지어 먹을 솥과 양식을 짊어지고 와 손마디와 손바닥에 굳은살이 박이고 어깨에 혹이 생길 정도로 자원 부역을 했다. 이것은 명동대성당도 마찬가지였다. "남자 교우들은 사흘씩 무보수로 일하러 왔는데 그것도 12월과 1월의 큰 추위를 무릅쓰고 왔습니다. 늙은이 젊은이 할 것 없이 이 일에 놀랄 만한 열성을 쏟았고 그들은 신앙과 만족감에서 추위로 언 손을 녹일 정도로 참아내는 것이었습니다." 이렇게 성당은 함께 지었던 이들의 믿음을 보여준다.

종교적 인간의 공간
두려움과 신비
사람은 모르는 것을 두려워한다. 사람은 이 세상에 태어나 살다가 죽은 뒤에 어디로 가는지를 두려워한다. 머릿속으로는 도저히 생각할 수 없는 무한한

성당, 빛의 성작

공간 앞에서도 두려워하고, 영원한 시간 속에서 미미하기 짝이 없는 자기 인생의 시간을 두려워한다.

그런데 이 두려움은 놀라움으로 이어지고 놀라움은 신비함으로 이어진다. 저 무한한 하늘은 두려움의 대상이지만 하늘에서 쏟아지는 무수한 별에 크게 놀라워한다. 그러면서 신비함을 느낀다. 두렵기만 한 우주에서 땅을 비추는 해와 달은 놀랍다. 인간이 두려워하는 것은 비바람만이 아니라, 자기를 둘러싼 해와 달, 딛고 있는 땅과 그 위에서 함께 사는 동식물, 잉태와 태생의 신비, 그리고 평범한 일상을 사는 크고 작은 체험들이 모두 두려움의 대상이었다.

인간의 본성은 여러 가지여서 그것을 일컫는 명칭도 참 많다. 이성의 인간이라고 호모 사피엔스(homo sapiens), 만드는 인간이라고 호모 파베르(homo faber), 놀이하는 인간이라고 호모 루덴스(homo ludens)라고 부른다. 그런데 자연 속에서 수렵하며 생활하던 사람은 자신의 운명에 대한 관심이 컸다. 사람은 언제나 지금의 자신을 초월하는 그 무엇에 대한 갈망을 지니고 산다. 신비 없이는 살 수 없는 존재가 사람이다. 그래서 이런 인간을 '호모 렐리기오수스(homo religiosus)' 곧 종교적 인간이라고 부른다. 모든 사람은 종교적 인간이다.

인간은 스스로 한계 지워진 존재여서 자신의 나약함을 아는 순간, 인간에게 종교성이 나타난다. 자신의 유한성을 의식하는 순간이 종교적 인간이 되는 때다. 종교현상학자 루돌프 오토(Rudolf Otto)는 거룩함에는 세 요소가 있다고 했다.[06] 인간의 오감을 넘어서는 경험인 신비(mysterium), 타자와의 만남으로 떨리는 경험인 두려움(tremendum), 나와 너무 달라 끌리는 경험인 매혹(fascinosum)이 그것이다. 신비란 인간이 다 이해할 수 없지만 그래도 조금이나마 깨달아서 알 수는 있다. 씨앗에서 싹이 나고 사람이 태어나며 밤하늘의 별이 있고 무수한 행성이 광대한 우주를 돌고 있는 것은 알 수 없기 때문에 신비하다. 그는 거룩함이란 '두려운 신비(mysterium tremendum)'에서 나온다고 했다.

인간은 약 100만 년 전부터 지구에 살기 시작했다. 그러나 사람은 아주 오랫동안 건축을 모른 채 살아왔다. 땅은 사방으로 끝없이 펼쳐져 있다. 그중에

---

06 루돌프 오토,《성스러움의 의미》, 길희성 역, 분도출판사, 1995, 65~68쪽.

동굴, 움푹 파인 지형, 나무 밑 등 자연 지형과 식물은 스스로 집을 지을 줄 모르는 인간에게 집이 되어주었다. 움푹 파인 곳에 들어가 비바람을 피할 수 있으면 그것으로 안전함을 느꼈다. 그래도 밤이 되면 무서웠다. 자신을 둘러싼 주변의 모든 것은 몸짓이 작은 사람을 압도했다.

인간은 건축의 시작인 피난처(shelter)를 만들었다. 그러나 인간은 이런 피난처에서 쉬거나 잠만 자지 않았다. 이상한 일이었다. 비바람과 맹수를 피하려고 지은 피난처였지만, 이 피난처는 두려움을 신비로움으로 바꾸는 힘을 함께 지니고 있었다. 노출되어 있으면 그렇게도 무섭기만 한 주변이 나를 둘러싸고 있는데도, 무언가 움푹 파인 곳 안에 들어가 있으면 주변의 수많은 존재와 내가 어떤 공간과 시간 속에 함께 있다는 사실을 알게 되었다. 작은 공간을 통해 신비로운 현상을 경험하게 된 것이다. 그들은 천체를 닮은 물건을 만들고 동물을 닮은 춤을 추면서 세상에 조금씩 익숙해져 갔다. 그렇지만 자기가 만든 것들 중에서 가장 크고 익숙한 '집'은 제 삶의 의미였고 살아가는 목적이었다.

사람은 자신을 둘러싼 세계에 대해 놀라움이 있기에 알지 못하는 것을 두려워하고, 아는 것으로 모르는 것에 질서를 부여한다. 아무것도 없는 공간에 경계를 두르고 그 가운데 기둥 하나를 세워도 주변에 질서를 줄 수 있었다. 아주 오래전부터 집 한가운데를 받치는 기둥 하나가 알 수 없는 불안한 세계 속에 자기를 위치시키는 것임을 인간은 근원적으로 알았다. 건축이란 땅 위에 무한히 펼쳐진 공간을 나에게 맞는 것으로 만들고 자기를 위해 주변 세상의 질서를 다시 세우는 것이다.

원시건축에는 두 가지 집 말고는 없었다. 하나는 신을 위해 짓는 집이고, 다른 하나는 인간을 위해 짓는 집이다. 신의 집을 만드는 방식은 두 가지였다. 첫째, 임신한 여자의 모습을 그리거나 동굴 내부공간에 '어머니로서의 대지'라는 관념을 투사함으로써 자연의 풍요로움을 기원했다. 지구상에서 가장 오래된 정주지인 터키의 차탈휘위크(Çatalhöyük)에서도 방 하나를 따로 떼어 출산 중인 여신상을 놓아두고 풍요를 기원했다. 그다음의 방법은 멘히르(menhir)[1-13]와 돌멘(dolmen)처럼 땅 위에 기둥을 세우는 것이다. 땅 위에 세워진 '긴 돌'이어서 'menhir'라 불렸다(men- 돌, -hir 길다). 이것은 두 다리로 땅을 딛고 우뚝

　　　　　　　　　　　　　　　　　　성당, 빛의 성작

서서 하늘을 향하는 인간 자신을 표현했다. 한편 '테이블처럼 생긴 돌'이어서 'dolmen'이라 불렀는데(taol- 테이블, -maen 돌), 이 구조물로 사람은 땅에서 벗어나 순환하며 자연현상을 주관하는 태양을 향했다.

인간에게 집짓기는 중요한 종교적 행위의 하나다. 인간의 집은 아무리 작고 초라해도 세계를 상징했다. 천막에 지나지 않는 지붕은 하늘이고, 연기를 빼내기 위해 만든 구멍은 '하늘의 눈'이었다. 창문은 이완, 넓힘, 정신의 눈을 뜻했고 지붕은 보호, 하늘, 천체의 신성을 뜻했다. 이를 두고 가스통 바슐라르(Gaston Bachelard)는 "집은 우주와 부딪치게 되는 도구"라고 했다. 또 종교학자 미르체아 엘리아데(Mircea Eliade)는 "사람이 사는 집은 하나의 세계를 나타내는 모형이었다"라고 했으며, 지리학자 이푸 투안(Yi-Fu Tuan)도 "건축하는 것은 원시의 무질서 속에서 하나의 세계를 수립하는 종교적 행위다"라고 말했다. 이처럼 집은 근본적으로 종교적이다.

건축가 루이스 칸(Louis Kahn)도 이렇게 말했다. "건축은 두려운 초월성이란 과연 어떤 것인지를 훌륭하게 미리 확인시켜주는 것이다. 건축은 내가 아는 가장 뛰어난 종교적 행위의 하나다(Architecture is a high test of tremendous

[1-13] 칼라니시 스톤(Callanish Stones), 스코틀랜드 루이스섬

transcendence; one of the highest religious acts that I know)"라고 했다. (여기에서 그가 말한 'test'란, 무엇이 과연 어떤 상태에 있는지를 미리 알아보고 확인한다는 뜻이므로 이렇게 번역했다.) 그의 말대로 건축이란 그 자체가 종교적 행위다. 이 말은 루돌프 오토가 '두려운 신비'에서 거룩함이 나온다고 한 것과 같은 말이다.

원초적 종교 공간

집은 공간에 경계를 그어 자신의 장소를 만드는 행위다. 벽을 두르고 지붕을 얹으면 집의 공간적인 경계가 생긴다. 움집은 비바람을 피해서 나를 보호해주는 껍질이었지만, 무한한 것을 유한한 것으로 만들어 세상의 모든 신비로움을 받아들이는 통로이기도 했다. 그러나 이런 움집으로는 삶과 죽음의 근본적인 질문에 답할 수 없었다. 인간은 자신의 운명, 곧 죽음이 끝인가, 죽음 뒤에는 무엇이 기다리고 있는가, 생명은 무엇인가를 물었다. 그리고 두려움과 결핍에서 벗어나기 위해 내 집이 아닌 다른 곳에서 풍요로움을 빌어야 한다고 생각했다.

이런 근본적인 물음은 반드시 그것에 답하는 공간이 필요했다. 죽음의 불안을 없애고 거룩한 곳으로 옮겨가기 위해서는 의례(儀禮, ritual)가 있어야 했다. 의례는 과거를 뒤돌아보고 미래를 계획하는 일련의 규격화된 행위다. 의례란 세속적인 과거를 지나 거룩한 미래를 향하는 시간적 경계선에 서는 것이다. 그래서 의례에는 일정한 시간이 있고 일정한 장소가 있어야 한다.

공간적으로도 마찬가지다. 과거의 세속 공간에서 미래의 거룩한 공간으로 나아가는 것이다. 따라서 건축적으로 의례는 이곳에서 저곳으로 나아가는 '통로'에 대한 감각을 매우 중요하게 여긴다. 이로써 의례는 공간을 요구하고, 건축을 통해 공간이 의례로 나타난다. 건축이란 외부와 확실한 경계를 짓는 것이다. 건축은 비바람을 막는 것이 최우선의 과제였으나, 인간은 여기에 머물지 않고 건축을 통해 의례의 공간을 만들어냈다.

건축사가 스피로 코스토프의 명저 《건축사(A History of Architecture)》(1985)는 부제를 '배경과 의례(settings and rituals)'라고 했다. 매우 의미심장한

성당, 빛의 성작

부제다. 여기에서 '배경'이란 자연적 환경, 인간이 만드는 건축물, 그것이 들어가 있는 도시 등을 말하며, '의례'란 그 환경 안에서 인간이 펼치는 종교적 행위를 비롯한 모든 인간의 활동을 말한다.

산과 들에서 일상생활을 하며 수렵하는 인간도 삶과 죽음과 사후의 의례를 위해 동굴의 어둡고 깊게 움푹 파인 곳을 찾았다. 이로써 동굴은 오랫동안 의례 공간이라는 건축의 역할을 대신해주었다. 종교적 인간에게 동굴은 아주 오래전부터 의례를 위한 공간이었다. 의례가 공간으로 직접 표현된다는 것을 안 종교적인 인간은 의례를 더욱 명확하게 해주는 공간을 만들었다. 의례를 위해서는 어딘가에 모여 있을 곳과 그것으로 향하는 길이 필요하다. 곧 초점과 중심이 되는 공간이라는 '목표'와, 그곳에 이르려고 움직이는 '통로'라는 두 가지 요소가 있어야 한다. 어디를 향해 어떤 길을 간다. 이것은 건축 구성의 가장 기본적인 원리다. 동굴 속 깊은 곳에서도 이것은 그대로 표현되었는데, 깊은 곳에 이르는 길이 통로가 되었고 그 종점에 둔 제단은 목표가 되었다. 그래서 건축공간은 의례와 그대로 일치하는 바가 참 많다.

[1-14] 브뤼니켈 동굴, 프랑스

2016년 프랑스 남부 브뤼니켈 지역의 한 동굴(Bruniquel Cave)[1-14]에서 호모 사피엔스가 만든 구조물이 발견됐다. 그것은 현재로서는 인류의 가장 오래된 흔적이다. 더구나 이 흔적은 동굴 입구에서 335m나 들어간 지점에서 발견됐다. 동굴 안에는 높이 40cm 정도의 둥그런 석순 400여 개가 두 개의 환상열석(環狀列石)을 이루고 있다. 돌들은 각각 16m²와 2.3m² 넓이의 원형을 이루며 쌓여 있다. 그 주변에 있던 그을린 뼈 등으로 불을 피운 흔적을 알 수 있는데, 방사성 탄소 연대로 측정한 결과 무려 17만 6,500년 전에 만들어진 것으로 밝혀졌다.

쇼베 동굴(Chauvet Cave)의 호모 사피엔스는 칠흑 같은 암흑 속에 들어가 불을 지피고 제단을 만들었다. 빛이 들어오지 않는 동굴 속에 그들에게 절실한 무엇을 위해 구조물을 만들었으며, 그곳을 밝히려고 불을 피웠다. 빛이 전혀 들어오지 않는 동굴에서 석순을 자르고 옮기려면 여러 명이 함께 일하지 않으면 안 됐을 것이 분명하다. 이 구조물은 이들이 의식을 치르는 사회적 행

[1-15] 라스코 동굴, 프랑스

성당, 빛의 성작

[1-16] 괴베클리 테페(상상도), 터키 아나톨리아

동을 위한 만남의 장소였다. 이들은 네안데르탈인보다 14만 년이나 앞서 주변에 종유석을 둘러 동굴을 종교 공간으로 바꾸어놓았다.

인류의 흔적이 남아 있는 가장 오래된 동굴로서 기원전 1만 3,000~1만 5,000년 전의 그림이 발견된 라스코 동굴(Lascaux Cave)[1-15]은 미술사 책에서는 동굴에 그려진 인류 최초의 그림이 있는 동굴로 잘 알려져 있다. 그러나 600여 점의 회화와 1,500여 점의 암각화는 자연의 동굴을 종교적 행위를 위한 의례 공간으로 바꾸어놓았다. 이 깊은 동굴에 그려진 그림은 그들이 살기 위해서는 많은 동물을 잡아야 하지만, 그 대신 생명체를 죽여야 하는 것에 대한 속죄를 나타낸다. 라스코 동굴은 삶과 죽음, 다산과 멸망의 역설을 나타내는 종교적 인간의 성소였다. 그런데도 이들은 조금도 자연 동굴의 바닥을 파거나 좁은 통로를 넓히지 않았다.

터키 남동쪽에 지금부터 무려 1만 2,000년 전에 세워진 괴베클리 테페(Göbekli Tepe)[1-16]라는 유적이 있다. 이 유적은 수렵채집 부족이 머무르며 사용한 종교적 시설이라고 여기고 있다. T자 형태 돌기둥이 200개가 넘는데, 이것에 스무 겹이나 되는 원이 둘러쳐 있다. 이런 기둥 중에서 가장 높은 것은 5.5m나 된다. 돌기둥의 돌은 인근의 석회암 언덕에 있는 바위를 떼어내 운반한 것으로, 기둥 하나의 무게가 10~20톤이나 된다. 이 돌을 운반하고 조각하고 세우려면 약 500명 정도의 집단이 농경생활을 하는 사회조직과 체계를 갖추고 있어야 한다고 추정한다. 그렇지만 이 지역에서는 당시 농업을 했다는 증거가 아직 발견되지 않았다. 그렇다면 농경사회보다 먼저 종교가 있었다는 뜻이 된다. 이동하며 사는 수렵채집 부족이 종교적 제단을 만들고자 많은 사람들이 모였고, 이들을 먹여 살리려고 강제적으로 농업을 발달시켰다는 것이다.

이 신전의 상상도를 보면 많은 사람들이 공사에 참여하고 있다. 이들은 어디에서 끌려온 사람들이 아니며, 모든 사람들이 신전을 짓기 위해 당시로서는 엄청난 구조물을 함께 짓고 있음을 엿볼 수 있다. 들어오는 좁은 입구를 감돌아 들어오는 길을 만들었고, 안에는 T자의 커다란 기둥을 세웠다. 어디서 배운 것도 아니었을 텐데 이런 공간 도식과 뛰어난 조형은 과연 어떻게 구상된 것일까? 인간의 어떤 열망이 이런 구조물을 만들게 했을까? 그것은 종교적 인간이 본래 지니고 있는 공간적 상상력의 소산이었다.

공간과 시간의 격리

하느님께서 만드신 우주를 한자로 '宇宙'라 적는다. '宇'는 지붕[宀] 밑에 장소라는 뜻의 '于(어조사 우)'가 합쳐진 것이고, '宙'는 지붕[宀] 밑에 '由(말미암을 유)'가 합쳐진 것이다. '宀'는 집 안이라는 뜻이다. '宇'는 본래 지붕의 끝부분인 처마를 이르는데, 집의 가장자리라는 공간이다. '宙'는 세상을 덮고 있는 끝없는 시간이다. 따라서 우주는 공간적인 집 '宇'와 시간적인 집 '宙'를 합친 말이다. 끝없는 공간도 끝없는 시간도 무한한 집의 지붕[宀] 아래에 있다. 그렇다면 하느님의 집 속(宀)에는 끝없는 공간(宇)과 끝없는 시간(宙)이 있다는 뜻이 아닐까?

종교는 '거룩한 것'에 대한 의식이다. 모든 종교에는 신에게 바치고 예배드리는 사원이 있다. 사원은 원래 예배하고 기도하며 희생 제물을 올리기 위해 경계로 에워싼 곳이다. 그래서 신전은 신에게 바쳐진 영역이다. 영어 'temple'의 라틴어 'templum(사원)'에서 'tem-'은 잘라낸 땅이라는 뜻이다. 이곳의 거룩함과 저곳의 속된 것을 구별하기 위해 땅을 잘라냈다는 말이다. 'tem-'은 '뻗치다',

성당, 빛의 성작

'잡아당기다'라는 뜻도 있다. 제단 앞에서 공간을 신중하게 비웠다는 말이다. 또 종교학자들은 'templum'은 'tempus(시간)'와 어원이 같다는 것에 주목한다. 시간과 공간의 지평에서 일어나는 움직임의 공간적인 측면이 'templum'이고, 질적으로 다른 그것의 시간이 'tempus'다.[07]

　　그리스도인들이 하느님께 예배드리는 장소이며 건물인 성당은 거룩함을 공간적으로 성별한 곳이며, 그리스도의 희생제사가 이루어지는 제대와 제단은 신중하게 비워진 거룩한 장소다. "나의 집은 모든 민족들을 위한 기도의 집이다"(마르 11,17)는 공간적으로 성별된 공간을 말한다. "그러니 깨어 있어라. 너희가 그 날과 그 시간을 모르기 때문이다"(마태 25,13)는 어떤 사건을 완성하기 위한 결정적인 시간이자 성별된 시간을 말한다. 하느님의 집은 우리가 사는 땅에 공간적으로 성별한 'templum'이자, 시간적으로 성별한 'tempus'다.

　　고대 히브리어에서 '다름'을 '코데쉬(qodesh)'라고 하는데 거룩함을 뜻하기도 한다. 거룩함이란 다름, 단절을 깊이 인정하는 것이다. 종교학자 미르체아 엘리아데는 그의 기념비적인 책 《성과 속》의 첫 문장을 "종교적 인간에게 공간은 균질하지 않다. 공간은 단절과 균열을 나타내며 나머지 부분과 질적으로 다른 부분을 포함한다"로 시작한다. 이와 같이 《성과 속》은 결국 종교와 공간에 관한 책이다. 그는 거룩한 힘은 '어떤 공간 안'에서 나타나며, 거룩한 곳은 절대적인 힘을 띠고 있는 공간임을 밝혔다. 거룩함이 어떤 물질적인 장소에 나타날 때 그 장소는 가까이 갈 수 없고 단절되어 있으며 균열되어 있다. 루돌프 오토도 믿는 자에 대해 두려움의 마음을 일으키는 신비인 거룩함은 건축물에서 가장 먼저 나타났음에 주목했다.[08] 종교 건축의 공간은 격리가 근본이다.

　　거룩함에는 'holy'와 'sacred'가 있다. 이 둘 사이에 분명한 구별이 있는 것은 아니지만, 'holy'는 형이상학적, 관념적 또는 경외심을 불러일으키는 거룩함을 말하고, 'sacred'는 세속(profane)과 구분해 어떤 대상이나 장소가 실체적으로 또는 공간적으로 나타나는 상황을 뜻한다. 궁극적으로 거룩한 것(the holy)은

07　　Mircea Eliade, *The Sacred and the Profane: The Nature of Religion*, A Harvest Book, 1963, p.75.

08　　루돌프 오토, 《성스러움의 의미》, 길희성 옮김, 분도출판사, 1995, 133쪽.

구체적인 공간에서 거룩한 것(the sacred)으로서 현상하고 체험된다. 제의는 제사의 거룩함과 위대함을 나타낸다. 제의를 두르고 제단에서 미사를 집전하는 사제는 다른 사람과 공간적으로 구별된다. 의식과 성당 기물과 같은 어떤 대상도 세속의 다른 물건과 구별되며, 사제는 세속의 다른 사람들과, 그리고 주일은 세속의 다른 시간과 구별되는 거룩한 것들이다. 하느님은 거룩하시지만(the holy), 성당은 그 거룩하심을 물질로 현상하는 거룩한 것(the sacred)이다.

성당, 빛의 성작

2

'하느님의 집'과
'하느님 백성의 집'

하느님의 집

거룩한 땅

기원전 13세기에 모세는 장인 이트로의 양 떼를 치다가 호렙산으로 갔다. 하느님의 산인 호렙산은 산 전체가 하느님의 성전이었다. 그런데 저쪽에 있는 떨기나무가 불에 타는데도 그 떨기는 없어지지 않았다. 이때 하느님께서는 모세가 알아볼 수 있게 떨기나무의 불꽃으로 나타나셨다. 그러자 이 놀라운 광경을 보려고 모세가 다가갔다. 주님께서는 모세의 이름을 부르셨고 가까이 오지 말라 하시며 말씀하셨다. "이리 가까이 오지 마라. 네가 서 있는 곳은 거룩한 땅이니, 네 발에서 신을 벗어라"(탈출 3,5). 불타는 떨기나무는 거룩한 땅에 서 있었다.

가시나무와 엉겅퀴로 덮여 있는 거친 곳인데도 모세가 서 있는 바로 그 땅은 거룩한 땅이었다. 거룩하신 하느님께서는 '어떤 공간' 안에 현존하심을 물리적으로 드러내셨다. 엘리아데의 말을 빌리면 불꽃이 타오르는 떨기나무는 '신성현현(神聖顯現, hierophany)'이다. '히에로파니'는 고대 그리스어로 '히에로스(hierós, 거룩한 징표)'와 '파이노(phaínō, 나타나다)'를 합친 말이다.

이것을 상상해 그린 그림을 보면[2-1] 떨기나무가 단을 이룬 곳 위에 심어져

[2-1] 〈모세와 불타는 떨기나무〉(아놀드 프리버그)

있고, 눈이 부실 정도의 강한 광원이 되어 주변을 비추고 있다. 이곳은 양 떼를 치던 산과 풀과 나무들이 있는 현실의 '어떤 공간' 안에 있다. 솟아오르는 불꽃으로 드러내신 하느님과 모세 사이에는 가까이 갈 수 없는 거리가 있다. 이곳이 성당의 제단이다. 또 하느님께서는 사람이 알아들을 수 있게 당신의 음성으로 부르시고, 이에 사람은 "여기에 제가 있습니다"라고 응답하고 있다. 이것이 성당의 제단과 회중석의 관계다. 떨기나무의 불꽃과 그것을 바라보는 모세 사이의 매우 역동적이며 공간적인 사건에는 성당의 공간적 구조의 원형이 그대로 들어 있다.

하느님께서 임재하시는 거룩한 땅에서 모세는 신을 벗어야 했다. 어떤 장소가 스스로 홀로 거룩한 것일 수는 없다.[01] 그러나 '신을 벗는 행위'가 거룩한 공간에 서 있을 수 있는 첫 번째 표식이다. 성 암브로시오는 "네 발에서 신을 벗어라"라는 말씀은 육의 옷을 한쪽에 벗어놓고 영 안에서 그리고 벌거벗은 정신의 발걸음으로 걷게 하기 위함(암브로시오,《이사악 또는 영혼》4,16)이라며 신을 벗는 행위가 지니는 깊은 의미를 설명했다. 유목민에게 신발을 벗는 것은 네가 가진 가장 소중한 것을 포기하라는 것이다. 신발을 벗는 것은 거룩한 공간과 세속의 공간을 나누는 행위다. 이 말씀을 따른다면 성당을 들어설 때 그곳에서 신을 벗어야 마땅하다. 유대인들은 성전에 들어가기 전에 신발을 벗었으며, 이슬람의 모스크에는 오늘날에도 신발을 벗고 맨발로 들어가 꿇고 엎드려 기도한다.

사람이 아무리 열심히 만든다 해도 인간의 힘으로는 거룩하신 하느님이 머무는 공간을 만들 수는 없다. 거룩하심이 본질인 하느님만이 그 어떤 장소를 거룩하게 하실 수 있다. 그러나 아무리 흔히 보이는 곳일지라도 하느님께서 계신 곳이라면 그 장소가 바로 거룩한 땅이다. 일상을 살아가는 우리에게 "네가 서 있는 곳은 거룩한 땅"이라고 하신 그 '거룩한 땅'은 하늘에 있는 장소가 아니라 바로 우리가 서 있는 이 땅에 있다. 히브리어로 특정한 장소를 '마

---

01   로마노 과르디니,《미사, 제대로 드리기》, 김영국 옮김, 가톨릭대학교출판부, 2003, 47쪽.

콤(maqom)'이라고 한다. '네가 지금 서 있는 그곳'이란 의미다.[02] 이 '마콤'이 히브리어 성경을 그리스어로 번역한 《70인역》에서는 유대인 회당인 '시나고그(synagogue)'로 번역되었는데, 공동체가 모이는 특정한 장소를 뜻한다. 공동체가 집중하는 거룩한 장소가 다름 아닌 일상의 세속 안에 있다는 말이다.

오늘날 우리에게 '거룩한 땅'은 두말할 나위 없이 성당이다. 거룩한 집인 성당은 성별된 장소에만 세워진다. 주일이라는 시간이 따로 성별되듯이, 성당은 거룩하게 성별된 장소에 세워진다. '거룩한 땅'은 성당의 견고한 벽으로 둘러싸여 세속적인 것과 구별될 때 더욱 분명하게 지각된다. 성당은 건물의 형식을 빌린 '거룩한 땅'이요, 불타는 떨기나무에서 말씀하시던 하느님께서 나타나는 곳이다. 그 견고한 벽 안에서는 사제라는 사람이 성당 기물이라는 대상과 함께 전례를 행한다. 모세의 이름을 부르셨듯이 한 사람 한 사람의 이름을 부르면서 우리를 모으시는 거룩한 곳이다. 그리스도교의 종교적 의식인 전례는 매우 공간적이며, 전례는 공간으로 체험된다.

야곱의 돌, 하늘의 문

'하느님의 집'인 성당을 제일 처음 세운 사람은 야곱이었다. 하느님의 집의 원상은 야곱이 어떤 곳에서 돌을 베고 누워 자다가 하늘까지 닿는 층계를 꿈꾼 체험[2-2]에 있다. "야곱은 … 그곳의 돌 하나를 가져다 머리에 베고 그곳에 누워 자다가 꿈을 꾸었다. 그가 보니 땅에 층계가 세워져 있고 그 꼭대기는 하늘에 닿아 있는데, 하느님의 천사들이 그 층계를 오르내리고 있었다. 주님께서 그 위에 서서 말씀하셨다. … 이곳은 다름 아닌 하느님의 집이다. 여기가 바로 하늘의 문이로구나.'[03] 야곱은 … 머리에 베었던 돌을 가져다 기념 기둥으로 세우고 그 꼭대기에 기름을 부었다. '…제가 기념 기둥으로 세운 이 돌은 하느님의 집이 될 것입니다'"(창세기 28,10-22). 야곱은 그 자리에 머리에 베었던 돌을 기념 기둥으로 세우고 그 꼭대기에 기름을 부어 '이곳'을 주위와 격리된 거룩

---

02 배철현,《신의 위대한 질문》, 21세기북스, 2015, 225쪽.

03 He was afraid and said, "How awesome is this place! This is none other than the house of God; this is the gate of heaven."

[2-2] 〈야곱의 꿈 풍경〉 (마이클 윌만, 1691)

한 장소로 만들었다.

　여기에서 '이곳'은 야곱이 잠자고 있던 곳이다. 그러나 '이곳'은 하느님께서 현존하시는 자리였고 말씀하시는 곳이었다. 따라서 '이곳'은 두려운 곳이다. 하느님의 집은 거룩한 힘이 고정되는 특별한 자리다. 그 자리에는 힘이 집중되는 특별한 방향이 있다. '이곳'에는 야곱이 꿈꾼 층계가 하늘에 닿아 있고 하느님의 천사가 오르내린다. 그가 수직으로 세운 돌은 하늘로 올라가기도 하고 내려오기도 하는 계단, 곧 이 땅과 하늘을 결합하는 문이자 세계축(axis mundi)이었다.

　그럼에도 야곱이 말한 하느님의 집은 장대한 성당 건물이 아니라고 설명하는 예가 많다. "야곱이 하느님의 집이라고 언급하는 곳은 웅대한 성전이 지어져 있는 곳이 아니다. 아름다운 스테인드글라스가 있고 파이프오르간이 있는, 인간의 손으로 지은 성당이 아니다. 야곱은 지금 들판에 서 있다. … 하느님의 집은 외형에서 오는 것이 아니기 때문이다."[04] 당연히 돌을 베고 자던 사람이 일어나 웅대한 성전을 지을 리가 없으니, 야곱의 원초적인 하느님 체험을 거대한 성당 건물과 비교할 수는 없다. 그러나 이는 웅대한 성당이 아니라고 이끈 다음 이를 인간의 손으로 지은 성당이 아니라고 함으로써, 실제로 지어지는 건물로서의 성당의 의미를 은연중에 부정하는 듯한 글로 잘못 읽힐 우려가 있다.

그런데 이 설명에서 크게 간과된 것이 있다. 그것은 야곱의 꿈이 층계, 집, 문, 기둥, 돌 등 집과 관련된 말로 표현되어 있다는 점이다. 그는 '하느님의 집'이나 '하늘의 문'이라는 비유로만 말하지 않았다. 주변에 있던 아무 돌이 아닌, 바로 자기가 베고 잤던 돌을 가져다가 기둥을 세우고 지음으로써 그곳을 하느님의 '집'으로 성화했다. 기둥을 수직으로 세우는 것은 그 자체가 '세운 것' 전체를 나타내는 건축 행위다. 영어 성경에 이 '기둥'을 'a pillar'로 번역하는 경우가 있다. '필러'란 지붕을 받치는 똑바로 선 둥근 기둥이라는 뜻이다. 야곱은 그것을 집이라 불렀다. 집은 꼭 지붕이 있고 그 안에 벽으로 나뉜 방이 있어야 집이 아니다. 당연히 야곱은 지금 들판에 있다. 그러나 그는 들판에서 하느님의 현시에 감격하고만 있지 않고, 돌을 세우는 건축 행위로 '그곳'을 거룩한 자리로 구별했다.

시편 23편 6절에 "저의 한평생 모든 날에 호의와 자애만이 저를 따르리니 저는 일생토록 주님의 집에(in the house of the Lord all my days) 사오리다"라고 노래하지 않는가? 또 '예수 성심 호칭 기도'에서 왜 "하느님의 성전이신 예수 성심", "지존하신 이의 장막이신 예수 성심", "하느님의 집이요 하늘의 문이신 예수 성심"이라고 부르는가? 예수 성심이 곧 성전이고, 장막이며, 집이고 문이라고 부르면서 성당은 외형을 가진 실제의 집이 아니라고 말할 수는 없다.

또 기둥을 세운 야곱은 그 위에 기름을 부었다. 야곱이 돌을 세우고 기름을 부은 행위는 이미 인간의 손으로 지은 성당이고, 그 자체가 외형을 준 것이다. 그렇지 않다면 그것이 어떻게 하느님의 '집'이 될 수 있는가? "우리도 우리가 있는 자리를 하느님의 집으로 부를 수 있어야 한다. 하느님은 언제나 우리와

04 송봉모, 《집념의 인간 야곱》, 바오로딸, 2004, 90~91쪽.

성당, 빛의 성작

함께하시는 임마누엘의 하느님이시기에 우리가 머무는 자리가 다 베델(하느님의 집)인 것이다"[05]라고 넓게 해석하는 것도 옳지만, 하느님의 집이 실제로 사람의 힘으로 돌을 세움으로써 성별되었다는 사실도 중요하게 여겨야 한다. 사람은 실제로 지음으로써만 존재할 수 있다. 사람은 짓지 않고는 그 거룩한 자리를 마음에 계속 그릴 수 없다. 우리가 서 있는 들판만을 강조한다고 인간의 손으로 지은 성당의 존재 이유를 낮게 볼 수는 없다.

틴토레토(Tintoretto)가 그린 〈야곱의 사다리〉(1578)[2-3]에는 사다리가 아니라 우리가 사는 세상에 지어진 건축물의 돌계단이 한없이 이어져 있다. 그리고 신비한 구름에 감싸여 있는 저 끝에는 하느님이 내려다보고 계시는 것으로 묘사되어 있다. 이러한 모습의 〈야곱의 사다리〉는 영국의 바스 대수도원 성당의 정면 파사드[2-4] 좌우에도 조각되어 있다. 천사들이 정면 좌우의 두 사다리로 천국을 향해 열심히 기어 올라가고 있는데, 날개가 있는데도 기어 올라간다. 모두 성당의 공간적 이미지가 어디에서 출발하고 있는가를 나타낸다. 한스 멤링(Hans Memling)이 그린 세 폭 제단화 〈최후의 심판〉 중 왼쪽 그림인 '성 베드로와 함께 하늘의 문에 있는 축복받은 이들'(1467~1473)[2-5]에는 천국이 성당이고 하늘의 문이 성당의 문으로 그려져 있다. 천국의 문에서 천사들이 마중 나와 구원을 받은 이들에게 옷을 입혀주고 있다.

수많은 성당이 그렇지만 리미네의 산 토마소 성당(San Tommaso in Limine, Bergamo, 12세기)[2-6]에서 보듯이, 돌로 원통을 만들고 그 안에 기둥을 세우고 아치를 틀어 다른 원통을 만들었다. 그리고 그 위에 아치의 열을 올리고

[2-3] 〈야곱의 사다리〉
(야코보 틴토레토, 1578)

05 송봉모, 《집념의 인간 야곱》, 바오로딸, 2004, 91쪽.

[2-4] 바스 대수도원 성당, 영국

[2-5] 세 폭 제단화 〈최후의 심판〉 중 왼쪽
'성 베드로와 함께 하늘의 문에 있는 축복받은 이들'
(한스 멤링, 1467~1473)

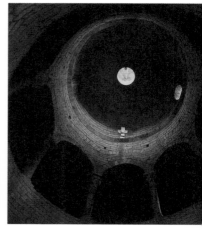

[2-6] 리미네의 산 토마소 성당과 내부, 이탈리아 베르가모

성당, 빛의 성작

또 그 위에 둥근 지붕을 만들었으며, 다시 그 위에 랜턴을 두어 저 꼭대기에서 빛이 비쳐 들어와 공간 전체를 채우게 했다. 돌로 만들 수 있는 원형의 벽과 아치와 돔만으로 내부의 공간에 하늘을 향한 수직성을 만들기 위함이었다. 밖에서 보면 이 성당의 규모는 그리 크지 않다. 그러나 작은 공간이지만 벽과 아치와 기둥 그리고 돔이라는 당시의 몇 개 안 되는 구조 방식으로 하늘을 향하고자 하는 바람을 구축했다. 제대 위로 솟아오르는 원통의 소박한 수직 공간은 '야곱의 사다리'와 그것을 기념 기둥으로 세운 야곱의 구축 행위에 대한 건축적 해석이었다. 아래에 있는 원형의 벽은 사람을 에워싸는 땅이요, 꼭대기의 돔은 하느님이 만드신 하늘이다. 이 해석은 오늘에도 마찬가지다. 제대 위는 수직의 '야곱의 사다리'가 충분히 표현되어야 한다.

야곱이 하느님의 집을 세우고 이 고장의 이름인 루즈를 베델(Bethel)로 바꾸었다. 베델은 '베트 엘(beth El, house of God)', 곧 '하느님의 집'이라는 뜻이다. 하느님의 집은 세우는 것만으로 완성되지 않는다. 하느님의 집은 그것이 세워진 땅의 의미도 주변 지역의 성격까지도 바꾼다. 고장의 이름까지 베델, 곧 '하느님의 집'이라고 이름 붙인 야곱의 행동은 하느님의 집을 세우는 행위가 미치는 범위가 그토록 넓다는 것을 나타낸다.

그래서 《가톨릭교회 교리서》는 하느님께 예배를 드리기 위한 눈에 보이는 교회 건물은 신자들이 모이는 장소이면서 "그 지역에 살아 있는 교회, 그리스도 안에서 화해하여 하나가 된 사람들과 함께 하느님께서 머물러 계시는 교회를 의미하고 드러내 보인다"(1180항)[06]고 가르친다. 성당이라는 건물이 해야 하는 역할은 첫째 신자들이 모이는 장소이지만 그것으로 끝나지 않는다. 그것은 그 지역에 살아 있는 교회를 나타내고 눈에 보이게 하는 것이다. 이때 "나타내고 눈에 보이게 한다"는 것은 교회(Church)가 있는 지역의 신자들뿐 아니라 모든 사람들에게 드러난다는 뜻이다. 로마노 과르디니는 "하느님의 집에서는 탑이 하늘로 우뚝 솟아, 말하자면 대기를 하느님의 것으로 차지한다"[07]고 말

---

06 "These visible churches are not simply gathering places but signify and make visible the Church living in this place, the dwelling of God with men reconciled and united in Christ."

07 로마노 과르디니, 《거룩한 표징》, 장익 옮김, 분도출판사, 2000, 92쪽.

했는데, 하느님의 집은 그것이 세워진 곳을 하느님의 것으로 만든다는 뜻이다. 이처럼 성당은 주변 지역을 향해 그리스도교 공동체를 드러내는 뛰어난 구조물이다.

성막, 함께 움직이는 하느님의 집

"주님께서 이렇게 말씀하신다. '하늘이 나의 어좌요 땅이 나의 발판이다. 너희가 나에게 지어 바칠 수 있는 집이 어디 있느냐? 나의 안식처가 어디 있느냐?'"(이사 66,1). 이런 하느님께서 광야를 지나갈 당신의 백성들을 불쌍히 여기시고 그들과 함께하기 위해 당신께서 머무는 집을 직접 설계해주셨다.

하느님의 집인 성막(聖幕)[2-7]은 하느님께서 계획하고 지으신 집이지, 하느님이 그 안에 계시도록 사람이 지어 바친 집이 아니었다. 모세의 성막은 백성이 움직일 때마다 그 백성과 함께하고자 지시하신 것이다. 성막은 광야에서 움직이는 이스라엘 백성이 천과 나무 등으로 만들어 간단하게 분해해 쉽게 옮길 수 있게 한 이동용 성전이었다. 기물들도 어깨에 메고 다닐 수 있게 고리와 채를 두었다.

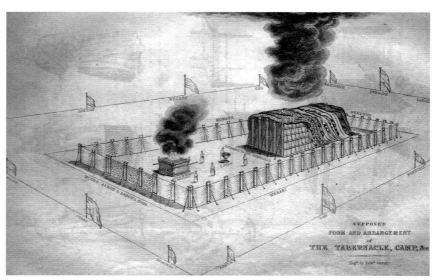

[2-7] 모세의 성막

성당, 빛의 성작

하느님께서 당신이 머물 성막을 짓게 지시하신 내용은 아주 구체적이었다. 탈출기 25장에서 31장까지는 제목만 보아도 지시하신 순서를 알 수 있다. 먼저 하느님께서는 당신의 현존을 나타내는 계약 궤, 제사상, 등잔대를 말씀하셨다. 그러고 나서 천막을 짓는 재료와 크기, 색깔, 연결하는 방법을, 그다음은 내부 공간을 위한 성막에 쓸 목제품과 휘장, 제단을, 그리고 외부공간인 성막 뜰, 조명 설비인 등불 등을 말씀하셨다. 이 순서는 오늘의 건축 설계의 순서와도 대략 일치한다. 여기까지가 성막의 공간적 조건이다.

그다음 공간 안에서 사제가 어떤 모습이어야 하는가가 중요했다. 사제들의 복장, 서품식과 같은 사제 임직식 준비 등이 뒤따른다. 그러고 나서 시공자인 성막 제조 기술자도 정해주셨고, 마지막으로 성막의 시간적 조건인 안식일도 정해주셨다. 하느님께서는 이렇게 당신의 집에 대한 공간과 사람과 시간의 조건을 차례대로 지시하셨다.

탈출기 26장은 특히 성막을 어떻게 만들 것인가를 자세히 적고 있다. "너는 가늘게 꼰 아마실, 자주와 자홍과 다홍 실로 짠 천 열 폭으로 성막을 만들어라. 커룹[08]들을 정교하게 수놓아 그 폭을 만들어야 한다. 각 폭의 길이는 스물여덟 암마,[09] 각 폭의 너비는 네 암마로 하되, 폭마다 치수를 같게 하여라. 다섯 폭을 옆으로 나란히 잇고 다른 다섯 폭도 옆으로 나란히 이어라. 그리고 나란히 이은 것의 마지막 폭 가장자리에 자주색 실로 고[10]를 만들고, 나란히 이은 다른 것의 마지막 폭 가장자리에도 그와 같이 하여라. 폭 하나에 고 쉰 개를 만들고, 이것과 이을 다른 마지막 폭의 언저리에도 고 쉰 개를 만들어, 그것들을 서로 맞물리게 하여라. 그리고 천막의 폭 가운데에서 여분으로 남는 부분, 곧 여분으로 남는 반 폭은 성막 뒤로 늘어뜨려라. 천막 폭 길이에서 양쪽으로 한 암마씩 남는 것은 성막 양쪽으로 늘어뜨려 덮어라."

---

08 커룹(Cherub, 복수는 케루빔Cherubim)은 구약성경과 요한묵시록에 등장하는 초자연적인 존재의 이름으로 세라핌 다음의 두 번째 계급의 천사다. 아담과 하와가 떠난 에덴을 이들이 지키고 있다고 믿었다(창세 3,24). 그런 까닭에 '계약 궤'에 커룹들을 새겼고(탈출 25,18-22) 성전의 지성소에도 나무로 만든 커룹들을 세워두었다(1열왕 6,23-28).

09 '암마(ammah)'는 길이의 기본 단위로서 팔꿈치에서 가운뎃손가락 끝까지 길이로 통상 45~54㎝ 정도였다.

10 옷고름이나 노끈 따위의 매듭이 풀리지 않도록 한 가닥을 고리처럼 맨 것.

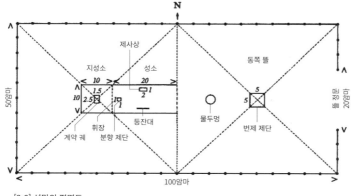

N

제사상

지성소　　성소

동쪽 뜰

10

20

50암마

1.5

10　2.5

10

5

번제 제단

5

20암마

물두멍

계약 궤　분향 제단

휘장

등잔대

100암마

[2-8] 성막의 평면도

　이 장을 읽으면 수치가 계속 나와 어디를 구체적으로 말하는지 평면도[2-8] 를 머릿속에 그리지 않고 읽는 것만으로는 이해하기가 어렵다. 그러나 이 앞부 분에서 제일 중요한 것은 폭과 너비를 일정하게 하고 이것을 반복해서 사용하 라는 것이다. 처음부터 성막에 쓰일 폭의 치수를 같게 하고 막을 세울 널빤지 의 길이와 너비를 일정하게 정하며 고의 개수를 정한 것은 이동할 때 해체해 일정하게 포개서 운반하고, 장소를 옮겨 다른 곳에 세울 때도 같은 방법으로 세울 수 있게 하기 위함이었다.

　성막을 에워싸는 영역 전체는 동서변이 50암마(22.5m)이고 남북변이 100 암마(45m)다. 예전에는 암마를 라틴어로 큐빗(cubit)이라 했다. 외곽은 청동 받 침에 기둥을 세워서 휘장을 쳤는데, 10암마를 기준 단위로 하여 반복했다. 이 10암마는 다시 각각 5암마의 폭 두 장을 이어 한 단위를 이룬다.

　배치도로 보면 성막이 시작되는 부분의 정사각형과 성막 뜰인 정사각형은 각각 50×50암마로 같다. 그러니까 성막 영역 전체는 50×50암마인 정사각형 두 개를 합친 것이다. 성막이 있는 정사각형의 대각선이 만나는 지점에는 계약 궤가 놓이고, 성막 뜰인 정사각형의 대각선이 만나는 지점에는 번제 제단이 놓 인다. 성막의 크기는 가로 10암마이고 세로가 30암마이다. 성막 문은 동쪽을 향했다. 성소와 지성소는 하나의 천막 안에 칸막이를 쳐서 나누었다. 지성소는 10×10암마이고 성소는 10×20암마여서 지성소와 성소의 크기는 1 : 2이다. 높 이는 5암마(2.25m)다.

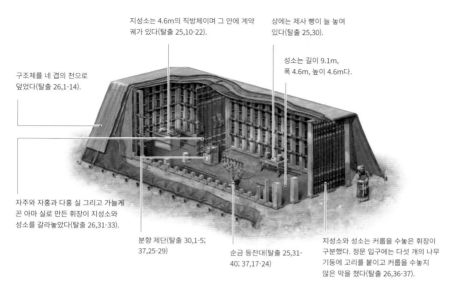

지성소는 4.6m의 직방체이며 그 안에 계약
궤가 있다(탈출 25,10-22).

상에는 제사 빵이 늘 놓여
있다(탈출 25,30).

성소는 길이 9.1m,
폭 4.6m, 높이 4.6m다.

구조체를 네 겹의 천으로
덮었다(탈출 26,1-14).

자주와 자홍과 다홍 실 그리고 가늘게
꼰 아마 실로 만든 휘장이 지성소와
성소를 갈라놓았다(탈출 26,31-33).

분향 제단(탈출 30,1-5;
37,25-29).

순금 등잔대(탈출 25,31-
40; 37,17-24).

지성소와 성소는 커룹을 수놓은 휘장이
구분했다. 정문 입구에는 다섯 개의 나무
기둥에 고리를 붙이고 커룹을 수놓지
않은 막을 쳤다(탈출 26,36-37).

[2-9] 모세의 성막 일러스트레이션

이렇게 해서 성막은 뜰, 성소, 지성소로 나뉜다.[2-9] 성소에는 사제가 들어가고 지성소에는 대사제만이 들어갈 수 있지만, 성막의 뜰에는 이스라엘 백성 누구나 들어갈 수 있었다. 번제 제단이 있는 성막 뜰은 구원의 장소였으며, 백성은 이 성막의 뜰에서 기도하고 찬미했다. "그분의 천막에서 환호의 희생 제물을 봉헌하고 주님께 노래하며 찬미 드리리라"(시편 27,6).

모세가 밑받침을 놓고 널빤지를 깔기 시작해, 천막과 제단 사이에 물두멍을 놓고 그것에 씻을 물을 담아 성막을 완성할 때까지 성경은 "이는 주님께서 모세에게 명령하신 대로였다"는 말을 일곱 번 되풀이한다. 이는 성막을 건축하는 것을 이레 동안의 천지창조를 재현한 것으로 본 것이다.[11] 하느님 백성이 지은 성막에 사람들이 들어온 것은 하늘과 땅이 만난 것을 뜻한다. 오늘날 성당이 완성되는 것은 천지를 창조한 것이고, 성당을 통해 하늘과 땅이 이어진다.

하느님의 성막은 이동하는 이스라엘 백성들과 함께 했다.[2-10] 백성이 움직이

---

11   교황 베네딕토 16세(요셉 라칭거), '거룩한 장소–교회 건물의 의미', 《전례의 정신》, 정종휴 역, 성바오로, 2008,
      33~34쪽.

[2-10] 백성과 함께 머문 성막

면 하느님의 집인 성막도 움직이고, 백성이 멈추면 성막도 멈췄다. 하느님께서
는 이렇게 이스라엘 백성과 함께 계시고 함께 움직이셨다. 이스라엘 백성은 하
느님의 성막을 한가운데 두고 서로 마주보며 살았다. '하느님의 집(domus Dei)'
은 백성들과 함께했고, 백성은 '하느님의 집'과 함께 있었다.

　　성막은 영어로 '터버너클(tabernacle)'이다. '터버너클'은 성당에서 성체를 모
시는 감실의 영어 이름이기도 하다. 이는 히브리 말로 미쉬칸(mishkan, מִשְׁכָּן)
이라 하는데, '거주하고 계시는 곳(dwelling place)'이라는 뜻이다. "그들이 나
를 위하여 성소를 만들게 하여라. 그러면 내가 그들 가운데에 머물겠다. 내가
너에게 보여주는 성막의 모형과 온갖 기물의 모형에 따라 모든 것을 만들어
라"(탈출 25,8-9).[12] 거주(dwelling)란 일정한 곳에 머물러 사는 것인데, 이는 죽
을 운명에 놓인 인간에게만 해당한다.

　　하이데거는 '거주하기'를 이렇게 설명했다. "거주하기란 땅(earth) '위'에

12　They shall make a sanctuary for me, that I may dwell in their midst. This Dwelling and all its furnishings
　　you shall make exactly according to the pattern that I will now show you.

성당, 빛의 성작

서, 하늘(sky) '아래'에서, 신이라는 무한자(divinities) '앞'에서, 그리고 유한자(mortals)인 인간의 공동체와 '함께' 나타나는 네 가지 방향성, 곧 사방세계(四方世界, Geviert, fourfold)를 간직한다." '땅 위에서'는 공간을, '하늘 아래에서'는 변화하는 시간을, '신이라는 무한자 앞에서'는 기다림과 희망을, 그리고 '유한자인 인간의 공동체와 함께'는 사람들이 모여 사는 것을 말한다. 이렇게 위에서, 아래에서, 앞에서, 함께 에워싸여 사는 것이 하이데거가 말하는 인간의 거주다. 하이데거는 사람은 집을 지음으로써 거주하고 생각한다고 했다. 흔히 거주한다는 말을 단지 어디에서 살고 있다는 정도로 이해하지만, 거주함이란 인간이 이 세상을 살아가는 것 자체이며 근거다.

따라서 '거주하고 계시는 곳', 즉 성막을 지으면 "내가 그들 가운데에 머물겠다"는 말씀은 하느님께서 인간의 삶 속에 깊이 들어오시겠다는 뜻이다. 그러나 하느님께 거주라는 말은 적용될 수 없는 말이다. 하느님은 세상 어느 곳에나 계시면서 어떤 장소에도 얽매이시지 않는다. 그런 하느님께서 당신의 백성

[2-11] 〈제자들의 영성체〉 (프라 안젤리코, 1442)

들과 함께 머물기 위해 당신의 집인 성소를 만들게 하셨다. 오늘날의 성당도 하느님께서 당신의 백성들과 함께 거주하려고 지으시는 것이다.

프라 안젤리코(Fra Angelico)가 그린 〈제자들의 영성체〉[2-11]을 살펴보자. 화가는 예수 그리스도께서 사람과 함께 거주하고 계시는 것을 그렸다. 다른 화가들이 그린 〈최후의 만찬〉은 식탁에 예수님께서 앉아 계시고 음식이 있으며 그 주위를 제자들이 둘러싸고 있는 것이 많다. 그런데 이 그림에서는 예수님께서 움직여 한 사람 한 사람에게 먹이신다. 식탁 위에는 아무런 음식도 없다. 8명이 앉아 있고 네 제자는 무릎을 꿇고 바닥에 앉아 있다. 앞에 있는 의자 4개는 주님께서 움직이기 위해 비워 둔 것처럼 보인다. 그러나 이는 후대에 나타날 그리스도인들의 자리를 상징하고 있다. 이 그림은 광야의 이스라엘 백성과 함께 움직이려고 성막을 짓게 하신 하느님께서 오늘날에는 직접 움직여 성체를 나누어주시는 예수 그리스도로 오시고 있음을 그린 것이다.

성전, 종교의 구심점

성경에는 성전(聖殿, Temple)과 회당(synagogue)이라는 교회 건물에 대한 두 개의 개념이 있다. 이집트 탈출 후 40년간의 광야 생활이나 가나안을 정복한 이후 판관 시대에는 계약 궤를 모신 '성막'이 정치·종교·사회 문제의 구심점이었다. 그러나 점차 민족이 모두 모여 하느님을 섬기는 중심인 성전이 나타났다. 성전은 하느님께서 이스라엘 민족과 언제나 함께하심을 드러내는 곳으로서 오직 예루살렘에만 있었다.

다윗은 통일 왕국을 건설하고 성전을 짓고자 했으나, 하느님께서는 신전과 같은 집에 머물지 않는다며 성전을 짓지 말라고 하셨다. "내가 살 집을 네가 짓겠다는 말이냐? 나는 이집트에서 이스라엘 자손들을 데리고 올라온 날부터 오늘까지, 어떤 집에서도 산 적이 없다. 천막과 성막 안에만 있으면서 옮겨 다녔다. 내가 이스라엘의 모든 자손과 함께 옮겨 다니던 그 모든 곳에서, 내 백성 이스라엘을 돌보라고 명령한 이스라엘의 어느 지파에게, 어찌하여 나에게 향백나무 집을 지어주지 않느냐고 한마디라도 말한 적이 있느냐?"(2사무 7,5-7).

다윗이 계획한 성전은 그의 아들 솔로몬에 의해 이루어져 기원전 968년에

성당, 빛의 성작

시작하여 7년 후에 완성됐다.[2-12] 솔로몬 시대의 성전 건축 과정과 성전의 세부에 대해서는 열왕기 상권 6~8장과 역대기 하권 1장 18절~5장 1절에 묘사되어 있다. 솔로몬 성전은 안뜰과 바깥뜰로 나뉘었는데, 성전은 대략 정사각형으로 된 안마당에 동서 방향으로 길이 60암마(28~32m), 너비 20암마(9~11m), 높이 30암마(13.5~16m)로 지어졌다.[2-13, 14] 정면에서 보아 안뜰의 오른쪽에는 계단으로 올라가는 네모난 청동 제단이 있고, 왼쪽에는 사제들이 몸을 씻는 정결례를 위한 청동제 물통(청동 바다)을 황소 12마리가 한 방향에 3마리씩 동서남북 네 방향에서 받치고 있다.

성전은 성막처럼 앞에는 뜰이 있고, 건물 안은 입구 문랑에 해당하는 부분, 성소와 지성소로 나뉜다. 성소와 지성소 사이에는 높은 계단이 있고 휘장이 쳐져 있다. 성전의 세 부분은 각각 성당의 문랑, 회중석, 제단에 해당한다. 안뜰에서 성소로 들어가는 문랑의 좌우에는 높은 청동 기둥이 서 있는데, 솔로몬은 성소 오른쪽 기둥을 '야킨', 왼쪽 기둥을 '보아즈'라 불렀다. 성소는 길이가 40암마(18~21m)로 천장은 향백나무, 바닥은 방백나무 판재로 마감되었으며, 높은 벽에 네모난 창을 두어 빛이 들어오게 했다. 그리고 좌우에는 다섯 개씩 열 개의 등잔대, 향을 피우는 금제단, 제사상이 놓여 있다. 성소 안쪽에는 계약 궤를 모신 지성소가 있다. 지성소는 폭이나 길이와 높이가 모두 20암마였고

[2-12] 솔로몬 성전 성소 3D 모델 (브라이언 올슨)

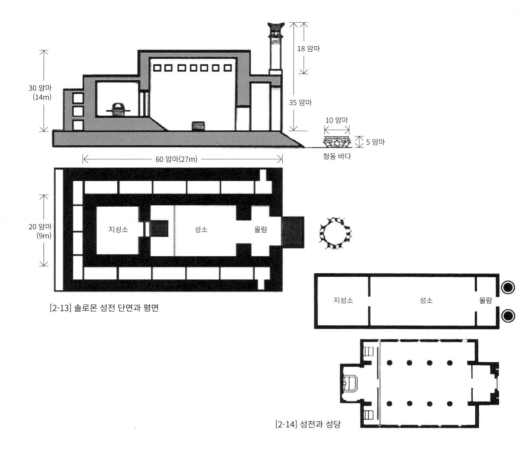

30 암마
(14m)

18 암마

35 암마

10 암마

5 암마

청동 바다

60 암마(27m)

20 암마
(9m)

지성소

성소

울람

[2-13] 솔로몬 성전 단면과 평면

지성소

성소

울람

[2-14] 성전과 성당

향백나무에 순금을 입혔다.

그 후 바빌론은 성전을 파괴했고 즈루빠벨이 바빌론이 파괴한 성전을 다시 지었다(에즈 5,1 이하). 이 성전은 기원전 169년 시리아의 안티오코스 4세에 의해 다시 파괴되었다. 기원전 20년경부터 대(大) 헤로데가 세 번째로 성전을 재건했다. 헤로데가 지은 성전[2-15]은 아주 넓어서 동서 길이는 300m이고 남북으로 450m였다. 성전의 문은 서쪽에 네 개, 남과 북에 한 개, 동쪽에 두 개가 있는데, 유대인들은 예루살렘 동문 중 '황금 문'을 통해 성전으로 들어갔다.

황금 문을 통해 성전에 들어서면 아주 넓은 '이방인의 뜰(Court of the Gentiles)'[2-16]이 나온다. 이것은 헤롯이 제2성전(즈루빠벨의 성전)을 개축하고 확장하면서 생긴 마당이다. 이 마당은 성전에 속한 곳이 아니고, 이방인들도 들어와서 하느님께 예배드리게 한 곳도 아니었다. 때문에 이곳에서는 자유롭

성당, 빛의 성작

[2-15] 헤로데 성전

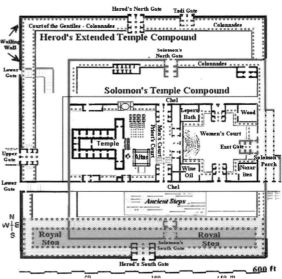

[2-16] 솔로몬 성전과 헤로데 성전 복합체 다이어그램

게 왕래하며 장사도 할 수 있었다. 예수님께서 이곳을 장사와 환전하는 곳으로 더럽혔다고 분노하셨다.(요한2, 13-22) 그곳에서 장사를 해서가 아니라, 장사를 하면 안 되는 제사장과 레위인들이 나와 제사와 관련된 제물을 팔고 이에 필요한 환전을 하며 폭리를 취했기 때문이었다.

유대인만이 이방인의 뜰을 지나 헤로데 성전 안으로 들어갈 수 있었다. 유대인 여인도 성전 앞에 있는 '여인의 뜰'까지만 들어갈 수 있었다. 다시 이곳에서 계단을 올라가면 좁고 긴 '이스라엘의 뜰'이 나타나고, 아름다운 청동문을 지나면 '사제의 뜰'이 나타난다. '사제의 뜰'에는 희생 제물을 도살하는 곳, 제물을 위한 제단, 정결 예식을 위한 청동 물두멍이 있다. 성전의 성소는 솔로몬 성전의 성소와 길이, 폭, 높이가 똑같았고, 성소와 지성소는 휘장으로 구분돼 있었다. 예수님께서도 '헤로데 성전'에 가셔서 하느님께 기도하셨다.

회당, 신앙 공동체의 상징

시나고그(synagogue)는 유대교 회당의 이름으로, 유대교 집회의 중심지이고 신앙 공동체의 상징이었다. '시나고그'란 모임을 뜻하는 고대 그리스어 '시나

고게(synagōgē)'에서 나왔다. 히브리어로는 '베트 크네세트(bet kenesset, house of assembly)' 또는 '베트 테필라(bet tefila, house of prayer)'라고 한다. '시나고게' 는 '함께'를 뜻하는 '신(συν)'과 '배움'을 의미하는 '아고게(αγωγή)'가 합쳐진 말이므로 '함께 모여 무엇인가를 배우는 장소', 곧 함께 모여 하느님의 말씀을 듣고 배우는 장소라는 뜻이다.

회당(시나고그)이 언제 생겼는가에 대한 직접적인 증거는 아직 없지만, 가장 널리 받아들여지는 주장은 기원전 6세기 바벨론 포로 시대에 예루살렘 성전이 무너지고 바벨론으로 끌려간 사람들이 유대인의 정체성을 지키기 위해 세웠다는 것이다. 유대인들이 흩어지게 되자 지역마다 회당을 지어 예배를 드렸다. 1세기에는 회당이 예루살렘에만 480여 개나 있었으며 팔레스타인 지역 밖에 흩어져 있던 유대인 거주지인 디아스포라에도 1,000여 개가 있었다. 회당에서는 대개 토라를 읽고 가르치며 듣고 배우며 기도하고 유대인의 구전으로 내려오는 법과 전통을 집대성한 책인《미쉬나(Mishnah)》를 공부했다.

회당은 유대인의 거주지에 널리 분포한 교육의 장이며 사회활동의 장이었다. 예루살렘 성전은 종교적 구심점이지만, 회당은 하느님의 율법을 듣고 예배하기 위해 모이는 장소였으며, 디아스포라 공동체에서는 회당이 성전을 대신했다. 회당의 가장 큰 특징은 성전과 달리 평신도들이 중심이 되어 모든 예식을 거행했다는 점이다. 예수님과 사도들이 유대인에게 하느님 나라의 복음을 선포한 곳도 주로 회당이었다.

회당은 주택이 모여 있는 곳보다 높은 데 세워졌다. 일반적으로 직사각형 평면이며, 그중의 한 변은 예루살렘을 향하게 하고 회중은 반드시 예루살렘을 향해 앉는다. 회당은 장엄한 희생제사가 봉헌되는 성전과 같이 제사를 드리는 장소가 아니므로 제단이 없다. 회당의 중심은 '아론 하코데쉬(지성소)'이며, 이곳에는 성전의 지성소처럼 휘장을 치고 그 안에 '테바(궤)'를 두었다. 휘장을 친 지성소 앞에는 늘 등불을 켜놓았다. '테바'란 본래 아기 모세가 담겨 있었던 바구니를 말한다. 평면 한가운데에는 율법을 낭독하고 설교하는 '베마(bema, 강론대)'가 단 위에 놓이고, 그 위에 두루마리 성경을 올려놓았다. 예수님께서도 고향 나자렛 회당에서 독서자에게 넘겨받은 두루마리 성경에서 이사야서 58

장 6절을 봉독하시고 "오늘 이 성경 말씀이 너희가 듣는 가운데에서 이루어졌다"(루카 4,21)고 선포하신 곳이 바로 이 베마였다. 예배가 시작되면 회중은 모두 일어서서 예루살렘을 향한다. 회당의 한가운데에는 남자가 앉고 여자들은 벽이 가까운 곳에 따로 앉는다.

성당이 바실리카에서 시작됐다고 설명하는 경우가 많다. 그런데 성당은 유대교의 회당의 전통을 많이 이어받았다. 베네딕토 16세는《전례의 정신》에서 이 점에 주목했다.[13] 먼저 회당에는 '모세의 자리'가 있었다. '모세의 자리'[14]란 모세에 이어 자신들의 가르침과 행동으로 하느님을 보여주어야 하는 역할을 하는 자리를 말한다. '모세의 자리'는 하느님의 말씀인 모세 오경이 보관된 궤를 우러러보며, 계약 궤를 잃어버리고 텅 비어 있는 예루살렘 성전의 지성소를 간절히 기다리는 자리다. 이런 이유에서 유대교 회당은 예루살렘 성전을 향해 지어졌다.

베네딕토 16세는 유대교 회당은 가톨릭 성당에서 이루어지는 말씀의 전례와 예루살렘 성전에서 거행되는 희생 전례라는 예배의 형식을 그대로 드러낸다고 말했다. 그리스도교는 많은 사람들이 모이던 고대 로마의 바실리카 건물 유형과 함께 유대교 회당의 예배 형식을 이어받았다. 초기 그리스도교에서는 유대인이면서 그리스도인이었던 이들이 회당에 모였다. 초기 교회 건축물에서 전례를 위한 두 자리는 회당에서 나왔다. '베마'를 중심으로 복음서의 옥좌, 주교의 자리, 강론대가 생겼고, 평신도들은 사제와 함께 예루살렘 성전을 대체하여 재림하시는 그리스도를 맞이하기 위해 동쪽을 향했다.

유대교의 회당 평면은 성당의 평면과 많이 닮아 있다. 직사각형 평면의 앞에는 정문이 서쪽에 위치하며 그 앞에는 포티코가 있다. 예루살렘의 올드 시티의 유대인 쿼터에 있는 후르바 회당(Hurva Synagogue)[2-17]에서 보듯이, 계약 궤는 세 단 이상 높은 가장 중요한 자리에 놓는다. 모세 오경과 예언서를

---

13   교황 베네딕토 16세(요셉 라칭거), '거룩한 장소-교회 건물의 의미',《전례의 정신》, 정종휴 역, 성바오로, 2008, 76~86쪽.

14   마태오 23, 1-3 "그때에 예수님께서 군중과 제자들에게 말씀하셨다. 율법 학자들과 바리사이들은 모세의 자리에 앉아 있다. 그러니 그들이 너희에게 말하는 것은 다 실행하고 지켜라. 그러나 그들의 행실은 따라 하지 마라. 그들은 말만 하고 실행하지는 않는다."

[2-17] 후르바 시나고그, 이스라엘 예루살렘

[2-18] 미크베 이스라엘 시나고그 계획안
(루이스 칸의 스케치, 1963), 미국 필라델피아

낭독하는 작은 탁자인 알메마르(almemar 또는 bema, bimah)라는 단이 대체로 평면의 한가운데 놓이며, 위에는 닫집을 얹고, 단에는 난간을 두른다. 평면의 좌우 두 측면에는 남자들이 앉고 다른 용도로 남겨둔 갤러리에는 여자들이 앉는다. 계약 궤가 있는 변을 제외한 세 변에는 2층에 갤러리를 두기도 한다.

현재 필라델피아에 있는 미크베 이스라엘 시나고그(Mikveh Israel Synago-gue)계획안[2-18]도 이런 평면을 따르고 있다. 계획안을 그린 건축가 루이스 칸의 스케치(1963)를 보면 회당이 현대 건축으로 어떻게 해석되었는지를 생생하게 알 수 있다. 평면의 중심축에 계약 궤와 낮은 벽으로 둘러싸인 알메마르(베마)가 놓였으나, 두 요소가 상당히 떨어져 있다. 회당 안에 들어온 사람은 중심축을 지나지 못하고 비켜서 이 축과 나란히 배치된 두 영역에 앉았다.

성당, 빛의 성작

하느님을 말하는 '하느님의 집'

'수태고지(受胎告知)'는 천사 가브리엘이 마리아에게 나타나 예수 그리스도의 잉태를 예고한 사건을 가리킨다. '수태고지'는 성막의 다른 표현이다. 프라 안젤리코가 그린 〈수태고지〉(1435년 경, 마드리드 프라도 미술관)[2-19]도 이와 같다. 천사와 성모는 기둥으로 둘러싸인 어떤 집 안에 있다. 방 안의 천장은 짙은 푸른색에 수많은 별들이 그려져 있다. 천사와 성모 사이에 그려진 기둥 위의 원형 안에는 성부가 그려져 있고, 방 안에는 금빛을 내는 비둘기 모양의 성령이 그려져 있다. 집과 방 안은 우주이고 삼위일체이신 성부와 성자와 성령께서 함께 계신다. 프라 안젤리코의 〈수태고지〉는 삼위일체이신 하느님의 집인 성막을 표현한 것이다.

피렌체 두오모 성당 남쪽 벽면에는 로마네스크풍으로 만들어진 '수태고지' 부조[2-20]가 붙어 있다. 오래전부터 있던 부조를 이 자리에 놓았다. 왼쪽의 가브리엘 천사와 성모 사이에는 작은 건물이 있는데, 그 건물 안에는 가브리엘 천사의 인사말 "Ave Gratia Plena(은총이 가득한 이여)"라고 적혀 있다. 그리고 이 작은 건물과 성모 사이에는 "Ecce Ancilla Domini(보십시오, 저는 주님의 종입니다)"라고 적혀 있다. 가운데 건물의 지붕 위에는 손이 보이는데 자세히 보면 오른손이 둥근 지붕을 덮고 있다. 성부의 손이다. 지붕 안쪽으로는 성령의 비둘기가 있다. 피렌체 두오모 박물관에는 이 남쪽 벽면의 부조와 같은 구도로 아르놀포 디 캄비오(Arnolfo di Cambio)가 1300년 무렵에 만들었다는 '수태고지' 부조[2-21]가 있다. 마찬가지로 왼쪽의 가브리엘 천사와 오른쪽의 성모 사이에 기둥으로 받쳐진 둥근 지붕의 작은 건물이 있다.

두 부조에서 둥근 지붕의 작은 건물은 성막이고 '하느님의 집'이다. 이 성막은 탈출기에 나오는 천막으로 되어 있지 않고 고전 건축의 기둥 위에 돔이 덮혀 있다. 그리고 자궁 안에 예수님을 잉태하신 성모도 '하느님의 집'이다. 이로써 하느님의 집은 성자 예수 그리스도를 품게 되었다.

중세 대성당은 그 안에 있는 모든 것이 하느님께서 짜주신 장대한 서사로 하느님을 이야기해준다. 대성당의 제대, 회중석(네이브nave), 창, 종탑, 볼트, 정면, 장미창, 미로 등은 예수 그리스도를 이 세상에 전해준다. 성당의 회중석은

[2-19] 〈수태고지〉 (프라 안젤리코, 1435년 경)

[2-20] 피렌체 두오모 성당 남쪽 벽면의 '수태고지' 부조

[2-21] 피렌체 두오모 박물관의 '수태고지' 부조(아르놀포 디 캄비오, 1300년경)

성당, 빛의 성작

예수 그리스도께서 굳건한 배이고, 성당 안의 빛은 그분이 어둠을 이기는 하느님의 참된 빛임을 말한다. 제대는 그분은 모든 능력을 베푸는 중심이자 가장 낮은 곳에 오신 구세주이시고, 십자평면은 우리를 위해 십자가에 못 박히심을 말해준다. 둥근 천장에 그려진 예수 그리스도의 모습과 그분을 찬양하는 천사들은 그분께서 온누리의 왕이시고 심판자이심을 말한다. 따라서 고딕 대성당을 아는 것은 그리스도를 아는 것이다. 이처럼 성당은 그분 안에 있는 형태요 이미지다. 성당 안을 걷고 기도하며 그것을 보고 만지는 것은 하느님의 외아들을 가깝게 뵙는 것이다.

라벤나에는 산 비탈레 성당(Basilica of San Vitale)[2-22, 3-17]이 있다. 이 성당은 525년에 시작하여 548년에 축성되었다. 짓기 시작한 그다음 해인 526년에 오스트로 고딕 제국(Ostro-Gothic)의 황제 테오도릭(Theodoric)이 죽었다. 그는 이단인 아리우스파의 황제였다. 아리우스파는 성자는 시작은 있지만 성부는 본질적으로 시작이 없으므로, 성자는 피조물이라고 봄으로써 반(反)삼위일체를 주장했다. 교회는 325년 니케아 공의회를 소집해 아리우스파를 단죄했다. 그런데 아리우스파가 오스트로 고딕 제국의 수도인 라벤나에 다시 나타났다.

산 비탈레 성당은 아리우스파의 수도의 심장부에서 삼위일체에 대한 신학적 논쟁을 건축적으로 대답한 것이었다. 곧 이 성당은 삼위일체와 육화의 신비 그리고 상호 내재성인 '페리코레시스(perichoresis)'를 건축적으로 표현해 아리우스파의 주장을 단죄하고 있다. 제단 옆 위에는 아벨과 멜키체덱의 희생이 예수 그리스도의 진정한 희생 제단에 바쳐지고 있고, 그 위로 이를 기쁘게 받아들이시는 성부의 손이 그려져 있다. 이렇게 하느님의 본질이 하느님의 집 안에 그려져 있다.

평면을 보면 제단이 바깥의 주보랑(周步廊, ambulatory)을 잘라버리면서 길게 반원제단(apse)을 향해 뻗어 있다. 이것은 중심형 성당의 상징적인 의미에 방향성을 가진 제단을 두기 위함이었다. 이렇게 하면 중심형이 깊이를 가지고 전례상의 움직임에 대응할 수 있다. 가운데는 제단, 좌우에는 제의와 성경을 보관하는 '디아코니콘(diaconicon)'과 빵과 포도주를 준비하는 '프로테시스(prothesis)'라는 두 개의 방이 있다. 이는 지성소를 세 부분으로 구성하기 위함

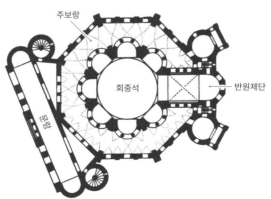

주보랑

회중석

반원제단

현관

[2-22] 산 비탈레 성당과 평면, 이탈리아 라벤나

성당, 빛의 성작

이었다. 평면도 외곽에는 주보랑이, 그 안으로는 7개의 반원의 아케이드로 이행하는 구역으로, 다시 그 안 중심에는 8각형의 공간이 동심원으로 겹쳐 있다. 그뿐만 아니라 단면에서도 위아래가 세 부분으로 되어 있다. 8각형은 음계가 8음계인 조화를 나타낸다.

벽마다 창문이 세 개다. 1층과 2층의 아케이드도 세 개의 아치로 되어 있다. 그리고 제단을 회중석과 주보랑으로 확장한 것은 셋이면서 하나인 성부, 성자, 성령의 세 위격의 상호 내재성을 나타낸다. 이처럼 건축의 구조와 공간은 삼위일체의 하느님을 확증하도록 지어졌다. 곧 벽, 기둥, 창, 지붕이라는 건축적인 요소가 모두 하느님의 본질을 표현하고 있다. 건물의 구조와 공간이 하느님의 육화를 말하고 있는 것이다. '수태고지'와 같은 하느님의 성막, 산 비탈레 성당과 같이 성당은 삼위일체의 하느님을 말하는 하느님의 집이어야 한다.

하느님 백성의 집

성당

'교회 건축'은 대체로 성당, 경당, 미사와 간접적으로 결부되는 수도원, 신자의 회관, 여러 종교적 단체의 회관, 사제관 등을 통틀어 이르는 말이다. 교회 건축은 예수 그리스도를 구세주로 따르는 인간의 공동체를 위한 공간, 교회라는 신앙 공동체를 담는 건축물이다. 성당은 교회 건축의 하나지만, 넓은 의미에서 성당은 하느님 경배를 위해 지정된 모든 건물을 말한다.

성당은 성체 안에 현존하시는 하느님이 거처하는 장소다. 성당은 하느님을 경배하기 위해 지정된 거룩한 건물이자 전례가 거행되는 거룩한 장소다. 성당에서는 성체성사를 거행하고, 하느님의 말씀을 들으며, 주님께 기도하고, 주님을 찬양하며, 거룩한 신비를 거행한다.[2-23]

성당은 신자들이 미사나 전례에 참여하기 위해 모이는 장소다. 그래서 성당이 어떤 집인지를 말해주는 짧은 표현이 많이 있다. 성당은 '하느님의 집이다', '성체 안에 현존하시는 하느님께서 거처하는 장소다', '만민이 기도하는 집이다', '하느님을 경배하기 위해 지정된 거룩한 건물이다', '신자들이 미사나 전례에 참여하기 위해 모이는 곳이다.'

[2-23] 성체성사 중 거양 성체 예식

　《가톨릭교회 교리서》는 이렇게 가르친다. "기도의 집은 성찬례가 거행되고, 성체가 보존되어 있으며, 신자들이 모이고, 우리를 위하여 희생의 제단에서 봉헌되신 우리 구세주이신 하느님의 아들의 현존을 공경하며 신자들의 도움과 위로를 받는 곳이므로, 아름다워야 하고 기도와 장엄한 성사[15]에 알맞아야 한다"(1181항). 요약하면 성당은 그분의 영광을 위한 장소요, 기도의 집이다. 성당은 하느님의 집이다. 성당이라는 건축물은 우리가 모이기 위해 또는 기도하기 위해 지어 바친 건물이기 이전에, 하느님께서 먼저 우리를 위해 마련해주신 선물이다. 성당은 이곳에서 당신 자녀들이 마음과 영혼의 쉼을 얻으라고 내려주신 '하느님의 집'이다.

　한편 성당이라는 건축물이 있기 이전에, 주님을 에워싸는 신앙의 사람들이 먼저 모였다. 이것은 그리스도교가 다른 종교와 아주 다른 점이다. 다른 종교는 신을 모시기 위한 건물을 만든다. 그러나 그리스도교는 하느님에게 부름을 받은 사람들이 모이기 위해 집을 만든다. 따라서 성당이라는 건물이 없어도 교회는 있다. 그러나 신자들이 모이지 않는 성당은 있을 수가 없다. 《로마

15　성사(聖事)란 보이지 않는 하느님의 은총을 보이는 표징(표지)을 통해 드러내주는 것을 말한다.

미사 경본 총지침》288항에 따르면 성당은 "거룩한 예식을 거행하고 신자들이 능동적으로 참여하는 데에 알맞아야"하는 거룩한 건물로, "참으로 품위 있고 아름다워야 하며 천상 실재에 대한 표지와 상징이 되어야 한다." 성당을 어떻게 짓는가에 따라 우리의 신앙 공동체가 복음의 정신에서 멀어지게도 되고 가깝게도 된다는 역사적인 증거는 많다.

"거룩한 행위를 거행하고"라는 말은 '하느님의 집'을, "신자들이 능동적으로 참여하는 데"라는 말은 '하느님 백성의 집(house of the Church)'을 뜻한다. 그래서 성당에는 '하느님의 집'과 '하느님 백성의 집'이라는 두 가지 표현이 있다. 성당은 하느님께서 머무시는 집이지만, 그 집은 당신의 백성 가운데 있고 그 안에 당신의 백성이 모이는 집이다. 매주 또는 매일 하느님을 경배하고 찬미하며 미사를 올릴 수 있는 거룩한 건축물. 마음이 괴롭고 하소연할 곳이 없을 때 주님을 찾아가 기도드릴 수 있는 본향과 같은 거룩한 건축물. 신앙을 같이하는 사람을 형제, 자매라 부르며 봉사하고 하느님 말씀을 공부할 수 있게 지어진 건축물. 이런 사람들이 모이기 위한 건물을 '성당'이라고 한다.

에클레시아와 키리아콘

영어 'church'는 건물인 성당은 물론이고 그곳에 모인 사람들을 나타내기도 한다. 왜 그렇게 되었을까? '교회'라는 말은 본래 건물을 말하지 않았다. '교회'는 예수 그리스도에 대한 믿음을 통해 새로운 구원의 계약을 맺은 사람들의 공동체를 가리킨다. 이를 '불러 모은 사람들'이라고 하여 '에클레시아(ecclesia)'라고 불렀다. 이런 설명은 이미 많이 들어보았을 것이다.

성경의 저자들이 교회를 말할 때 사용한 그리스어는 '에클레시아(ekklēsía)'였다. 그리스어 ekklesia(ἐκκλησία)는 '오라고 부르다'라는 동사에서 나온 말로, '부름을 받은 사람들의 모임'이라는 뜻이다. 'ek(어디에서 나와 어디로)'와 'kaléō(부르다)'가 합쳐진 말이다. 문자대로 말하자면 에클레시아는 "자기 집에서 나와 어떤 공적인 장소에 나오도록 부름을 받은 사람들의 모임"이라는 뜻인데, 이것이 "세상에서 나와 하느님께로 가도록 부름을 받은 백성"이라는 뜻으로 바뀌었다.

예수님께서 십자가에 돌아가시기 전날 밤에 제자들과 함께하신 최후의 만찬을 기념하는 영성체 예식을 라틴어로 'ritus communionis'라고 한다. 라틴어 communis는 'com-(함께)'+'unus(하나, 일치)'에서 나왔다. 하나로 일치한다는 뜻이다. 영어로 공동체를 뜻하는 '커뮤니티(community)'는 성체성사[16]에 참여하고 나눈다는 교회의 언어에서 나왔다.

초기 그리스도인은 전례를 거행하기 위해 건물을 사용했지, 신을 위한 성전이나 기념물로 건물을 사용하지 않았다. 성당은 '도무스 에클레시아(domus ecclesiae, house of the Church)'라 한다. '교회의 집', '하느님께서 불러내어 모인 사람들의 집', '하느님 백성의 집', '전례 회중의 집'이라는 말이다. 이 말은 4세기에 콘스탄티누스 황제의 역사가이자 그리스도교 최초의 교회사가인 에우세비우스(Eusebius)가 사용했을 정도로 오래되었다. 이 말이 줄어서 '에클레시아'라는 말은 교회라는 공동체도 뜻하고 그 공동체가 다니는 집도 나타낸다.

'교회'를 나타내는 다른 말로 '처치(church)'가 있다. 이것은 옛 그리스어로 '키리아콘(kȳriakón)'에서 나온 말이다. 'kyrios(주님)'와 'oikos(집, 건물)'라는 두 단어가 합쳐진 말이다. 그리스어로 오이코스(oikos)가 하느님의 이름과 함께 사용될 때는 '성전(temple)', '성소(sanctuary)'를 뜻했다. 그래서 '오이코스 테우(oikos theou)'는 하느님의 집(house of God)이고, '오이코스 퀴리우(oikos kyriou)'는 주의 집(house of the Lord)인데, 이 두 가지 표현은 흔히 사용된다.[17] 그러나 이것은 그리스어 '에클레시아'와는 다른 말이었다. '키리아코스(kȳriakós)'는 "주님(kŷros)께 속함"이라는 뜻이다(kŷr+-ios+-akos). 따라서 'church'는 주님의 장소(the place of the Lord), 주님의 집(the Lord's House), '하느님의 집(House of God)'을 의미한다.

'키리아코스'는 옛 영어로 키리케(cirice)였는데, 그 뜻은 공적인 예배 장소였다. 이것이 'churche(kerke)'가 되고, 다시 'church'가 되었다. 또 네덜란드 말

---

16 교회는 날마다 빵과 포도주를 예수 그리스도의 몸과 피로 변화시키는 성체성사를 거행하면서 예수 그리스도의 죽음과 부활을 기억하고 기념한다. 성체성사는 십자가에서 수난하고 돌아가신 예수님께서 겪으신 희생을 기념하고, 부활하고 승천하신 예수 그리스도께서 우리에게 베푸는 은총에 감사드리는 성사다.

17 https://m.blog.naver.com/PostList.nhn?blogId=minan09301

로는 kerke였다가 kerk로, 독일어로는 kirihha였다가 Kirche가 되었다. 이처럼 'church'는 본래 집을 나타내는 말이었다.

신약성경에서는 키리아코스라는 말은 단 두 번만 나온다. "그렇지만 여러분이 한데 모여서 먹는 것은 주님의 만찬이 아닙니다(So, when you meet together, it is not the Lord's Supper that you eat)"(1코린 11,20). "어느 주일에 나는 성령께 사로잡혀 내 뒤에서 나팔 소리처럼 울리는 큰 목소리를 들었습니다(it was the Lord's Day and I was in ecstasy, and I heard a loud voice behind me, like the sound of a trumpet, saying)"(묵시 1,10). 이것은 모두 "주님의(the Lord's)…"라고 번역되어 있다. 그런데 영어로 성경을 번역할 때 '에클레시아'를 'church'로 잘못 번역했다. 이런 이유로 영어로 'church'라고 하면 '하느님의 집'을 뜻하는 말이 '부름을 받은 백성'이라는 뜻도 동시에 갖게 되었다.

그래서 영어를 배울 때 "I go to a church"와 "I go to church"가 다르다고 배웠다. "I go to a church"는 "나는 교회라는 건물로 간다"고, "I go to church"는 "나는 예배드리러 간다"다. 이 너무나도 쉬운 영어 표현이 'a church'와 'church'의 차이를 가르쳐주었다. 영어로 된 교회 관련 서적에서는 이를 구별하려고 성당이라는 건물을 가리킬 때는 'church'로 쓰고, 하느님께 예배하려고 하느님의 집에 모인 백성을 가리킬 때는 대문자로 'Church'라고 쓰게 되었다.

성경을 영어로 번역할 때 '에클레시아'를 'church'로 잘못 번역해서 이런 일이 생겼다고는 하지만, 바꾸어 생각해보면 성당이라는 집을 세우는 것은 하느님 백성의 공동체를 세우는 일이다. 성 아우구스티노는 "이 교회는 여러분을 위해 건설되었지만 여러분 자체가 교회입니다"라고 말한 바 있다. 곧 'Church'의 본질이 없는 'a church'는 없으며, 'a church'는 'Church'의 본질을 드러낸다는 사실의 또 다른 증거가 아니겠는가? '교회'라는 이름이 그러한 건물을 뜻하는 말도 되었다. 그래서 성당(a church)은 그리스도인 공동체가 하나님의 말씀을 듣고 함께 기도하며 성체성사를 위해 모이는(Church) 건물을 말한다.

프랑스의 샤르트르 대성당[2-24]은 인간이 하느님께 지어 바칠 수 있는 참으로 아름다운 최고의 건축물이다. 그런데 샤르트르 대성당에서 제대가 사라졌다고 하자. 이때도 샤르트르 대성당은 성당인가? 마찬가지로 샤르트르 대성당에 어느 날부터 신자가 사라졌다고 하자. 그래도 샤르트르 대성당은 성당인가? 이럴 때도 이 위대한 건축 작품은 그것을 보는 사람이 신자든 아니든 관계없이 모두에게 거룩함을 전해줄 수는 있다. 그러나 제대가 없는 샤르트르 대성당은 아름답고 위대한 건축 작품은 될지라도 하느님의 집은 될 수 없다. 오히려 누추한 집이라도 그 안에서 거룩한 전례와 성체성사가 이루어지는 곳이 거룩한 성당이다. 제대가 사라졌다면 더는 '하느님의 집'이 아니고, 신자가 사라졌다면 '하느님 백성의 집'이 아니다.

그러나 몇 년 전 독일의 현대 성당을 둘러보다 가슴 아픈 세 개의 성당을 목격했다. 성녀 제르트루다 성당(St. Gertrude, 1960)[2-25]은 고트프리트 뵘의 걸작이다. 관리인을 한참 기다려 성당에 들어가 보니 그 안을 검은 칸막이벽을 둘러놓고 현대 무용 연습장으로 빌려주고 있었다. 그다음 날에는 그의 아버지 도미니쿠스 뵘(Dominikus Böhm)의 걸작으로 병원 부속 성당인 묀헨글라트바흐(Mönchengladbach)에 있는 성 가밀로 성당(St. Kamillus, 1931)[2-26]에서는 제대 뒤 전체를 감싸는 아름다운 반투명한 뒷벽에 크게 감동을 받았다. 그러나 안내해주던 독일 신부는 당신들이 아마도 이 성당을 둘러보는 마지막 사람이

[2-24] 샤르트르 대성당과 제대, 프랑스

성당, 빛의 성작

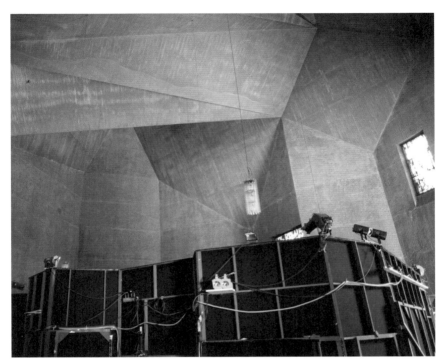

[2-25] 성녀 제르트루다 성당(고트프리트 뵘, 1960), 독일 쾰른

[2-26] 성 가밀로 성당(도미니쿠스 뵘, 1931), 독일 묀헨글라트바흐

될 것이라고 말했다. 신자도 없고 미사가 거행되지 않으며 병원 운영도 어려워 이 성당이 내년에 납골당으로 팔리게 되었다는 것이다.

또 그다음 날에는 보트로프에 있는 거룩한 십자가 성당(Pfarrkirche Heilig Kreuz)[18][4-19]에 갔다. 독일 최고의 교회 건축가 루돌프 슈바르츠(Rudolf Schwarz)가 설계한 이 성당도 십수 년 전에 미사가 끊겼다. 제의방을 보니 제의도 있고 미사 경본 등이 여전히 잘 꽂혀 있었다. 몇몇 신자가 이 성당에서 미사를 집전하는 날을 기다리는 마음으로 한 달에 한 번씩 제의를 다리고 있다는 것이다. 아름답고 역사에 남는 성당도 하느님 백성이 나타나지 않으면 두꺼운 껍질이 텅 빈 공간으로 남게 된다는 역설을 목격했다.

성당이라는 집이 없어도 교회는 존재할 수 있다고 생각하는 것이 일반적이다. 사실 박해 시대였던 초대교회 때는 신자들이 성당을 세울 여유가 없었다. 그러나 그럴 때에도 신자들은 주택이나 지하의 분묘 등 적당한 공간에 모였다. 바로 그 공간이 성당이었다. 신자들이 제대 앞에 모여야 하고 그렇게 모여 미사를 드리는 곳이 성당인 이상, 성당이라는 집 또는 공간 없이는 교회를 유지하는 데 매우 큰 어려움이 있다. 높고 넓은 성당을 갖지 못하는 교회는 있을 수 있다. 그렇지만 신자들이 모이지 않는 성당은 있을 수 없다. 그것은 음악을 연주하지 않는 건물을 콘서트홀이라 부르고, 미술품을 전시하지 않는 건물을 미술관이라 부르는 것과 같다.

집 안으로 불러들인 거룩한 공간

거룩한 공간은 어떤 문화에도 늘 있었고, 문화권마다 거룩한 공간을 구축했다. 고대 근동 사람들은 산이나 들을 다스리는 신들이 제각기 따로 있다고 믿었다. 이 신들이 있는 산이나 들은 거룩해도 그들을 섬기는 이들은 그곳에서 살지 않았으므로, 거룩한 신전과 사람이 사는 곳은 따로 구분될 수밖에 없었다. 그동안 수많은 종교에서 담이나 견고한 벽 또는 회랑으로 거룩한 곳을 속된 세상에서 떼어냈다.

---

18   이 성당과 관련된 내용은 224~225쪽을 참조.

성당, 빛의 성작

고대 메소포타미아에서는 도시마다 보호해주는 신들이 따로 거주한다고
보았다. 수호신끼리는 상하 관계가 있어서 도시마다 제각기 중앙에 수호신의
신역(神域, temenos)을 두고 여러 신전과 산 모양의 거룩한 신전 탑인 지구라트
(Ziggurat)[2-27]를 세웠다. 꼭대기에는 신전이 놓였고 그곳까지 올라가는 가파
른 계단이 붙어 있다. 고대인들에게 국정은 신의 뜻을 따르는 것이었으므로,
소수의 권력자 계급이 신의 뜻을 장악하고 신과 백성 사이를 조정하는 역할
을 확보하기 위해서 신을 백성에게서 격리하고, 신역을 몇 겹이나 둘러싸고 성
소를 높이 올렸다.[2-28] 지구라트는 올라갈 수 있는 사람이 사제뿐이었으며, 백
성과 함께 예배드리는 곳이 아니었다.

　　고대 그리스에서도 신전의 전면에 제단을 두고 그것을 포함한 외부공간을
신역으로 여기고, 신전 안에 신상을 두고 봉납물을 보관했다.[2-29] 신은 사제들
이 바치는 희생제사와 자기를 섬기는 이들의 봉헌물을 신전 안에서 기다리고
있을 뿐이었다. 신들에게 바쳐진 희생과 의식은 신전 밖에서 행해졌고 신전 내
부는 사람들이 모이는 용도로 쓰이지 않았다. 이들의 신전은 거의 닫혀 있었으
며, 사람들은 그 앞에 모일 필요가 없었다. 고대 그리스 신전은 사람이 그 안까

[2-27] 메소포타미아의 달의 신 지구라트, 이라크 우르

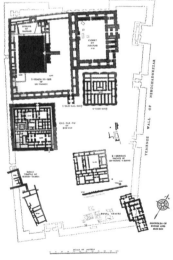

[2-28] 우르의 난나 신역 평면도

[2-29] 아테네의 아크로폴리스, 그리스

지 들어갈 필요도 없이 높은 곳에 지어져 사람들은 멀리서 바라볼 뿐이었다. 이런 이유에서 고대 그리스 신전은 멀리서 장대하게 보이려고 벽 주위에 원기 둥을 두르고 빛과 그림자를 더 많이 만들었다.

그러나 이와는 전혀 대조적으로 그리스도교 성당에서는 내부공간만이 거룩한 곳이고, 벽의 바깥은 세속이다. 고대 그리스 사람들은 사람의 모습과 인격을 가진 신들을 숭배하고, 눈에 보이는 현실 세계의 아름다움을 찬미했으나, 중세 사람들은 눈에 보이지 않고 인간을 초월한 절대적 신비이신 하느님의 나라라는 궁극적인 실재를 찾았다. 고대 그리스 건축은 '지지하는 것'을 예술적으로 표현했지만, 그리스도교 성당은 '에워싸는 것'을 공간적으로 표현했다. 이 '에워싸는 것'은 거룩한 곳을 격리하는 것에서 나왔다. 성당의 벽은 세속과 구별된 거룩한 장소를 만들어내지만, 그 벽은 안으로는 빛을 가득 채워 하느님의 나라를 표현하며, 바깥으로는 인간 세상을 향해 하느님의 나라를 선포한다.

더욱이 오직 그리스도교의 교회 건축만이 거룩하신 분께서 자신의 집 안에 인간을 불러들여 함께 모이게 했다. 가톨릭교회의 성당은 주님의 식탁에 모여 둘러싸는 것, 오직 이 한 가지를 위해 존재한다. 하느님께서는 아주 오래전부터 당신의 백성을 당신의 집 '안'에 불러 모으시고, 당신에게 찬미와 감사를 올리기 위한 공간을 만들어주셨다. 성당은 "이리 가까이 오라. 네가 서 있는 곳

성당, 빛의 성작

은 거룩한 땅이나 나는 너를 이곳으로 부른다. 네 발에서 신을 벗어라 하였으나, 나는 나의 식탁에 너를 초대한다"고 말씀하시는 거룩한 땅이다.

특히 시편에는 '하느님의 집'이라는 표현이 많이 나오는데, '하느님의 집'은 내가 일생토록 살 곳이고, 내가 사랑하며 머물기를 원하는 집이다. "저의 한평생 모든 날에 호의와 자애만이 저를 따르리니 저는 일생토록 주님의 집에 사오리다"(시편 23,6). "주님, 저는 당신께서 계시는 집과 당신 영광이 깃드는 곳을 사랑합니다"(시편 26,8). "주님께 청하는 것이 하나 있어 나 그것을 얻고자 하니 내 한평생 주님의 집에 살며 주님의 아름다움을 우러러보고 그분 궁전을 눈여겨보는 것이라네"(시편 27,4). "그러나 나는 하느님 집에 있는 푸른 올리브나무 같아라. 영영세세 나는 하느님의 자애에 의지하네"(시편 52,10).

구별해 지어진 하느님의 집인 성당은 동시에 우리가 매일 살아가고 있는 세상 안에 세워져 있다. 실제로 도시가 과밀해진 고딕 시대에는 성당 외벽에 기대어 사람이 사는 집을 짓는 것도 드물지는 않았다. 그래서 성당 건축이 건축사에서 갖는 가장 큰 의미는 다른 어떤 건물 유형도 할 수 없는 내부공간을 발달시키고, 그 내부를 비추는 초월적인 탁월한 빛의 공간을 만들어냈다는 것이다. 이것은 성당 건축을 이해하는 데 가장 중요한 사실 중 하나다.

신앙 공동체의 '주택 교회'

인간은 공동체를 유지하기 위해 반드시 함께 있을 수 있는 공간이 필요하다. 공간이 없으면 공동체는 형성될 수 없다. 성당은 그리스도를 믿는 사람들의 장소로 시작한 새로운 건축이었으며, 믿는 이들의 공동체를 만들어냈다. 이들이 세운 성당은 로마시대의 장대하고 화려한 건축에 비해서는 극히 소박한 것이었으나, 눈에는 보이지 않는 신앙의 위대한 힘을 형태로 보여주었다. 이것은 과거의 어떤 시대도 갖지 못했던 새로운 힘이었다.

그렇지만 교회가 처음부터 성당을 건축한 것은 아니었다. 박해를 받던 시대나 초대교회 때는 주님께서 교회를 세우신 지 300년이 넘도록 제대로 된 성당 하나 가질 수 없었다. 그럼에도 초기 그리스도인들은 박해를 받으면서도 그들 고유의 집회를 고집했다. 그 당시의 사람들은 집에서도 얼마든지 기도할 수 있었다. 그러나 그들은 공동으로 기도하도록 부름 받았음을 잘 알고 있었다. 예루살렘 신자들은 처음엔 성전 경신례[19]에 참여했으나 점차 독자적인 그리스도교의 경신례를 거행하기 위해 남의 눈을 피해 지하 분묘나 주택 등 적절한 공간을 찾아 전례를 행했다.

교회로 사용된 가장 오래된 건물 형식은 주택이었다. 신자들은 이 집 저 집으로 옮겨 다니며 찬미와 감사의 예배를 드렸고 사랑의 친교를 나누었다. 이것만으로도 신자들이 모이기 위해서는 어떤 공간이 필요했다는 증거가 된다. 신자 공동체가 자유롭게 집회를 할 수 있게 부유한 신자들이 자기 집을 제공했다.

건축사를 일별해도 주택은 건축공간의 원형이었으며 교회 건축도 마찬가지로 주택에서 시작했다. 이렇게 신자들이 주택에 모인 공동체를 '주택 교회(house church)'[20]라 부른다. "그들은 날마다 한마음으로 성전에 열심히 모이고 이 집 저 집에서 빵을 떼어 나누었으며, 즐겁고 순박한 마음으로 음식을 함께 먹고, 하느님을 찬미하며 온 백성에게서 호감을 얻었다"(사도 2,46-47). 여기에서 성전은 유대교의 성전을 말하며, 빵을 떼어 나누었던 '이 집 저 집'이 바로 '주택 교회'다. 초대교회 신자는 안식일에는 회당으로 가서 하느님의 말씀을 듣고는 전례에 참석했지만 희생제사에는 참석하지 않았으며, 주일에는 저희들끼리 별도로 누군가의 집에 모여 사도들의 가르침을 듣고 빵을 나누고 식사했다.

'주택 교회'에서 이루어진 초기 그리스도교 공동체의 예배는 오늘날과 마찬가지로 사도들의 가르침, 친교, 빵을 떼어 나눔, 기도라는 네 가지 전례의 핵심을 담고 있었다. "그들은 사도들의 가르침을 받고 친교를 이루며 빵을 떼어 나누고 기도하는 일에 전념하였다"(사도 2,42). 이것은 박해를 피해 이 집 저 집을 옮겨 다니며 천주교의 신앙을 간직하려 했던 조선 교회의 모습과 다를 바 없다.

이제까지 발견된 것 중에서 가장 오래된 그리스도교 교회는 유프라테스

---

19 경신례(敬神禮)란 하느님을 우주의 창조주, 인간의 구원자로 흠숭하며 감사드리고, 인간은 그분의 피조물이며 죄인임을 자처하면서 합당한 예배를 드리는 행위를 말한다.

20 '주택 교회'란 예배를 위해 개인 주택에 정기적으로 모이는 그리스도인들을 가리킬 때 사용한다. 이에 대해 '가정 교회(domestic church)'는 신앙인들의 보편 사제직으로 인해 그리스도교 부부와 가정에 적용되는 이름이므로 '주택 교회'와는 다르다. 개신교에서는 'house church'를 '가정 교회'라 부른다.

강 상류 지역에 있었던 시리아의 두라에우로포스(Dura-Europos)에 있었다. 이
이름은 고대 도시 두라(Dura)를 헬라인들은 에우로포스(Europos)라고 불렀던
것에서 비롯하는데, 바로 이곳에서 그리스도인의 '주택 교회'가 1930년에 처음
으로 발굴되었다. 그래서 이를 '두라에우로포스 주택 교회'[2-30]라고 부른다. 이
교회는 230년이나 232년에 개축되었을 것으로 추정된다.

  이 건물은 본래 주택이었다. 이것은 특정한 지역의 그리스도교 공동체가
예배의 장소로만 사용하도록 어떤 상류 로마인의 전형적인 주택을 개조했다.
이 주택 교회가 있는 도시에는 6,000명 내지 8,000명이 살았다. 당시 도시의 도
면[2-31]을 보면 주택 교회는 성벽 옆에 있고(M8, 도면 왼쪽 변의 밑에서 세 번
째 블록), 주택 교회의 가까운 곳에는 유대인 회당(L7)과 미트라스 신전(J7)이
있다.

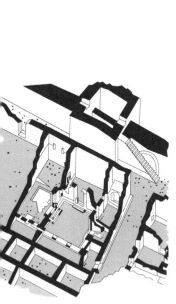

[2-30] 두라에우로포스 주택 교회
내부 구조도

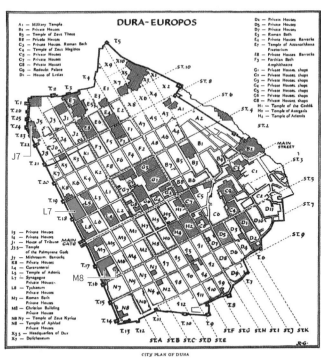

[2-31] 두라에우로포스 도시계획도, 시리아

주택 교회가 가장 강조한 것은 '신자들의 집회'였다. 이 집회는 당시 사원에서 나온 것도 아니었으며, 유대인 회당과도 비슷하지 않았다. 주택 교회들에서는 공동체가 일치를 이루어 그리스도 안에서 하나가 되는 전례가 이루어졌다. 이 주택 교회에는 기둥을 두른 안마당이 한가운데 있다. 주택의 왼쪽 부분에는 벽을 터서 길게 만든 집회실이 있다. 이 방은 5m×13m이며 50명 남짓한 신자가 성찬 전례나 미사를 드리는 데 사용했을 것이므로, 이 도시에 사는 사람 중 적어도 120명이나 160명 가운데 1명꼴이 그리스도교 신자였음을 알 수 있다. 집회실의 한쪽에는 단을 높이고 예배를 이끄는 사람이 벤치에 앉아 있는 사람들을 바라보며 앉았다. 이 방에서는 약 두 시간 동안 유대교 회당과 비슷하게 예배가 진행되었다. 고고학적 분석으로는 이 방에서는 식사를 하지 않았으며, 식사는 '아트리움(atrium)'이라 불리는 안마당에서 했을 것으로 추정한다. 아트리움은 고대 로마 주택에서 공통적으로 사용되던 공간이며, 한가운데에는 빗물을 모으는 수반이 있었다.

주택 교회에는 작은 세례실이 집회실과 따로 분리되어 있다. 집회실과 세례실 사이에는 예비자가 세례를 준비하거나 다른 활동에 쓰이는 작은 방이 하나 있다. 세례실[2-32]에는 단을 높인 수조가 있고 그 위는 아치를 틀었으며 아치 밑은 별 모양으로 장식했다. 세례실에는 〈선한 목자〉, 〈물 위를 걷는 그리스도와 베드로〉 등 가장 오래된 그리스도교 프레스코 벽화가 있다. 특히 〈중풍병자를 고치시다〉는 예수 그리스도를 그린 가장 오래된 그림이다. 이렇게 그들은 처음부터 하느님께 예배하고 찬미 드리는 것에 예술을 활용했다.

사도 바오로가 한 안부 인사에도 "그들의 집에 모이는 교회", "자기들 집에 모이는 교회", "그의 집에 모이는 교회" 등 '모이는'이라는 표현이 많이 나온다. 또 이 교회는 '~의 집에 모이는 교회'로 표현된다. "그들의 집에 모이는 교회에도 안부를 전해주십시오"(로마 16,5). "아퀼라와 프리스카가 자기들 집에 모이는 교회와 함께 주님 안에서 여러분에게 특별히 인사합니다"(1코린 16, 19). "라오디케이아에 있는 형제들에게, 또 님파와 그의 집에 모이는 교회에 안부를 전해주십시오"(콜로 4,15). "그리고 아피아 자매와 우리의 전우 아르키포스, 또 그대의 집에 모이는 교회에 인사합니다"(필레 1,2).

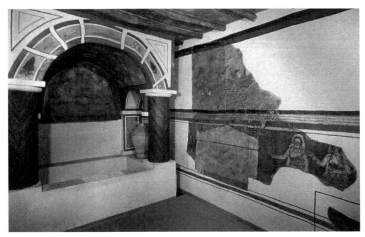

[2-32] 두라에우로포스 주택 교회 세례실, 시리아

[2-33] 티툴리, 체칠리아 메텔라의 영묘, 이탈리아 로마

그리스도인의 회중을 위해 정기적으로 사용되는 가정에는 '티툴리(tituli, titulus의 복수)'[2-33]라는 말이 사용되었다. '티툴리'란 문자 그대로 주택의 문앞에 놓이는 돌을 말하는 것으로, 그것에는 소유자의 이름이 새겨졌다. 이를테면 '티툴리 프리스카(Tituli Prisca)'라고 쓰면 그리스도인이 모이는 프리스카의 집이라는 뜻이었다. 이미 200년경에 교회는 집회를 위한 주택을 기증받아 여러 곳의 건물 소유주가 되었다. 그럴 정도로 주택 교회는 성당의 시작이었다. 그러니까 당시의 이들은 "교회에 간다"는 말을 "~의 집에 간다"고 표현했을지도 모른다.

두라에우로포스 주택 교회 또는 사도 바오로가 안부 인사를 통해 알려준 '누구의 집에 모이는 교회'는 우리에게 무슨 의미를 말하고 있는 것일까? 주택 교회는 믿음이 탄압받던 시대에 사람의 눈을 피해 하느님을 찬미하려고 주택을 사용했다는 사실로만 이해하는 것으로는 부족하다. 교회 건축이 주택에서 출발했다는 것은 단지 고고학적인 사실 이상의 것을 의미한다.

하느님께서는 '집'을 통해 당신을 드러내시고, 당신께 예배하기 위해 모인 백성을 '집'으로 안으신다. 주택 교회는 구약의 성막인 '하느님의 집'이 얼마나 더 가까이 당신 백성 가운데 머무시기 위해, 사람이 살고 있는 집 안에까지 들어오셨는가를 역사적인 증거로 말해준다. 하느님께서는 당신의 백성이 가는 곳이라면 우리 인간이 사는 주택에까지 오시고, 그 안에 모인 사람 안에서도 계속 움직이는 분이라는 것을 깨닫게 된다.

어디에나 계시는 하느님께서 당신의 집을 세우신 것은, 인간은 어디에나 있을 수 없는 약한 존재이기 때문이었다. 그래서 인간은 하느님의 집 안으로 들어가고, 게다가 그 안에 앉을 수도 있다. 이토록 당신의 집 '안'에까지 불러들이신 것도 황공한데, 성당은 하느님께서 스스로 제물이 되고 대사제가 되어 자신의 몸을 내어주시는 거룩한 희생의 장소다.

이것이 그리스도교 교회의 예배 공간이 다른 모든 종교와 결정적으로 다른 점이다. 사회는 언제나 건축으로 인간 공동의 가치와 자기의 고유성을 확인해왔다. 인간은 건축 안에 거룩함을 나타내는 종교 건축을 많이 만들었으나, 인류 역사상 최고 건축은 바로 그리스도교 교회 건축을 통해 이룩되었다. 그만큼 성당 건축은 인간이 짓는 건축에 큰 역할을 해왔다는 말이다. 그리고 주택 교회를 보며 한국 천주교회 역사 안에 나타난 한옥 주택 교회의 의미도 깊이 생각해보자.

봉헌되는 성당

새 성당을 건축하기 시작할 때 하느님의 강복을 청하고, 외적인 건물이 살아 있는 교회를 가시적으로 나타내는 표지임을 일깨워주는 예식을 거행한다. 건물 구조상 불가능하지 않다면 머릿돌이나 주춧돌을 앉힐 때 축복한다. 머릿돌을 축복할 수 없는 경우에는 적어도 머릿돌이 놓이는 자리를 축복한다. 성당을 새로 지으면 먼저 장엄한 예식을 통해 하느님께 봉헌한다. 이를 '성당 봉

성당, 빛의 성작

헌(聖堂奉獻, dedication of a church)'[21]이라 한다. 새 성전을 지으면 제대는 축성하지만 성전은 하느님께 봉헌한다. 이렇게 봉헌된 성당은 성별된 '하느님의 집'이 된다.

11월 9일은 '라테라노 대성전 봉헌 축일'이다. 가톨릭교회 전례력에는 성인 성녀 등의 축일이 많지만, 성당이나 건물의 축일도 있다. 본당 봉헌 기념일, 주교좌성당 봉헌 기념일, 그리고 로마의 4대 대성전(산 조반니 인 라테라노 대성전, 성 베드로 대성전, 산 파올로 푸오리 레 무라 대성전, 산타 마리아 마조레 대성전)의 봉헌 축일이 있다.

라테라노 대성전(Basilica di San Giovanni in Laterano)[2-34]은 로마의 4대 대성전 가운데 교회의 수위권을 드러내는 성당이며 로마에 있는 최초의 바실리카 양식의 성당이다. 지금은 교회의 수위권을 드러내는 성당이 베드로 대성전

[2-34] 산 조반니 인 라테라노 대성전, 이탈리아 로마

21　《전례사전》에서는 이를 '성전 봉헌(聖殿奉獻, Church Dedication)'이라고 적고 있다. 그러나 이것은 '성당 봉헌'이라고 해야 하며 영어로는 'Dedication of a Church'라고 한다.

이지만, 313년 밀라노 칙령으로 대대적인 박해가 끝나자, 콘스탄티누스 황제는 당시 자신의 별궁인 라테라노 궁전을 교회에 내주어 사도좌(使徒座)가 자리하게 되었고 이 성당을 하느님께 봉헌했다. 그 후 12세기부터 11월 9일에 라테라노 대성전 봉헌 축일이 시작되었다. 교황의 사도좌가 있는 대성전이기 때문에 "전 세계와 로마의 모든 교회들의 어머니요 머리의 교회"라는 이름이 붙었고, 로마 전례를 거행하는 모든 교회에서는 이 대성전에 대한 존경과 일치의 표지로서 축일을 지내게 되었다.

라테라노 대성전 봉헌 축일의 전례에서 이렇게 말한다. "이 축일은 324년 콘스탄티누스 대제가 라테라노 대성전을 지어 봉헌한 것을 기념하는 날이다. 이 대성전은 '모든 성당의 어머니요 으뜸'으로 불리면서 현재의 베드로 대성전이 세워지기 전까지 거의 천 년 동안 역대 교황이 거주하던, 교회의 행정 중심지였다. 라테라노 대성전의 봉헌 축일을 지내는 이유는 각 지역 교회가 로마의 모(母)교회와 일치되어 있음을 드러내려는 것이다." 그래서 라테라노 대성전의 정식 이름은 'Archibasilica Sanctissimi Salvatoris ac Sancti Ioannis Baptistae et Ioannis Evangelistae ad Lateranum(라테라노의 지극히 거룩하신 구세주와 성 요한 세례자와 성 요한 복음사가 수위 대성전)'이고 영어로는 'Archbasilica of the Most Holy Savior and Saints John the Baptist and John the Evangelist at the Lateran'이다. 'basilica'는 대성전인데 라테라노 대성전은 바실리카(basilica)에 '으뜸(archi-)'이라는 말이 더 붙어 'archbasilica'인 수위 대성전이다.

'성당 봉헌'은 성당이라는 건물이 과연 어떤 것인지를 분명히 알려준다.[2-35] 봉헌되는 성당에 들어갈 때는 단순한 입당일 수 있으나, 주님 수난 성지주일에 비교할 수 있는 장엄한 입당을 한다. 이때 주교에게 법문서, 열쇠, 건축 설계도 등 형식상 건물 소유권을 넘겨준다. 주교는 축성된 물을 신자와 성당의 벽과 제대에 뿌린다. 신자도 교회이고 성당도 교회이기 때문이다.

말씀 전례와 신앙고백을 한 후, 호칭 기도를 마치면 주교는 성전을 봉헌하는 기도를 바치면서 제대 밑에 성인들의 유해를 안치한다. 이어서 주교는 제대 앞에 서서 제대 위에 축성 성유를 부어 제대 중앙과 네 귀퉁이에 바른다. 제대에 축성 성유를 바르는 것은 기름 부음을 받으신 분이며 모든 이를 위해 당신

성당, 빛의 성작

[2-35] 그리스도 대성당 성당 봉헌, 오렌지 카운티, 미국 캘리포니아

의 생명을 희생하신 대사제 그리스도를 상징한다. 제대부터 성유를 바르는 것은 제대가 성당의 초점이기 때문이다. 그런 다음 주교는 교회의 벽으로 가서 성유로 벽에 열두 번(또는 네 번) 십자가를 긋는다. 성당에 도유하는 것은 성당이 완전히 또 영구적으로 그리스도교 경배에 봉헌됨을 뜻한다.

주교가 제대에 향을 뿌리고 나서 자리에 앉으면 그 사이에 전례 봉사자들은 백성과 벽을 향해 향을 피운다. 제대에 향을 피우는 것은 성당은 기도의 집이며 향을 받은 하느님의 백성에 속함을 뜻한다. 부제는 주교에게서 촛불을 받아 그 불로 성체성사를 거행할 제대 위에 놓인 초에 불을 켠다. 그때 기쁨의 상징으로 교회 전체에 불을 밝힌다.

그리고 입당송으로 "거룩한 도성 새 예루살렘이, 신랑을 위하여 단장한 신부처럼 차리고 하늘로부터 하느님에게서 내려오는 것을 나는 보았네"(묵시 21, 2)라고 노래한다. 이어서 본기도를 올린다. "하느님, 몸소 뽑으신 살아 있는 돌로 영원한 거처를 마련하셨으니, 하느님의 교회에 은총의 영을 더욱 풍성히 내려주시어, 저희가 천상 예루살렘을 향하여 끊임없이 나아가게 하소서." 이 기도는 성당은 하느님께서 영원한 거처를 돌로 지어 세운 것임을 분명히 한다. 그리고 성당은 그 안에서 예배하는 백성이 은총을 받아 천상 예루살렘을 향하여 끊임없이 나아가게 하기 위함임을 요약한다.

이어서 성서를 읽는다. 제1독서에서는 에제키엘 예언자가 천사에 이끌려 주님의 집 어귀로 돌아가, 문지방 밑에서 물이 흘러나오는 것을 보고, 이 강이 닿는 곳마다 모든 것이 살아난다는 말씀을 듣는다(에제 47,1-2.8-9.12). 복음 환호송은 "주님이 말씀하신다. 내가 이 집을 선택하여 성별하고, 이곳에 내 이름을 영원히 있게 하리라"(2역대 7,16)라고 노래하며, 복음 말씀에서는 예수님께서 성전에서 환전상들을 쫓아내시고, 내 아버지의 집을 장사하는 집으로 만들지 말라는 말씀을 듣는다(요한 2,13-22).

성당 봉헌 예식에서 주교는 관을 벗고 그 자리에서나 제단 앞에서 두 손을 펴들고 "…저희는 오늘 이 기도의 집을 장엄한 예식으로 영구히 주님께 봉헌하고자 하오니"라고 성당 축성기도를 바치며, 성당은 기도의 집임을 분명하게 말한다. 이어서 하느님 백성의 공동체인 "복 받은 교회는 하느님께서 사람들과 함께 계시는 장막이요, 살아 있는 돌들로 지어지는 성전"이며, "사도들이 그 기초가 되고 예수 그리스도께서 모퉁이의 머릿돌이 되셨나이다"라고 기도한다. 이 기도에서는 보이지 않는 교회 공동체를 돌과 나무라는 물질로 지어져서 봉헌되는 성당으로 비유한다.

성당은 높이 서 있어야 한다. 성당은 그 안에 있는 하느님의 백성만이 찬미하는 곳이 아니다. "지극히 높으신 교회는 산마루에 서 있는 도시와 같으며, 모든 이가 바라볼 수 있고, 모든 이에게 드러내 보이는" 건물이다.

3

빛의
성당

초기 그리스도교 성당

　건축사 책에서는 선사시대를 거쳐 이집트 건축과 그리스 건축, 고대 로마 건축이 나오고, 이어서 '초기 그리스도교 건축(Early Christian Architecture)'이 등장한다. 그러나 학부 건축사 수업에서는 일반적으로 '초기 그리스도교 건축'을 다음 단계의 준비 과정으로 여기고 그다지 자세히 다루지 않는다. 초기 그리스도교 건축, 로마네스크 건축, 고딕 건축을 모두 합해서 중세건축으로 묶기도 하고, 초기 그리스도교 건축이 로마제국 시대에 지어졌다고 고대 로마 건축에서 설명하기도 한다. 시대적으로는 고대 로마 말기에 속하고, 로마 건축의 연장선상에 있는 이 일군의 건축을 초기 그리스도교 건축이라고 한다.

　로마제국의 동쪽에 머물러 있었던 게르만족의 일부가 서진해 온 훈족에 밀려 375년에는 도나우강 국경을 넘어 제국 안으로 대거 침입해 들어왔다. 이 사건은 고대와 중세를 나누는 역사적인 대사건이었다. 이후 게르만족은 속속 제국의 영토 안으로 이주했고 프랑스나 독일 그리고 영국으로 이어지는 부족 국가를 건설했다. 게르만족은 이미 쇠퇴의 길을 걷고 있는 로마제국을 대신하여 유럽 세계를 형성해 나갔다. 그러나 로마 사람들과는 전혀 다른 기질과 가치관을 가진 이들은 로마 문화를 섭취하려고는 했으나 그렇다고 로마 문화에 동화되지는 않았다. 로마인에서 게르만인으로, 지중해에서 알프스 북쪽으로, 고대에서 중세로 문화는 점진적으로 바뀌고 있었고, 그 변화의 다리 역할을 한 것이 그리스도교였다.

　그리스도교가 313년 밀라노 칙령으로 공인되자, 그리스도인들은 세상에 나와 자유로이 하느님을 찬미했다. 로마 교회는 제국의 제도를 이용해 조직을 정비하고 확충하며 여러 도시에 주교좌를 두고 포교의 핵으로 삼았다. 그리고 짧은 기간에 많은 성당이 지어졌다. 이때 지어진 초기 그리스도교 건축은 여전히 로마 건축의 연장선에 있었다. 그러나 300년 동안 핍박을 받으며 숨어서 예배드렸던 이들에게 칙령으로 공인되었다고 미사와 일치된 건물 유형이 미리 준비되었을 리 없다. 그래서 교회는 기존의 건축 형식을 비교적 쉬운 구축 방법으로 고쳐서 성당으로 사용했다. 이에는 두 가지 고대 로마 건물 유형이 사용되었다. 사람이 모이는 직사각형의 홀 건물 유형인 바실리카(basilica)

와 '영묘(靈廟, 마우솔레움 mausoleum)'라는 원형의 건물이었다.

먼저 교회는 '사람이 모인다'는 점에서 기능이 같았던 바실리카라는 건물을 모델로 선택했다. 로마시대에 법정이나 상업거래소, 집회장으로 사용되던 이 건물은 직사각형의 넓은 공간에 많은 사람들이 모일 수 있었다. 바실리카는 그리스어로 '바실리케(basilike)'로 '왕의 집회장'이라는 뜻이었다. 하늘의 왕이신 하느님의 집에도 잘 어울리는 이름이었다. 그때까지 대규모의 건축물을 세워본 적이 없던 그리스도인들은 바실리카 건물을 이용해 중랑(中廊) 위를 높게 하고, 그 옆에는 그보다는 낮은 측랑(側廊)을 붙인 거대한 목조 성당을 건설했다. 이것이 후에 고딕 대성당의 기본 형식이 되었으며 오늘날에도 계속 이어지고 있다.

바실리카 유형은 콘스탄티누스 대제가 313년에 기부한 산 조반니 인 라테라노 대성전(Basilica di San Giovanni in Laterano)[2-34, 3-1]에서 시작했다. 라테라노 대성전이라 줄여서 부르는 이 성당은 가장 오래된 성당이자 첫째가는 지위를 가진다. 옛 성 베드로 대성전(Old St. Peter's Basilica)[3-4, 5-14]도 콘스탄티누스 대제의 지시로 326년에서 333년 사이에 시작해서 약 40년이 걸려 완성된 바실리카 평면의 성당이다. 이 성당은 고대 로마시대의 바실리카와는 달리, 십자가처럼 제단 앞에 횡랑(橫廊)이 덧붙어서 회중석과 사제가 있는 반원제단을 명확히 구분했다.

바실리카 유형의 초기 그리스도교 성당[3-2]에서는 내부공간에서 제단을 향해 수평으로 움직이는 동작이 이미 길에서 시작된다. 길을 지나 베스티뷸(vestibule)이라는 현관 같은 공간을 지나면, 성당 앞에는 앞마당인 아트리움이 나타난다. 신자들이 모여 준비하는 중정이다. 앞마당의 앞쪽에는 성당의 입구가 나란히 놓여 있고, 그 입구 앞은 좌우에 폭이 넓고 깊이가 얕은 전실(前室)이 있다. 나르텍스(narthex)라고 하는 문랑(門廊)이다. 이 문랑에도 앞으로 이어지는 문이 여러 개 늘어서 있는데 가운데의 문을 더 위엄 있게 만들었다.

문을 열고 들어가면 성당의 내부가 된다. 보통 내부는 세 개의 좁고 긴 공간으로 구성된다. 가운데에 중랑(中廊)이 있고 좌우에 측랑(側廊)을 둔다. 중랑은 측랑보다 폭이 넓다. 세 개의 통로처럼 생긴 공간 사이에는 열주가 구획하

[3-1] 산 조반니 인 라테라노 대성전, 이탈리아 로마

고 있다. 이렇게 해서 이런 구획이 세 개 생긴 것은 3랑식(三廊式), 성당이 커서
구획이 다섯 개면 5랑식(五廊式)이라 한다. 규모가 작아서 중랑과 측랑의 구분
이 없으면 단랑식(單廊式)이다. 4세기에는 로마에 5랑식 바실리카가 세 개 세워
졌는데, 그중의 하나가 라테라노 대성전이다.

　중랑의 좌우는 아치를 얹고 늘어서 있는 열주가 공간에 투시도적인 효과
를 준다. 이 열주는 로마 건축에서처럼 하나의 돌로 수평 부재인 엔태블러처
(entablature)를 올리고, 다시 그 위에는 아키트레이브(architrave), 프리즈(frieze),
코니스(cornice) 등이 얹혀 있다. 모두 고전건축을 구성하는 요소의 이름이다.
이것은 그만큼 석재를 다루는 고대 로마 건축의 기술이 여전히 반영되고 있었
다는 뜻이다.

　아치와 고창층 사이에는 그리스도, 성모, 성인과 천사, 성경의 많은 장면

　　　　　　　　　　　　　　　　　　　　　　　　　성당, 빛의 성작

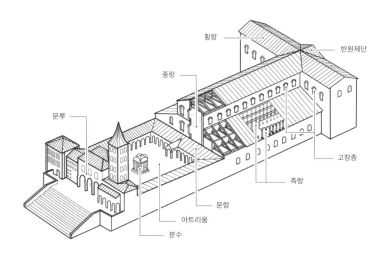

중랑

횡랑

반원제단

문루

고창층

측랑

문랑

아트리움

분수

[3-2] 바실리카 유형의 초기 그리스도교 성당(옛 성 베드로 대성전)

[3-3] 산타폴리나레 누오보 대성전, 이탈리아 라벤나

3. 빛의 성당

을 모자이크나 플라스터 그림으로 장려하게 그려놓았다. 6세기에 지어진 라벤나의 산타폴리나레 누오보 대성전(Basilica of Sant'Apollinare Nuovo)[3-3]은 제대를 향한 공간의 깊이를 고창층 밑의 긴 벽에 행렬하는 모자이크를 그려 강조하고 있다. 라벤나 교외의 산타폴리나레 인 클라세 대성전(Basilica di Sant'Apollinare in Classe)에서는 축을 따라 기둥이 열을 이루고, 그 좌우로 긴 측랑이 덧붙어서 하느님 나라를 향해 가는 지상 순례의 통로라는 의미를 더욱 강조했다.

그렇지만 초기 그리스도교 건축에서는 원기둥 위에 엔태블러처가 아닌 아치가 사용되기 시작했다. 옛 성 베드로 대성전(330년경)[3-4]은 현존하지는 않으나 16세기의 회화 사료를 보면 중랑의 열주는 엔태블러처를 받치고 있다. 그러나 안쪽의 측랑에는 열주가 아치를 받치고 있다. 곧 중랑에 면한 주요 부분에서는 오더의 원칙이 유지되었지만, 2차적인 곳에는 이미 원칙이 무시되기 시작했다. 또 로마의 산 파올로 푸오리 레 무라 대성전(Basilica di San Paolo fuori le mura, 384)[3-5]에서는 중랑에 면한 열주는 엔태블러처가 아니라 아치를 받치고 있다. 그 이후부터는 열주가 아치를 받쳤다. 이와 같이 아치를 받치는 열주를 아케이드(arcade)라고 하는데, 성당 건축에서는 중랑에 면한 지상층의 아케이드를 대(大)아케이드라고 한다. 이렇게 하여 아케이드는 오더를 대신하여 중랑의 벽을 구성하는 주역이 되었다.

왜 그렇게 되었을까? 원기둥과 원기둥 사이에 걸리는 엔태블러처는 크고 길면서 하나로 된 돌이어야 하는데, 이런 큰 돌은 잘라내고 운반하고 가공하려면 대단한 노력과 기술이 요구되었다. 원기둥도 마찬가지여서 한 개의 큰 돌에서 정확하게 잘라내야 이런 기둥을 얻을 수 있었다. 그런데 이 시기에는 석재 가공 기술이 쇠퇴했다. 도시가 쇠퇴하면서 가공하기보다는 버려진 건물에 있던 원기둥을 가져와 사용했으며, 기둥이 짧으면 다른 돌을 잇대어 사용했다. 그러나 수평으로 걸리는 엔태블러처는 그만한 돌을 구할 수도 없었으며 다른 건물에 쓰인 돌을 가져다 쓸 수도 없었다. 실제로 엔태블러처로 쓸 만한 돌을 얻었다고 해도 그 위에 벽을 더 높게 얹어야 하는 성당에서는 엔태블러처가 구조 형식으로 불리했다.

한편 성당은 로마시 외곽에 있는 순교자의 무덤에 세워졌다. 순교자들의 무덤에 캐노피가 달렸는데 이것이 치보리움(ciborium, 닫집)이 되었다. 로마의 산 클레멘테 대성전(Basilica of San Clemente)[3-6]은 세 개의 건물이 지층을 이룬다. 본래 로마 귀족의 주택으로 1세기에는 그 일부가 교회로 쓰였고, 2세기에는 주택의 지하실이 미트라스 신전으로 쓰였다. 4세기에는 이 주택을 바꾸어 바실리카로 사용했고, 12세기에 다시 그 위에 지금의 바실리카를 지었다. 로마

[3-4] 성 베드로 대성전 내부(복원도, 1500~1550), 이탈리아 로마

[3-5] 산 파올로 푸오리 레 무라 대성전, 이탈리아 로마

[3-6] 산 클레멘테 대성전 지하 미트라스 신전, 이탈리아 로마

의 성 베드로 대성전은 성 베드로의 묘 위에 세웠다. 그런 까닭에 성 베드로 대성전의 반원제단이 동쪽이 아닌 서쪽을 향하고 있다.

이렇게 하여 로마제국의 영묘인 원형 건물이 성당에 응용되었다. 원형 성당인 로마의 산타 코스탄자 성당(Santa Costanza)[01][4-17, 18]이 대표적이다. 또 세례는 물속에서 죽었다가 다시 살아나는 것이므로 세례당에도 영묘가 응용되었다(이와 관련된 내용은 5장의 '세례당'에서 다룬다).

이 시기에는 십자형 성당도 생겼다. 교회 역사가 에우세비우스에 따르면 콘스탄티노폴리스의 첫 번째 교회인 거룩한 사도 성당(Church of the Holy Apostles)[3-7]은 다른 네 건물이 중정으로 에워싸서 십자형을 하고 있었다고 전한다. 이 교차부 중정에 원뿔형 지붕을 덮으면 그대로 십자형 성당이 된다. 그

[3-7] 거룩한 사도 성당, 콘스탄티노폴리스

01   이 성당과 관련된 내용은 220~222쪽을 참조.

성당, 빛의 성작

런데 이 중정에는 콘스탄티누스 황제의 원형 영묘가 있었는데, 그 네 변에 건물이 붙어 생긴 12기둥에 12사도를 새겼다. 이로써 영묘이기도 하면서 순교자 기념 성당이 되었다. 그 이후 에페소스의 성 요한 성당, 베네치아의 성 마르코 대성전 등 많은 성당이 이것을 모방했다.

초기 그리스도교 성당은 과거의 어떤 위대한 시대도 갖지 못했던, 안으로부터 빛나는 정신을 가진 사람들의 건축이었다. 초기 그리스도교 성당을 대할 때, 성당이라는 건물을 만들어본 적이 없는 이들이 처음으로 성당을 지으려 했을 때, 그들은 과연 무엇을 가장 소중하다고 여겼을지 상상해보라. 긴 축을 따라 제대를 향하는 움직임과 주변으로 퍼지는 원형의 집중식 성당을 통해, 그들은 이전의 어떤 시대도 없었던 건축 공간을 만들어냈다. 그것도 어떤 한 사람의 권력자가 아닌, 신앙을 함께하는 사람들의 공동체가 이런 건축을 처음으로 만들어냈다. 이 얼마나 새로운 건축인가? 그때 그들의 시간 속에는 '성당'이라는 공간의 본질이 있고, 신앙의 공동체를 공간으로 표현하고자 하는 인간 정신의 힘과 상상력이 있다.

초기 그리스도교 성당은 대체로 세 가지 큰 특징을 남겨주었다. 이것은 결코 지나칠 수 없는 성당 건축의 핵심이기도 하다. 첫째 초기 그리스도교 성당은 로마시대의 장대하고 화려한 건축에 비교하면 참으로 신중하고 간소하다. 지금 남아 있는 초기 그리스도교 성당은 외관에는 거의 장식이 없이 벽돌 구조를 노출하고 있다. 그러나 소박한 외관과는 달리 내부는 대리석과 모자이크로 덮여 화려하다. 하느님의 백성이 함께 모여 주님의 식탁을 에워싸는 내부공간의 원점을 마련해주었다.

둘째 바실리카 성당을 통해 확인할 수 있듯이 제대를 향해 움직이는 동적인 건축 공간은 그리스도교의 동적인 성격을 더욱 분명히 해주었다. 이로써 이전의 고전건축에서는 알지 못했던 내부공간의 분위기를 만들기 시작했다.

셋째 성당 건물의 위에서 내려오는 빛은 주님을 향해 둘러싼 우리를 위에서 비춰주시는 하느님의 존재를 드러내었다. 아름답게 마감된 원기둥, 벽면을 덮는 대리석, 금색의 유리에서 빛나는 모자이크 벽화 등이 자아내는 빛은 내부공간을 가득 채우면서 그리스도교의 고유한 빛의 형이상학을 세워주었다.

비잔티움 성당

돔 아래의 전례 공간

콘스탄티누스 황제는 313년 그리스도교를 국교로 삼은 이후, 330년 제국의 수도를 로마에서 옛 그리스의 비잔티움으로 옮기고, 자신의 이름을 따 이 도시를 콘스탄티노폴리스라고 불렀다. '비잔티움 제국'은 콘스탄티노폴리스 천도 이후의 중세 로마제국을 고대의 로마제국과 구분하기 위해 근세의 역사가들이 임의로 붙인 이름이다. 이름도 동로마제국, 중세 로마제국, 비잔티움 제국, 비잔틴 제국 등 여러 가지다.

영어로는 'Byzantine Empire'라고 표기하고 이를 '비잔틴 제국'이라고 불렀으나, 비잔틴은 비잔티움의 형용사이므로 최근에는 원어를 살려 '비잔티움 제국'으로 표기하고 있다. 따라서 '비잔틴 건축', '비잔틴 양식'이 아니라 '비잔티움 건축', '비잔티움 양식'이라고 해야 옳다.

비잔티움 성당의 특징은 그리스의 예술에 로마의 기술과 공학이 합쳐지고 이에 동방의 색채와 신비주의가 더해진 것이다. 비잔티움의 예술가들은 거의 대부분 그리스 사람들이었고, 로마제국과 달리 인구 대다수가 사실상 그리스어를 썼다. 비잔티움 성당은 이 세 가지를 전례와 건축에 사용했다.

로마 건축에는 다양하고 복잡한 평면 유형이 있지만 그중 두 개의 중요한 요소가 있다. 커다란 홀을 다양하게 사용했어도, 타입은 직사각형과 원형 두 가지였다. 로마 건축의 구조 형태는 서로마제국과 동로마제국으로 갈리면서 하나는 서쪽으로 가서 중세 유럽의 대성당으로 발전했고, 다른 하나는 동쪽으로 가서 돔을 얹은 비잔티움 제국의 성당으로 발전했다. 서유럽에서는 바실리카의 직사각형 평면에 볼트를 얹은 통로가 긴 로마네스크와 고딕 대성당을 낳았다. 그 성당의 공간은 둥근 천장인 볼트로 리듬이 반복되어 투시도적으로 조망이 깊고 어두운 성단소가 있었는데, 그 안에서 이루어진 성찬은 더욱 감추어진 신비로움으로 여겨졌다.

그러나 비잔티움 성당은 돔 건물(구조), 장식 체계(장식), 평면과 전례(기능)라는 점에서 다시 구상되었는데, 하기아 소피아는 이 세 가지가 종합된 최고의 걸작이다. 비잔티움 성당 건축의 열쇠는 돔이라는 둥근 지붕이었다. 본래 돔은 고대 로마에서 완성되었다. 최고의 유럽 건축인 판테온은 지름이 43m에 이르는 반구형의 돔을 얹었다. 이는 산업혁명을 맞이할 때까지 유럽에서 가장 큰 돔이었다. 판테온의 정점에는 완전하게 원형인 개구부가 있고 그것을 통해 빛이 들어온다. 이 빛은 로마제국의 정신을 나타냈으며 우주적인 위계 정신도 완벽하게 나타냈다. 그러나 이것은 원형 평면에 얹은 것이어서 구조적으로는 자연스러운 형태였다.

비잔티움 성당의 원형이 된 또 다른 건물이 있다. 그것은 고대 로마제국의 님파에움인 미네르바 메디카 사원(Temple of Minerva Medica, nymphaeum, 260)[3-8]이었다. 이 건물은 훗날 비잔티움 성당이 이룬 바를 로마 사람들이 미리 보여준 것이었으므로 비잔티움 건축을 이해하는 데 아주 중요하다.

이 건물의 평면의 지름은 24m이며 정사각형이 아니라 10각형이다. 10개의 모퉁이마다 아주 작은 펜덴티브[3-9]가 있고, 돔에는 리브가 붙어 있다. 돔을 받쳐주는 10개의 피어(pier)가 있어서 벽이 없이 널찍한 반원제단(apse)을 둘 수 있었으므로 가운데 공간이 크게 확장되었다. 피어는 실제로는 반원제단들 사이에 아주 두툼한 벽이 기둥 역할을 하고 있는데도, 가운데 공간에서 보면 좁고, 반원제단과 반원제단 사이에 묻혀 있어서 기둥처럼 보이지 않는다.

미네르바 메디카 사원과 비잔티움 건축의 정수라고 하는 라벤나의 산 비탈레 성당[2-22]을 비교하면, 이 두 건물이 구조와 공간에서 얼마나 닮아 있는지 알 수 있다. 산 비탈레 성당 평면은 정팔각형으로 만들어서 전례라는 기능에

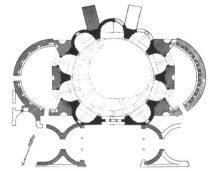

[3-8] 미네르바 메디카 사원과 평면, 이탈리아 로마

맞추면서도 그것을 위에서 마무리하는 지붕과 상징성을 위해서는 원형의 돔이 있어야 했다. 산 비탈레 성당을 보고 작은 반원제단에 제대가 작게 놓였다고 생각하기 쉽다. 그러나 비잔티움의 전례는 긴 축 위에 종점을 두는 로마 전례와는 달리 거대한 돔 밑의 공간 전체에 있다. (산 비탈레 성당에 대해서는 2장에 있는 "하느님을 말하는 '하느님의 집'"에서 자세히 다루었다).

비잔티움 성당에서는 대개 정사각형 평면에 외접하는 돔을 생각했다. 정사각형 평면의 네 변에는 아치가 돔을 받치고 있으므로 돔의 아래는 뚫려 있다. 이 뚫린 부분에 또 다른 사각형이 이어지면 팔의 길이가 모두 같은 그리스 십자형이 된다. 그래서 돔 아래의 중앙 공간 주변에는 반으로 나뉜 돔이 있는 반원제단, 볼트로 된 통로 등 여러 공간이 생긴다. 이로써 평면은 융통성을 갖게 되었다.

그런데 정사각형에 외접하는 원형의 돔을 올리면 원과 정사각형의 접점인 네 곳에서만 지지하는 형태가 된다. 이때 정사각형의 밖으로 나온 돔의 측면을 잘라내고, 정사각형의 각 변을 지나는 네 개의 아치를 만든다. 그런데 이 네 개의 아치의 가장 윗부분을 지나는 수평면으로 돔을 자르면 또 다른 원이 생긴다. 이 원을 바닥면으로 하는 돔을 더 만들어 그 위에 놓게 되면 비잔티움 성당의 구조가 완성된다. 그렇게 하면 네 모퉁이에는 곡면 삼각형이 생기는데, 이 삼각형을 '펜덴티브(pendendive)'[3-9]라고 한다.

고딕 성당에서 리브 위에 얹은 볼트와 버트레스가 해법이듯이, 펜덴티브는 비잔티움 성당의 핵심적인 구조의 해법이었다. 중앙에 큰 돔을 얹는 것이 보통이지만, 중앙 공간 주변에 일련의 작은 정사각형 베이(bay, 네 개의 기둥으로 구획된 공간 단위) 위에 작은 돔을 얹은 부속 공간을 덧붙이기도 했다. 고딕 성당이 빛을 안으로 들여보내려고 벽의 덩어리를 줄이고 기둥이 받치는 힘으로 구조를 만들었다면, 비잔티움 성당은 로마 건축이 보여주었던 몇 개의 매스를 더 즐겨 사용했다.

비잔티움 성당의 정점은 돔 밑의 공간을 시각화하는 것이었다. 그래서 성당 밑에서는 커다란 구조가 덩어리를 이루며 올라가지만, 점차 곡면으로 바뀌며 그 위를 돔으로 덮었다. 이때 내부공간을 가볍게 보이기 위해 이러한 무거

성당, 빛의 성작

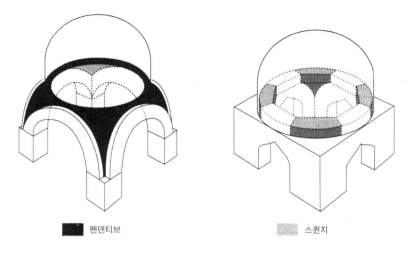

펜덴티브　　　　　　　스퀸치

[3-9] 펜덴티브와 스퀸치

운 벽면 위를 덮는 피복 재료가 필요했다. 벽과 바닥에는 대리석을 붙였고, 돔과 볼트에는 모자이크를 붙였다. 펜덴티브에는 돔을 향해 자연스럽게 공간이 이어지도록 그림을 그려 넣었다. 모자이크는 분절된 구조체의 표면을 연속적으로 피복해주면서 성당의 상징체계도 표현해주었다.

중앙에 둥근 지붕인 돔을 얹은 비잔티움 성당은 정교회의 전례를 그대로 반영한다. 정사각형 평면을 가로로 세 개, 세로로 세 개로 나누면 아홉 개의 사각형이 생긴다. 이것을 '9분할 사각형(nine-square)'이라고 한다. 이러한 평면을 가진 대표적인 성당은 네아 에클레시아(Nea Ekklēsia, 'New Church', 876~880)[3-10]였다. 이 성당은 하기아 소피아 이후 수도 비잔티움에 세워진 첫 번째 기념비적 성당이었으나 1490년에 번개로 파괴되었다(하기아 소피아는 4장의 '전례를 공간으로'에서 자세히 다루었다).

지성소에는 거룩한 제단이 있고, 성소와 회중석은 성화벽(이코노스타시스 iconostasis)[3-11]으로 나뉜다. 성화벽은 인간이 아직 죄로 하느님과 분리되어 있음을 상기시켜주는 휘장을 상징한다. 성화벽에는 세 개의 문이 있으며 이 문은 예식을 거행할 때 사용된다.

성단소인 챈슬(chancel) 좌우의 남쪽에는 제의와 성경을 보관하는 '디아코

[3-10] 네아 에클레시아 추정도

[3-11] 성화벽, 코코스 수도원 성당, 루마니아 이삭체아

니콘(diakonikon)'이, 북쪽에는 성체성사를 위해 빵과 포도주를 준비하는 '프
로테시스(prothesis)'[5-106]가 배치된다. 돔 아래에는 회중석인 '나오스(naos, 정교
회에서는 '신자석'이라 부른다)'가 있고 그 좌우에 측랑이 있다. 정교회에서는
모든 예식이 지성소에서만 거행되지 않고 '신자석' 중앙에서도 거행된다. 이때
신자들은 측랑에 선다. 거룩한 전례가 거행되는 동안 그리스도를 통해서 하늘

성당, 빛의 성작

과 땅이 하나가 된다. 그렇게 함으로써 정교회는 교회의 예배가 온 백성에 의해, 온 백성을 위해 봉헌된다는 사실을 강조하고 있다.

정교회 성당은 대부분 성화벽만이 아니라 내벽과 천장 등에도 이콘(성화상)을 그린다. 지성소 후면 둥근 벽에는 성모와 어린아이 모습의 그리스도를 묘사한 커다란 이콘이 그려진다. 성당에서 가장 높은 곳에 있는 돔 중앙에는 하늘과 땅의 주님으로서 온 세상을 다스리는 전능하신 그리스도인 판토크라토르(Pantocrator)[3-12]의 이콘이 그려져 있다. 이 돔의 중심에서 아래쪽으로 내려가면서 피조물의 세계 전체가 그분에게서 나오고, 위로 올라가면서는 만물의 주님이신 그리스도께로 이끌어지고 있음을 성당 전체에 표현했다.

비잔티움 성당은 외관이 아주 소박하고 평범하다. 그러나 내부에 들어가면 넓고 깊이가 있는 공간이 나타난다. 하늘을 나타내는 돔과 그 밑의 바닥에 모인 백성이 직접 이어지는 하늘과 땅의 관계를 잘 나타낸다. 또 이쪽에 모여 있는 백성을 초대하여 건물 안쪽의 깊은 곳에 있는 내세로 이끄는 이쪽과 저쪽의 장소 감각이 분명하다. 성당의 한가운데 서서 이쪽과 저쪽을 본 후에, 머리 위로 눈을 돌리면 그리스도를 중심으로 아래로 믿음을 가진 자들이 이어진다. 전례도 도상학적이고 건축도 도상학적이다. 전례의 상징과 건축적 상징이 이렇게 성당 안에서 통합되어 있다.

[3-12] 판토크라토르, 주님 무덤 성당 돔, 이스라엘 예루살렘

비잔티움의 빛

하기아 소피아[4-24]의 공간을 가장 정확하게 말한 사람은 현대인이 아닌 유스티아누스 대제의 궁정역사가 프로코피우스(Procopius)였다. 그는 하기아 소피아에 대하여 이렇게 기록했다. "성당의 내부는 빛으로만 가득 차 있는데 이 장소는 밖에서 들어오는 햇빛으로 비춰지는 것이 아니라, 성당 안에서 나오는 빛으로 빛나고 있어서, 무한한 빛이 성당 안 전체를 적시고 있다고 말할 수 있다."[02]이처럼 돔으로 덮인 성당의 내부는 하늘의 거룩한 빛을 상징적으로 나타낸다.

그가 말한 '안에서 나오는 빛'은 단지 은유적인 표현이 아니다. '하늘나라의 돔'은 성당의 천장 전체가 금박을 입힌 모자이크로 덮여 있고 이것이 둘러싸고 있는 모든 방에 반사된다. 성당은 실제로도 '안에서 나오는 빛'으로 가득 차게 되며 그 빛으로 건축공간은 생기를 얻는다. 돔에는 빛의 근원이신 그리스도께서 내려다보며 당신의 백성에게 복을 내려주고 계시는 이미지를 그렸다.

프로코피우스는 또 이렇게 말했다. "하느님께 기도하려고 이 성당에 들어오는 이는 언제나 이 건물이 이렇게 훌륭하게 지어진 것이 사람의 힘이나 뛰어난 기술이 아니라, 하느님의 힘에 의한 것임을 금방 깨닫는다. 그리고 이렇게 그의 마음은 하느님을 향해 들어 올려져 고양되므로, 하느님께서는 멀리 떨어져 계실 수가 없고 당신 자신께서 선택하신 이 장소에서 즐겨 머물고 계심에 틀림이 없다고 느낀다."

그리스의 델포이 근처의 포시다(Phocida)에 호시오스 루카스(Hosios Loukas) 수도원[3-13]이 있다. 비잔티움 양식의 가경자 루카 수도원이다[호시오스란 가경자(可敬者)라는 뜻이고 루카스는 복음사가 루카가 아닌 953년에 죽은 은수자(隱修者)를 말한다]. 그 안에 있는 카톨리콘(Katholikon) 경당[3-14]은 참으로 아름답고 신비한 빛으로 가득 차 있다. 이 빛은 하느님께서 당신의 백성을 불러 모으시는 형태, 사람들이 부름을 받아 모이게 된 형태를 함께 나타낸다.

위를 올려다보면 돔에는 만물의 주재자이신 그리스도께서 내려다보고 계신다. 네 방향에 있는 창을 통해 들어온 빛은 돔 주위에 받치는 네 개의 볼

---

02 Procopius, *De Aedificiis, in The Church of St. Sophia Constantinople*, 1894, pp.24~28.

트를 비춘다. 모퉁이에는 창이 나 있고, 그 창을 통해 들어온 빛이 스퀸치(squinch, 정방형의 평면 위에 돔을 얹을 때 이를 받쳐주기 위하여 정방형의 모퉁이에 만든 작은 아치나 까치발)[3-9]를 비춘다. 그 결과 돔은 아치와 기둥에 높이 떠받쳐져 있기보다는 사방으로 퍼져 있다는 느낌을 준다. 따라서 이 성당에서는 빛이 밖에서 들어와 돔을 비추는 것이 아니다. 돔에서 생겨난 빛이 저 바깥세상을 향해 퍼져나가고 있다.

아래 부분에서는 밝고 맑은 영역과 어둡고 흐릿한 영역이 교차하며 나타난

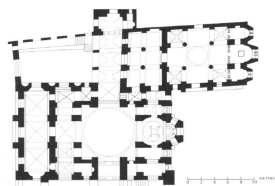

[3-13] 호시오스 루카스 수도원 평면, 테오토코스(위), 카톨리콘(아래)

[3-14] 카톨리콘 경당, 호시오스 루카스 수도원, 그리스 델포이

다. 밝은 영역에서는 빛이 가볍고 빠르게 스치듯이 지나가고, 어스레한 그늘 안에서는 빛이 대리석의 평탄한 표면을 미끄러지듯이 비추고 있다. 돔과 모퉁이에 있는 스퀸치, 반원제단과 십자로 교차하는 볼트에는 모자이크가 가벼운 막처럼 붙어 있다. 이 모자이크는 빛을 반사해서 빛이 사방으로 퍼지게 한다.

5세기 말에 지어진 라벤나의 주교 경당인 산탄드레아 경당(Chapel of Sant'Andrea, 현재는 라벤나 대교구 박물관 안)[3-15]에는 이렇게 쓰여 있다. "빛은 이곳에서 태어나기도 하고 여기에 갇혀 있기도 하다. 그러나 어떤 경우에도 빛은 자유로이 지배한다(Aut lux hic nata est, aut capta hic libera regnat)"([3-15]의 우측 안쪽 명판의 제일 윗줄에 있음).

여기에서 '태어나는 빛'은 무엇이며, '갇혀 있는 빛'은 무엇일까? '태어나는 빛'이란 만물의 주재자에서 시작해 돔과 네 방향의 볼트, 그리고 스퀸치를 위에서 비치며 사방으로 빛나는 빛이다. 그러나 '갇혀 있는 빛'이란 아래의 창으로 들어와 건물의 물질로 갇혀버린 빛을 말한다. 호시오스 루카스 수도원의 카톨리콘 경당의 빛은 '갇혀 있는 빛'이 아니라 '태어나는 빛'이다.

성당에서 빛이라고 하면 고딕 대성당의 스테인드글라스를 투과해 들어오는 아름답고 화려한 빛을 머리에 떠올린다. 비잔티움의 빛도 고딕의 빛처럼 돌과 유리라는 물질을 정신적인 것으로 변화시킨 것이었다. 그러나 이 둘은 반대로 나타났다. 고딕 성당에서 빛은 채색 유리를 통해 밖에서 들어온 빛이었고, 비잔티움 성당에서는 두꺼운 돌 벽에 붙인 무수한 유리 조각에 반사된 가벼운 빛이었다. 고딕의 빛이 있기 이전에, 내부에서 반사하며 벽을 비추는 비잔티움의 빛이 있었다.

그리스도교의 전례에서 백성을 안으로 불러들이지 않았더라면 성당 건축에는 내부도 없었을 것이다. 그리고 내부의 장식도 필요 없었을 것이다. 초기 비잔티움 성당은 프레스코나 금빛 모자이크가 풍부하게 장식되어 있고, 많은 성화가 다양한 색깔과 모양으로 그려져 있다. 그렇지만 비잔티움 성당에서 모자이크는 일차적으로 그림을 남기기 위한 것이 아니었다. 그것은 빛을 받아들이는 창이 작고 개수도 적어 빛이 아주 부족해 어둑했으나, 얼마 되지 않는 빛이라도 내부공간을 모자이크의 굴절하고 반사하는 빛의 덩어리로 바꾸기 위

[3-15] 산탄드레아 주교 경당, 대교구 박물관, 이탈리아 라벤나　[3-16] 스말토

해 고안된 빛의 건축적 장치였다.

　이렇게 하여 비잔티움 교회 건축에서는 여러 가지 곡면이 생겼고, 대리석이나 모자이크의 재료로 무거운 벽 위를 덮어 빛을 조금이라도 더 많이 모아야 했다. 특히 모자이크는 아주 단순한 그림으로 둥근 표면을 연속적으로 덮을 수 있었고, 각도가 다른 작은 덩어리로 불규칙하게 빛나는 빛을 만들어낼 수 있었다. 특히 고대 로마시대에는 공공목욕탕이나 개인 저택의 바닥이나 평탄한 벽에 아름다운 색깔의 대리석을 깨서 만든 작은 조각을 모자이크의 재료로 사용했다. 그러나 비잔티움 교회의 모자이크는 달랐다. 그들은 빛을 내부에 반사하기 위해 벽이나 아치에 일부러 신중하게 다양한 각도로 모자이크를 직접 붙였다.

　바닥에서 벽으로 표현의 무대가 바뀌었고, 두꺼운 색유리판을 쪼개 만든 스말토(smalto, 복수는 smalti)[3-16]라고 부르는 네모난 유리나 대리석을 특수하게 사용하며, 금박을 유리판에 끼워 접착시킨 것이 재료의 주류를 이루었다. 모자이크는 유리일 수도 있고 대리석일 수도 있다. 모자이크는 수많은 아주 작은 육면체로 이루어지는데 하나하나는 몇 mm인 것에서 대략 2cm 정도이고, 두께는 5mm에서 1cm가 되도록 끌로 쳐서 잘라 쓴다. 스말토는 표면이 거칠고 작은 기포가 있다. 이 때문에 빛이 다양하게 반사되는데, 그 뒷면에 반사하는 금박이나 은박을 붙이기도 한다. 이들이 사용한 모자이크의 색채가 2만 8,000가지라고 하는데, 그럴 정도로 무한에 가까운 빛과 그림자를 만들 수 있었다는 이야기다.

장식되는 표면은 미리 시멘트로 덮인다. 모자이크를 만드는 작은 덩어리는 마르기 전에 장인의 엄지손가락으로 눌러 자리를 잡고, 굽은 표면이나 둥근 모퉁이를 연속적으로 덮는다. 모자이크 표면은 무수한 작은 덩어리가 다른 각도로 불규칙하게 박혀서 커다란 면을 이루며 여기저기서 난반사하여 약한 빛이 성당 안에서 친밀하게 빛난다. 이 난반사 때문에 어둑한 성당 안을 움직일 때면 아주 작은 유리 덩어리가 섬광처럼 빛나기도 한다.[3-17]

박해를 피해 빛이 닿지 않는 지하에 숨어서 미사를 드릴 때 유일한 빛은 제대 위의 등불이었다. 이 단 하나의 빛이 하느님께 예배드리는 장소를 비추고 있었다. 이때의 빛은 비록 작고 어두웠으나 성경에서 말씀하신 태초의 빛이었고 사람들을 밝혀주는 생명의 빛이었다. 그러던 것이 지상에 성당을 짓게 되면서도 성당 안의 벽을 비추는 한 줄기의 등불은 여전히 소중하고 참된 빛이었다.

비잔티움 성당은 이른 아침이나 늦은 저녁에 약한 등불과 촛불이 안을 밝혀주도록 설계되었다. 자연광이 가득할 때는 어린 예수님을 안고 있는 성모상에서 성모가 더 크게 나타나지만, 약한 빛이 비칠 때는 금과 은빛 옷을 입은 그리스도가 작지만 화려하게 빛난다.[3-18] 새벽에 입구의 창에서 비춰 들어오는 가라앉은 빛과 온화한 등불 밑에서는 구성의 중점이 성모에게서 그리스도로 옮겨진다. 겸손하게 낮은 곳을 찾아오신 하느님께서 낮고 간접적인 빛을 반사하고 계신 것이다. 이처럼 비잔티움 성당은 밖에서 들어오는 햇빛과 약한 등불을 모두 고려한 건축이었다.

사람은 빛에 감싸이게 될 때 커다란 기쁨을 느끼는 존재다. 이 빛은 "빛이 생겨라" 하시자 생긴 빛(창세 1,3)이요, "그분 안에 생명이 있었으니 그 생명은 사람들의 빛"(요한 1,1-4)이었다. 그러니 빛을 창조하신 하느님께서 당신의 집이 어떤 빛으로 감싸여 있을 때 커다란 기쁨을 느끼실 것인가? 이것이 하느님의 부름을 받아 성당에 모인 이들을 감싸는 빛의 본질이다. 비잔티움 성당의 천장과 벽면에 저 무수한 유리 덩어리를 붙인 장인들은 무엇을 위해 얼마나 수없

성당, 빛의 성작

[3-17] 산 비탈레 성당 모자이크, 이탈리아 라벤나

[3-18] 테오토코스(천주의 성모), 앱스 모자이크, 하기아 소피아, 터키 이스탄불

이 오르내리며 저토록 아름답게 내부에 반사하는 빛을 만들어냈을까? 돔과 볼트와 모자이크가 이끄는 저 높은 빛은 그 밑에 와서 무릎을 꿇고 간구하는 당신 백성의 마음속 어두움을 비추는 하느님의 은총이요 또 다른 성사다.

로마네스크 성당

로마네스크 문화와 건축

'로마네스크(Romanesque)'는 서로마제국이 멸망한 476년부터 오스만 투르크 제국이 콘스탄티노폴리스를 점령한 1453년까지 있었던 서구 문화다. 로마네스크라는 이름은 고대 로마 건축양식에서 파생되어 지방색을 띤 타락한 거친 양식이라는 뜻에서 붙여졌다. 로마네스크는 대체로 11세기에서 12세기 중엽까지의 문화를 말하고, 이어서 나타난 고딕은 12세기 중엽에서 15세기 또는 16세기의 문화를 말한다.

17세기 말에는 중세건축을 '무거운 느낌의 것'과 '가벼운 느낌의 것'으로 구별했다. 그러던 것이 1818년에 중세 전반의 무거운 느낌의 건축을 프랑스어로 '로망(roman)'이라고 불렀고, 그다음 해인 1819년에 비로소 영어로 '고대 로마(roman-)풍의(-esque)'라는 뜻으로 'romanesque'라는 이름이 붙었다. 다시 말해 로마네스크라는 말은 실제 문화가 있던 때로부터 한참 후에 지어진 것이다.

로마제국이 멸망한 후 유럽에는 암흑의 시대가 길게 이어졌다. 이 시기에 나타난 한 줄기의 빛은 그리스도교 문화였다. 9세기부터 10세기 전반에 유럽은 로마제국의 지배에서 벗어나 중세로 탈피하고자 했다. 사회나 경제의 안정, 농업기술의 진보로 생산력이 증가하고, 인구도 급속히 늘어나자 성당을 지을 여력이 생기면서 그리스도교가 보편화되었다.

그런데 그리스도가 탄생하신 지 1,000년이 되면 하느님의 심판이 다가온다고 믿었고 세상의 종말에 대한 두려움이 컸다. 게다가 이 시기에는 천재지변, 병, 기근이 심했고 이단이 많이 출현했다. 이에 두 가지의 열광이 나타났다. 순례의 길을 '걷는 열광'과 수도원에 '숨는 열광'의 형태로 성당과 수도원이 많이 세워졌다. 야고보 사도가 묻혀 있는 산티아고 데 콤포스텔라를 향한 순례길[3-19]은 두 '열광'이 합쳐져 유럽을 도로로 연결하기 시작했던 대표적인 순

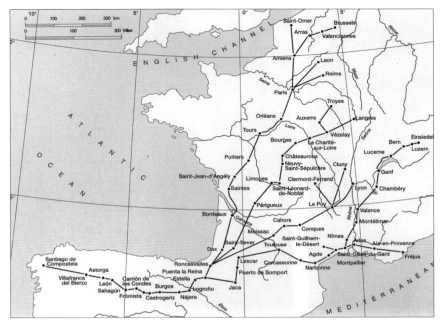

[3-19] 산티아고 데 콤포스텔라를 향한 순례길

레길이었다.

　이 천년의 공포에서 벗어난 유럽은 심리적으로나 경제적으로 극적인 세계
가 그리스도교를 중심으로 다양한 모습을 꽃피우기 시작했다. 이 당시 중앙집
권체제가 붕괴하고 영토가 분할되면서 스스로의 힘으로 자신을 지키자는 생
각에 지방의 독립과 자치를 자각하게 되었고, 이것이 사람들에게 활기와 창조
력을 불어넣었다. 이러한 배경에서 건축, 조각, 회화 등 로마네스크 예술은 거
의 유럽 전역에 사상 처음으로 널리 퍼진 범(汎)유럽적인 예술이 되었다.

　유럽 특유의 경관은 우선 중세의 그리스도교가 전파되면서 형성되었다. 유
럽의 땅, 전원, 숲, 산을 바탕이라고 한다면 로마네스크 성당은 그 바탕의 그림
이었다. 성당은 고대 로마 사회의 행정 조직을 따라 마을의 중심에 높고 장려
한 '탑'의 모뉴먼트로 나타났다. 흔히 로마네스크 건축은 고딕 건축으로 발전
되기 이전의 준비 단계에 있는 건축으로 잘못 알기 쉽다. 그러나 로마가 쇠퇴하
면서 형성된 유럽 문명을 가장 구체적으로 보여준 것이 다름 아닌 로마네스크

성당과 수도원이었다.

로마네스크 성당은 고대 로마나 비잔티움 양식에서 벗어난 유럽의 독자적인 건축이며, 고딕보다 원초적이고 순수한 신앙을 표현했다. 로마네스크 성당은 유럽의 기층문화에 이민족의 주변 문화가 혼합된 속성을 가지고 있었으며, 이전부터 지방에 있던 신앙을 흡수하면서 그리스도교를 전파하고 지방의 자연에 뿌리를 내린 독자적인 문화였다. 예를 들어 샤르트르 대성당 자리도 본래는 켈트족의 성지였다. 따라서 로마네스크 성당은 서구 사회가 형성되던 시대의 전형적인 모습을 지닌 예술 공간이었다. 로마네스크 성당이라고 하지만 그 모습은 여러 가지다. 같은 지방이라고 해도 또 이웃 마을인데도 성당의 크기와 인상이 전혀 다를 정도로 로마네스크 성당은 다양하다.

로마네스크 성당은 도시 형성에 밀접한 관계가 있는 13세기 이후의 고딕과는 달리, 성당이 세워진 지방의 자연과 민속을 짙게 반영한 독자적인 양식이었다. 도시와 가까운 곳에 있는 로마네스크 성당은 고딕 양식으로 다시 세워진 경우가 많아서 거의 남아 있지 않다. 그러나 현존하는 로마네스크 성당은 지방에 전원이나 산으로 둘러싸인 곳에 세워져 있고 주변의 자연환경과 일체를 이루는 점이 큰 특징이다. 그러면서 이전과 같이 부서지기 쉬운 목조나 거친 절석(切石) 쌓기가 아니라, 하느님의 집의 위엄에 어울리는 견고한 크고 작은 석조 성당을 지었다.

그리고 작은 마을에서 큰 도시에 이르기까지 건설 붐이 일어났다. 그러나 모든 곳에서 많은 비용을 들여 다른 지방에 있는 양질의 재료를 운반해 오고, 기술자를 먼 곳에서 불러들인 것은 아니다. 작은 도시의 성당 건설은 그 지역의 역량으로 해결했다. 그 때문에 로마네스크 성당은 고딕 대성당처럼 도시 안에 세워지지 않고 시골 풍광이 좋은 곳에 자리 잡은 예가 많다. 이로써 외관은 지역적이며 친근하고 지방 특유의 재료와 기술이 우선하며 풍토에 잘 맞고 풍경의 일부로 나타난다.

중세의 건축과 조각과 회화는 따로 떼어 말할 수 없었다. 로마네스크의 조각은 조각품이자 동시에 건축 부재의 일부로서 구조를 지지했다. 단순히 조각이 아니라 '건축 조각'이라는 말이 사용될 정도였다. 벽화도 건축의 벽과 일체를 이루었다. 조각이든 회화든 모두 건축공간의 성격을 더욱 명확히 하고, 특정한 장소가 갖는 기능에 대응했다.

로마네스크 성당은 건축의 구조와 재료 안에서 조각, 회화, 성물, 장식, 기도서 등 다양한 표현 영역을 처음으로 표현한 거대한 텍스트였다. 이처럼 로마네스크 성당은 유럽세계가 성립되던 시대의 전형적인 예술 공간이었고, 시대와 지식의 구조적인 상징을 통해 '문화'의 형태를 눈에 보이게 해주었다.

볼트와 벽의 구조

초기 그리스도교 성당의 지붕은 목재로 만들어져서 회중석의 폭도 한정되었고 내구성이 없었다. 이에 로마네스크 성당은 넓고 높은 공간을 만들려고 그 위를 돌로 만든 지붕으로 덮고자 했다. 건축적으로는 로마네스크 성당에는 긴 축, 교차 볼트, 반원의 아치 등 세 가지 중요한 요소가 있다. 그런데 긴 축은 고대 로마의 바실리카에서, 교차 볼트는 로마 목욕탕에서, 반원의 아치는 일반적인 건물에서 받아들인 것이다. 고대 로마의 바실리카는 길고 낮았으나 로마네스크 성당은 높은 천장과 함께 강력한 탑이 하늘을 향했다. 로마의 원기둥은 하나로 되어 있었다. 그러나 로마네스크 성당은 피어와 아치가 틀에 맞춰 분절되었다. 이렇게 하여 로마네스크 성당은 강하고 육중하며 분절된, 논리적이면서도 신비한 건축을 새롭게 창안할 수 있었다. 로마 건축이나 비잔티움 건축은 대리석이나 모자이크로 마감되었으나 로마네스크 성당은 구조 자체를 장식했다. 그리고 이것에 기능을 통합했다.

고대 말기인 6세기 이후에는 고전적인 교양을 갖춘 건축가들과 기술이 뛰어난 장인들이 사라져버렸다. 또한 로마시대의 채석장도 생산을 멈췄다. 건설공사에서는 돌을 운반하는 것이 가장 어려웠으므로, 로마네스크 성당은 가급적이면 지역에서 구할 수 있는 석재로 지었다. 그러나 이때의 돌의 크기란 짐나르는 말이 운반할 수 있는 크기의 작은 돌이어야 했다. 로마네스크 성당은 로마 건축의 구조법에 따라 길고 넓은 공간의 지붕을 볼트로 덮고, 다시 이를 벽과 아치로 받쳤다.

아치는 자른 돌을 쌓아 만든 것인데, 이것을 한 방향으로 연속시키면 대나 무릎 반으로 자른 것처럼 둥근 지붕이 생긴다. 이것이 원통 볼트다. 이를 터널처럼 생겼다고 터널 볼트(tunnel vault)[3-20]라고도 하고 커다란 통처럼 생겼다고 배럴 볼트(barrel vault)라고도 한다. 그런데 이런 아치를 360도로 회전하면 지붕이 둥근 돔(dome)이 생긴다. 볼트와 돔을 모두 '둥근 천장'이라고 번역하기도 하지만, 볼트는 한 방향으로 둥근 천장이고, 돔은 구를 반으로 자른 둥근 천장이다. 지붕에 볼트를 사용하면 견고한 돌로 천장과 벽이 하나로 통합된다. 이렇게 되면 내부는 외부와 완연히 구분되고 바깥 세계와 격리된 감각을 더욱 완전하게 나타낼 수 있다.

중랑이 하나뿐인 바실리카에 원통 볼트를 올리는 것은 비교적 쉬웠다. 중랑의 좌우에 측랑이 붙은 경우에는 처음에는 건물 전체에 볼트를 얹었다. 그러나 이렇게 되면 중랑과 측랑의 높이 차이가 나지 않아 빛을 받을 수 있는 창을 낼 수 없었다. 한편 돌로 만든 볼트 천장에는 구조적으로 치명적인 문제가 있다. 원통 볼트 자체의 무게도 대단하지만, 그 위로 물매가 급한 목조 경사지붕이 올라타게 되는데 이것에 겨울의 강한 계절풍을 받으면 벽에 커다란 부하가 걸린다.[3-21, 왼쪽] 평탄한 천장은 밑으로 떨어지지만, 볼트 천장은 그것을 받치고 있는 벽을 수평으로 강하게 밀어내는 힘이 작용한다. 이 힘을 추력(推力, thrust)이라고 한다. 이 수평의 추력과 수직으로 내리누르는 힘이 합쳐지면 대각선으로 벌어지려는 힘이 생긴다. 스케이트를 탈 때 두 다리가 대각선 방향으로 벌어지게 되는 것과 같은 이치다. 이 힘을 막지 못해 볼트 지붕이 한번 무너지면 긴 볼트의 지붕 전체와 벽이 함께 무너지고 만다.

이에 대한 해결책은 중랑 좌우의 벽보다 낮은 측랑에 1/2 원통 볼트를 걸어 중랑의 횡압을 완전히 측랑으로 옮기고 그 밑에 육중한 벽을 두는 것이다.[3-22] 당연히 내부공간도 더 넓어지는 이점이 있다. 중랑 좌우의 벽보다는 낮게 측랑을 붙였으므로, 그만큼 중랑의 벽 높은 곳에 제법 큰 고창층(高窓層)을 낼 수도 있다. 그리고 중랑의 원통 볼트 지붕의 하중을 받아 벽이 옆으로 벌어지지 않게 가장 바깥쪽 벽면에 기둥처럼 생긴 버팀벽(buttress)을 덧대어 보강해서 지붕에 의한 추력을 더욱 낮은 위치에서 견딜 수 있게 했다. 그렇다고 해도 두껍게 쌓은 벽에 창을 크게 낼 수 없었기 때문에 여전히 성당은 매우 어두웠다.

[3-20] 터널 볼트와 벽의 구조 변화

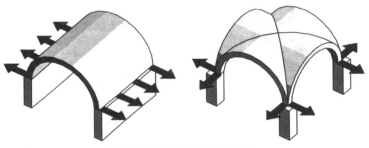

[3-21] 원통 볼트와 교차 볼트의 추력 비교

[3-22] 로마네스크 성당의 구조

원통 볼트 두 개를 직각으로 교차시킨 교차 볼트(cross vault 또는 groin vault)를 사용하면 볼트의 전 중량을 네 개의 점에 분산시켜 횡압력이 1/2로 줄어든다.[3-21, 오른쪽] 이렇게 하면 교차 볼트는 벽이 받치지 않고 기둥이 받쳐준다

[3-23] 횡단 아치, 파예른 수도원 성당, 스위스

는 점에서도 공간적으로 효과가 컸고 채광에도 아주 유리했다. 다시 이것에 두
개의 볼트가 교차하는 선을 따라 뼈대를 보강하면 그 위에 올리는 돌 판의 무
게를 줄일 수 있다. 이 뼈대를 리브(rib)라 부르는데, 갈비뼈, 늑골이라는 뜻이
지만 적절한 용어가 없어 일반적으로 그냥 '리브'라고 부른다. 이런 뼈대를 둔
교차 볼트를 '교차 리브 볼트'라고 한다. 이것은 후에 고딕 건축을 완성하는 중
요한 구조법의 원리가 되었다.

    따라서 이를 조금이라도 잘 지탱하려면 스위스 파예른 수도원 성당
(Payerne Abbey Church)[3-23]에서 보듯이 중랑 위에 있는 긴 볼트를 일정한 간
격으로 가로지르는 횡단 아치(transverse arch)로 보강해주어야 했다. 이런 횡단
아치를 받치기 위해서는 중랑의 벽과 기둥에 버팀벽을 넣어 만들어야 하는데,
보통 원기둥 1개나 2개를 걸러 배치한다. 그래서 중랑에서 보면 굵은 기둥과 작
은 기둥이 리드미컬하게 나타난다. 이런 점에서 횡단 아치로 보강한 로마네스
크의 볼트는 고대 로마의 볼트와는 크게 다르다. 초기 그리스도교 성당에서는
규격이 같은 원기둥이 안쪽을 향해 수평으로 움직이는 운동을 강조해주었다
면, 로마네스크 성당에서는 횡단 아치 사이에 있는 부분의 독립성이 강해진다.
또 그 위에 하나의 교차 볼트를 얹으면 더 분명한 공간 단위로 읽힌다. 이렇게

성당, 빛의 성작

하여 로마네스크 성당은 몇 개의 공간 단위가 연속하는 성격을 갖게 되었다.

로마네스크의 볼트는 거의 모두 정사각형의 교차 볼트이므로 보통 중랑의 폭은 측랑의 두 배가 되고, 중랑의 한 개 볼트에 대해 측랑의 두 개 볼트가 대응한다. 이때 회중석 옆에 있는 대(大) 아케이드의 기둥은 중랑의 볼트에 대응하는 강한 기둥과, 측랑의 볼트만을 받쳐주는 약한 기둥이 한 개 건너 늘어선다. 이렇게 하여 정사각형 단위와 강약으로 교차하는 조직은 로마네스크 성당의 기본적인 골조가 된다.

로마네스크 성당에서 한때 원기둥을 다시 사용하기도 했으나 10세기에는 원기둥 대신에 아치를 받치는 피어(pier)가 사용되었다.[3-24] 피어는 원기둥과는 달리 벽에 아치 형태의 연속적인 개구부를 뚫고 난 후에 생기는 기둥이다. 이때 벽은 로마 건축에서 마감 재료를 떼어내고 남은 벌거벗은 벽과 같았다. 피어 위에 아치가 놓이면 다시 그 위에 높게 놓이는 두꺼운 벽을 받치는 데 유리했다. 바로 이 원초적인 조적 구조의 벽이 중세건축의 진정한 출발점이었다. 따

[3-24] 작은 돌의 피어와 아치, 샤페이즈의 생마르탱 성당, 프랑스

[3-26] 베스트베르크, 슈파이어 대성당(Dom zu Speyer)
서쪽 측면, 독일

[3-25] 회중석 좌우의 벽 구성, 성모 마리아 성당
(St. Maria Cathedral), 스위스 바젤

라서 중세건축의 조형은 성당에 필요한 최소한의 요소인 아케이드와 고창층
만 있는 장식이 없는 평탄한 벽에서 시작되었다고 할 수 있다.

　　로마네스크 성당에서 중랑의 좌우에 있는 벽은 바닥에서 천장까지 연속
해 있다.[3-25] 이 벽면은 네 가지 요소를 선택해서 조합하여 구성된다. 제일 밑
에 있는 것이 아케이드(arcade)다. 바로 그 위에 있는 것이 갤러리 또는 트리뷴
(tribune)이다. 트리뷴은 중랑 벽면에 커다란 구멍을 뚫어 배후에 깊이를 보여
주거나 간접 채광으로 개방감을 주기 위한 것이다. 여성 신자나 귀빈석 또는
성가대석으로 쓰이기도 했지만, 어떻게 쓰였는지 기록이 없는 예가 많다. 굳이
번역하자면 '2층석'이다. 그리고 다시 그 위에 놓일 수 있는 것이 '삼창통로층
(三窓通路層, triforium)'이다. 보통 그대로 발음해 '트리포리움'이라 하는데, 라
틴어 'tres'는 세 개, 'foris'는 문이고 그 뒤에 좁은 통로가 있는 층이므로 이를

성당, 빛의 성작

'삼창통로층'이라 번역했다. 그리고 다시 제일 위에 고창층을 둔다. 간단한 벽은 '아케이드+고창층'으로만 이루어진다. 또는 '아케이드+갤러리+고창층' 또는 '아케이드+삼창통로층+고창층' 등으로 이루어지기도 한다. 아니면 아주 간단하게는 아케이드로만 된 것도 있다. 이 벽면의 구성을 잘 알아두면 로마네스크와 고딕 대성당의 중랑이 어떻게 지어졌는지 쉽게 이해할 수 있다.

탑은 로마네스크와 고딕의 성당에서는 뺄 수 없는 요소다. 초기 그리스도교 성당에는 탑이 없었고 있더라도 성당 옆에 독립해서 있었다.[5-129] 독일의 초기 로마네스크에서는 '베스트베르크(Westwerk, 영어로는 westwork)'[3-26]라고 하여 성당의 서쪽 입구가 마치 성처럼 만들어지고, 탑이 있는 육중한 입구가 생기며, 대개는 높은 두 탑 사이에 입구가 놓인다. 이때 두 탑과 그 사이의 입구는 천상의 예루살렘을 상징한다. 이 '베스트베르크'는 안에 입구, 경당, 회중석을 바라보는 일련의 갤러리가 있는데, 반쯤은 독립된 경당과 같은 기능을 갖는다. 얇은 인상을 주었던 초기 그리스도교 성당과는 달리 이 '베스트베르크'가 도입됨으로써 중후하고 위엄이 있는 성당이 되었다.

그러나 10세기에 들어와서는 '베스트베르크'는 건설되지 않았고 기존의 '베스트베르크'도 철거되었다. 내부의 넓은 경당은 작아졌고, 바깥의 탑은 남겨져 성당의 서측 부분을 장식하는 것으로 지어지는 경우가 많았다. 그 이후는 성당의 규모가 커지고 볼트로 지어지게 되었기 때문에, 될 수 있으면 많은 탑을 세워 성당의 모습을 화려하게 보이고자 했다. 일반적으로는 서쪽에 두 개의 탑을 세웠지만, 교차부 위, 제단 양쪽 위 등에도 크고 작은 탑을 세웠다.

빛과 물질의 대립

로마네스크 성당의 가장 큰 공간적인 특징은 어둡고 중량감이 있는 내부공간에 있다. 두꺼운 벽에 뚫린 작은 창에서 빛이 들어와 견고한 돌바닥과 벽 위를 자유로이 비추는 모습을 통해 더없는 거룩함을 느끼게 된다. 내부가 어둡기 때문에 작은 창에서 비춰 들어오는 희미한 빛은 더욱 소중한 의미를 띠게 된다. 사실 성당 안에는 기복이 없이 평면적이고 부드러운 곳이 없다. 그러나 평탄한 벽과 바닥의 표면, 원기둥의 둥근 면, 면과 면이 만나는 뚜렷한 모서리, 생기 있는 조각 등은 모두 빛과 그림자의 대비로 죄 지은 인간과 이들을 구원하시는 하느님의 사랑을 나타낸다. 이것이 로마네스크 성당의 내부에 감싸여 있는 어두움의 영성적인 가치다.

로마네스크 성당의 중요한 특징은 벽의 존재감이다. 본래 창이란 벽의 일부를 없애고 만든 '벽에 뚫린 채광용 구멍'이다. 벽이 크게 뚫리면 창이고, 작게 뚫리면 벽 사이에 남아 있는 구멍이다. 때문에 빛을 많이 받아들이겠다고 이런 육중한 구조 벽에 커다란 구멍을 뚫어 창을 내면 하중을 지지하는 구조 벽의 능력이 현저하게 떨어진다. 그러나 창이 작을수록 공간은 밖에 대해 닫혀 있고, 안에 대해서는 무겁고 두꺼운 벽이 회중을 온전하게 둘러싸게 된다. 고딕 대성당은 스테인드글라스로 벽의 물리적인 존재감을 가능한 한 지우려고 했으나, 로마네스크 성당은 벽의 무게와 평면성을 직접 내부에 전한다. 또한 성당의 규모도 회중을 둘러싸는 느낌에 영향을 미친다. 로마네스크 성당은 고딕 성당처럼 거대한 느낌보다 인간적인 스케일로 친근한 느낌을 주려고 한 예가 아주 많다.

로마네스크 성당의 주요 재료는 말할 나위도 없이 돌이다. 그러나 이 돌은 기하학에 종속되지 않는다. 고딕에서는 돌이 구조 형식에 의한 기하학에 완전히 지배받고 있다. 14~15세기 말의 고딕 대성당에서 돌은 마치 버드나무 가지처럼 가늘고 유연한 것이 된다. 그러나 로마네스크 성당에서 돌은 힘 있는 볼트와 아치의 단순 기하 형태의 힘에 지배되지 않고 이와 대등한 역할을 했다. 고딕에서는 돌이 빛을 위해서 있다. 그러나 로마네스크 성당에서 돌은 빛과 대립하며 공존한다. 돌은 빛을 위해서 있으나, 빛은 돌을 위해서도 있다.[3-27] 어두운 내부공간에 들어오면 두꺼운 벽을 뚫고 들어오는 한 줄기의 빛이 극적으로 승리하고 있음을 느낀다. 그러나 조금씩 어둠에 익숙해지기 시작하면 돌로 된 벽과 기둥과 천장이 어두움 속에서 옅은 빛에 반사되어 서서히 자신을 드러내고 있음을 느끼게 된다.

로마네스크 성당은 밖에서 보았을 때의 형태는 이제까지 하도 많이 보아서 성당의 모습이 당연히 그러리라고 여기지만, 이것이 고안된 시대에서 보면 구성이 매우 기하학적이다. 형태의 중심은 사면체, 원기둥, 원뿔이라는 기하학

[3-27] 실바칸느 시토 수도회 성당, 프랑스

적인 형태 요소가 마치 집짓기놀이 할 때 처럼 조합되듯이 전체 안에서 단순
하게 배분되어 있다. 그 결과 로마네스크 성당의 형태는 매우 명쾌한 논리가

선행한다.

그래서 로마네스크 성당은 단순 기하학적인 볼륨을 더해가는 형태적 특징이 있다.[3-28] 중심에는 높고 커다란 부분이 놓이고, 이보다 낮고 작은 부분이 더해지고, 다시 그것에 더 낮고 작은 부분이 더해진다. 그러면서 각각의 형태는 균형을 이룬다. 전체는 가산적(可算的)이다. 이는 전체를 나누어가는 고딕 성당의 분할적(分割的)인 방식과 상반된다. 단순 기학학적인 요소가 중심을 이루도록 더해지기 때문에, 고딕 대성당에서 흔히 보듯이 요소를 세장(細長)하게 하여 요소와 요소 사이를 비약하는 바가 전혀 없다. 로마네스크 성당이 외

[3-28] 생넥테르 성당(Saint-Nectaire Church), 프랑스 오베르뉴

성당, 빛의 성작

부 형태와 내부공간에서 마치 피라미드처럼 땅에 뿌리를 내린 듯이 묵직하고 안정된 느낌을 주는 것은 이러한 요소와 구성 때문이다.

그러면 로마네스크 성당의 평면은 어떠한가? 로마네스크 성당은 장축형 초기 그리스도교 성당을 바탕으로 지어졌다. 바실리카 평면을 따라 가운데 사제 전용인 성단소를 회중석을 향해 길게 두어, 미사 전례가 제단에서 회중석을 향해 흐르게 했다. 그리고 순교한 성인의 유해 공경과 관련하여 높이가 낮은 지하의 한 부분에 지하경당(crypt)을 지었다. 로마네스크 성당은 지하경당과 관계가 깊다. 순례자들은 성인의 유해가 있는 성당을 찾아왔기 때문에, 지하경당 위에 제대를 놓거나 제대 안에 유해를 봉인했다. 이로써 제대의 자리와 형태는 이것에 영향을 받았다. 이전에는 주교의 자리가 원형 제단의 초점을 이루었으나, 로마네스크 성당에서는 제대가 중심에 놓이면서 주교의 자리는 측면으로 이동했다.

프랑스의 로마네스크 성당에는 이런 방식으로 순례자들이 돌아다녀도 미사가 방해를 받지 않도록 제대 주변에 경당을 방사형으로 배치했다. 따라서 상당히 큰 반원형의 주보랑이 생겼다. 방사형 경당은 바실리카와 집중식이라는 두 형식을 결합하는 과제에 대한 유럽의 해답이었다. 이것을 성당 뒤에서 보면 여러 개의 반원형의 입체가 붙어 있는 모습으로 나타나는데, 높고 큰 중심 요소 주위로 작고 낮은 부분이 차례로 덧붙는 구성을 이룬다. 예루살렘의 주님 무덤 성당(설립 335년, 파괴 1009년, 재건 1048년)[3-29]에는 원형의 무덤 구조물과 바실리카 홀이 연결되어 있다. 그러나 이 둘은 제각기 중심을 이룬다. 이와 비슷한 것이 디종의 생베니뉴 대성당(Cathédrale Saint-Bénigne de Dijon, 1280~1393)이다.[3-30] 동쪽에는 사도의 유해를 안치한 3층의 원형 건물이 있고, 여기에 바실리카가 붙어 있다.

프랑스 베즐레에는 생트 마리 마들렌 수도원(Abbaye Sainte-Marie-Madeleine de Vézelay)의 성당이 있다. 오늘날에는 생트 마리 마들렌 대성전(La basilique Sainte-Marie-Madeleine)[3-31]이라 하는데, 이곳은 산티아고 데 콤포스텔라로 향하는 순례길의 출발지여서 많은 순례자들이 모여들었다. 1120년에 있었던 화재 이후 회중석은 1135년에서 1140년 사이에, 문랑은 1150년경에 재

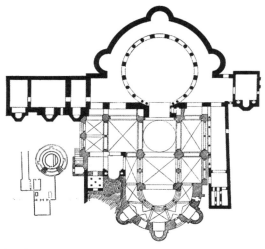

[3-29] 예루살렘의 주님 무덤 성당 평면, 이스라엘

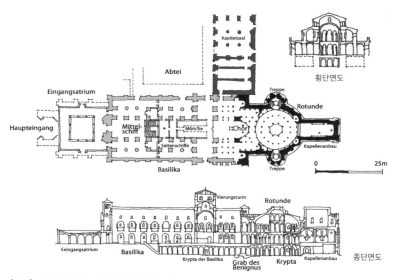

[3-30] 디종의 생베니뉴 대성당 평면과 단면, 프랑스

건되었다. 이미 고딕 양식을 나타내는 제대 부근은 1215년에 완성되었다. 그러니까 지금의 성당은 회중석은 로마네스크, 제대는 고딕 양식으로 혼합된 건물이다. 회중석은 10개의 베이(bay)에 원통 볼트가 있고 띠 모양의 횡단 아치가 지나고 있다. 특히 문랑(門廊, 나르텍스)[5-115]은 중앙에 커다란 문과 좌우에 하나씩 작은 문이 있다. 그 위의 팀파눔 한가운데 그리스도께서 큰 손을 펴고 우

성당, 빛의 성작

리를 내려다보고 계신다. 그만큼 회중석과 문랑의 경계가 장중하다.

프랑스 남부 아베롱(Aveyron)의 시골 마을인 콩크의 생푸아 대수도원 성당 (L'église abbatiale Sainte-Foy de Conques)도 산티아고 데 콤포스텔라로 향하던 순례자의 길에 있다. 성당의 정문 상단부 팀파눔에는 '최후의 심판'이 부조로 묘사되어 있다.[3-32] 중세 로마네스크 조각의 최고 정수로도 유명한 성당이다. 큰 성당은 수랑(袖廊)의 베이가 다섯 개, 회중석의 베이는 열한 개까지 되는데, 콩크 성당은 수랑의 베이가 두 개, 회중석의 베이는 네 개뿐이어서 다른 성당 보다 규모가 작고 짧다. 넓은 평지가 아니라 골짜기의 좁은 경사면이라는 대지 의 제약이 있었기 때문이다.

순례자의 움직임은 성당의 내부를 일신했다. 제단 뒤로 반원형의 주보랑이 붙어 있다.[3-33] 이에 횡랑이 중랑과 측랑으로 나뉘어 있어서 주보랑은 횡랑의 측랑으로 이어진다. 때문에 중랑을 가로지르지 않고 회중석의 측랑으로 이어

[3-32] 포털, 생푸아 대수도원 성당, 프랑스 아베롱

[3-31] 생트 마리 마들렌 대성전, 프랑스 베즐레

[3-33] 주보랑, 콩크의 생푸아 대수도원 성당, 프랑스 아베롱

진다. 이렇게 하여 순례자들은 벽을 따라 성당을 한 바퀴 돌 수 있다. 대(大) 아케이드 위에 있는 트리뷴은 중랑의 원통 볼트의 횡압력을 받는 구조적인 역할 때문에 만들어진 것이지만, 이것도 1층처럼 연결되어 있어서 이곳에서 성당의 전체 공간을 거의 다 내려다볼 수 있다.[3-34] 이렇게 하여 회중석, 횡랑, 제단의 형태와 높이가 서로 다른 종래의 성당과는 달리 공간이 균질하고 일체를 이룰 수 있었다. 이 방식은 후에 고딕 대성당에서 많이 나타난다.

회중석에서는 중랑에는 원통 볼트가, 측랑에는 교차 볼트가, 트리뷴은 1/2 원통 볼트가 얹어 있다. 이에 트리뷴이 연결된 홀 형태의 성당인데도 횡단 아치가 중랑의 원통 볼트를 구획하면서 바닥에서는 벽기둥으로 이어져서 베이 구분이 아주 명확하다.[3-35] 중랑의 벽에는 노란색 석회암을 정연하게 쌓아 올렸는데 높이가 22m나 된다. 중랑의 폭 6.8m에 비하면 세 배나 되는 높이로 고딕의 랑스 대성당과 비슷하다.

콩크의 성당 내부에는 장식이 일체 없다. 내부공간을 이루는 것은 돌로 만들어진 평탄한 벽면과 횡단 아치를 받쳐주는 기둥들, 아치로 뚫린 개구부뿐이다. 그리고 주보랑과 서쪽 정면, 횡랑 좌우와 회중석의 측랑과 트리뷴 벽면에

성당, 빛의 성작

[3-34] 내부, 콩크의 생푸아 대수도원 성당, 프랑스 아베롱

[3-35] 원통 볼트, 콩크의 생푸아 대수도원 성당, 프랑스 아베롱

마련된 창, 교차부의 드럼에서 빛이 비친다. 콩크의 로마네스크 성당 내부를 결정하는 조형 요소는 돌과 빛 두 가지뿐이다.

한편 조각은 어떤가? 로마네스크 성당에서는 내부 벽면은 조각의 무대였지만, 장식이 전혀 없는 부분과 장식된 부분이 분명히 나뉘어 있다. 장식은 조각으로 되어 있고 조각은 포털 위의 탱팡(tympan)과 기둥머리에서 이루어졌다. 그만큼 장식된 부분이 적고 치장이 없이 간소한 벽이 전체를 차지한다.

로마네스크 성당은 규모가 작고 보는 사람과의 거리가 가까워서 조각으로 만든 이야기를 자세히 읽어낼 수 있다. 기둥머리(柱頭)[3-36]는 기둥이 있는 곳에는 반드시 있으므로 성당의 많은 곳에 조각물을 만들 수 있었다. 스케일이 큰 고딕 성당에서는 기둥머리까지의 거리가 멀어서 조각물을 만든다 해도 잘 보이지 않았고, 발달된 스테인드글라스 때문에 기둥머리의 조각으로는 이야기를 전할 수 없었다.

조각이 기둥머리에 많이 나타나는 것은 위에 있는 아치의 단면은 넓고 아래에 있는 반원기둥의 단면은 좁아서 위아래의 차이가 크기 때문이다. 기둥머리의 크기도 고대처럼 기둥의 두께나 길이에 대한 비례로 정해지지 않고, 그곳에 쓰이는 돌쌓기 층 두께의 한 배 또는 두 배가 기둥머리의 높이가 된다. 이때문에 위아래의 크기가 많이 달라서 전체적으로는 둔해 보이는데, 여기에 성경

[3-36] 기둥머리, 콩크의 생푸아 대수도원 성당, 프랑스 아베롱

성당, 빛의 성작

과 관련된 여러가지 이야기를 새긴 조각이 들어가 자연스럽게 덩어리 느낌을 줄이고는 있다. 기둥머리를 이렇게 조각한 것은 건축의 구조적인 이유 때문이었다.

수도원과 회랑

로마네스크 성당의 창안을 추진한 힘은 이 시대에 문화 창조의 주역이었던 수도원이었다. 수도원은 도시 근교나 농촌에서 자급자족의 공동체를 이루며 그리스도교의 가르침을 실천했다. 서유럽 수도원의 시작은 성 베네딕토가 529년에 설립한 몬테카시노 수도원이다. 중세 수도원의 생활은 자급자족을 원칙으로 밀을 재배하고 빵을 구우며 포도를 재배하고 와인을 제조했다.

수도원은 점점 더 큰 집단을 이루면서 광대한 토지를 소유하고, 당시로서는 작은 도시를 훨씬 넘을 정도로 활발한 경제활동을 했다. 9세기에서 10세기에 걸쳐 중세에서 수도원은 가장 선진적인 생산조직이며 학문과 예술의 중심지였다. 이런 수도원은 도시만이 아니라 세속을 떠나 들이나 산에도 세워졌다. 클뤼니 수도회는 도시나 그 주변에 수도원을 두었고, 시토 수도회는 일체의 세속에서 격리된 자연 속에 수도원을 세웠다. 클뤼니 수도회와 시토 수도회가 창설되고 나서 2세기 동안에 무려 1,500개의 수도원이 세워졌다. 이 수도원들은 놀랍게도 일정하게 분포되어 있었다. 두 수도회가 이 정도였는데, 다른 도시나 마을의 성당이나 수도원 등을 포함한다면 그야말로 수도원은 네트워크로 엮여져 있었다고 할 수 있다.

수 세기가 지난 뒤에 수도원의 이상적인 평면도[3-37]가 스위스의 생갈(Saint Gall, 잔크트 갈렌) 대수도원에 전해지고 있다. 서로마제국이 몰락하고 나서 13세기까지 대략 700년 동안에 유일하게 남아 있는 건축 도면으로 스위스의 국보다. 한 변이 1m 정도 되는 장방향의 양피지(113×78cm)에 붉은 선으로 평면이 그려져 있다. 이 도면은 830년 무렵 현재 스위스에 있는 라이헤나우 수도원(Abbey of Reichenau)에서 보낸 도면이라고도 한다. 이 평면에 그려진 건물이 실제로 세워진 것은 아니고, 그것이 생갈 수도원의 유명한 도서관에 남아 있어서 간단히 '생갈 수도원 평면'이라고 부른다.

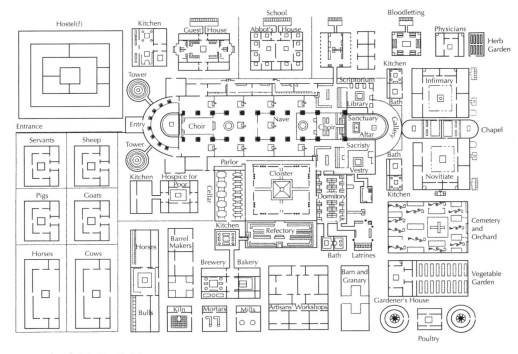

[3-37] 생갈 대수도원 평면

　이 평면을 보면 성당의 남쪽에 중정과 회랑을 둘렀으며 동쪽에는 2층분의
수도자들의 공동 대침실을 두었고 그 밑에는 채난실(採暖室)이 있다. 남쪽에
는 공동 대식당과 부엌을, 서쪽에는 저장고와 창고가 배치되었다. 회랑은 성당
에서 식당으로, 식당에서 공동 침실로 이동하는 데 매우 편리한 통로가 되었
다. 그 밖에도 수도원장 숙사, 귀빈 숙사, 순례자 숙소 등 수도원을 운영하기 위
한 시설이나 침실, 식당, 부엌, 빵 공장, 와인 저장소, 제분소, 곡창 등의 생활시
설이 있다. 또한 공방, 학교, 도서관, 병원, 진료소, 밭, 과수원, 마굿간 등 작은
사회를 형성할 만한 시설도 그려져 있다. 이런 정도면 120명에서 150명 정도의
수사가 살았을 것으로 추정되지만, 시설로 보면 작은 읍의 시설과 맞먹는다.

　1098년 프랑스 동부의 부르고뉴 지방에 설립된 시토 수도회는 12세기와 13
세기에 크게 성장해 독일·벨기에·포르투갈·이탈리아·스위스·영국·스페인 등
그리스도 국가들에 총 742개 수도원을 세울 정도였다. 중세 역사학자 장 짐펠

　　　　　　　　　　　　　　　　　　　　　　　성당, 빛의 성작

(Jean Gimpel)은 "시토 수도원은 어느 지역에 세워진 것이든, 장님도 길을 잃지 않고 찾아다닐 수 있을 정도로 내부 구조가 같았다"라고 했다. 중세 후반에 들어서 기술이 진보하고 생산성이 향상된 것은 이처럼 고도로 산업화한 시토 수도회의 활동 덕분이었다.

한편 중세 전반에 걸쳐 수도원의 기본 형식은 클로아트르(cloître, 회랑을 중심으로 한 금역)를 중심으로 성당과 함께 자급자족의 생활을 실현하도록 구성되어 있었다. 회랑이란 건물의 벽을 따라 기둥이 길게 늘어서 있고 그 위에 지붕이 덮여 있지만 안쪽 방향으로는 열려 있으면서 사각형의 안뜰을 만드는 요소를 말한다. 회랑은 기본적으로는 통로로 쓰이고 안뜰을 마주하고 머물 수 있는 공간이다. 그러나 회랑은 건물과 안뜰 사이를 이어주며 안과 밖을 다시 구분해준다는 점에서 건축적으로 강한 장벽이다. 때문에 수도원을 방문하는 사람들도 회랑과 그 안에는 들어갈 수 없다.

영어 사전에서 'cloister'라는 단어를 찾아보면 "1. 보통 성당 수도원 등의 지붕이 덮인 회랑 2. 수도원 생활"이라고 나온다. 같은 단어인데 하나는 건물의 요소를, 다른 하나는 그 건물 요소에서 일어나는 생활을 나타낸다. 회랑은 영어로 클로이스터(cloister), 프랑스어로 클로아트르(cloître)다. 이에 해당하는 라틴어 클라우스트룸(claustrum)은 'claus=closed'에 '-trum'이 붙은 것이다. 곧 '닫혀 있다'는 말이다. 'cloistered life'라는 말도 있다. 회랑 안에서 살아가는 수도자의 은둔 생활에 대한 다른 말이다.

전형적인 시토 수도회의 수도원 배치[3-38]를 보면 성당이 있고 남쪽 옆으로는 사각형의 중정과 회랑이 둘러싸고 있다. 동쪽에는 수도자실, 담화실, 공동 침실 등의 주거 공간이, 남쪽 복도에는 부엌과 식당이, 서쪽 복도에는 사무실과 창고 등이 회랑과 이어진다. 회랑이 남쪽에 있는지 아니면 북쪽에 있는지는 그다지 관심을 두지 않았다. 이보다 더 중요한 것은 햇볕이 잘 드는지, 그러면서도 기둥과 지붕이 햇빛을 막아주고 신선한 공기를 한껏 받아들일 수 있는가 하는 것이었다.

물론 수도원을 세울 때 회랑을 제일 먼저 짓는 것은 아니다. 제일 먼저 가장 높은 곳에 성당을 세우고, 그다음에 집회실, 침실, 식당, 창고 등 필요한 여

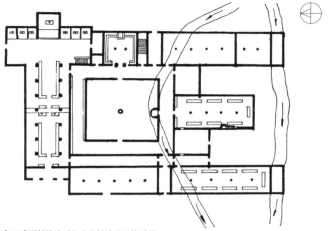

[3-38] 전형적인 시토 수도회의 수도원 배치

러 방을 갖추게 된다. 회랑의 모양은 이미 지어져 있는 건물의 위치와 크기에 좌우되므로 건축을 시작할 때부터 엄밀하게 정하기는 어려웠을 것이다. 그렇지만 회랑은 제일 마지막에 수도원의 건축 형식과 공간을 완결해주었다.

회랑의 하루는 독서, 기도, 묵상을 위한 침묵의 시간대와, 여러 가지 작업, 활동이 행해지며 대화가 허락되는 일상의 시간대로 구분되었다. 집에 비유하자면 회랑은 수도자에게 거실과 같은 곳이었다. 그 옛날에는 전기가 없었으므로 회랑의 가까운 곳에는 담화실도 있었고 회랑에 나와 성경을 필사하기도 하고 성가도 연습했다. 성경은 다른 곳에서 필사를 하면 안 되지만 회랑에서는 이를 허락해주었다. 또 회랑은 빌린 책을 읽고 암송하는 장소이기도 한데, 독서하는 장소가 회랑으로 정해진 것은 아니지만, 빛과 바람을 느낄 수 있는 회랑은 수도원 안에서 가장 책을 읽기 좋은 장소였다.

1년에 몇 번은 2인 1조가 되어 서로 머리도 깎아주고 면도도 해주었다. 그러나 회랑에서는 토론(locutio)할 때만 대화가 허락된다. 안마당에는 반드시 분수가 있어서 식당에 가거나 출타했다가 수도원에 들어올 때는 반드시 회랑을 지나며 손과 발을 씻었다. 수도자들은 이곳에서 손과 얼굴을 씻고 목을 축이고 발도 씻었으며 때때로 세탁도 할 수 있었다. 매주 토요일의 끝기도 전에는 부엌 당번인 수도자가 수도원 안에 사는 모든 이의 발을 씻어주었다.

성당, 빛의 성작

수도자들은 회랑에서 걸으면서 성경을 읽었다. 성 베네딕토가 수도원 생활에서 가장 중요하게 여긴 거룩한 독서(lectio divina)는 회랑에서 행해졌다. 눈으로 읽는 완전한 묵독(默讀)은 오히려 집중에 방해가 된다고 보았기 때문에 단어 하나하나 소리를 내며 음독(音讀)했다. 따라서 침묵의 시간이라도 회랑은 완전히 조용하기만 한 공간은 아니었다. 회랑에서는 미사가 시작되기 전에 십자가를 앞세우고 성가를 부르며 행렬을 이루었다. 때문에 성 베르나르도는 회랑은 수도자에게 묵상의 공간이라며, 클뤼니 수도원의 회랑을 장식해 수도자의 묵상을 방해하는 이상한 모양의 조각을 비판했다.

그중에서도 므와삭의 생피에르 수도원(Abbaye Saint-Pierre de Moissac)[3-39] 내부 회랑이 대표적이다. 가운데에는 정원이 있고 열을 이룬 아치가 사방을 둘러싸며 회랑에 빛과 그림자를 떨어뜨린다. 수도원 회랑은 동서로는 27m, 남북으로는 31m다. 목조 천장의 회랑은 대리석으로 된 하나짜리 원기둥과 두 개짜리 원기둥 위에 두툼한 기둥머리가 올려져 있다. 회랑의 세 모퉁이에는 사도가 새겨져 있고 기둥머리에는 시계방향으로 88개의 장면이 그려져 있다. 그러나

[3-39] 회랑, 생피에르 수도원, 프랑스 므와삭

구약성경에서 신약성경으로 차례대로 새겨져 있지는 않다. 이를테면 다윗과 골리앗, 카인과 아벨, 산상수훈, 사무엘과 다윗, 라자로의 소생 등으로 배열되어 있다.

기둥머리의 정교한 조각은 늘 하는 말대로 글을 읽을 줄 모르는 사람들이 내용을 이해할 수 있게 돌로 만든 성경이라고 하지만, 이 수도원의 회랑은 수도자만을 위한 것이므로 글을 읽지 못해 이런 조각을 만들었다는 것은 어울리지 않는 해석이다. 이것은 수도자로서 본받고 살기 위해 기억을 불러일으키기 위한 것으로, 대성당의 여러 이미지들도 이와 마찬가지였을 것이다.

초기 그리스도교 성당 앞에도 아트리움이라는 안뜰이 있어서 개방된 마당을 두었지만, 봉쇄된 마당인 수도원의 회랑은 이와는 달랐다. 이 회랑은 속세와 단절하고 영적인 생활에 헌신하는 수도생활의 중심 공간이자 수도원에서 가장 수도원다운 장소였다. 성 베네딕토는 수도 규칙 4장에서 이렇게 말했다. "우리가 이 모든 것을 부지런히 실행할 장소는 수도원의 봉쇄 구역과 수도회 안에 정주(定住)하는 것이다." 여기에서 봉쇄 구역이란 회랑 곧 클라우스트라(claustra)를 말한다.

회랑은 묵상하는 영혼을 표현했다.[3-40] 회랑의 네 변은 각각 자기를 낮춤, 세상을 낮춤, 이웃을 사랑함, 하느님을 사랑함을 나타냈다. 회랑의 각 변에는 고유한 기둥의 질서가 있는데, 자기를 낮춤을 나타내는 변에 있는 기둥은 정신의 겸손, 육욕의 고뇌, 과묵 등의 기둥이고 주초는 인내를 상징했다. 이런 상징적 의미는 회랑에 붙어 있는 방의 의미와 활동과도 관계가 있다. 망드(Mende)의 주교 기욤 뒤랑(Guillaume Durand)은 집회실은 마음의 신비이고 수도자의 식당은 깨끗한 양심, 화초가 피는 안마당은 영혼의 메마름을 치유하고 영원한 죄의 불을 꺼버리는 성령의 은사라고 말했다.

열주랑이 둘러싸는 중정은 오래전부터 정원의 일종이었다. 벽이나 회랑으로 에워싸인 지상의 정원은 오래전부터 '파라디소(paradiso)'라고도 불렸는데, 영어로 낙원이라는 뜻을 가진 '파라다이스(paradise)'라는 말도 정원, 중정에서 나온 말이다. 게다가 수도원의 회랑은 안마당을 둘러싸는 정사각형의 공간이다. 로마네스크에서 정사각형은 묵시록이 말하는 하느님의 집, 천상의 예루살

[3-40] 회랑, 솔즈베리 대성당(Salisbury Cathedral), 영국

렘을 상징했다. 둥근 원은 천상적인 영원을 상징하고 정사각형은 땅을 나타냈는데, 변의 수인 4라는 숫자는 동서남북의 네 방위, 사계절, 에덴동산의 네 개의 강, 십자가의 네 개의 팔, 그리고 사자, 독수리 등의 모습을 한 네 복음사가 등을 상징했다.

　12세기 베네딕도회 수사였던 오툉의 호노리우스(Honorius of Autun)는 수도원의 회랑을 구약성서가 묘사한 솔로몬 왕의 회랑에 비유함으로써 회랑에 성서적 권위를 주었다. 그는 벽과 회랑에 둘러싸인 채 세속에서 격리되어 있으면서도 가진 바를 나누며 사도적 생활을 하는 수도원을 하늘나라에 비유했다. 회랑에 사도들의 조각이 놓인 것은 이 때문이었다.

　그렇지만 회랑은 감옥이라는 뜻도 아울러 지니고 있었다. 박해의 시기가 지나고 수도의 고행이 순교를 대신하게 되면서, 닫힌 세계인 수도원은 '감옥'의 의미를 띠었다. 성 베르나르도도 수도자들이 회랑을 중심으로 사는 것을 붙잡힌 고기가 못에서 헤엄치는 것에 비유하며 이렇게 말했다. "진정한 회랑은 하늘나라이고 규율이라는 성벽으로 지켜지는 구역이며 그 안에는 바꿀 수 없는 부요함이 넘쳐나고 있음이 보인다. 똑같은 소명을 받은 이가 같은 장소에 산다는 것은 더없는 행복이다. … 여기에 있는 것은 하느님의 진영이다. 얼마나 두려운 장소인가? 여기에는 하느님의 집인 성당과 하늘나라로 들어가는 문 밖에 없다."

건축에서 벽과 회랑은 자기 공간을 확립하고 사람들을 감싸고 지켜주며 그 안에 함께 사는 사람들을 이어주고 완성해준다. 수도원의 회랑은 수도자가 살아가는 방법이고 전형적인 그리스도교 공동체의 공간이자 지상의 하늘나라다. 시편은 하느님께 이렇게 호소한다. "이 몸 보호할 반석 되시고 저를 구원할 성채 되소서"(시편 31,3). 수도자들에게 수도원은 구원의 성채였고 회랑은 성채의 중심에 있었다.

르 토로네 수도원

당시 클뤼니 수도회(Order of Cluny)와 시토 수도회(Order of Cistercians)는 모두 프랑스 부르고뉴 지방에서 시작했다. 클뤼니 수도회는 문맹자에게 성경의 내용을 알려주는 것을 중요하게 여겼으며, 호화로운 장식과 빛나는 보석만이 하느님을 섬기는 데 옳다고 믿었다. 이 정신은 고딕 건축으로 이어졌다. 그렇지만 시토 수도회의 성 베르나르도는 왕립수도원이자 왕가의 묘소로서 수많은 평신도와 순례자를 맞아들이는 파리 교외의 생드니 대수도원을 부패했다고 엄하게 비판했다.

성 베르나르도는 수도자에게 물질적인 것은 쓸모없는 것, 무익한 것이라 보고 조형예술, 특히 조각이나 회화를 배제해야 한다고 역설했다. "가난하게 살아야 할 당신들에게 성당 안에 있는 황금이 무엇이라는 말인가?", "우리는 성당 안이나 수도원의 다른 장소에 조각이나 회화를 제작하는 것을 금한다. 그것을 보고 있는 사이에 탁월한 묵상의 유용성과 종교적 계율을 쉽사리 잊어버리는 경우가 많기 때문이다." 시토 수도회는 공간과 구조가 빛 안에서 검소하게 억제되면서 정확하고 완벽한 성당을 추구했다. 수도회 규칙에서도 제대 뒤를 둘러싸는 경당을 거부하고 종의 개수도 세 개로 한정했다.

[3-41] 퐁트네 시토회 수도원 성당, 프랑스 마르마뉴

시토회의 퐁트네 수도원(Cistercian Abbey of Fontenay, 1118)의 성당[3-41]은 정면을 보면 위아래 두 층에 일곱 개의 창이 있을 뿐 아무런 장식도 없고 탑도 없다. 정면만 보면 창고 건물인지 성당인지 구별이 안 될 정도로 소박하다. 고딕에 앞서서 천장이 첨두 아치로 된 원통 모양으로 되어 있다. 내부공간도 준엄하다. 아무런 조각도 추상적인 문양도 없으며, 어두운 공간이 측랑의 작은 창에서 들어오는 빛으로 약간 밝혀질 뿐이다. 성당의 남쪽에는 소박한 형태의 수도원 회랑이 있다.

시토회의 실바칸느 수도원(Abbaye de Silvacane)[3-27] 성당에서 빛은 내부공간을 통합한다. 아니, 성당 공간의 전체가 빛이다. 저 높은 창과 돔에서 조용히 쏟아져 내리는 빛은 천장, 벽, 기둥, 오목 볼록한 모양을 한 작은 세부에 부딪히고 꺾이면서 공기처럼 공간을 가득 채운다. 돌의 육중함은 사라지고 부드러운 천처럼 느끼게 하는 빛. 저 빛은 돌만이 아니라 그 안에서 기도하는 사람들도 비춰준다. 마치 "그 빛이 어둠 속에서 비치고 있지만 어둠은 그를 깨닫지 못했다. 모든 사람을 비추는 참빛이 세상에 왔다"(요한 1,5.9)는 말씀을 물질로 나타내고 있듯이.

빛은 벽 안에 있는 하느님의 나라를 드러낸다. 그래서 시편 저자는 "당신 빛으로 저희는 빛을 보옵니다"(시편 36,10)라고 노래했다. 하느님께서 만드신 빛을 통해 생명의 원천이신 '빛'을 본다는 말씀이다. 그래서 성 토마스 아퀴나스는 "빛은 형상이 있는 것과 형상이 없는 것을 이어주는 매개다"라고 말했다. 성당 안의 모든 구조는 이러한 빛을 위해 존재한다. 빛으로 가득 찬 공간으로 성당의 거룩한 공간을 실현한다.

12세기 프랑스 프로방스 지방의 숲 속에 시토회의 한 수도원이 세워졌다. 이 수도원은 로마네스크 최고의 건축물인 르 토로네 수도원(Le Thoronet, 1160~1190)[3-42]이다. 건축의 형식은 엄격하고 계율에 근거하고 있으며 모든 장식을 배제했다. 돌은 거칠지만 정밀하게 쌓여 있다. 무겁고 거친 돌로 만들어진 건축은 고요하고 치밀한 영혼의 건축물이다.

르 토로네 수도원 성당에는 로마네스크 성당 건축의 모든 특징이 동측 경당의 작은 제대 뒤에서 빛나는 작은 창문 하나에 집약되어 있다.[3-44] 이 작은 창을 뚫고 들어오는 빛이 매우 강렬하다. 이 창을 이루는 돌벽은 매우 두껍다. 나팔처럼 안쪽으로 비스듬히 벌리고 빛을 확산시켜주는 돌의 경사면마저도 밝은 빛이 되어버렸다. 빛은 창을 둥그렇게 에워싸고 있는 쇠시리 장식을 타고 더 넓은 벽면을 향해 차례로 번진다. 이렇게 하여 제대를 감싸는 볼트와 벽은 빛으로 가득 찬다.

이 장면에 눈을 멈추고 자세히 들여다보면 반대로 빛이 볼트와 벽의 형태를 띠고 있다. 빛이 창을 통해 들어오는 것이 아니라 차라리 빛이 창에 응고해버린 것이다. 빛이 창에 응고하고 벽에 번지는 모습은 빛의 기울기와 세기에 따라 시시각각으로 변한다. 벽 두께가 얇거나 유리같이 투명한 재료로는 도저히 만들어낼 수 없는 빛의 공간. 이 공간에서 돌은 빛이 된다. 육중한 돌만이 만들어낼 수 있는 공간. 이것이 로마네스크 성당의 진수다.

르 토로네 수도원은 천장이 높고 돌로 쌓은 볼트로 만들어진 회랑이 있다.

[3-42] 르 토로네 시토회 수도원 성당, 프랑스

[3-43] 회랑, 르 토로네 시토회 수도원

3. 빛의 성당

141

[3-44] 동측 경당의 창, 르 토로네 시토회 수도원 성당, 프랑스 프로방스

성당, 빛의 성작

[3-43] 오후 3시 정도가 되면 볼트는 빛으로 가득 차서 빛이 볼트의 형태를 띠게 된다. 물질인 돌과 빛이 따로 있는 것이 아니라, 돌로 쌓은 볼트에서 빛이 생겨나고, 빛에서 돌로 쌓은 볼트가 생겨난다. 성당과 회랑 안에서는 물체에서 공간이 생겨나고 공간에서 물체가 생겨난다.

이 성당은 가톨릭교회를 위한 거룩한 성당일 뿐만 아니라, 9세기가 지난 지금과 미래에도 변함없는 거룩한 공간의 원형이다. 오늘날 영국의 교회 건축가 존 포슨(John Pawson)도 이렇게 썼다. "이 수도원은 시각적인 유혹을 없애면 어떻게 되는가를 보여주는 숭고한 예다. 재료 자체가 지닌 아름다움이 놀라울 정도로 명료하게 떠오른다. … 빛도 완벽한 배경을 발견한다. 위대한 빛 조각이 내부에서 공간을 잘라낸다."

뤼시앙 에르베(Lucien Hervé)는 르 토로네 수도원을 찍은 유명한 사진집을 내고, 제목을 《진리의 건축(Architecture of Truth)》[03]이라 붙였다. 그는 물체와 빛이 나뉘기 이전의 모습으로 그리스도교의 '진리'를 나타내고 있는 로마네스크의 수도원 성당의 진수를 사진으로 기록했다. 현대건축은 벽에서 시작하는 단순한 조형의 로마네스크 성당에 주목하고 있고, 특히 시토회의 건축은 미니멀한 근대 이후의 건축 조형의 모범이 되고 있다. 이처럼 로마네스크 성당은 현대건축의 시선으로 다시 바라보아야 할 중요한 텍스트다. 이 사진집은 르 토로네 수도원 사진 옆에 성경과 여러 성인의 말씀을 더해, 마치 교회가 매일 매시간 하느님을 찬양하는 기도를 담은 일종의 성무일도서(聖務日禱書)처럼 편집했다.

고딕 대성당

대성당의 중세

유럽의 지형은 대체로 평탄하며 완만한 언덕이 계속 이어진다. 그러다가 그 언덕 저편의 마을 한가운데에서 검은 덩어리가 높이 솟아 주위를 압도한다. 대성당이다. 로마네스크 성당은 지방 한적한 곳에 세워졌으나, 고딕 대성당은 도

---

03   Lucien Hérve, *Architecture of Truth*, Phaidon Press, 2001. 원저는 1956년 *La Plus Grande Aventure du Monde*라는 제목으로 출판되었으며, 1957년에 *The Architecture of Truth*로 영역되었다.

시의 번영과 자부심이었고, 도시의 거점이었으며 국가의 권위를 나타내는 건조물이었다. 도시의 모든 이를 구원한다는 생각 하나로 실천된 대성당은 도시 어디에서나 높이 올려다보이는 건물이었다.

샤르트르 대성당은 주변에 아무것도 없는 풍부한 곡창지대의 한가운데에 있는 언덕 마을에 우뚝 솟아 있다. 지금 보아도 거대한 대성당인데, 오늘날과는 달리 고층건물이 없고 거의 대부분이 나지막한 작은 집에서 살고 있던 중세 사람들에게 이 대성당은 도저히 상상할 수 없는 거대한 건물이었다. 그 안에는 그리스도께서 탄생하실 때 성모 마리아가 입고 있었던 옷을 안치해놓았다.

10세기 유럽에서는 인구의 대부분이 농촌에 살았다. 그 무렵 농업혁명이 일어나 상업이 발전했고 상인과 장인이 도시에 모여들면서 12세기에는 도시가 급속하게 확대되었다. 이에 힘입어 성당을 대규모로 바꾸는 건축 공사가 일어났다. 프랑스만 보면 1050년에서 1350년까지 300년 동안 대성당이 80개, 대규모 성당은 500개, 교구 성당은 수천 개가 지어졌다. 이렇게 지어진 대성당은 도시 안에서 권위의 상징이 되었다. 그야말로 대성당은 국가적 도시 건축이었다.

대성당이 도시에 지어졌다고 하니 그 도시나 마을이 상당히 컸을 것으로 보이지만 전혀 그렇지 않다. 유럽 도시의 절반 정도가 인구 4,000~6,000명이었는데도, 그 안에는 대성당 말고도 크고 작은 교구 성당이 많았다. 1180년에서 1320년까지 프랑스의 인구는 1,600만 명에서 2,000만 명 정도였는데, 이 무렵 교구 성당은 3만 2,000개가 있었다. 500명에서 600명당 1개의 성당이 있었던 셈이다. 북부 프랑스의 주교좌 도시인 보베에는 당시 겨우 50세대에 300명밖에 살고 있지 않았다. 그런데 300년 후에 이 도시에는 유럽에서 천장이 가장 높은 대성당이 건설되기 시작했다. 그러니 수많은 성당을 위해 쓰인 돌의 양은 과연 얼마나 될까? 중세 역사학자 장 짐펠은 이런 성당을 짓는 데 운반된 돌이 수백만 톤에 달한다고 했다.

프랑스의 아미앵 대성당[3-45]은 회중석의 높이가 42.3m 길이가 145m다. 첨탑까지의 높이가 무려 112.7m나 된다. 내부의 체적도 프랑스 대성당 중에서 가장 커서 약 20만㎥이며, 바닥 면적이 무려 7,700㎡(2,330평)이다. 당시 아미앵 시민 약 1만 명이 모두 들어가 미사를 드릴 수 있는 면적이었다. 11세기 독일에서

[3-45] 아미앵 대성당, 프랑스

가장 큰 성당이었던 슈파이어(Speyer) 대성당은 당시 마을 인구가 고작 5,000명이었다. 샤르트르 대성당은 이보다는 조금 작지만 당시 6,000명밖에 안 되는 마을의 모든 주민이 이 성당에 들어갈 수 있었다. 그뿐만이 아니다. 랑스 대성당은 6,650㎡으로 아미앵 대성당에 비해 조금 작지만 1만 4,000명의 주민 모두가 미사에 참여할 수 있었다.

중세에는 대성당을 건설할 때 모든 계층의 사람이 헌금하고 노동도 제공했다. 가장 많이 헌금한 사람은 주교였다. 그리고 대성당이 도시의 상징이 되기를 바라는 상인과 장인들만이 아니라, 주변부에 있는 농민에서부터 봉건 영주와 국왕에 이르기까지 대성당을 짓는 데 모두 큰 공헌을 했다. 대성당은 모든 이의 정신적 근거지이며 인생의 희망이 되는 장소였기 때문이다.

중세 사람들에게 태어나서 죽을 때까지 인생과 종교는 분리할 수 없었다. 성당은 중세 유럽 사람들에게 생활의 중심이었고 공동체의 중심이었다. 성당은 당연히 전례를 위한 곳이지만, 대성당이 오직 전례와 기도의 장으로만 사용된 것은 아니었다. 성당에서 자신의 잘못을 뉘우치고 세례를 받고 결혼하며 장례식도 치렀다. 그곳에서는 분쟁도 조정해주고 교육도 시켜주었다. 대성당은 늘 엄숙할 것으로만 여기기 쉽지만 성직자의 전용 공간을 제외하고는 일반에게 열려 있었으며, 큰 소리로 말할 수도 있고 자유로이 돌아다닐 수도 있었다. 또 이곳은 애인들의 만남의 장소도 되고 대축일에는 연극을 함께 보는 자리였다. 때로는 소송의 장이 되기도 하고 도시의 공무원에게는 공동체의 문제를 토론하는 장소로도 사용되었다. 지금은 상상도 할 수 없는 일이지만 기르는 개나 새도 데리고 들어왔으며 그 안에서 식사도 하고 잠깐 잠을 잘 수도 있었다. 그만큼 일상의 리듬이 교회의 전례력과 함께했다.

촉각에서 시각으로

1144년 6월 11일 인류가 만든 모든 건축물 중에서 빛을 가장 갈망한 건축인 고딕 대성당이 처음으로 나타났다. 이 날은 파리 근교의 생드니 수도원 부속 성당의 동쪽 제대 뒷부분[3-46]을 고쳐서 완성된 날이다. 이 성당은 7개의 방사형 경당을 두었고, 찬란한 스테인드글라스로 경당 벽 전체를 대신했다.

유리를 통해 들어오는 빛은 찬란했고, 돌로 된 벽은 '빛의 벽'으로 바뀌었다. 경당은 그 주변을 다닐 수 있게 만든 두 겹의 주보랑과 함께 다채색의 빛의 공간을 새롭게 만들어냈다. 고딕 대성당의 빛은 물질이면서 고귀한 빛이고, 그 고귀한 빛은 정신을 빛나게 했다. 이것이 그 이후에 나타나는 고딕 대성당의 원형이었다. 이런 새로운 건축을 르네상스 사람들은 경멸하는 뜻으로 야만인 고트족(Goth)의 양식, 곧 '고딕(Gothic)'이라고 불렀다. 그러나 이것은 새로운 양식인 고딕 예술을 충분히 이해하지 못한 편견에서 나온 용어다.

고딕 대성당은 그야말로 돌로 만든 성서였다. 이것은 그저 하나의 수사적인 표현이 아니다. 건축은 말이었고, 대성당은 하느님의 말씀이었다. 고딕 대성당을 볼 때마다 안의 공간이 너무 크고 제대와 회중석 사이에 성가대석이 끼어 있는 것을 보면, 그곳에서 알아듣지도 못하는 라틴어로 미사를 드리던 중세 신자들은 주례사제의 얼굴도 못 보았을 것이고, 돌로 지어진 내부에 소리가 심하게 반사하여 사제의 강론을 전혀 알아듣지 못했을 것이다. 그런데도 그들은 뜨거운 신앙심으로 자신이 드리는 미사에 감격했다. 대성당이라는 건물이

성당, 빛의 성작

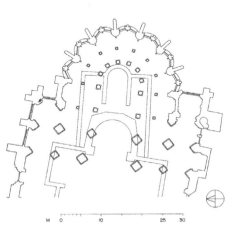

[3-46] 생드니 수도원 부속 성당 동쪽 제대와 평면, 프랑스

교회의 가르침을 대신 말해주었기 때문이다.

　로마네스크 예술에서는 내 손으로 직접 '만짐으로써' 사물의 물질적인 존재감에 도달한다고 여겼다. 생드니 성당으로 고딕 건축을 창시했으며 22세에 대수도원장이 된 쉬제르(Abbot Suger, 1081~1151)는 성 베르나르도의 요구에 따라 수도원을 개혁했다. 그러나 이 두 사람의 사상은 근본적으로 달랐다. 쉬제르는 "어리석은 마음은 물질을 통해 진실에 이르고, 깊은 마음은 진리의 빛을 보고 다시 살아난다"라고 말했다. 그는 물질적인 것으로 가능한 한 아름답게 장식하는 것이 자신의 책무이며, 약한 인간은 물질적인 것을 통해서만 비물질적인 하느님의 세계에 이를 수 있다고 주장했다.

　고딕 예술에서는 '보는 것'이 만지는 것보다 훨씬 중요했다. 로마네스크와 고딕 예술은 성인의 유해를 대하는 입장도 사뭇 달랐다. 로마네스크에서는 유해를 용기에 넣어서 만졌으나, 고딕 시대에는 수정으로 만든 투명한 용기에 넣어서 그것을 자신의 눈으로 보아야 했다. 로마네스크에서 고딕으로 변할 때 가장 큰 변화는 촉각에서 시각으로 바뀐 것이었다. 스테인드글라스를 통해 변성한 빛의 공간을 눈에 보이게 만들 정도로 고딕 대성당은 보이는 것에 집착했다.

로마네스크는 조각이나 때로는 벽화가 건축 자체를 장식했다. 그것은 종종 건축을 넘어 그 자체를 표현하기도 했지만 그래도 건축의 틀에 종속되어 있었다. 로마네스크에서는 기둥머리를 인체나 동식물 문양으로 조각하거나 이를 그린 벽화도 많았으나, 고딕에서는 이런 것들이 거의 사라져버렸다. 반면에 고딕에서 건축과 미술은 한 몸이었다. 현대에는 회화는 회화, 조각은 조각으로 독립된 예술 작품으로 되어 있지만, 고딕에서는 조각도, 스테인드글라스도 모두 나눌 수 없이 굳게 결합하여 전체적으로 장대한 드라마를 만들어냈다.

대성당은 그리스도교 유럽의 역사와 문화, 정치와 종교, 예술과 기술이 합쳐진 것이다. 또 그것은 중세 사람들의 인생관과 세계관을 묻는 것이다. 고딕 대성당은 회화, 조각, 장식 문양 등의 여러 예술과 음악이 하느님 중심의 예술로서 통합되었다. 정면의 입구에 있는 포털과 탱팡을 보라. 그것은 조각이자 건축이며 건축이자 조각이다. 심지어는 연극이나 음악까지도 대성당의 장대한 드라마와 결부되었다. 인간의 역사 속에 이렇게까지 처음으로 그리고 유일하게 건축과 회화, 조각과 음악 등이 하나로 통합된 시대는 고딕 시대였고, 그만큼 대성당은 최고의 예술이었다.

수직의 힘과 구조

고딕 대성당에는 두 개의 힘이 작용한다. 하나는 제단을 향한 힘이고 다른 하나는 하늘을 향한 힘이다. 성당이 생기면서 제단을 향하는 힘은 당연히 계속 있어왔다. 그런데 고딕 건축은 인간이 예전에 표현하지 못했던 강한 수직성을 완벽하게 구현했다. 중력의 법칙에 따라 건물에 작용하는 물리적인 힘은 위에서 아래로 향한다. 고전건축에서는 물체의 무게가 지지체를 지나 땅으로 전달되는 것을 명확하게 나타내는 것이 이상적인 형태였다. 그러나 이와는 반대로 고딕 건축에서는 아래에서 위로 향하며 중력을 거스르고 수직으로 향하는 가벼움을 표현했다. 하늘을 향한 대성당의 초자연적인 힘으로 하늘나라를 이 땅에 실현한 것이다.

고딕 대성당의 혁신은 벽의 모든 부분이 샤프트나 작은 원기둥, 쇠시리(모서리나 표면을 도드라지거나 오목하게 깎아 모양을 낸 것) 등의 둥글고 세장(細長)한 봉 모양의 선조요소(線條要素)로 잘게 분할되는 것에 있다. 로마네스크 성당은 요소의 모서리를 직각으로 만들어 벽체의 중량감을 솔직하게 보여주지만, 고딕 대성당에서는 도처에서 벽과 기둥의 모서리를 선조요소로 가리고 있다. 선조요소는 바닥에서 시작하여 기둥과 벽체를 타고 올라가 천장의 볼트와 리브를 지나 반대쪽 벽체를 타고 다시 내려온다. 그것은 진짜 구조를 뒤에 가리고 시각적으로 벽의 중량감을 소거하기 위해서다. 말하자면 마치 이것이 모든 하중을 받치고 있는 것처럼, 시각적으로 벽을 얇게 보이게함으로써 벽의 표면으로 구조는 뒤로 감추고 구조의 지지 기능을 시각적으로 또는 가상적으로 표현하고 있다.[3-47] 이 점은 고딕 대성당의 구조와 공간을 이해하는 데 대단히 중요하다.

고딕 대성당은 물질을 비물질적으로 구현하기 위해 세 가지 기술적 요소를

[3-47] 세비야 대성당, 스페인

고안했다.[3-50, 4-45] '교차 리브 볼트(cross rib vault)', '첨두 아치(pointed arch)', '플라잉 버트레스(flying buttress)'가 그것이다. 교차 볼트는 반지름이 같은 두 개의 반원통형 볼트를 직각으로 교차시켜 만든다. 이때 교차 볼트에는 건물의 축선과 평행한 아치(formeret, wall-rib), 그 축과 직교하며 중랑을 가로지르는 횡단 아치(transverse arch) 그리고 두 볼트가 교차하는 대각선 리브(diagonal rib, ogive) 등 여섯 개의 아치가 생긴다. 이 아치를 골조(rib)로 하고 그 위에 네 개의 곡면 삼각형을 돌로 만든 패널로 덮는 볼트가 '교차 리브 볼트'[3-48]다.

내부에 빛을 가득 넣으려면 큰 창이 필요한데, 그러려면 무엇보다 지붕이 가벼워야 하고 이를 받치는 벽도 얇아지고 기둥도 가늘어져야 했다. 그러기 위해 둥근 천장의 돌 무게를 가볍게 하면서 이를 갈비뼈 모양의 부재로 보강해야 했다. 이를 볼트에 갈비뼈를 덧붙였다 하여 '리브 볼트'라고 한다. 이렇게 하면 지붕의 무게는 일단 갈비뼈 모양의 부재가 받고, 이것이 밑으로 쭉 내려와 서로 엮어서 다발로 된 기둥이 된다.

그런데 교차 볼트의 대각선을 따라 생기는 능선(稜線)은 반원이 아니라 타원이 되어, 반원으로 시작한 볼트의 높이와 차이가 생겼다. 그러나 중세 사람들은 타원을 작도하고 시공할 줄 몰랐으므로 대각선을 반원으로 하면 대각선 리브의 교점이 제일 높고, 횡단 아치나 벽 리브의 정점이 그것보다 낮아져서 볼트의 한가운데가 올라가는 이상한 볼트가 된다. 그러면 벽 리브에 횡압이 걸리는데, 이를 해결하려면 모든 리브의 높이를 같게 해야 한다. 이것을 해결한 것이 첨두 아치다. 끝이 뾰족한 아치를 쓰면 기둥 간격이 정해져 있어도 반원보다 더 높게 여러 높이를 조절할 수 있었다.

로마네스크 건축에서는 위에서 내려오는 육중한 하중 때문에 측면의 벽이 밀려날까 봐, 육중한 버팀벽(buttress)을 일정한 간격으로 벽에 붙였다.[3-20] 버팀벽이 이렇게 벽에 붙어 있으면 자유로이 창을 낼 수 없었다. 이런 구조적인 제약에서 '플라잉 버트레스'[3-49,50]는 빛을 받아들이기 위한 획기적인 구조적 해결이었다. 이는 회중석의 벽과 측랑의 벽을 지탱하기 위해 거리를 두고 육중한 버팀벽으로 이어주는 아치를 말한다. 아치가 '날아가듯이' 횡력을 받아주는 버팀벽이라 하여 '플라잉 버트레스'라고 부른다. 회중석과 측랑의 벽을 받쳐주므

[3-48] 교차 리브 볼트, 생세브랭 성당, 프랑스 파리

로 보통 2단의 플라잉 버트레스가 있다. 플라잉 버트레스의 발명은 빛의 공간을 만들겠다는 강렬한 의지가 없고서는 결코 생각해낼 수 없는 구조물이었다.

고딕 대성당은 더 많은 빛과 더 높은 구조물을 갈망했다. 1144년 파리 근교에 생드니 수도원 부속성당이 개축된 이래, 도시는 경쟁적으로 더 높은 대성당을 건설했다. 12세기 후반부터 13세기 후반까지 90년간 80개나 되는 대성당이 지어졌는데, 이는 강렬한 신앙 때문이지만 막대한 경제적인 번영도 대성당을 짓게 한 큰 원인이었다. 1150년쯤에 짓기 시작한 느와용 대성당(Noyon cathedral)의 천장 높이가 22.7m였는데, 1271년 보베 대성당[3-51]의 51m를 마지막으로 더 이상 올라가지 않았다. 너무 높이 올라간 나머지 지어진 지 12년 만에 천장이 무너졌기 때문이다. 120년 동안에 약 30m, 아파트 10층 정도가 더 높아진 셈이다.

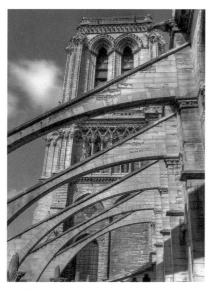

[3-49] 플라잉 버트레스, 파리 노트르담 성당, 프랑스

[3-50] 고딕 성당의 구조

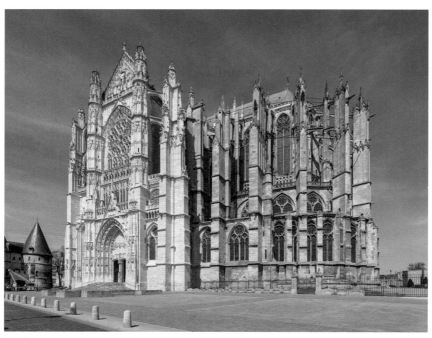

[3-51] 보베 대성당, 프랑스

성당, 빛의 성작

스스로 빛나는 벽

고대 그리스 신전에는 '테메노스(temenos)'라는 신역(神域)이 있었다. 'teme-nos'란 'temnein(잘라낸다)'에서 나왔다. 거룩하다고 여겨 잘라낸 땅이라는 뜻이다. 그들은 신전과 그것을 둘러싼 일정한 땅이 모두 거룩하다고 보았다. 그러나 그리스도교에서는 성당이 놓인 땅 전체가 거룩한 장소가 아니다. 거룩한 곳과 속된 것의 경계를 이루는 것은 오직 성당의 외벽뿐이다. 성당을 격리하는 것은 벽이며 벽 안쪽만이 거룩한 예배의 장소다. 로마네스크 성당 건축까지는 돌로 만든 벽이 성당을 거룩한 장소로 격리시켰다.

고딕 대성당 안을 들어서면 약간 어둡게 보인다. 그러나 숨을 고르고 조용히 앉아 있으면 조금씩 밝게 보이기 시작한다. 고딕 대성당의 포털을 지나면 많이 어두운 문랑이 나타나서 밝은 곳에서 들어온 내 눈은 내부를 잘 알아보지 못한다. 거대하고 어둑한 덩어리에서 감도는 공기가 우리 몸을 에워싼다. 안으로 천천히 들어간다. 이로써 우리는 어둠에서 빛을 향해 가는 존재임을 깨닫는다. 이때 시선은 강력한 힘에 이끌려 신비한 빛으로 감싸인 제단을 향해 빛이신 하느님께 나아가고 있다고 느끼게 된다.

고딕 대성당은 대단한 규모의 구조적인 문제를 해결하며 빛을 가득 채운 높고 높은 공간을 만들어냈다. 이를 위해 벽의 많은 부분을 뚫어 개구부를 만들었다. 그러나 그것은 창을 내기 위한 것이 아니었다. 창이란 빛을 받아들이기 위해 벽에 구멍을 뚫어 환기도 시키고 바깥세상을 보기 위한 것이다. 그렇지만 고딕 대성당에서는 넓게 만든 개구부를 스테인드글라스로 막아 내부를 밝게 하기보다는 내부를 신비로운 색깔의 빛으로 가득 채우고자 했다. 고딕 대성당은 한 장의 벽으로 바깥의 세속적인 세계와 확연하게 구별되는 최고의 초월적인 공간을 만들었다. 고딕 대성당의 역사는 신앙의 열망을 위해 돌이 지니는 물질성을 부정하는 건축의 역사였다.

고딕 대성당의 공간을 이해하는 열쇠는 구조적인 힘과 함께 나타나는 초월적인 빛의 공간이다. 중세 사람들은 오늘의 우리와 달랐다. 종교적인 세계에 살았던 그들은 오늘의 우리와는 비교가 안 될 정도로 강한 감수성과 상상력을 가지고 신비스러운 빛을 체험했다. 중세의 스테인드글라스의 대부분이 후에 투과율이 높은 밝은 스테인드글라스로 바뀌어서 오늘날에는 중세 사람들이 경험한 것과 같은 빛을 볼 수는 없다. 그러나 샤르트르 대성당이나 부르주 대성당 등에서는 지금도 중세의 빛을 체험할 수 있다.

로마네스크 성당에서는 빛이 벽이라는 실체와 구별되고 대조를 이룬다. 그렇지만 고딕 대성당의 신비로운 빛은 당연히 밖에서 비추는 빛에서 생긴 것이지만, 밖이 안 보이는 유리인 스테인드글라스를 통해 외부를 의식할 수 없다. 스테인드글라스를 통해 들어온 빛은 밖에서 빛이 투과해 온 것이 아니라, 창 자체가 빛나는 벽, 빛이 삼투해 들어오는 벽이다. 그래서 고딕 대성당의 벽은 전체가 얇고 투명하게 새겨진 막과 같아 내부는 벽 자체가 빛을 발하는 발광체와 같다. 로마네스크 성당은 돌이라는 건축 재료가 갖는 물질성을 철저하게 긍정하여 이 땅에 거룩한 공간을 실현했다. 그러나 고딕 대성당은 물질성을 부정함으로써 하늘에 이르는 통로 또는 길인 거룩한 공간을 이 땅에 만들어냈다.

스테인드글라스는 창이 아니다. 그것은 벽의 역할을 대신하는 것이다. 유리라는 물질로 이루어져 있으나, 엄밀하게는 '빛의 벽'이다. 스테인드글라스는 시각적으로나 상징적으로 신비로운 빛으로 채우는 빛의 근원이며, 유리라는 투광성 재료로 만든 빛나는 벽이다. 그래서 미술사가 한스 제들마이어(Hans Sedlmayr)는 이를 "스스로 빛나는 벽"이라고 말했다.[3-52] 고딕 대성당의 창은 벽을 뚫어 빛을 받아들이는 창이 아니라, 거룩한 장소로 격리하는 '빛나는 벽', 아니 '스스로 빛나는 벽'이었다. 하느님께서 제일 먼저 창조하신 것은 빛이었다. "하느님께서 말씀하시기를 '빛이 생겨라' 하시자 빛이 생겼다"(창세 1.3). 빛은 피조물이면서 동시에 하느님 자신에 가장 가까운 것이며 하느님은 빛을 옷처럼 입으신다. 빛은 물질이지만 그것에는 사람으로 하여금 하느님을 가까이 뵙게 해주는 힘이 있다.

그 이전에도 건축은 거의 모든 문명에서 세계의 전형이었고 우주를 재현해 주었다. 천상의 예루살렘[3-53]의 성문들은 청옥과 취옥으로, 성벽은 모두 보석으로 만들어지고 예루살렘의 탑들은 금으로 되어 있다(토빗 13,16). 교부들의 저술에서도 요한묵시록의 말씀에 따라 하느님의 집은 천상의 도시, 천상의 예루살렘으로 여겨졌는데, 이러한 교회 건축의 모습은 초기 그리스도교부터 시작

[3-53] 천상의 예루살렘 양피지 필사본

[3-52] 스스로 빛나는 벽, 생트 샤펠, 프랑스 파리

됐다. 하늘의 도성은 하늘에 매달려 있고, 그 벽은 금이나 보석이라는 빛나는 물질로 지어져 있다. "성벽은 벽옥으로 되어 있고, 도성은 맑은 유리 같은 순금으로 되어 있었습니다. 도성 성벽의 초석들은 온갖 보석으로 꾸며져 있었습니다. … 그리고 도성의 거리는 투명한 유리 같은 순금으로 되어 있었습니다"(묵시 21,18-21).

　고딕 대성당은 온갖 보석으로 만들어진 천상의 예루살렘을 이 땅에 구현해 눈에 보이지 않는 하늘나라를 육체의 눈으로 보게 하고, 사람의 모든 감각으로 하늘나라를 체험하게 해주었다. 그러므로 하느님의 집인 성당은 하늘의 도성을 이 땅에 미리 보여주는 것이어야 했고, 이를 위해 고딕 대성당의 창은 '빛나는 벽'이 되어야 했다.

개구부의 크기에 따라 다르지만 하나의 스테인드글라스에는 대략 20개에서 30개의 장면이 그려져 있다. 각각의 장면은 납으로 만든 테두리로 착색된 유리 조각을 잇는다. 샤르트르 대성당에는 152개의 스테인드글라스가 있는데, 그 전체 면적은 2,000㎡, 조각으로 나타낸 인물은 4,272명이나 된다. 스테인드글라스 전체는 밑에서 위로 읽고, 좌우로 나란히 있는 장면은 왼쪽에서 오른쪽으로 읽는다. 밑에서부터 위로 읽는 것은 밑에 서 있는 사람에게 가까운 곳에서 이야기를 시작하고, 시선을 위로 옮기며 하느님의 모습을 향해 간다는 것을 배려한 것이다.

이러한 빛의 공간을 만들고자 한 갈망의 정점이 생트 샤펠[3-54]이라는 경당이다. 파리 시테섬 근처에 있으며 1248년에 완성되었다. 루이 9세는 콘스탄티노폴리스에서 받은 그리스도의 가시관과 못 박히셨던 십자가의 나무 조각을 모시기 위해 자신의 왕궁에 이 경당을 세웠다. 위아래 2층인 경당이다. 아래층은 신하들을 위한 것이고, 스테인드글라스의 보석상자와 같은 위층은 왕가 일족을 위한 것이다. 그러나 그리스도의 가시관과 십자가 조각을 담는 용기를 만든 비용은 건축비의 세 배나 되었다.

나선 계단을 돌아 2층으로 올라가면 신비로운 빛이 보는 이를 엄습한다. 빛의 홍수요, 빛의 보석이 박힌 공간이다. 벽면은 모두 15개로 구획되어 있다. 벽면 전체는 스테인드글라스에서 빛을 받아들이고 있으며, 골조는 최소한으로 억제되어 있다. 교차 볼트를 보강해주는 뼈대들은 기둥으로 합쳐지면서 가벼운 선을 긋고 있다. 구조는 힘을 떠받치는 역할이 아니라 하나의 시각적인 선이다. 이처럼 고딕에서는 기둥머리를 장식한 성인이나 동물과 같은 모양은 사라지고, 벽화를 대신해 스테인드글라스가 전면에 등장했다.

이 경당의 공간은 가볍게 빛나고 물질은 온통 비물질적인 것으로 변해 있다. 공간은 무겁게 높지 않고 가볍게 높다. 보석과 같은 공간 안에는 신비한 빛이 가득 차 있고, 사람은 그 빛에 물든다. '빛의 벽'이라 불러야 할 스테인드글라스에는 1,134가지의 성경 장면이 그려져 있다. 그 자체가 거대한 공간이자 한 권의 장대한 성경책이다. 건축을 통해 성경을 '눈'으로 읽게 했다.

그 결과 무수한 입자가 이 성당의 내부를 덮었다. 스테인드글라스의 문양

[3-54] 생트 샤펠, 프랑스 파리

중 어느 하나도 다른 것을 지배하는 것이 없다. 빛과 색깔, 구조와 창, 수많은 문양들은 모두 대등하다. 거의 바닥에서 시작해서 천장까지 하나의 면으로 된 스테인드글라스도 그 안은 무수한 입자로 분해되어 있다. 기둥의 다발도 작은 문양으로 나뉘어 있고, 천장에도 무수한 별 모양이 가득하다. 이런 공간에서는 천장도 높고 전체가 잘게 쪼개져서, 웬만한 조각은 잘 보이지 않는다. 육중하고 촉각적인 로마네스크 성당과 비교하면 모든 것이 시각적인 것을 위해 만들어져 있다.

그런데 스테인드글라스를 그렇게 열심히 사용한 것에는 또 다른 깊은 신학적 의미가 있다. 본래 인간은 속이 비치며 빛을 투과시켜 안이 빛나는 물질을 좋아했다. 중세 사람들이 보석을 고귀하다고 여긴 것은 모든 보석은 해와 달의 빛이 땅에 침투하여 굳어진 것이며, 그 안에서 스스로 빛나기 때문이었다.[3-55] 보석은 물질로만 머무르지 않고 빛의 광휘성에 참여하는데, 중세 사람들은 보석을 투과하는 빛은 물질에 감추어져 있던 빛이 나타나는 것이라고 보았다. 사파이어는 차가운 푸른빛을 내고 루비는 붉은빛을 낸다. 스스로 빛나는 스테인드글라스는 하늘에서 내려온 빛이 스테인드글라스를 통해 모습을 바꾸어 안에서 다시 빛나는 보석과 비교되었다.

성 빅토르의 후고, 알베르투스 마그누스 그리고 토마스 아퀴나스와 같은 이들은 신비한 묵상을 통해 스테인드글라스를 투과하는 빛의 초월적인 의미를 분명히 해주었다. 빛은 하느님의 속성이며 그가 하시는 일의 권능을 증명하는 것이었다. 성 베르나르도는 "자연의 빛이 유리창에 들어와 아름다움을 잃지 않고 나타나면서도 동시에 그 빛이 유리의 색을 띠고 있다"고 말한 바 있다. 이것은 빛이란 생기를 불어넣어주시는 하느님의 숨결을 표현한 것이 거룩한 빛을 받아 성모께서 예수 그리스도를 잉태하셨음을 표현한 것이다. 따라서 고딕건축의 '스스로 빛나는 벽'은 무염시태(無染始胎)의 상징이었다.

빛은 물질이면서 물질을 넘어선 초월적인 존재였다. 고딕 대성당은 스테인드글라스를 투과해 확산하는 빛으로, 빛나는 얼이 어두움의 물질세계와 구분되면서도 물질세계 안에 계심을 보여주었다. 따라서 스테인드글라스의 빛은 육화된 빛이다. 이렇게 보석을 투과하는 빛을 보면서 "하느님에게서 나신 하느님, 빛에서 나신 빛"(니케아 콘스탄티노폴리스 신경), 곧 초월적 존재이신 하느님께서 인간의 모습으로 우리와 함께하신 그리스도의 본성을 깨닫게 한다. '스스로 빛나는 벽'은 오늘날에도 얼마든지 충실하게 계속될 수 있다. 도미니쿠스 뵘이 설계한 독일 쾰른-마리엔부르크에 있는 하늘의 여왕 성모 마리아 성당 (St. Maria Königin, Köln-Marienburg, 1954)[3-56]의 참으로 아름다운 벽면은 현대적으로 '육화된 빛', '빛에서 나신 빛'의 성당을 여실히 보여주고 있다.

장미창, 영원한 현재
고딕 대성당에는 수직으로 향하는 방향성과는 상반되게 자기 완결적인 원

성당, 빛의 성작

의 형태를 한 장미창(rose window)이 있다. 이 창은 한눈에 큰 감동을 준다. 장미창은 고딕 대성당의 정면인 서쪽, 교차부의 남쪽과 북쪽 등 세 개의 포털을

[3-55] '빛에서 나신 빛', 에메랄드 보석

[3-56] 하늘의 여왕 성모 마리아 성당, 독일 쾰른-마리엔부르크

통괄하듯이 그 위에 크게 뚫려 있다. 밖에서 보면 돌을 섬세하게 세공한 패턴만 보일 뿐 빛나는 모습을 볼 수 없다. 신비한 장미창의 빛은 약간 어두운 성당 안에 들어서야 비로소 강렬하게 나타난다. 이것은 일 드 프랑스 지방에 있는 고딕 대성당의 큰 특징이기도 하다.

장미창은 '태양창' 또는 '차륜창(車輪窓, wheel window)'이라고도 불린다. 이것은 그리스도를 빛의 아들로 표현하고, 중앙에 군림하는 그리스도로부터 열두 개의 바퀴살로 방사하는 12사도가 그리스도의 복음을 온 세상에 전파한다. 그런데 이 창을 장미창이라고 부르는 까닭에 장미라는 말로 성모를 연상하여 이 창이 성모를 상징하는 것으로 여기는 경우가 아주 많다. 그러나 장미창은 성모를 상징하는 것이 아니다.

생드니에 처음으로 나타난 장미창은 구약성서의 예언자 에제키엘이 본 구세주의 비전과 일치하는 것이었다. "내가 그 생물들을 바라보니, 생물들 옆 땅바닥에는 네 얼굴에 따라 바퀴가 하나씩 있었다. 그 바퀴들의 모습과 생김새는 빛나는 녹주석 같은데, 넷의 형상이 모두 같았으며, 그 모습과 생김새는 바퀴 안에 또 바퀴가 들어 있는 것 같았다"(에제 1,15-16). 또 예수 그리스도께서 "나는 세상의 빛이다. 나를 따르는 이는 어둠 속을 걷지 않고 생명의 빛을 얻을 것이다"(요한 8,12)라고 한 말씀을 그대로 형상화한 것이다.

샤르트르 대성당에는 회중석과 횡랑이 교차하는 부분에 서서 동쪽 제단을 향하면, 뒤에 있는 서쪽과 좌우로 북쪽과 남쪽에 있는 세 개의 장미창의 빛이 가장 크게 교차함을 알 수 있다.[3-57] 13세기의 모습을 가장 잘 간직한 세 개의 커다란 장미창은 남쪽, 북쪽, 서쪽에서 구세주 예수 그리스도를 상징한다. 북쪽 장미창은 그리스도인 아기 예수를, 남쪽 장미창은 부활하신 예수를, 서쪽 장미창은 심판자 예수를 나타낸다. 우리는 상식적으로 따뜻한 색은 팽창하는 색, 찬색은 수축하는 색으로 알고 있다. 그러나 중세 사람들은 붉은 유리는 빛의 투과가 나빠서 색이 수축하고, 반대로 푸른 유리는 빛의 투과가 좋아 색이 팽창한다는 스테인드글라스의 성질을 잘 알고 있었다. 그래서 샤르트르 대성당에서는 빛이 약한 북쪽 장미창은 빛의 투과가 좋은 푸른 유리를, 빛이 강한 남쪽 장미창에는 붉은 유리를 사용했다.

북쪽 횡랑의 장미창(1235)은 구약을 형상화했다. 중심의 오쿨루스(oculus)는 성모와 어린 예수를 나타내며, 열두 개의 꽃잎 모양의 창으로 둘러싸여 있다. 그중에 성령을 나타내는 네 마리 비둘기가 있고, 나머지는 초를 들고 찬미하는 천사들이 있다. 그 바깥쪽 열두 개의 다이아몬드 형태에는 구약의 유다왕 등이 있고, 가장 바깥쪽 반원형은 두루마리를 들고 있는 예언자들이 있다. 이 장미창 밑에는 꼭대기가 뾰족 아치로 된 높고 좁은 란셋 창(lancet window)이 다섯 개 있는데, 한가운데는 성녀 안나가 어린 성모를 안고 있다. 이것은 구약에서 신약으로 옮겨짐을 뜻한다.

이에 비해서 남쪽 횡랑(1225~1230)의 중심 오쿨루스는 새로운 태양이신 그리스도께서 오른손을 들어 강복하시고 찬미하는 천사들에게 둘러싸여 계시다. 또 이 창에는 그리스도의 수난과 사도에 관한 신약성서의 내용을 그렸다.

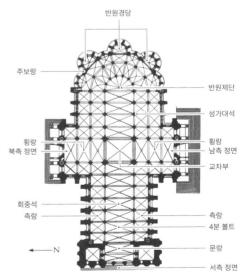

반원경당

주보랑

반원제단

성가대석

횡랑
북측 정면

횡랑
남측 정면

교차부

회중석
측랑

측랑

4분 볼트

문랑

서측 정면

N

[3-57] 북쪽 횡랑의 장미창과 평면, 샤르트르 대성당, 프랑스

열두 개씩 두 겹으로 스물네 개가 배열된 원에는 요한묵시록의 24명의 장로가 있다. 이 장미창 밑에는 다섯 개의 란셋 창이 있는데, 중앙에 어린 예수를 안고 있는 성모가 있다. 그 좌우 네 개에는 네 예언자 어깨 위에 네 복음사가가 앉아 있다. 이것은 구약 위에 신약이 세워졌음을 나타낸다.

한편 정면 입구 위에 있는 장미창(1215)의 오쿨루스는 요한묵시록에 기록되어 있듯이 심판하시는 그리스도를 나타낸다. 안쪽 열두 쌍의 원형 무늬는 천사와 묵시록의 장로들을, 바깥쪽 열두 쌍의 원형 무늬는 무덤에서 일어나는 죽은 이들과 심판에 이들을 불러내려고 나팔을 부는 천사를 나타낸다. 이런 배치는 파리의 노트르담 대성당에도 영향을 주었다. 다만 교차부 남쪽의 장미창에는 샤르트르 대성당의 구도와는 달리 왕좌에 앉아 계신 그리스도를 중심으로 천사와 성인들이 그려져 있다.

빛나는 장미창은 극도로 중심적이며 모든 빛의 근원을 뜻한다. 세 개의 장미창은 세 개의 창이 아니다. 이것은 영광송 "처음과 같이 이제와 항상 영원히. 아멘"처럼, 과거("처음과 같이", 구약)와 현재("이제와", 신약)와 미래("항상 영원히", 장차 오실 심판)라는 세 가지 시간을 나타낸다. 따라서 성당은 세 개의 시간이 합쳐진 영원한 현재를 재현한다. 또 세 개의 장미창은 영원하신 진리이자 로고스이신 그리스도를 표현한다. 고딕 대성당의 새로운 건설 시스템이란 바로 이런 빛을 실현하기 위한 것이었다. 건축이 아니고서는 나타낼 수 없는 하늘의 도성. 하느님에게서 나온 빛이 빛나는 벽이 되었으며, 천상의 예루살렘이 사람과 함께 있게 되었다.

오늘날의 성당
전례운동

제1차 세계대전을 통해 거대한 비극을 체험하면서 새로운 정신적 상황을 조성하자는 움직임이 일어났다. 이런 상황에서 교회를 쇄신하고자 나타난 움직임이 전례운동(Liturgical Movement)이다. 전례운동은 20세기 전례 쇄신 중 가장 역동적이었던 운동으로서, 교회 전례에 가능한 한 많은 사람을 참여하게 해 모든 신자들이 전례를 정확히 알게 하자는 움직임이었다. 오늘날에는 전례에 적극적이고 능동적으로 참여하는 것이 당연한 것이 되었지만, 참여의 역사는 그리 오래되지 않았다.

교황 비오 10세는 1903년 교서를 통해서 성사생활과 전례에 능동적으로 참여하도록 쇄신할 것을 권고했으며, 1905년 교령에서는 자주 미사에 참례하고 영성체할 것을 권고했다. 이와 함께 19세기에 이루어진 전례에 대한 연구를 기반으로 초대교회의 전례 정신으로 되돌아가 전례를 부흥하자는 주장이 일어났다. 이 운동은 19세기 말 베네딕도 수도회를 중심으로 벨기에와 독일에서 시작되었다. 대표적인 사람은 벨기에의 베네딕도회 수사인 보뒤앵(L. Beauduin)이었다. 그는 전례를 민주화해야 한다고 주장했다. 이런 전례운동은 영국, 프랑스, 이탈리아, 스페인 등 유럽 각국으로 확산됐으며, 전례 개혁을 위한 연구, 강좌, 모임, 잡지 간행 등을 활발하게 전개했다. 이러한 노력은 2,000년 동안 서방 교회 역사상 가장 획기적인 공의회였던 제2차 바티칸 공의회(1962~1965)에 그대로 수용되었다.

이 운동의 영향으로 독일에서는 가톨릭 청년 운동을 중심으로 전례 쇄신이 시도되었다. 대규모 독일 가톨릭 청년 운동이었던 '크빅보른 운동(Quickborn movement)'[04]이다. 이 운동의 정신적 지도자인 로마노 과르디니는 특히 청년들에게 저술과 강연을 통해 전례의 공동체성을 새롭게 인식하고 영적인 힘과 활력을 체험하게 함으로써, 침체되어 있던 독일 교회의 전례 안에서 공동체를 새롭게 구축하고자 했다. 그는 묵상은 영원에 뿌리를 둔 것이고, 전례에서 사람은 더 이상 자신에 관심을 두지 말고 자신의 시선을 하느님께 향해야 한다고 주장했다. 이런 주장을 담은 것이 《전례의 정신(Vom Geist der Liturgie)》(1918)[05]과 《거룩한 표징(Von heiligen Zeichen)》(1922)[06]이다. 이러한 때 건축가 루돌프 슈바르츠가 크빅보른 운동의 초기 회원으로서 과르디니 신부와 가깝게 지냈다.

---

04 Quickborn은 독일어의 고어로 목욕을 하면 다시 젊어진다는 전설의 샘(Jungbrunnen, '젊음의 샘')을 뜻한다. 그래서 발음도 현재의 독일어와는 다소 다르다.

05 Romano Guardini, *The Spirit of the Liturgy* (Milestones in Catholic Theology), Herder & Herder, 1998.

06 로마노 과르디니,《거룩한 표징》, 장익 옮김, 분도출판사, 2000.

전례운동에 참여한 교회 건축가는 루돌프 슈바르츠와 그보다 연장자인 도미니쿠스 뵘 등이었다. 특히 루돌프 슈바르츠는 공간과 신학을 함께 구현한 20세기 성당 건축의 가장 중요한 건축가다. 루돌프 슈바르츠는 신자의 참여, 평신도와 사제의 일치라는 전례 쇄신만이 아니라, 회중은 제대를 중심에 두고 거룩하신 분 앞에서 묵상하는 존재임을 강조한 과르디니의 생각에 깊은 영향을 받았다.

과르디니와 슈바르츠는 전례학자와 건축가로서 로텐펠스성(Burg Rothenfels)에 있는 크빅보른 운동 본부의 경당(1928)[3·58]을 협력해 설계했다. 슈바르츠는 이 성의 시설을 개수하면서 고딕 리바이벌의 제대가 있는 경당, 감실 위의 피에타, 중랑으로 구분된 전통적인 무릎틀 배치 등을 모두 없애고 벽을 하얗게 마감했다. 간단히 움직일 수 있는 의자로 말굽형 배치를 하고, 나머지 변에는 움직일 수 있는 제대를 두는 등 다양한 배치 방식을 제안했다. 이렇게 하여 경당은 수도원에서 시작한 전례 쇄신 운동이 더 넓게 적용할 수 있는 장소가 되었으며, 신자와 사제가 구분되지 않고 서로가 집중해 예배하는 공동체를 형성하는 데 영향을 주었다.

바바리아와 뮌헨에는 중요한 교회 건물이 많이 있었으나 쾰른은 그렇지 못했다. 쾰른은 제2차 세계대전 이후에 많은 성당이 파괴된 데다가 수백만 명의 난민이 서독에 정착하면서 이 지역의 인구가 급증했다. 이에 쾰른대교구에는 1945년에서 1960년 사이에 8,000개나 되는 성당이 지어졌다. 1955년에는 323개의 성당이 지어졌고 240개가 계획되었는데, 이 정도면 주일마다 성당이 봉헌된 셈이다. 가까운 아헨 교구에서는 성당의 29%가 완전히 파괴되었고 63%가 손상을 입었다.

제2차 바티칸 공의회와 '능동적 참여'

1960년대 중반 제2차 바티칸 공의회는 현대의 상황에 적응하며 세상을 구원의 협력자로 인식하는 풍요로운 신앙을 지향했다. 한 사람에게 집중된 권력이 아니라, 구성원이 공동체의 주체가 되어 함께 예배드리는 전례의 정신으로 쇄신하고자 했다. 이와 비슷한 시기에 건축의 세계에서도 문화나 지역의 차이

성당, 빛의 성작

[3-58] 크빅보른 운동 본부 경당, 독일 로텐펠스성, 독일

를 무시하고 획일성을 주창한 국제양식(International Style)을 비판하고, 서구 중심주의에서 벗어나 각국의 고유한 문화를 회복하고자 한 커다란 변화가 일어났다. 이렇게 현대사회의 위기 상황을 깊이 인식한 현대건축의 움직임은 본질에 있어서 제2차 바티칸 공의회의 정신과 같았다.

제2차 바티칸 공의회는 제대의 위치 등이 전례상의 변화를 확실하게 결정해주었지만, 이와 같은 변화와 교회 건축에 나타난 근대건축의 미니멀적인 특성은 제2차 바티칸 공의회 이전에 20세기 초의 건축적 경향에서 이미 시작되고 있었다. 물론 이와 같은 건축적 변화는 공의회에서 분명히 했던 교회의 변화에 기인한 것이었다.

제2차 바티칸 공의회는 현대 성당 건축을 쇄신하는 데 큰 영향을 주었다.

〈전례헌장〉[07]은 전례에 대한 신자들의 능동적 참여를 강조했다. "어머니인 교회는 모든 신자가 전례 거행에 의식적이고 능동적이고 완전한 참여를 하도록 인도되기를 간절히 바란다. 그러한 참여는 전례 자체의 본질에서 요구되는 것이다. '선택된 겨레고 임금의 사제단이며 거룩한 민족이고 그분의 소유가 된 백성'인(1베드 2,9; 2,4-5 참조) 그리스도인은 세례의 힘으로 그 참여에 대한 권리와 의무를 가진다"(〈전례헌장〉 14항).

이로써 교회는 로마 중심에서 지역교회인 교구 중심으로 바뀌었다. 이에 따라 장소와 지역의 고유성을 존중하고 지역 거점이 되는 성당 건축이 요구되었다. 공의회 이전에는 제대가 뒤쪽 벽면에 붙어 있어 사제는 신자들이 볼 때 등을 보인 채 미사를 봉헌했으나, 제2차 바티칸 공의회 이후에는 이를 바꾸어 신자를 대면하게 했다. 사제와 평신도 모두가 하느님 백성이 되어 예언직·왕직·사제직에 참여할 수 있게 하기 위함이었다. 미사는 라틴어가 아닌 자국어로 드리게 했고 말씀의 식탁이 강조되었다. 그럼에도 가톨릭교회의 미사는 성당 안에서 모든 사람이 참여하는 최고의 종합예술이며, 언어, 동작, 촛불, 행렬, 음악, 미술이 건축과 통합되는 빛의 성당이어야 함에는 아무런 변화가 없었다.

그러나 '능동적 참여'는 〈전례헌장〉 전체를 관통하는 중심어다. 이에 〈전례헌장〉은 근대건축에 동조하면서 성당 건축을 개혁하는 것을 정당화하는 데 많이 인용되었다. 그런데도 성당 건축을 논할 때는 마치 '능동적 참여'가 유일한 원리인 듯 논의되었다. 특히 근대건축이 전통과 결별했듯이, 현대의 성당 건축도 가톨릭의 오랜 건축적 전통을 무시하거나 외면하는 경향을 보였다. 또한 〈전례헌장〉의 정신을 표면적으로만 해석하고 이를 새로운 성당 건축의 방향이라고 정당화했다.

'능동적 참여'의 공식 라틴어 번역은 'participatio activa'가 아니라 'participatio actuosa'다. 'activa'는 외적으로 능동적인 참여만을 뜻하지만, 'actuosa'란 그리스도와의 내적인 참여와 함께 일어나거나 무릎을 꿇거나 기도하고 노래하는 등의 외적인 동작으로 능동적으로 참여하는 것이라는 두 가지 뜻을 나

---

07   거룩한 전례에 관한 헌장, 〈거룩한 공의회(Sacrosanctum Concilium)〉

타낸다.[08]

　〈전례헌장〉'제7장 성미술과 성당 기물' 중 124항은 성미술 전반에 관해 언급했다. "직권자들은 참으로 성미술을 장려하고 보호하며 단순히 사치에 치우치기보다는 고귀한 아름다움을 지향하도록 배려하여야 한다. 이것은 거룩한 제의와 장식에도 해당된다. 주교들은 신앙과 양속 또 그리스도교 신심을 거스르고 또 형상의 왜곡이나 예술성의 부족이나 저속함이나 허식으로 올바른 종교적 감정을 해치는 미술가들의 작품들을 하느님의 집과 다른 거룩한 장소에서 멀리하도록 힘써야 한다. 성당 건축에서는 전례 행위의 실행과 신자들의 능동적 참여 확보에 적합하도록 힘써 배려하여야 한다." 읽어보면 아주 당연한 원리를 제시한 것이다. 그러나 〈전례헌장〉이 성당 건축에 대해 언급한 것은 이 항의 끝에 있는 "성당 건축에서는 전례 행위의 실행과 신자들의 능동적 참여 확보에 적합하도록 힘써 배려하여야 한다"는 문장뿐이다.

　그럼에도 122항 '성미술의 품위'에 관한 총체적인 정신은 성당 건축에도 그대로 적용된다. 원문인 '미술' 뒤에 괄호로 '성당 건축'을 넣고 읽어보면 다음과 같다. "인간 재능의 가장 고귀한 표현들 가운데에 미술(성당 건축)이 아주 당연히 들어가며, 특히 종교 미술 곧 성미술(성당 건축)이 그 정점에 있다. 성미술(성당 건축)은 그 본질상 인간 작품으로, 하느님의 무한한 아름다움을 지향하며, 그 목적은 다름이 아니라 자기 작품으로 인간 정신을 경건하게 하느님께 돌리는 데에 크게 이바지하는 것인 만큼 더욱더 하느님께, 하느님 찬미와 현양에 바쳐진다. 그러므로 거룩한 어머니인 교회는 언제나 미술(성당 건축)의 애호자였고, 특히 거룩한 예배와 관련된 사물들이 참으로 품위 있고 어울리고 아름답도록, 또 초월적인 사물의 표지와 상징이 되도록 미술(성당 건축)의 고귀한 봉사를 계속 요청하며 또 미술가(건축가)들을 양성하여 왔다. 더욱이 교회는 마땅히 언제나 그 미술(성당 건축)에 대하여 이를테면 평가를 하고, 미술가(건축가)들의 작품들 가운데에서 무엇이 신앙과 신심에 또 소중하게 전수된

08　Michael S. Rose, *Ugly as Sin*, Sophia Institute Press, 2009, p.141. 또는 https://unavocedsm.org/2018-12-participatio/

법규에 부합하는지 판단하며, 거룩한 용도에 알맞은 특성들을 분별하여 왔다. 교회는 성당 기물이 품위 있고 아름다운 장식으로 하느님 예배에 도움을 주도록 특별한 열성으로 보살펴 왔다. 그리고 시대의 흐름을 통하여 미술(성당 건축)의 발전이 가져온 재료와 형식, 장식의 변화를 받아들인다."

123항은 '미술 양식의 자유'에 관한 것이다. "교회는 어떠한 미술(건축) 양식도 자기 고유의 것으로 여기지 않으며, 오로지 민족들의 특성과 환경 그리고 각종 예식의 필요에 따라 각기 그 시대의 양식들을 받아들였으며, 여러 세기의 흐름을 통하여 이루어진 미술(건축)의 보화를 온갖 배려로 보존하게 하였다. 또한 우리 시대와 모든 민족과 지역의 미술(건축)은, 거룩한 성전과 거룩한 예식에 마땅한 존경과 마땅한 경외로 봉사한다면, 교회 안에서 표현의 자유를 가져야 한다. 이렇게 하여 미술(건축)은 지난 여러 세기에 위대한 사람들이 가톨릭 신앙을 노래한 저 놀라운 영광의 합창에 자기 목소리를 맞출 수 있을 것이다."

〈전례헌장〉은 왜 이렇게 성당 건축을 간단히 언급하고 있는 것일까? 그 이유는 분명하다. 그것은 보편 교회가 당시에 공적이며 사적인 예배에 적합한 아름다운 성당으로 축복을 받았으므로, 공의회는 성당 건축을 개혁해야 한다고 따로 말할 필요가 없었기 때문이다. 정확하게 말하면 성당 건축은 개혁하거나 변형할 대상이 아니라, 전통적인 거룩한 건축이 지니고 있는 예술적이며 역사적인 유산을 사제와 평신도가 더 잘 간직해야 한다는 것이 공의회가 바라는 바였을 것이다. 따라서 제2차 바티칸 공의회가 성당 건축의 또 다른 변화를 크게 요구했다고 주장하는 것은 타당하지 않다.

그럼에도 이 '능동적 참여'는 오늘날 급진적인 몇몇 이론을 정당화해주는 근거로 남용되고 있는 것이 사실이다. 신자들의 '능동적 참여'라는 여러 상(像)이나 감실, '제단 뒤 장식벽(레리도스, reredos)'이 있는 아름다운 주제대(主祭臺), 제대 난간, 발다키노 등을 없앰으로써 본래의 제단을 훼손하면서까지 공의회의 원칙에 따른다면서 제대를 회중석 한가운데로 옮기기도 했다. 원, 타원형, 부채꼴, 사다리꼴 등과 같은 개방 평면은 제2차 바티칸 공의회의 정신에 맞지만, 위계적인 긴 장축형 성당은 성찬의 나눔을 통한 일치에 그다지 적절하지 못하다는 이유로 장축형 성당을 거부하기도 했다.

한편 '하느님 백성의 집'이라는 측면을 중요하게 여긴다는 것이 곧 지역 공동체를 위한 회합의 장소라는 뜻은 결코 아니다. 그런데도 건축가들은 '하느님 백성의 집'이라는 개념을 구조화되지 않은 군중의 집 이미지로 오인하거나, 평탄하고 널찍한 보편 공간이 새로운 전례 공간이 되어야 한다고 오해하는 경우가 많았다. 개신교에서 '비교회(non-church)'라 하며 교회를 닮는 대신 예배를 위해 모이는 장소이자 공동체의 집회 장소로 만들어야 한다는 주장이 널리 퍼지고 있는데, 가톨릭교회 건축은 이에 영향을 받아서는 안 될 것이다.

근대 이후의 성당

20세기에는 커다란 기술의 변혁이 이전의 건축 방식을 완전히 바꾸어놓았다. 그중에서도 철근 콘크리트와 유리의 본격적인 사용은 가장 큰 기술적인 변화였다. 철근 콘크리트 구조 덕분에 힘을 받지 않는 부분은 힘을 받는 부분과 완전하게 구분되었고, 창을 자유롭게 만들 수 있게 되었다. 또 로마네스크나 고딕 건축처럼 창을 내려고 벽에 버팀벽을 둘 필요가 전혀 없었다. 여기에 투명한 유리를 크게 사용하게 되자, 예전에는 전혀 경험하지 못한 빛이 내부에 범람해 들어왔다. 공간은 밝고 투명해졌고, 안과 밖의 엄격한 구분은 사라진 채 점차 균질해져 갔다.

그러나 성당 건축은 균질해지는 근대건축의 흐름에 쉽게 동조하지 않고, 여전히 역사적인 형태와 전통을 유지했다. 그럼에도 제2차 세계대전 이후 오늘의 건축 전반을 다양하게 발전시킨 건물 유형은 다름 아닌 성당 건축이었다.

20세기 이후 성당 건축은 매우 다양해졌지만 흐름은 크게 세 가지다. 하나는 랭시의 노트르담 성당(Église Notre-Dame du Raincy, 1923)[3-59]과 같이 고딕의 전통을 따르는 것이다. 이 성당은 노출 콘크리트를 사용한 최초의 교회 건축으로, 오귀스트 페레(Auguste Perret)가 설계했다. 이 성당은 고딕의 수법을 재해석한 근대건축이자 진정한 의미에서 오늘날의 성당 건축의 시작이다.

정면 한가운데는 노출 콘크리트로 높은 탑을 올렸다. 내부는 고딕 대성당처럼 좌우의 기둥 열을 두고 폭 25m, 깊이 56m인 긴 공간을 중랑과 좌우의 측

[3-59] 노트르담 성당(오귀스트 페레, 1923), 프랑스 랭시

랑으로 구분했다. 전통적인 바실리카 공간 형식이다. 제대는 7개의 계단 위에 놓여 상당히 높지만 다른 부분과 구별하는 건축적인 장치는 아무것도 없다. 옛 제대는 제단에서 다시 3단 위에 놓였으나 지금은 7개의 계단 앞에 단을 만들어 제대를 낮게 놓았다.

근대건축의 이상대로 구조적으로나 미적으로 힘을 받는 구조와 힘을 받지 않는 벽이 완전히 분리되어 있어 공간은 매우 개방적이다. 당연히 중랑의 벽과 대(大) 아케이드 같은 것은 없다. 중랑은 납작한 원통 볼트가 깊이 방향으로 덮고 있고, 측랑은 중랑의 볼트에 직교하는 평탄한 원통 볼트가 덮고 있다. 서로

성당, 빛의 성작

다른 방향의 두 볼트가 중랑과 측랑을 공간적으로 구별해준다. 측랑의 볼트를 받치는 원기둥은 지름 43cm이고 높이 11m여서 고딕 대성당의 다발 기둥처럼 가늘고 길다. 그만큼 내부공간은 고딕 대성당보다 훨씬 넓고 가볍게 보이며, 어디에 앉든지 시야가 가리지 않는다. 바닥은 서쪽에서 동쪽을 향해 경사를 이룬다. 고딕 대성당에서는 바닥에서 시작한 뼈대들이 천장을 지나 아래로 내려와 가볍게 보였지만, 이 성당에서는 오직 가늘고 긴 기둥이 콘크리트 지붕을 받치고 있어 천장이 위에 떠 있듯이 보인다.

사방을 둘러싸고 있는 벽은 근대의 콘크리트 부재 사이에 끼운 스테인드글라스가 만들어낸 '빛의 벽'이며 '빛의 막'이다. 스테인드글라스는 입구 쪽에서는 밝은 노란색이 강하지만 제대를 향할수록 점점 푸른색이 강해지며 어두워진다. 창은 미리 만들어온 콘크리트로 조립했다. 그러나 십자형, 마름모꼴, 정사각형, 직사각형, 원 등 다섯 개의 형태를 모두 같은 길이로 조합해서 전체적으로는 구분이 잘 안 된다. 이는 고딕 대성당에서 모든 부분이 '입자'로 나타난 것과 비슷하다. 그 한가운데는 성모의 생애가 그려져 있다. 이 성당은 보통 성당 건설비의 1/6이라는 저예산으로 완성되었는데, 이는 단순한 구조와 당시로서는 획기적인 노출 콘크리트를 사용했기 때문이다.

쾰른의 리엘(Riehl)에 있는 잔크트 엥겔베르트 성당(St. Engelbert Kirche, 1930~1932)[3-60]은 도미니쿠스 뵘이 설계했다. 표현주의 작품으로 분류되지만, 원형 평면의 바깥 둘레를 여덟 개의 포물선으로 나누고 있어 외관은 매우 고딕적이다. 철근 콘크리트 구조에 외부는 벽돌로 마감했다. 내부공간은 여덟 개로 나뉜 거대한 리브 볼트 한 개가 평면의 중심 상부를 향해 솟아올라 전체를 결정하고 있다. 또한 포물선으로 에워싸인 제대와 제단은 측면의 창을 통해 들어오는 빛을 가득 받아 밝게 빛나며, 어두운 내부의 다른 부분과 크게 대비를 이룬다. 리브 볼트 안에 제단 앞의 포물선, 그리고 그 뒤에 내포된 포물선이 제단에 집중하게 한다. 제대 측면에 있는 포물선을 통해 변화하며 들어오는 빛은 매우 고딕적이다. 내부 형태는 단순한데도 제대를 향한 빛의 효과 때문에 원형의 중심형 공간이 장축형으로 지각된다.

또 다른 성당은 프랑스 동부 보쥬산맥 끝자락의 언덕 위에 서 있는 롱샹

(Ronchamp) 경당[1-10, 3-61]과 같이 로마네스크의 전통을 따른 것이다. 1955년 20세기를 대표하는 건축가 르 코르뷔지에의 설계로 완성되었다. 정식 명칭은 '노트르담 뒤 오 경당(Chapelle Notre-Dame du Haut)'이다. 이 경당은 1950년대에 철근 콘크리트가 교회 건축에 다시 도입되어 만들어진 것이면서, 근대건축과 현대건축을 가르는 전환점이 된 매우 중요한 건축물이다.

롱샹 경당은 벨포르에서 20km 떨어진 작은 마을에 있는 순례 성당이다. 제2차 세계대전 때 폭격을 맞은 것을 다시 지었다. 규모는 작지만 언덕 위에 있어 어디에서나 잘 보이며, 언덕 위에서 보면 언제나 주위를 압도한다. 평야와 고원으로 펼쳐져 있는 언덕 정상은 마치 아주 오래전부터 이 성당을 위해 마련된 듯이 평평한 땅을 이루고 있다. 롱샹 경당의 벽과 지붕은 힘차게 땅에 뿌리를 박고 그 위로 솟아올라 사방의 풍경과 함께 서 있다. 성당의 크기에 비해 지붕이 압도적이다. 이 지붕은 흰 벽면에 그늘을 깊게 드리우기 때문에 성당은 멀리서도 아주 잘 보인다. 성당을 두르고 있는 네 개의 벽면은 모양이 모두 달라서, 한 바퀴를 돌고 나면 마치 네 개의 건물을 본 듯한 느낌을 받는다.

건축가 르 코르뷔지에에게 주어진 조건은 아주 단순했다. 하나는 미사 중에도 계속 쓰일 수 있는 경당을 세 개만 두는 것, 비가 드문 이곳에서 방화수로 쓸 수 있게 비를 모으는 것, 순례 기간 중에 1만 2,000명의 대규모 야외 미사를 할 수 있게 하는 것, 그리고 폭격을 맞기 전부터 있었던 나무로 만든 성모상을 안과 밖에서 모두 볼 수 있게 해달라는 것이었다. 이 때문에 지붕은 빗물이 모이도록 게 껍질 모양으로 가운데가 우묵하게 되어 있고, 벽면에는 크고 작은 둥그스름한 세 개의 입체가 독립되어 있으며, 동쪽으로는 야외 제단이 따로 나 있다.

작은 성당이지만 그 안에 한 발자국만 들어가면 벽면을 타고 들어오는 빛의 홍수가 몸을 감싼다. 빛이 주는 공간의 감동을 마음 깊이 느끼려면, 이 롱샹 경당 안에 머물러 있으면 된다. 바닥은 제대를 향해 약간 기울어져 있다. 내부의 콘크리트 천장은 마치 하느님의 장막과 같이 곡면을 이룬다. 어둑한 성당 건축의 원형을 표현하고 싶었기 때문일 것이다.

두터운 창들은 마치 크고 작은 나팔처럼 어떤 것은 좁게 위로, 어떤 것은

성당, 빛의 성작

[3-60] 잔크트 엥겔베르트 성당, 독일 쾰른의 리엘

[3-61] 롱샹 경당, 프랑스 벨포르

넓게 아래로 비춘다. 두꺼운 벽을 통해 들어오는 빛은 로마네스크 성당의 빛처럼 안에 있는 사람을 감싸준다. 크기와 두께와 방향이 모두 다른 27개의 창을 통해 들어오는 빛이 두꺼운 벽을 타고 들어온다. 그래서 창문을 통해 들어오는 빛이 모두 다르다. 어두운 콘크리트 천장은 벽과 살짝 떨어져 있어서 그 사이로 가늘고 긴 빛이 들어온다. 이 빛은 한가운데에서 아래로 약간 처진 천장의 끝자락을 비추기 때문에, 천장은 더욱 가볍고 벽은 두껍게 보인다. 그런가 하면 창문이 나 있는 벽과 나란히 서 있는 북쪽의 굽은 벽은 차분하게 사람의 움직임을 유도하며 굽이친다. 롱샹 경당은 건축이라는 콘크리트 덩어리로 빛과 그림자의 공간을 만들어 하느님을 찬미하는 모습을 응축한 '빛의 조각(彫刻)'이요, '빛의 성당'이다.

독일의 벨베르트 네비게스(Velbert-Neviges)의 마리아 평화의 모후 순례 성당(Maria, Königin des Friedens, Mary, Queen of Peace, 마리엔돔Mariendom 또는 발파르트돔Wallfahrtsdom이라고도 한다. 1968)[3-62]도 건축적으로는 브루탈리즘(Brutalism)으로 분류되지만 현대건축이 만든 로마네스크적인 성당이다. 고트프리트 뵘이 설계했다. 17세기에 무염시태가 새겨진 소박한 기적의 동판이 이곳에 온 후 네비게스는 순례의 중심지가 되었다. 이 성당은 1960년에 프란치스코 수도원과 후기 바로크 순례 성당 위에 7,000명의 신자를 수용할 수 있도록 새로 지어졌다. 불규칙한 계단을 올라가면 지어졌다기보다 거푸집으로 떠낸 텐트, 수정체, 바위, 마을, 산과 같은 이미지를 불러일으키는 성당이 나타난다.

이러한 수정체의 산과 같은 외관의 이미지는 내부로도 이어진다. 입구의 홀은 낮고 어둡다. 부채꼴 모양으로 벽돌 포장한 순례길은 성당 바닥까지 계속되어 성당 내부는 작은 마을의 광장과 같다. 회중석 바닥에는 조명을 가로등처럼 높게 설치했다. 인공조명을 받지 않는 바닥과 벽과 천장은 어슴푸레하거나 어두울 정도로 내부는 신비로운 어두움에 감싸여 있다. 내부는 천장과 벽이 하나로 통합된 동굴의 이미지다. 회중석 뒤는 마치 광장을 감싸는 건물처럼 갤러리가 감싸고 있다. 사선이 복잡하게 만나는 천장에서는 틈을 통해 빛이 들어오고, 회중석 뒤의 갤러리에서도 창을 통해 들어온 빛이 마치 동굴의 틈으

[3-62] 마리아 평화의 모후 순례 성당, 독일 벨베르트 네비게스

로 새어들어온 빛처럼 갤러리의 바닥을 드믄드믄 비추고 있다. 로마네스크 성당의 두꺼운 벽의 어두움과 작은 창을 통해 새어들어오는 빛의 엄격한 대비가 현대적으로 해석된 성당이다.

천장의 복잡한 사선을 어떻게 계산해서 거푸집을 만들고 콘크리트를 쳤을까 놀랄 정도로 매우 불규칙하고 높다. 제단과 제대는 회중석 바닥보다 두 단 높게 놓여 있을 뿐 회중석과 그다지 구분이 없어 보인다. 그러나 제단의 뒤와 좌우에 불규칙한 벽으로 둘러싸인 공간이 마련되어 있어서 제대는 제2차 바티칸 공의회의 전례 개혁에 맞도록 회중석을 향해 상당히 전진해 있다. 독서대는 제단과 분리되어 따로 검은 돌의 단 위에 서 있어서 미사 안에서 말씀의 전례를 강조했다. 회중석은 고정되지 않고 움직여서 배치할 수 있는 의자로 제대를 느슨하게 둘러싸게 했다.

제단에는 제대 뒤에 사제들의 좌석이, 대각선 방향으로는 주교좌, 오른쪽에는 십자고상이 서 있는 공간을 충분히 두었다. 왼쪽에 있는 좁고 높은 스테인드글라스가 제단을 비춘다. 굴곡진 벽이 감싸는 측면에는 은총 경당(Grace Chapel)[또는 성모 경당(Marienkapelle)]과 성체 경당(Blessed Sacrament Chapel)[5-101]을 두어 순례자가 개별적으로 기도할 수 있게 했다. 성체 경당은 제대 왼쪽의 발코니가 붙은 기둥과 벽의 일부로 가려진 뒷면에 있다. 성체 경당의 한가운데에는 감실을 담은 기둥이 높이 서 있고, 건축가가 디자인한 붉은 장미 스테인드글라스를 통해 들어온 빛이 벽면을 붉게 물들이고 있다. 그러나 회중석에서는 성체 경당을 보기는 어렵다. 은총 경당에는 물고기가 장미꽃을 뚫고 나오는 형상을 한 성모 기둥을 두었고, 350년 된 무염시태의 동판이 간직되어 있다.

이와는 또 다른 흐름은 근대건축만의 억제된 공간적 특성을 구현한 것으로, 독일 아헨에 있는 '그리스도의 몸 성당(Corpus Christi Church, Kirche St. Fronleichnam, 1930)'[3-63, 5-7]이 대표적일 것이다.[09] 이 성당은 루돌프 슈바르츠가 설계했는데, 내부는 하얗게 비어 있다. 형태와 색채는 극도로 억제되어 있으며 장식도 일체 없이 오직 비어 있는 순백의 공간과 빛뿐이다. 찬연한 빛의 공간을 만든 고딕 대성당에 익숙한 이들에게는 하얗게 비어 있는 이 성당이 과연 성당인가 하고 의아해 할 정도다. 이 성당은 때로는 비어 있는 황량한 성당이라고 비판받기도 했지만, 그의 설계와 이론이 가장 완벽하게 구현된 첫 번째 근대적 성당으로 평가된다.

비어 있음과 단순성. 건축가 슈바르츠는 비어 있으면서 단순한, 그렇지만 그 안에 빛이 가득 차 있는 공간에 가톨릭의 신앙이 집약된다고 보았다. 이것은 중세의 독일 신비주의, 특히 피조물이 비어 있을 때, 하느님께서는 그 안을 가득 채우신다는 마이스터 에크하르트(Meister Eckhart)의 생각을 현대 성당

---

09   이 성당과 관련된 내용은 280~282쪽을 참조.

성당, 빛의 성작

건축 안에 구현한 사례다. 슈바르츠와 함께 활동했던 로마노 과르디니 신부는 이 성당을 두고 "하느님의 현존이 이 하얀 벽의 고요함에서 피어난다"라고 말했다.

성당 내부에 있는 것이라고는 수직과 수평, 하얀 벽, 극히 단순한 정사각형의 창뿐이다. 이 창은 벽 윗부분에 나 있다. 제대 쪽에서는 이 부분에 더 많은 빛을 비추는 두 열의 창이 바닥까지 내려온다. 제대 뒤에 있는 커다란 흰 벽. 그것은 눈에 보이지 않는 성부 하느님을 나타낸다. 천장에는 조명등의 전선만이 매달려 있을 뿐, 한 개의 줄에 매달린 열두 개의 등 이외에는 아무것도 없다. 폭 4m의 검은 대리석 벽기둥은 높은 중랑과 낮은 측랑을 나누고 있다. 그 벽기둥에는 하얀 독서대가 조용히 자리 잡고 있다. 한없이 비어 있는 지극히 겸손한 공간은 하느님의 임재를 드러내고 있다.

이와 같은 하얗고 단순한 성당은 그 후에도 많이 지어졌다. 독일 아우크스부르크에서 가장 오래된 본당인 성 모리츠 성당(St. Moritz Church)[3-64]은 1019년 로마네스크 성당으로 지어진 이래 1229년에는 고딕 양식으로 재건되었다

[3-63] 그리스도의 몸 성당, 독일 아헨 [3-64] 성 모리츠 성당, 독일 아우크스부르크

가, 1714년에는 바로크 양식의 건물로 완전히 바뀌었다. 1944년에는 폭격으로 외벽만 남았으나 도미니쿠스 뵘이 단순하게 고쳐 지었다. 이것을 영국의 미니멀리스트 건축가 존 포슨이 2013년 내부를 온통 새하얗게 개수했다.

바닥과 제대는 옅은 베이지색 포르투갈 석회암으로 하고, 오닉스 돌로 빛을 걸러 내부를 균질하게 분산시켰다. 그러나 이 하얀 벽은 자연광으로 내부공간을 가득 차게 하고, 빛을 반사해 공간이 크게 확장되어 있다는 느낌을 분명히 해준다. 반원제단의 창은 빛을 들여보내는 건축적인 장치이지만, 성당 안에서 가장 밝은 곳으로 만들어 전례적으로는 초월성의 경계선을 표현했다. 이전에 있던 창은 모두 오닉스를 얇게 자른 돌로 바꾸어 직사광을 거르고, 내부공간 전체를 분산광으로 채움으로써 이전보다 더욱 차분한 빛이 비치는 공간으로 바뀌었다.

이 점만 주목하면 근대건축의 추상화 작업을 연장한 것으로만 보인다. 그러나 공간을 조금 더 오래 응시하면 창이나 공간 조직은 바로크 양식의 흔적을 남겨 건축의 구조 형태를 유지하면서도 요소를 최소화하고, 그 대신 제대, 창문의 형태, 성화상, 촛대, 문만이 부각되어 전례에 집중하게 한 것임을 알 수 있다. 측랑에 배열된 오래된 사도상들, 회중석과 좌우로 배열된 성가대석을 어두운 색으로 만들고, 의자, 어두운 색의 입구 위에 있는 오르간이 침착한 색조를 이룬다. 선형 공간에서 4.5톤이나 되는 돌 하나로 되어 있는 제대, 그 뒤로 바로크 조각가 게오르그 페텔(Georg Petel)의 '구세주 그리스도' 상이 오랜 색조를 지니고 공간의 중심을 이룬다.

스페인 마드리드에 세워진 산타 모니카 성당(Parish Church of Santa Monica, 설계 Vicens+Ramos, 2009)[3-65]도 직육면체의 볼륨에 바닥과 회중석 그리고 낮은 측벽을 검은 색채로 하고 나머지 윗부분은 모두 하얗게 마감했다. 측벽의 상부는 좁고 긴 슬릿 창이지만, 이 성당의 클라이맥스는 제대 뒤의 흰색과 황금색으로 구성된 경사면이다. 제단 뒤의 벽면에는 방향이 모두 다른 일곱 개의 빛의 통으로 빛이 새어들어온다. 그러나 창은 직접 보이지 않고 황금색과 흰색의 경사진 벽면을 타고 들어오는 빛만 보인다. 시간에 따라 변화하는 빛에 의해 제단 뒷면의 입체는 윤곽만 보면 평면적인데, 빛의 움직임으로 보면 대단히 입체적이다. 장식이 없는 현대적인 하얀 볼륨 안에서 빛의 통은 로마네스크의 전통을, 빛의 효과는 고딕의 전통을 이어받고 있다.

그렇다면 오늘날 현대 성당은 제2차 바티칸 공의회의 정신을 어떻게 실천해야 할까? 스페인의 건축가 라파엘 모네오(Rafael Moneo)가 설계한 로스앤젤레스의 '천사들의 모후 대성당(Cathedral of Our Lady of the Angels, 2002)'[3-66]은 제2차 바티칸 공의회가 요구하는 공간의 배열을 현대적으로 해석해준 탁월한 성당이다. 평면은 입구가 조금 좁고 제대를 향해 넓어지는 사다리꼴에 가까운 직사각형이다. 길이는 90m이고 높이는 낮은 곳이 24m, 높은 곳이 30m나 된다. 회중석 바닥은 완만하게 경사면을 이루고 있다.

벽과 바닥은 대리석으로 마감했으며, 따라서 표면적 장식은 거의 쓰이지 않았다. 조명등은 가느다란 철봉으로 복잡하게 연결되어 있다. 남쪽 벽에는 성 김대건 안드레아 신부를 포함한 여러 민족의 성인 135명이 여러 가지 색실로 그림을 짜 넣은 태피스트리로 제대를 향해 걸고 있다. 여러 민족의 성인들이

[3-65] 산타 모니카 성당, 스페인 마드리드

제대를 향해 걸어가듯이 회중도 그렇게 용감하게 걸어가라는 뜻일 것이다.

제단은 제대를 중심으로 수많은 동심원이 그려져 있다. 이 동심원은 제단에만 한정되지 않고 회중석의 바닥으로도 계속 이어진다. 제대로 내려온 은총이 회중석 저 멀리까지 다가간다는 뜻이다. 제단은 회중석보다 3단 높지만, 제단이 차지하는 영역이 아주 넓어 회중석과의 바닥 차이를 별로 느끼지 못한다. 제단 위는 아래로 기울인 벽체와 수직 벽체로 십자가 형태를 만든 커다란 앨러배스터[10] 창으로 빛을 받는다. 그러나 이 십자가 형태도 제대의 중심성을 방해하지 않도록 제대로부터 약간 비켜 있다.

평면을 보면 제대는 육중한 제단이 아니라 회중석과 거의 같은 평면 위에 있으며, 성당의 중심에서 약간 비켜 놓았다. 회중석을 좌우 이등분하지 않고 제대를 향해서 왼쪽에는 등받이 의자를 더 많이 배치했으며 오른쪽의 회중석은 다시 둘로 나누었다. 따라서 제대가 평면상의 중심에서 약간 비껴난 것은 원활한 동선을 위해 회중석을 배분한 결과다. 제단 뒤의 넓은 영역에는 많은 사제가 함께할 수 있다. 제대의 오른쪽에는 회중석에서 약간 가려지는 곳에 단이 있는 성가대석을, 왼쪽에는 아주 넓은 제의실을 두어 이곳에서 제대를 향해 입당하게 했다.[5-92]

제단의 좌우에는 회중석보다는 더 경사진 바닥에 의자를 배열했다. 평면상으로는 로마네스크 성당의 수랑(袖廊)에 해당하는 공간이다. 이 공간은 외관상으로는 전혀 나타나지 않지만 평면상으로는 전통적인 성당의 평면 형식을 따르고 있다. 타원형, 부채꼴, 사다리꼴 등과 같은 개방 평면이 아니라 장축형 성당인데도, 제대에서 보면 제2차 바티칸 공의회의 정신에 맞게 '능동적 참여'를 공간적으로 해석해놓았다. 주례사제의 위치에서 보면 제대를 중심으로 좌우의 자리와 제단 뒤편에 마련한 사제석과 성가대석 그리고 긴 회중석은 모두 합쳐져 훌륭한 중심형 공간을 형성한다.

회중석 좌우의 벽은 세 가지 방식의 빛을 받고 있다. 바깥쪽 주보랑의 창에서 들어오는 빛은 회중석의 아랫부분의 두꺼운 벽체 사이로 들어오고, 윗부분

---

10 앨러배스터(alabaster)는 유백색 대리석의 일종으로 주로 빛을 투과하는 건축 재료로 쓰인다.

성당, 빛의 성작

[3-66] 천사들의 모후 대성당과 평면(라파엘 모네오, 2002), 미국 로스앤젤레스

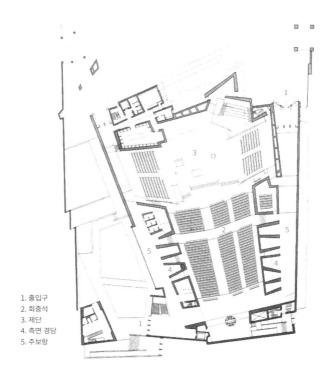

1. 출입구
2. 회중석
3. 제단
4. 측면 경당
5. 주보랑

은 고딕 대성당의 스테인드글라스처럼 넓은 앨러배스터 창에서 빛이 들어온다. 또 고딕 대성당의 고창층(高窓層, clerestory)처럼 경사면 벽체 위를 타고 들어오는 빛도 있다. 빛과 공간에 대한 전통적인 방식이 여전히 현대적으로 해석되어 있음을 볼 수 있다. 현대적인 공간 안에서 전례가 이루어지고 있으나, 그것을 금방 알아차리지 못할 정도로 평면 형식, 구조 형식, 빛의 형식 등이 모두 전통적인 성당에 그 원류를 두고 있기 때문이다.

4

전례의
공간

성당의 공간적 본질

'드높이'

공간이라는 말은 건축에서 아주 많이 사용한다. 그런데 건축의 공간에는 몇 가지 단계가 있다.[01] 먼저 '실용적인 공간'이다. 이는 사람이 자기 몸을 뉘어 자고 먹고 함께 생활하며 사업이나 모임 등 실제의 이익을 위해 만든 행위의 공간이다. 인간이 이 땅에 태어나서 제일 먼저 찾은 것은 이런 실용적인 공간이었다. 그다음은 '지각적 공간'이다. 사람은 자기 몸으로 직접 느끼는 공간이 있다. 넓다든지 좁다든지 기분이 좋다든지, 창가에 비추는 빛이 어떻다든지 하는 몸의 감각으로 지각하는 현상적 공간이다.

또 '실존적 공간'이 있다. 지각하는 공간보다 한 차원 더 나가면 내가 환경의 중심으로 존재하는 공간이 있다. 학교에 가면 학교가 이 세상의 중심인데 집에 오면 집이 이 세상의 중심이라고 여긴다. 같은 강의실에 앉아 있어도 저마다 자기가 앉은 자리가 이 세상의 중심이라고 생각한다. 다만 실존적 공간이라 하여 실존철학의 실존의 의미와 반드시 일치하는 것은 아니다. 그리고 '인식적 공간'이 있다. 예술이나 건축으로 공간을 생각할 때와 같이 사람이 공간을 구체적이고 물리적으로 사고할 때의 공간이다.

거룩한 공간은 이미 자연 속에 있었다. '산'과 '동굴'이라는 두 장소는 인간에게 공동의 경험 공간을 마련해준다.[02] 누구에게나 산 정상은 감동적이다. 탁 트인 시야뿐 아니라, 꼭대기에 오르는 노력이 종교적인 경험에 가깝게 느껴지기 때문이다. 산처럼 높은 곳은 신이 머무는 곳으로 인식된다.[4-1] 반대로 동굴이나 땅이 접힌 곳은 비가 내리고 비옥하며 강을 만드는 곳, 내적인 여행이나 생명을 찾는 장소로 인식되었다. 이렇게 산과 동굴은 서로 다른 정신적인 의미를 지닌다. 그래서 산이 없거나 산이 높지 않은 곳에서는 기둥을 세우거나 지구라트를 만들었고, 동굴이 없는 곳에서는 벽을 둘러 사람이 숨을 공간을 만들었다. 산이 남성이라면, 동굴은 여성에 비견할 공간적인 원형이다.

---

01   크리스티안 노르베르크 슐츠, 《실존·공간·건축》, 김광현 역, 태림문화사, 1985, 13~14쪽.

02   김광현, 《에워싸는 공간》(건축 강의 4권), 안그라픽스, 2018, 113~114쪽.

[4-1] 높은 산은 신이 머무는 곳, 시나이산

[4-2] "이는 내 몸이다."

미사에서 사제가 제대 앞에서 하는 동작은 매우 공간적이다. "이는 내 몸이다" 하며 축성된 빵을 받들어 올리는 것은 지붕을 향해 상승하는 공간의 수직성을 의미한다.[4-2] 사제는 감사 기도를 시작할 때 "주님께서 여러분과 함께"라고 말하며 팔을 벌린다. 회중을 향해 팔을 벌리는 것은 그들과 '함께' 있는 공간의 수평성을 나타낸다. 그리고 손을 올리면서 "마음을 드높이"라고 한다. 이에 회중은 "주님께 올립니다"라고 답한다. "주님께 올립니다"는 목적어가 생략되어 있는데, "주님께 우리의 마음을 드높입니다"라는 뜻이다. 영어로는 "We lift them(our hearts) up to the Lord"다. 이것은 하느님 백성이 자기 자신을 넘어 성체성사로 집중된 영원한 예배로 들어간다는 말이다. 사제가 다시 두 손을 모으는 것은 '안'을 향하는 공간의 내향성이다. 이와 같은 사제의 동작은 '산(수직)'과 '동굴(수평)'과 '내적 여정(내향)'이라는 거룩한 공간의 성격과 일치한다.

건축은 물리적인 물체이지만 그것에 머물지 않는다. 건축은 사고와 사건의 장이며, 우리에게 예술적인 의식을 환기시키며 현실 속에 존재한다. 그러면서도 초월적인 무언가를 인식하게 하는 상징으로 존재하는 등 건축으로 규정되는 공간은 무언가 초월적 성격을 띤다. 바꾸어 말하면 건축에는 거룩하고 신비한 존재를 공간으로 받아들이는 본연의 상태가 있다. 현상학자 가스통 바슐라르는 "모든 집은 수직의 축선을 갖는다"라고 말했는데 이는 일상적인 공간도 그 안에 있는 무언가의 초월적인 차원과 관계가 있음을 말한다.

거룩한 공간, 초월적인 공간을 완성한 것은 다름 아닌 그리스도교 건축이었다. 성당에서는 고대 로마 건축이나 그 이전에 있었던 어떤 건축에서도 표현된 적이 없는 초월적인 공간이 구현되었다. 적절한 건물 형식을 갖지 못했던 교회는 고대 로마의 집중식 형태를 한 공공 목욕탕과 황제의 영묘를 빌려 세례당 등을 지었다. 로마에 세워진 최초의 세례당도 처음에는 단순히 로마 건축의 영묘를 개조한 정도였으므로 당시로서는 새로운 것이 못 되었다.

그러나 라벤나의 산 비탈레 성당[2-22, 3-17]은 벽돌로 지어져 있지만 안에 들어가면 초월적인 공간으로 일신한다. 위계적인 건물의 구조 위에는 모자이크, 채색 스투코 등으로 체계적으로 장식해 거룩한 하느님의 존재를 체험하게 하는 초월적인 공간을 만들었다. 구약의 예언자들은 세례반을 둘러싸고, 금색의 옷을 입고 각각 순교의 관을 들고 있는 열두 사도들은 천국을 상징하는 푸른색을 배경으로 엄숙하게 걷고 있다. 그리고 중앙에는 그리스도께서 세례를 받으시는 원반이 순금으로 칠해져 있다.

사제가 손을 올리면서 "마음을 드높이"라고 말하면 마음과 눈은 저 위를 향한다. 마음을 드높이려면 눈을 위로 향해야 하고 몸도 올라가야 한다. 거룩한 곳은 왜 높은가? "Deus semper major(하느님께서는 언제나 더 크시다)"라고 이냐시오 영성에서도 말하고 있듯이, 하느님은 인간이 이해하는 것보다 언제나 더 크고 높은 신비이시다.

성당, 빛의 성작

오래전부터 믿는 이들은 하느님께로 "마음을 드높이고자" 높은 곳에 있는 거룩한 장소로 애써 올라갔다. 프랑스 중남부 오베르뉴 지역의 르쀠앙블레(Le Puy-en-Velay)라는 작은 마을에는 두 개의 원뿔꼴 바위산이 솟아 있는데, 높이가 85m인 데기유 바위 꼭대기에는 962년에 지어진 경당이 있다. 생 미셸 데기유 경당(Chapelle Saint Michel d'Aiguilhe)[4-3]이다. 여기에 닿으려면 바위를 깎아 만든 268개나 되는 계단을 올라가야 한다. 그러나 높기만 하다고 모두 거룩한 곳은 아니다. 그곳에 제단을 쌓고 집을 지을 때 더욱 거룩한 장소가 된다. 조지아 정교회의 게르게티 삼위일체 성당(Gergeti Trinity Church, 게르게티 츠민다 사메바 성당, 1220년대)[4-4]은 카즈베기산 밑의 광대한 자연이 펼쳐 보이는 가파른 곳에 홀로 높이 서 있다. 해발 2,170m인 곳이다. 마을 밑에서 보면 산꼭대기에 있는 이 성당이 까마득하게 보인다. 이들은 어떻게 이리도 높은 곳에 성당을 지을 생각을 했을까?

하느님의 집은 땅과 하늘을 잇는 세계축(axis mundi)이고 '하늘의 문(porta coeli)'이다. 야곱의 사다리가 높은 하늘을 향하고 있듯이, 성당의 공간도 하늘을 향해 열려 있다. 건축의 초월성을 가장 잘 나타낸 건축은 고딕 대성당이다. 정면에 우뚝 솟은 쌍탑, 지붕 위에 높이 올라간 첨탑, 그것을 구성하는 선은 하늘을 향해 한없이 상승하며 우리의 눈을 저 위로 잡아당긴다. 내부에는 볼트 천장의 무게를 시각적으로 땅에 전달하는 다발로 된 기둥의 수직선이 돌의 물질성을 지우며 가볍게 상승하여 볼트의 리브로 이어진다. 그러다가 볼트의 정점에서 다시 첨두(尖頭)를 그리면서 다음의 비약을 암시한다. 그리고 공간은 스테인드글라스를 통해 들어온 빛으로 하느님 나라, 초월적인 세계를 나타내 보였다.

이러한 건축의 구조는 감동을 주기 위한 것만이 아니라 가르치고 영감을 주기 위한 것이다.[03] 고딕 대성당은 무엇을 가르치는가? 그것은 세상의 위와 아래에 있는 모든 것은 하느님과 관계한다는 것, 그러나 진실하고 아름다운 모든

---

03   Robert Barron, *Heaven in Stone and Glass: Experiencing the Spirituality of the Great Cathedrals*, Crossroad, 2002, p. 80.

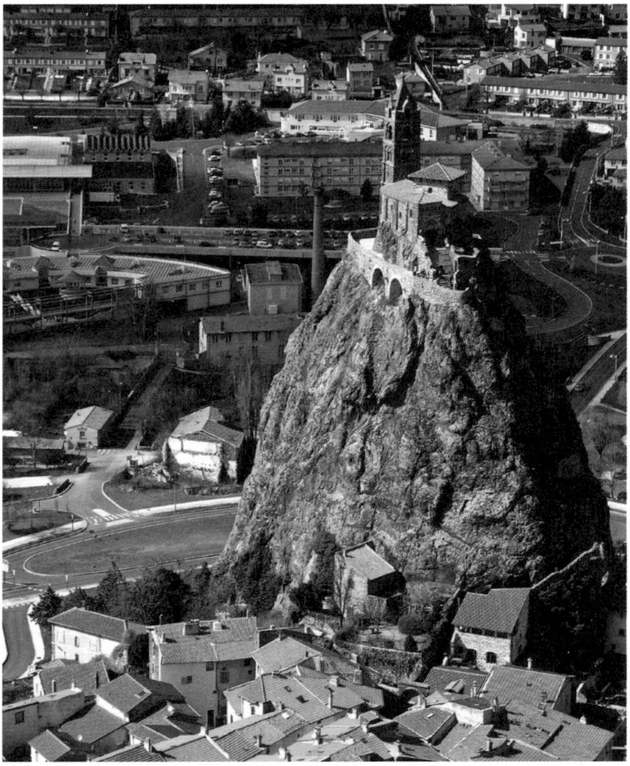

[4-3] 생 미셸 데기유 경당, 프랑스 르퓌앙블레

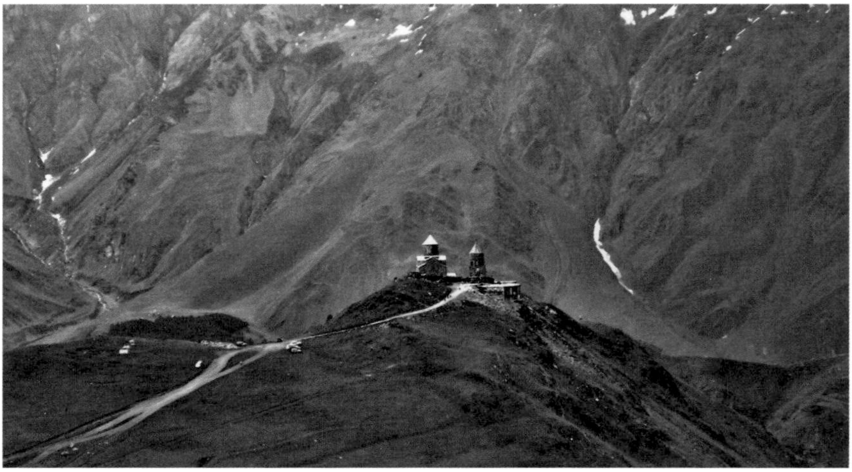

[4-4] 게르게티 삼위일체 성당, 조지아 카즈베기

것은 하느님을 비출 수 있어도 하느님께서는 그 안에 계시지 않는다는 것을 가르친다. 높은 곳을 향하려는 대성당의 수직성은 우주에 있는 모든 것들과 사람을 향해 네가 찾고 있는 하느님은 더 높은 곳에 계시다, 그러니 더 높은 곳을 바라보라고 말한다. 그리고 하느님은 우리가 경험할 수도, 말할 수도, 무언가로 개념화할 수도 없는 분이시며, 언제나 우리의 의식을 훨씬 넘어 계신 분이심을 가르치고 그에 대한 영감을 준다. 고딕 대성당의 수직성은 하느님께서 이 세상을 만드신 창조의 영성, 세상의 피조물 밖에 영원히 계시다는 거룩한 초월성의 영성이다.

'통하여', '함께', '안에서'

사제는 성반과 성작을 받들어 올리면서 "그리스도를 통하여, 그리스도와 함께, 그리스도 안에서(per ipsum, et cum ipso, et in ipso)"라고 말한다. '통하여(per, through)', '함께(cum, with)', '안에서(in, in)'. 이 세 전치사는 매우 공간적이다. 세례를 받을 때도 이 세 전치사는 그대로 나타난다. 물 '속(안)'으로 들어갔다가 그 물을 '통해서' 위로 올라와 새 신자가 되어 하얀 옷을 입고 그 '안에' 감싸인다.

'통하여(through)'란 이쪽에서 저쪽으로, 아래에서 위로 그 사이를 지나가며 무한한 존재를 만나기 위해 높이와 깊이를 갖는 것을 말한다. '함께(with)'는 앞이나 뒤에 있지 않고 옆에 있거나 걷는 것이다. 사람은 건축으로 혼자 있지 않고 언제나 함께 모여 서로의 관계를 이어간다. 그리고 '안에서(in)'는 에워싸여 보호를 받으며 내적인 힘을 느끼는 것이다. 사람은 건축으로 불을 둘러싸며 자기를 안으로 감싼다.

성당 건축의 공간적 형식은 비교적 단순하다. 성당은 그리스도를 '통하여' 제대라는 한 점에 집중하는 공간이다. 그것은 넓어서 많은 사람이 '함께' 들어갈 수 있게 하나로 툭 터진 공간이며, 그 '안에서' 보호되도록 높은 지붕이 위를 덮고 있다. 성당 건축에는 세 가지 건축공간의 역할이 '한 공간 속'에 동시에 나타나 있다. 성당은 "그리스도를 통하여", "그리스도와 함께", "그리스도 안에서"를 공간으로 드러내는 건축이다. 성당을 지을 때 이 세 개의 전치사가 주는 공간적 본질에 근거해서 지어야 한다. 성당을 읽을 때도 마찬가지다.

성당은 제대를 통해 무한을 향해 건너가는 곳, "그리스도를 통하여" 초월하신 하느님과 내재하시는 하느님이 만나는 곳이다. 먼저 문은 격리된 안을 밖과 이어주며 밖에서 안으로 이행하게 해준다. 문을 지나 긴 통로를 '통하여' 제대를 향한 행렬이 시작된다. 이 행렬은 고향을 버리고 하늘을 향해 가는 여정의 길이다. 제대는 하느님께서 드높은 곳에서 내려오셔서 사람과 함께 계시는 경계선이다.[04] 사람은 이 제대를 통해 초월해 계신 하느님께 나아갈 수 있다.

정교회에서는 이 세상과 미래 세상의 시간적인 관계를 이쪽과 저쪽이라는 장소로 보고, 그 접점을 성화벽(iconostasis)으로 보았다. 시간과 역사의 선상에서 넘기 어려운 간격을 넘어서 하느님께서 이 세상에 오심으로써 세상과 미래의 세상이 만날 수 있다. 성화벽은 이러한 "그리스도를 통하여"를 나타낸다. 도미니쿠스 뵘의 걸작인 뮌헨글라트바흐의 성 가밀로 성당[2-26]은 아름다운 제대 뒤 전체를 감싸는 반투명한 뒷벽으로 그리스도를 '통하여' 가야 할 바를 공간적으로 보여주었다.

자연환경이 주는 종교적인 경험은 높은 산과 깊은 동굴에만 있는 것은 아니었다. 자연 지형에는 이 세상에서 저 세상 속으로 뚫고 들어가는 것과 비슷하다고 느껴지는 장소가 있다. 자연에서 내면으로 떠나는 여정이다. 이런 장소에서 사람들은 생명이 바뀌는 비전과 꿈, 신과 만나는 장소와 마주한다. 그래서 거룩한 곳에 이르면 경계를 만들어 주변의 카오스와는 구분되는 신성한 장소를 이룬다. 이렇게 하여 인간은 공동으로 경험하는 세 가지 종교적 장소를 자연환경에서 발견했다. 산꼭대기는 신이 거주하는 세계, 동굴은 생명을 주는 세계 그리고 이쪽에서 저쪽 안으로 들어가는 내적 여정의 세계를 나타냈다.

높은 '산'은 공간으로 초월성을 상징하지만, 이와는 반대로 절대자가 세계 안에 있는 것을 내재적이라고 한다. 깊은 '동굴'은 공간으로 내재성을 상징한다. 루르드의 성모 성소 마사비엘 동굴(Grotto of Massabielle, Our Lady of Lourdes Sanctuary)[4-5]처럼 내적인 여정은 초월과 내재가 결합하는 과정이다.

04　로마노 과르디니,《미사, 제대로 드리기》, 김영국 옮김, 가톨릭대학교출판부, 2003, 53쪽.

　성당, 빛의 성작

샤르트르 대성당의 바닥에는 지름이 약 13m인 미로가 중랑의 폭을 가득 채운다.[4-6] 이 미로를 다 걸으면 294m가 된다. 이는 중심에 있는 우리의 마지막 종착지인 천상의 도성 예루살렘에 이르기 위한 내적인 여정을 상징한다. 이 미로를 무릎으로 걷는 사람들도 있다. 몸과 마음을 다해 천천히 걷는 순례의 여정 속에서 안에 계시는 그리스도를 바라보게 한다. 미로의 통로는 중심을 향하는

[4-5] 성모 성소 마사비엘 동굴, 프랑스 루르드

[4-6] 샤르트르 대성당의 미로, 프랑스

듯하다 어느새 그 중심에서 멀어져 간다. 그러나 미로의 통로는 하나다. 이리 휘고 저리 휘어서 가지만 이 여정은 언젠가는 반드시 거룩한 도성에 도달할 수 있음을 확증해준다. 프랑스의 시인 폴 클로델은 "하느님께서는 구부러진 선으로 똑바르게 글을 쓰신다"라고 했는데, 미로는 곡선이지만 중심을 향한 직선으로 이끈다.

또한 성당은 그리스도께서 중심에 계시고 그 주위를 사람들이 손에 손을 잡고 '함께' 에워싸며 "그리스도와 함께"하는 공간이다. 이는 엠마오로 가는 두 제자에게 예수님께서 나타나신 성경의 말씀 속에 아주 잘 드러나 있다(루카 24,13-35).[4-7] 제자들 가운데 두 사람이 예루살렘에서 60스타디온(1스타디온은 178m) 떨어진 엠마오라는 마을로 가고 있었을 때 예수님께서 가까이 가시어 그들과 '함께' 걸으셨다. 그들은 눈이 가려 그분을 알아보지 못했지만, 예수님께서 성경 전체에 걸쳐 당신에 관한 기록들을 그들에게 설명해주셨다. 마을에 가까이 이르렀을 때, 예수님께서 더 멀리 가시려고 하자 그들은 저녁때가 되어가고 날도 이미 저물었으니 저희와 '함께' 묵으시라고 그분을 붙들었다. 그

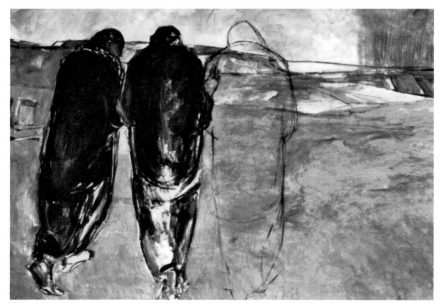

[4-7] 〈엠마우스〉 (재닛 브룩스 겔로프 Janet Brooks-Gerloff)

성당, 빛의 성작

래서 예수님께서는 그들과 '함께' 묵으려고 그 집에 들어가셨다. 그들과 '함께' 식탁에 앉으셨을 때, 예수님께서는 빵을 들고 찬미를 드리신 다음 그것을 떼어 그들에게 나누어주셨다. 그러자 그들의 눈이 열려 예수님을 알아보았지만 그분께서는 그들에게서 사라지셨다. 성당의 가운데 행렬 통로는 예수님께서 가까이 가시어 엠마오로 가는 두 제자와 '함께' 걸으셨던 길이며, 제대는 회중이 '함께' 성체를 영하는 식탁이다.

성모께 바쳐진 성당인 파리의 노트르담 대성당이나 샤르트르 대성당[2-24] 아미앵 대성당 등 중세의 대성당은 거대한 동굴과 같아, 그 안은 놀랍게도 "그리스도 안에서" 마음이 안전하고 평화로우며 고요함을 느끼게 된다. 성당은 모든 신자들이 그 안에서 다시 태어나 보호되는 안전한 장소다. 어둑하고 전체를 에워싸는 공간은 그리스도께서 자라고 계신 성모의 자궁을 상기시킨다. 그래서 교회는 성당을 성모의 몸으로 여기며 성모를 '교회의 어머니(Mater Ecclesia)'라 부른다.

전등이 없던 시대에는 제대에 켠 촛불의 빛이 공간의 중심이었듯이, 제대는 폭풍을 견디는 은신처요, 평화의 땅을 향하라고 우리를 안으로 잡아당기는 초점이다. 제대가 성당 안에 놓인 것일까? 아니다. 이와는 반대로 제대를 중심으로 뻗어나오는 힘을 담는 것이 성당이다. 부활 성야 예식 때 불을 다 끈 다음 파스카 초를 높이 쳐들고 〈그리스도 우리의 빛〉을 노래할 때 그 공간을 상상해보라. 회중은 그 빛을 향하고 그 빛 안에 있다. 또 부활 찬송(엑술텟 Exsultet)을 노래할 때 모든 이가 들고 있는 하나하나의 촛불이 "그리스도 안에서" 그리스도의 빛을 에워싼다.

하느님께서 이 세상에 함께하시며 우리 안에 내재하신다. 아를의 성 체사리오는 "이 성당 안에 들어오듯이 하느님께서도 네 영혼에 들어오시기를 바라신다"고 말했다. 성소 안으로 들어가는 것은 하느님께서 내 영혼 안으로 찾아오시는 것이다. 이런 성당을 어떻게 만들 수 있을까?

현존하는 원형 교회 중 가장 오래된 교회인 로마에 있는 산토 스테파노 로톤도(Santo Stefano Rotondo, 467~483)[4-8]의 공간을 보라. 로마제국의 영묘를 본떠 지었으면서도 세 가지 거룩한 공간이 아주 명료하다. 초기 그리스도교가

[4-8] 바실리카 디 산토 스테파노 로톤도, 이탈리아 로마

만들어낸 성당은 중심을 둘러싼 공간이 원형 또는 그리스 십자가처럼 크기가 같은 팔이 나와 있는 집중형 평면 형식을 취했다. 이 성당은 세 겹의 동심원이 제대를 에워싸고 있다. 바깥으로는 사람들이 돌아다니는 주보랑이 있고 그 안 쪽에는 기둥들이 둥그렇게 열을 이루며 사람들을 에워싼다. 또 그 안에는 제대를 두었으며 그것을 다시 낮은 난간으로 둘렀다. 공간의 중심을 향해 우리를 '안으로' 모아들이려는 것이다. 이런 공간 안에 특별히 부름을 받은 하느님 백성은 열주로 둘러싸인 원형 공간 안에 '함께' 모여 미사 전례를 드린다. 제대를 둘러싼 중심부는 주변보다 천장이 높다. 가운데의 원형 공간을 가득 채우며 우리를 향해 밝은 빛을 내려주고 예수 그리스도를 '통하여' 마음을 드높이게 해준다.

미국 샌프란시스코의 성모 승천 대성당(Cathedral of Saint Mary of the Assumption, 1971)[4-9]은 이탈리아의 저명한 구조 엔지니어이기도 한 피에르 루이지 네르비(Pier Luigi Nervi)가 설계했다. 평면은 정사각형인데, 제단은 회중석을 향해 앞으로 나와 있고, 회중석은 부채꼴 모양으로 제단을 에워싸며 그리스도와 '함께'를 표현한다.

성당, 빛의 성작

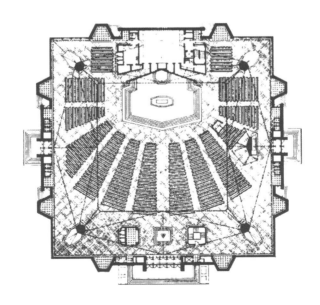

[4-9] 성모 승천 대성당 내부와 평면, 미국 샌프란시스코

그 위에 쌍곡포물면 쉘(雙曲抛物面 쉘, hyperbolic paraboloid shell)[05] 구조로 만든 지붕이 얹혀 있다. 정사각형의 모퉁이에 있는 비스듬하게 뻗은 단 네 개의 기둥이 지붕을 받치고 있다. 이것이 가능한 것은 기둥과 기둥을 잇고 있으면서도 기둥의 일부가 되기도 하는 나지막한 V자 형태의 거대한 테두리보 때문이다. 이로써 그리스도 '안'이 표현되었다.

구조체가 위의 지붕에서 흘러 내려와 아래쪽의 기둥으로 변화하며 내부공간 전체를 형성하면서 디자인과 구조가 탁월하게 일체를 이루고 있다. 지붕의 천장을 올려다보면 십자형으로 열린 천창의 스테인드글라스가 환상적인 빛을 비춰주며 '마음을 드높이'를 표현한다.

정사각형 평면이어서 포털을 지나면 제대까지의 길이가 짧아 보인다. 그러나 포털을 열면 육중한 다면체인 테두리보가 내리누르고 있고, 또 제대 위에도 같은 구조가 겹쳐 보여서 그리스도를 '통하여' 걷는 길의 목표가 강조된다. 성모 승천 대성당은 단순한 평면인데도 강력한 구조체가 만드는 공간으로 '마음을 드높이고', 그리스도를 '통하여', 그리스도와 '함께', 그리스도 '안'이라는 성당의 공간적 본질을 하나로 묶어 구현했다.

상승과 하강

성당이 높은 것은 육안으로 볼 때 천장이 높게 보이는 수직성만은 아니다. 성당의 수직성은 성당을 통해서 하느님께서 이 땅의 인간에게 내려오시는 수직성이기도 하다. 천상의 예루살렘이 하느님에게서 내려와 우리와 함께 있다. "보라, 이제 하느님의 거처는 사람들 가운데 있다. 하느님께서 사람들과 함께 거처하시고 그들은 하느님의 백성이 될 것이다"(묵 21,3). 성전을 봉헌할 때 천상 예루살렘에 대한 요한의 비전을 읽으며, 천장을 장식하는 모자이크, 벽화, 코퍼링(coffering, 소란반자), 성당 안을 비추는 신비로운 빛이 아래에 모인 이들에게 천상의 예루살렘을 향하는 감각을 불러일으킨다.

하느님은 가장 멀리 초월해 계시며 동시에 사람 안에 내재하시므로 초월성

---

05 쉘 구조는 두께 방향의 치수가 곡률 반경이나 스팬 등의 크기에 비해서 대단히 작은 곡면판 구조.

(transcendence)과 내재성(immanence)이 하느님의 두 가지 위대한 특질이다. 강생의 신비란 바로 가장 초월적인 하느님께서 우리 눈에 보이게 우리 가운데 내재하시는 사건이다. 초월성은 모든 징후가 한계에 이르렀을 때도 여전히 드러나지 않는다. 그래서 어느 누구도 초월자이신 하느님을 발견할 수 없다. 단지 사람은 지금 사람이 되신 하느님 안에서만 하느님을 볼 수 있을 뿐이다. 이런 이유에서 사막 교부들은 하느님이 계신 곳을 찾지 말고 하느님을 찾으라 했으며, 성 아우구스티노는 "가장 초월적인 것이 가장 내재적인 것"이라고 했다.

세상의 물질로 지어지는 성당은 당연히 하느님의 초월성을 나타내는 간접적인 표징이다. 동시에 성당은 하느님이 내재성을 드러내시는 다양한 방식에 대한 한 가지 표징이기도 하다. 그렇기 때문에 성당 안에는 인간을 초월하는 상승 곡선과 하느님이 사람의 마음속으로 내재하는 하강 곡선이 교차한다. 로마노 과르디니 신부는 《거룩한 표징》에서 이렇게 말했다. "사제가 제물을 준비할 때 성반과 성작을 위로 들어올린다. 그것은 하느님이 '저 위에' 계시기 때문이다. … 모든 피조물은 '아래'에 있고 축복은 지극히 높으신 이로부터 '아래로' 드리우기 때문이다."[06] 또 이렇게도 말했다. "문을 일단 들어서면 절로 고개를 들게 되고 눈길이 위로 간다. 앞으로 길게 높이 트인 시원한 공간을 시선이 따라 올라가면서 가슴속도 아울러 넓어지는 느낌이다. 성당 안의 높은 공간은 무한한 영원과 하느님이 머무시는 하늘을 모방하는 것이다."[07] 눈이 위로 올라가는 것은 초월성이지만, "가슴속도 아울러 넓어지는 느낌"은 '내적인 확장(inward expansion)'을 경험하는 것이다.

고딕 대성당은 하늘을 향해 높이 상승하는 느낌을 주고 빛으로 가득 차 있어 우주적인 스케일을 느끼게 한다. 이에 비하면 로마네스크 성당은 두꺼운 벽으로 둘러싸이고 창도 작아 땅을 향한 수직성이 강해서 눈은 위를 향하지만 금세 밑으로 다시 내려오게 된다. 정교회 성당의 돔도 높다. 그러나 이 돔도 안에 있는 사람의 시선을 위로만 당기기 않는다. 그리스도의 은총이 돔에서 시작

---

06   로마노 과르디니,《거룩한 표징》, 장익 옮김, 분도출판사, 2000, 90쪽.

07   로마노 과르디니, 같은 책, 41쪽.

하여 아래로 그려진 이콘을 지나 밑에 모인 사람들과 그들이 있는 세상 안으로 내려온다. 정교회는 이렇게 하여 그리스도의 은총이 하느님이 창조한 세계 속에서 지금도 언제나 영원히 계속되고 있다고 말한다.

유스티아누스 대제의 궁정역사가 프로코피우스는 하기아 소피아에 대해 이렇게 기록했다. "이 성당을 찾아오는 사람의 마음은 하느님께로 들어올려져 저 높은 곳에 떠 있다. 그리고 이렇게 생각한다. 하느님께서는 멀리 갈 수 없으셔서 스스로 택하신 자리에 머물기를 원하셔야 한다."[08] 그는 또 이렇게 말했다. "이는 원형의 돔이 굳건한 기초 위에 놓인 것이 아니라, 금으로 만든 줄로 하늘에 매달려 있는 듯이 그곳을 덮고 있기 때문이었다. 이 성당의 모든 부분은 놀랍게도 서로 허공에서 이어져서 하나가 다른 하나에 매달려 있고 서로 이웃하는 것 위에 놓여 있다." 다시 말해 하기아 소피아의 지붕은 하느님께서 계신 저 높은 곳의 초월적 감각과, 하느님께서 멀리 갈 수 없으셔서 스스로 택하신 자리에 머무시려는 내재적 감각을 동시에 나타내고 있다.

성당의 빛이란 아주 밝은 빛의 공간이 아니라, 그림자의 방과 같아서 땅이나 동굴 또는 무덤과 같은 신비스러운 빛의 장소이기도 하다. 솔로몬이 성전을 짓고 처음 한 말은 이것이었다. "주님께서는 짙은 구름 속에(in the dark cloud) 계시겠다고 하셨습니다"(1열왕 8,12). 고딕 대성당도 스테인드글라스를 강조하다 보니 매우 찬란한 빛으로 가득 차 있을 것으로 여기기 쉽지만, 실제로는 밖에서 들어가면 갑자기 어두운 곳에 들어왔다는 느낌을 받는다. 스테인드글라스나 앨러배스터처럼 얇게 썬 돌조각을 통해 들어오는 빛은 투명한 유리로 들어오는 빛이 아니라서 아침이나 저녁의 빛과 같은 꽤 어둑한 빛이다. 하느님의 초월하는 빛이 상승하는 빛이라면 이 빛은 인간의 눈에 전달되도록 하강해 세상에 내재하는 빛과 어우러져 나타난다.

초월과 내재, 상승과 하강의 교차는 결국 문지방을 넘을 때처럼 이 두 성질이 전이(transition)되는 곳을 만든다. 옛 성당에서는 천장이 높고 통로가 여러 개이며 이 통로에 나란하거나 수직하는 부속 공간이 많아 잔향 시간을 길게

---

08   Procopius, *De Aedificiis*, in The Church of St. Sophia Constantinople, Macmillan & Co., 1894, pp.24~28.

하여 소리를 반사하는 데 유용했다. 복잡한 볼트로 된 천장이어서 상대적으로 한정된 공간에 있을 때도 성가 소리가 잘 들렸다. 한 사람 한 사람에게 소리가 잘 들린다는 것은 그만큼 공동체의 감각을 강화해주고 영원성으로 이끌어준다. 따라서 성당 설계에서는 빛이 어두움으로, 어두움이 빛으로, 소음이 어둑해지며 침묵으로, 풍성한 것이 빈 것으로, 기념적인 것이 인간적인 것으로 이행하는 공간, 형태, 빛, 소리가 세심하게 마련되어야 한다. 이는 하느님은 멀리 계신 것이 아니고, 어떤 특정한 장소나 시간에 한정되는 분이 아니시라는 것, 그리고 모든 장소와 시간에 내재하시지만 어느 누구에게만 내재하시지 않는다는 것과 평행한다.

상징을 통해서

가톨릭 신자들은 그리스도의 모습이 그려진 상(像)을 대단히 소중하게 여긴다. 그리고 그것을 지키려고 목숨을 걸었다. 엔도 슈사쿠(遠藤周作)의 소설 《침묵》을 보면 나가사키를 지배하던 권력자인 이노우에가 그리스도인을 색출하려고 '후미에(踏み絵)'[4-10]라는 예수의 얼굴이 새겨진 성화판을 바닥에 놓고 그것을 밟으면 살려주고 밟지 않으면 처형하는 장면이 나온다. 후미에를 앞

[4-10] 후미에

에 두고 로드리고 신부는 고뇌한다. 이때 예수의 음성이 들려온다. "밟아도 좋다. 나는 너희들에게 밟히기 위해 이 세상에 태어나, 너희들의 아픔을 나누어 갖기 위해 십자가를 짊어졌다."[09] 이 장면에서 예수의 얼굴이 새겨진 상은 하나의 형상이 아니다. 그것은 예수의 음성이 들려오는 형상이다.

그리스도교가 박해를 받을 때도 카타콤베의 벽에는 로마의 비그리스도교적 토속신앙을 멀리하고 그리스도교 신앙을 그대로 보여주는 수많은 그림이 그려져 있었다. 1,600년 된 도미틸라 카타콤베(Domitilla Catacombe)[4-11] 안에서 성경 속 예수님의 모습을 정교하게 그린 벽화가 발견됐다. 그 이후에도 이 세상의 성당에는 수많은 상이 그려졌다. 산 클레멘테 알 라테라노 대성전(Basilica di San Clemente al Laterano, 1200년경)[4-12]의 반원제단 모자이크를 보라. 이 위대한 가톨릭교회의 예술 작품은 성당 안에 있지 박물관에 있지 않다. 설사 박물관에 있다고 해도 그것들은 모두 한때 성당을 아름답게 꾸미고 있던 것들이다.

하느님께서는 그리스도의 모습으로, 성경을 통해서, 피조물을 통해서(로마 1,20), 상(像)을 통해서 자신을 드러내신다. 예수님께서는 하느님의 말씀이시다. 또 그분은 보이지 않는 하느님의 모상이시다(He is the image of the invisible God, 콜로 1,15). 말씀이신 예수님께서는 모상(image)이신데, 이 모상이 그리스어로 '에이콘(eikon)' 곧 '이콘(icon)'이다. 복음의 말씀은 '이콘'이라는 언어로 상징화된다. 상(像)은 보통 조각을 한 성상이나 모자이크, 프레스코, 나무나 돌, 스테인드글라스 등 다양한 물질을 입은 예술 형태로 표현된다.

교회는 복음의 진리를 물질로 묘사한 것을 '성화상(聖畫像, sacred images)'이라고 부른다. 상징은 크게는 건물 전체로도 전달되지만, 작게는 성화상이라는 작은 사물로도 전달된다. 성화상은 전시장의 작품처럼 홀로 서서 자기를 주장하는 것은 하나도 없다. 이것들은 모두 제단과 제대, 감실이나 경당 등에 나타나 성경의 말씀, 성인들의 생애 등을 구상적이거나 추상적으로 표현한다. 훌륭한 성화상은 전례 공간에서 전례 행위를 돕고 하느님을 향한 믿음을 더욱 깊

---

09   엔도 슈사쿠,《침묵》, 김윤성 옮김, 바오로딸, 2009, 296쪽.

성당, 빛의 성작

[4-11] 도미틸라 카타콤베, 이탈리아 로마

[4-12] 반원제단 모자이크, 산 클레멘테 알 라테라노 대성전, 이탈리아 로마

이 해준다. 성화상은 신자뿐만 아니라 비신자들에게 사람의 언어를 초월하는 그리스도교의 메시지를 시각적으로 전달하는 시대의 매개체였다. 그래서 에티오피아 사람들이 만드는 이콘이 다르고 그리스 사람들이 만드는 이콘이 다르다. 비잔티움 성당이나 로마네스크와 고딕 대성당은 교회에 헌정된 성화상으로 그 시대의 교의를 나타냈다.

그러나 모든 시대에는 성화상 파괴자(iconoclast)들이 있었다. 성화상을 우상이라고 여기는 이들 때문에 사전에서도 'iconoclast'를 '우상 파괴자'라고 잘못 번역하고 있다. 성화상 파괴자들은 십계명의 제1계명을 근거로 삼았다. "땅 위에 있는 어떤 짐승의 형상이나, 하늘을 날아다니는 어떤 새의 형상이나, 땅 위를 기어 다니는 어떤 것의 형상이나, 땅 아래 물속에 있는 어떤 물고기의 형상으로도 우상을 만들어서는 안 된다"(신명 4,17-18).

가톨릭교회는 이를 어떤 상의 신격화를 금하는 계명이라고 해석한다. 하느님께서는 속죄판 양쪽 끝에 금으로 커룹 상 둘을 만들라 하셨고(탈출 25,18), 모세에게 구리 뱀을 기둥 위에 달아놓아라라고 하셨다(민수 21,8). 예수 그리스도를 묘사한 성화상은 하느님을 그린 것이며, 성인과 천사는 하느님의 은총과 영광을 나타내도록 그린 것이다. 그러나 이 구절로 개신교는 모든 상을 만들지 말아야 한다고 해석한다. 그렇다면 미켈란젤로의 〈피에타〉와 〈최후의 심판〉, 레오나르도 다 빈치의 〈최후의 만찬〉과 같은 걸작은 어떻게 해야 할까? 이것도 우상일까?

예수께서는 그리스도교 예술 안에서 눈부시게 빛나신다. "그리스도교의 성화상은 성경이 언어로 전하는 복음의 메시지를 형상으로 옮긴다. 형상과 언어는 서로를 분명하게 해준다"(《가톨릭교회 교리서》 1160항). 성화상의 물리적인 이미지를 공경하는 것이 아니라 그 이미지가 나타내는 인물을 공경한다. "성당과 집에 있는 성화상은 그리스도의 신비에 대한 우리의 신앙을 일깨우고 기르기 위한 것이다. 그리스도와 그분의 구원 사업에 관한 성화상을 통하여 우리는 바로 그리스도 그분을 흠숭하는 것이다. 우리는 천주의 성모와 천사와 성인들의 성화상을 통하여 성화상이 나타내는 바로 그분들을 공경한다"(《가톨릭교회 교리서》 1192항).

성당, 빛의 성작

성당 건축은 기능적인 요구 이상의 것을 만족시켜야 하는데, 그것은 상징이라는 중요한 가치다. 성당은 세속 건물에 십자가를 얹은 건물이 아니다. 그것은 그리스도의 몸, 하느님 나라, 천상의 예루살렘을 말해야 하는 거룩한 건물이다. 따라서 성당은 거룩함의 거대한 이콘이며, 하느님의 신비를 전해주는 거대한 전달자다.

고딕 대성당은 중세 사람들의 마음속에 있던 상징과 상상력이 만든 것이다. 이들은 볼 수 없는 영적인 세계를 동물, 천체, 식물 등 온 세상의 것으로 상징했다. 기술과 정보의 시대에서 직접적이고 명확한 것에 익숙해 있는 우리 눈으로만 보면 중세 대성당은 모든 것이 분명하지 않다. 그러나 중세 사람들이 세운 대성당의 디테일을 보면 그들은 이 땅의 평범한 것들을 좋아했음을 알게 된다. 그들은 이 세상의 '아름다운 것들(the beauties)'이 그것들을 창조하신 '아름다우심(the Beauty)'의 그림자요, 그것을 미리 맛보게 하는 것이라고 여겼다.

근대건축은 추상성을 중시하고 그 대신 장식을 죄악이라 여기며 장식과 관련된 여타의 형상을 제거했다. 여기에 현대건축의 미니멀한 특성이 작용해 일반적으로 장식 등의 상징적이며 이콘적인 요소를 부정하고 과소평가하거나, 상징은 물리적인 현실에 시적인 의미를 주는 것 정도로 이해하는 경향이 늘고 있다. 그러나 성당은 그리스도 예수를 전례로 상징하고 표현하는 건축이다. 상징을 제거한 성당은 공허한 공간으로 현대 문화의 한 측면을 대변할 뿐이다.

오늘날에는 성화상이라는 관념도 잃어버렸고 '이콘'이라는 말조차도 잊어버렸다. 그 대신 컴퓨터 화면의 조그마한 픽토그램을 '아이콘'이라 부른다. 그러나 컴퓨터의 '아이콘'은 그것이 아닌 다른 것으로 들어가라고 지시한다는 점에서 역설적으로 '이콘'이 과연 어떤 것인지 가르쳐준다. '이콘'은 영적인 현실을 묵상함으로써 영적으로 받아들여야 하는 다른 단계를 들여다보라고 지시하는 창과 같다.

근대건축의 추상적인 입체로 지어진 성당이라 할지라도 성화상을 통해 그리스도의 몸, 하느님 나라를 말하는 거룩한 건물이 될 수 있다. 방스에 있는 도미니코 수도회의 로사리오 경당(Chapelle du Rosaire de Vence)[4-13]은 조용한 시골 동네의 작은 경당이다. 경당 건물은 안과 밖이 모두 하얀데, 칠십이 넘은 노년의 앙리 마티스(Henri Matisse)가 1951년에 만들었다. 그 안에는 마티스가 성모와 예수님을 직접 그린 간결한 벽화로 채워져 있다. 생생한 녹색, 강렬한 노란색, 영혼을 관통하는 파란색 등 세 가지 스테인드글라스를 통해 내부공간은 생명을 얻고 있다. 제단 옆에는 두 개의 '생명의 나무' 창문이 있다. 자크 마리 수녀가 종이에 초록, 노랑, 파랑 세 가지 색으로 물감을 칠하면 그 위에 마티스가 드로잉하고 종이 오리기를 한 다음 벽에 붙여 만들었다.

[4-13] 도미니코 수도회의 로사리오 경당 지붕과 내부(앙리 마티스, 1951), 프랑스 방스

성당, 빛의 성작

그 뒤로는 성 도미니코가, 측면에는 추상적인 꽃이, 성모와 아기 예수가, 뒷벽에는 단 한 자루의 기다란 붓으로 그린 14처가 자리 잡고 있다. 성 도미니코와 성모에게 안긴 예수는 흰 타일 위에 그린 단순한 드로잉이 아니다. 고해소, 십자가상, 제의, 제대의 위치, 제구, 성수대만이 아니라 벽돌 하나, 창문의 크기, 심지어는 지붕과 그 위의 십자가 등에 이르는 모든 요소가 한 사람의 손에 의해 탄생되었다. 그것은 경당 전체에 깃든 강력한 의미이자 노년의 앙리 마티스가 지녔던 믿음의 표현이었다.

이것이 단순히 장식이고 소거해야 할 공허한 조형이며 한 개인의 예술 활동인가? 그렇지 않다. 마티스는 과연 누구를 위해, 무엇을 위해 그렸는가? 마티스의 이 모든 형상은 전례 공간에서 전례 행위를 돕고 하느님을 향한 믿음을 더욱 깊이 전달해주는 매개체다. 우리는 이렇게 정성스레 만든 성화상으로 하느님의 신비를 성당 안에 얼마나 잘 표현하고 있는 것일까? 그다지 아름답지 못한 성화상, 어디엔가 있는 것을 복제한 성화상 등으로 만족하는 것은 아닌가, 또는 훌륭한 성화상을 잘 알아보지 못하고 다른 사물들이 이를 압도하고 있지 않은지도 반성해야 한다.

성사적 건물

전례와 공간

가톨릭교회의 공적 예배를 전례(liturgy)라고 부른다. 이 말은 중세 라틴어 '리투르기아(liturgia)'에서 나왔는데, 본래는 그리스어 '레이투르기아(leitourgia)'에서 나온 말이다. 이것은 '라오스(laos, 백성)'와 '에르곤(ergon, 일)'이 합쳐진 말로 백성의 일이라는 뜻이다. 이것이 점차 국가, 도시, 가정을 위한 의무적인 봉사를 뜻하다가, 중세에 들어와 하느님과 일치하는 백성의 노력, 곧 교회의 공적 예배를 가리키는 말이 되었다. 이와 같이 전례는 그리스도의 신비체인 하느님 백성이 하느님께 드리는 공적인 예배다. 제2차 바티칸 공의회의 〈전례헌장〉은 "전례는 교회의 활동이 지향하는 정점이며, 동시에 거기에서 교회의 모든 힘이 흘러나오는 원천"(10항)이라고 말한다.

그리스도교는 근본적으로 신적 현존으로 보장된 어떤 장소에 고정되지 않는다. 그러나 전례는 "신자들이 한 장소에 모여" 드리는 공동의 제사이므로, 이를 거행하고자 모인 공동체를 위한 장소가 있어야 한다. "온 땅은 거룩하며, 사람의 자녀에게 맡겨졌다. 신자들이 한 장소에 모일 때, 가장 중요한 것은 그들이 '영적인 집'으로 세워지도록 모인 '살아 있는 돌'(1베드 2,5)이 되는 것이다"(《가톨릭교회 교리서》 1179항). 자기 집에서는 홀로 앉아 하느님께 기도할 수 있다. 그러나 성체성사를 거행하는 공적 예배인 전례는 거룩한 장소에서 거행된다. 그 장소가 성당이다.

전례가 거행되는 일정한 장소는 하느님께서 백성과 함께하시는 표징이요 증거다. 전례가 아무데서나 거행된다면, 하느님께서는 왜 모세와 그의 백성들에게 광야를 이동하는 성소를 만들라고 하셨을까? 초대교회 박해 시대에는 왜 전례가 지하의 순교자들의 무덤 위에서 집전됐을까? 313년 콘스탄티누스 황제의 밀라노 칙령 이후 교회가 공인되고 나서 이들은 왜 제일 먼저 예배드릴 장소를 찾았을까? 하느님과 생생하게 만나려면 마치 연인들이 자신들의 장소를 마련하듯이[10] 하느님과의 만남을 위한 특별한 장소가 필요하다.

그리스도교의 성당은 고대 이교도들의 성전과는 근본적으로 다르다. 다른 종교에서는 건물은 있으나 공동체의 집회는 없거나 부차적인 것이었다. 그러나 그리스도교에서는 모인 공동체가 중요하고 그 공동체를 위한 건물이 있어야 했다. '주택 교회'는 그 당시 공동체 집회를 위한 건물이었고 외적으로 다른 건물과 차이가 거의 없었다. 그러나 그 안에는 경신례를 거행하기 위해 모이는 큰 강당, 성직자들을 위한 주거 공간, 도서실, 물건을 보관하기 위한 장소가 있었다.

미사통상문의 시작 예식문을 보면 "교우들(회중)이 '모인' 다음"이라는 말로 시작한다. 또 "교우들이 '모인' 다음, 사제와 봉사자들은 거룩한 옷을 입고 … 제대를 향해 나아간다"(《로마 미사 경본 총지침》 120항). 이와 같이 미사는 거룩하게 구별된 장소에 거룩한 백성이 '모여야' 시작할 수 있다. 회중이 모이면 제의를 입은 사제와 봉사자는 성당 입구로 들어와 회중 가운데를 통과해 제단

---

10 이완희 신부, "시간과 공간을 통한 존재의 완성"(전례학 입문 2), http://liturgia.kr/?p=26331, 2013년 12월 2일.

앞으로 행렬을 지어 나아간다.

입구는 '시작점'이고 제단은 '목적점'이다. 좌우의 회중을 가르는 중심축은 '통로'다. 행렬을 이끄는 공간과 위치가 주례사제는 예수 그리스도의 역할을 맡은 이고, 입당하는 사제와 봉사자들은 공동체 전체를 대표해 주님께 나아가는 것임을 회중에게 확인해준다. 행렬을 지어 입당하는 행위는 성당의 공간적 의미를 한층 뚜렷하게 해준다. 약식으로 할 때는 사제가 행렬 없이 제대에 나아갈 수 있게 제의실에서 직접 제단으로 나온다. 그러나 어느 경우에도 성당이라는 공간에 들어오는 입당식(入堂式)은 미사의 고정 예식이 되었다.[11]

미사 중에는 사제가 봉사자들과 함께 회중을 가로질러 제대를 향해 가는 입당 행렬, 말씀 전례에서 복음 선포를 위해 '복음집'을 들고 제대에서 독서대로 가는 복음 행렬, 그리스도의 몸과 피가 될 예물을 제대에 가져가는 봉헌 행렬, 영성체를 하러 나아가는 영성체 행렬, 사제와 봉사자들이 제대에서 제의방으로 퇴장하는 행렬 등 다섯 가지가 있다. 이 행렬에는 입당 성가, 복음 환호송, 봉헌 성가, 영성체 성가, 퇴장 성가가 따른다. 전례의 구조는 이와 같은 행렬을 통해 공간과 깊은 관계를 맺고 있다.

"우리가 앉아 있는 이 성당이라는 건물은 그렇게 중요한 것이 아니다. 중요한 것은 우리들이다", "성당이라는 돌로 지어진 집은 없어도 된다. 집이 중요한 것이 아니다. 중요한 것은 우리의 마음이다"라는 말을 들을 때가 있다. 당연히 하느님께서 사랑하시는 것은 바로 우리다. 그러나 이 사실이 나무와 돌로 지어진 교회 건물이 중요하지 않은 이유가 될 수는 없다.

교회라는 말인 '에클레시아(ekklēsía)'는 '오라고 부르다'라는 말에서 나왔고 '부름을 받은 사람들의 모임'이라는 뜻이라 했다. 오라고 불렀으면 실제로도 어딘가에 모여야 하는데, 모일 장소가 없는데 어떻게 '부름을 받은 사람들의 모임'이 될 수 있겠는가? 돌로 지어진 성당이라는 건물은 덜 중요하고 심지어는 없어도 된다고 여긴다면 그것은 마음과 영혼이 중요하다고 육체와 물질을 낮추어보는 것과 다를 바 없다.

---

11   이홍기,《미사전례》, 분도출판사, 2003, 97쪽.

그러면 제의 등 전례복은 왜 입을까? 같은 논법으로 "사제가 입고 있는 제의는 그렇게 중요한 것이 아니다. 중요한 것은 우리들이다", "천으로 지어진 옷은 없어도 된다. 옷이 중요한 것이 아니다. 중요한 것은 우리의 마음이다"라고 말할 수 있을까? 천으로 만들어진 제의가 거룩하듯이, 돌과 나무로 지어진 성당도 똑같이 거룩하고 성별된 것이다. 그러니 과연 성당 안에 놓인 독서대 또는 강론대에서 돌로 지어진 성당은 없어도 된다고 말할 수 있을까?

전례와 표징

공동체(community)는 관심과 의식과 장소를 공유하는 사회집단이다. 공동체는 장소를 공유하며 사물과 행위를 함께 지각할 때 더욱 풍부한 상징적인 가치를 알아들을 수 있다. 세속의 공동체도 스포츠, 정치적 사건, 저명인사의 죽음 등을 공동으로 경험하며 성립한다. 그러나 거룩한 공동체는 예배 안에서 초월적인 아름다움과 거룩함을 공동으로 경험함으로써 상징적 비전을 공유한다.[12] 이 거룩한 공동체는 하느님을 흠숭하는 공통의 경험으로, 그리고 초월적인 아름다움을 서로 나누어 지각함으로써 형성된다.

최민순 신부가 오래전 강의 중에 칠판에 이런 시를 쓰고 가르쳤다고 한다. "꽃을 본다. 꽃의 아름다움을 본다. 꽃의 아름다우심을 본다."[13] "꽃을 본다"는 대상을 나의 지각으로 보는 것이고, "꽃의 아름다움을 본다"는 꽃이라는 본성의 표현을 보는 것이다. 그런데 이 시의 정점인 "꽃의 아름다우심을 본다"는 꽃을 통해 꽃을 만드신 창조주의 아름다우심을 보는 것이다. 하느님의 거룩함이 꽃이라는 물질을 타고 나타난다. 곧 아름다운 물질 뒤에는 그것을 아름답게 만든 본성이 숨어 있고, 그 본성 뒤에는 아름다운 꽃을 만드신 창조자의 사랑이 있다. 이 시는 거룩한 것(the holy)은 거룩한 것(the sacred)으로서 '현상'하고 '체험됨'을 노래한 것이다.

〈위대한 침묵〉이라는 영화의 첫 장면에 칠흑같이 어두운 밤하늘에 눈발이

---

12   Richard Kieckhefer, *Theology in Stone: Church Architecture From Byzantium to Berkeley*, Oxford University Press, 2004, p.99.

13   차동엽,《가톨릭 신자는 무엇을 믿는가 1》, 에우안젤리온, 2003, 233쪽.

흩날리는 모습이 한참 나온다. 칠흑같이 어두운 밤하늘은 하느님의 위대하신 침묵이다. 그러나 작고 아주 사소한 눈발이 그 침묵을 타고 내려온다. 작은 물질인 눈발이 침묵을 현상하게 한다. 이 영화에는 수도원의 한 수련자가 빵 하나와 물 한 병이 전부인 어슴푸레한 방에서 창문으로 창밖을 내다보는 장면이 나온다. 그는 작은 창을 통해 밖에 있는 위대한 침묵을 체험하고 있다.

하느님께서는 성사(sacramentum)로써 구원의 은총을 느끼고 알아차릴 수 있는 외적인 표징을 사람에게 주신다. 하느님께서는 육화하신 그리스도가 되셨으며 물질적인 표징이 되시어 물로 세례를 받으셨고, 많은 이에게 빵을 먹이셨으며, 몸에 기름을 바르셨고, 십자가 위에서 고난을 받고 돌아가셨다. 세례, 도유, 빵을 뗌, 잔을 나눔, 축성을 위해 손을 올리는 것, 분향, 재, 성수, 촛불, 제의 등은 모두 전례 속에서 드러나는 물질적인 표징이다. 눈으로는 전례의 행동과 성미술을 보고, 귀로는 말씀과 음악을 들으며, 코로는 향과 꽃의 향기를 맡는다. 입으로는 성체로 하느님의 사랑과 그 감미로움을 맛보며, 촉각으로는 평화의 인사를 하고 물체에 입을 맞춘다.

성당은 하느님과 함께 있음을 완벽하게 실현한 건축이었다. 성당에서는 건축물의 높이는 열망하는 정신을, 건물 안에 비춰 들어오는 빛은 신비의 감각을, 내부에 울려 퍼지는 소리는 영원성을 암시한다. 아치 위로 높은 기둥이 솟고 볼트는 그림자를 만든다. 측랑의 스테인드글라스를 통해 들어오는 신비로운 빛은 성인과 천사의 온화한 얼굴과 신자들을 비춘다. 돌로 지어진 성당의 모든 감각은 하느님께서 존재하고 계심을 보여주는 표징이다.

"말씀이 사람이 되시어 우리 가운데 사셨다(the Word became flesh and made his dwelling among us)." 요한복음 1장 14절의 이 말씀에 성당 건축의 가장 큰 원리가 있다. 물을 담고 있는 그릇에 무심하다면, 우리는 그 물의 거룩한 표징을 알아볼 수 없다. 말씀이신 하느님께서는 우리와 함께하시기 위해 건축, 회화, 조각 등의 물질로 당신 자신이 정확하게 나타나기를 원하신다. 하느님의 집에 쓰인 벽돌과 블록도 하느님께서 이 세상에 현존하심을 증거하며 육화의 신비를 나타낸다. 그렇지 않다면 하기아 소피아, 샤르트르 대성당, 생트 샤펠, 시스틴 경당 등이 그 안에 거룩함을 지닐 수 없고, 성사적인 것이 될 수 없다.

성당 안에서 움직임은 공간과 장소와 관련되어 있다. 성당 안에 들어올 때 성수대에서 성수를 찍어 십자성호를 그으며 성호경을 바치면서 자신을 정화하며 거룩한 곳에 들어간다. 그리고 제대를 향해 깊은 절로 공경을 표한 후 좌우 통로를 통해 자리에 앉는다. 미사가 시작되면 주례사제가 입당해 중앙의 행렬 통로를 지나간다. 미사 중 축성된 성체를 높이 들어서 신자들에게 보여줄 때 작은 종이 함께 울리며 축성된 빵의 모습으로 현존하시는 주님을 집중하여 바라보라 한다. 이처럼 전례는 몸동작, 언어, 행동으로 내면의 생명을 나타내므로 신체적이고 시각적이다. 땅에 사는 사람은 몸과 피로 이루어져 있고, 바라고 생각하며 말하고, 노래하고 움직이며 거행하기 때문이다.[14]

전례와 거룩한 표징을 다룬 중요한 책은 로마노 과르디니의 《거룩한 표징》(1927)[15]이다. 아주 작은 책이지만, 십자성호, 손, 기립, 걸음과 같은 사람의 동작과 함께, 사람은 불, 재, 향, 빛과 열 등의 작은 현상을 표징으로 알아듣고 있음을 말하고 있다. 여기에 무릎틀, 계단, 문, 제대, 거룩한 공간 등 건축이 거룩한 표징을 말하는 요소라고 말하는 대목은 교회 건축, 성당 건축을 넓게 이해하게 해준다. 과르디니는 이 책에서 전례는 거룩하고 숨겨진 사건이 형태를 갖추고 이루어지는 세계이므로 성사적이고, 안 보이는 은총을 보이는 거룩한 표징으로 깨치고 받아들일 수 있게 해준다고 강조했다.

베네딕토 16세의 《전례의 정신》도 로마노 과르디니의 《거룩한 표징》에 근거해 전례와 거룩한 표징을 다루었다. 특히 이 책은 '물질의 역할'이라는 절로 마무리 짓고 있다.[16] 베네딕토 16세는 가톨릭 전례 안에서 사람의 몸과 우주의 상징만이 아니라 세상의 물질도 그 본질적인 요소가 된다고 설명한다. 물질은 두 가지 형식으로 전례에 포함되며 상징한다. 첫 번째 형식은 부활성야의 거룩한 초, 그것에서 타오르는 불꽃, 여러 집기, 종, 제대포 등이다. 두 번째 형식은 주님께서 직접 선택하신 물질인 물과 기름, 빵과 포도주로 이루어진다.

---

14   *Built of Living Stones: Art, Architecture, and Worship*, Guidelines of the National Conference of Catholic Bishops, 23~26항.

15   로마노 과르디니, 《거룩한 표징》, 장익 옮김, 분도출판사, 2000.

16   교황 베네딕토 16세(요셉 라칭거), 《전례의 정신》, 정종휴 역, 성바오로, 2008, 244~245쪽.

베네딕토 16세는 과르디니의 통찰을 이어받은 또 한 권의 책을 언급한다. 에곤 카펠라리 주교의 《전례와 일상의 거룩한 표징》(1987)[17]이다. 특히 '하느님의 집과 인간의 집'이라는 장에서는 성당, 문턱, 문, 세례대, 제대, 주교좌와 사제석, 독서대와 강론대, 감실, 창문, 탑 등 성당 건축에 관한 설명이 상세하다. 이 세 권은 모두 전례와 표징에 관한 중요한 책이다.

성 아우구스티노는 이렇게 말했다. "정신으로는 한 가지밖에 이해되지 않는 것이 육체로는 여러 가지로 상징되고, 반면 육체로는 한 가지로 상징되는 것이 정신으론 여러 가지로 이해된다 함을 나는 알고 있기 때문입니다."[18] 이 말을 성당에 적용하면, 하느님의 은총은 성당, 문턱, 문, 세례대, 제대 등 여러 물질로 상징되고, 성당의 문 하나가 드나듦, 예수 그리스도, 결단, 천국의 문 등 여러 가지 정신으로 이해된다. 미사를 바치며 성당 안에서 타는 초, 제대를 덮는 천도 은총을 전해주며, 기름, 그림, 금은 세공 등도 하느님의 은총을 옮길 수 있다. 그래서 전례는 공간적이고 물질적이다. 성당은 돌이나 벽돌 그리고 성화 등을 통해 구원의 신비를 이끌어주는 '성사적 건물'이다.[19]

성당 건축을 공부하려면 역사적으로 유명하고 아름다운 성당 건축 작품을 배우는 것에만 머물러서는 안 된다. 그것은 성당이라는 물질과 구조를 통해 하느님의 사랑을 느껴야 하기 때문이다. 물론 뛰어난 성당 건축은 예술 작품에 속하고 건축사의 중요한 부분을 형성한다. 그러나 성당 건축의 아름다움이나 건축사적인 중요성에만 관심을 둔다면 그것은 액자가 좋아서 마네나 모네의 그림을 좋아하는 것과 같다.[20]

물질은 성당 안에서 어떻게 표징이 되어 우리 몸에 전해질까? 1장에서 말한 카푸치나스 사크라멘타리아스 수녀원의 경당[1-4, 4-14]이 이를 잘 나타낸다. 이 경당은 독실한 가톨릭 신자였던 멕시코의 건축가 루이스 바라간(Luis

17 에곤 카펠라리, 《전례와 일상의 거룩한 표징》, 안명옥 주교 옮김, 들숨날숨, 2011.

18 성 어거스틴, 《고백록》 제13권 제24장, 최민순 역, 성바오로출판사, 1991, 403~404쪽.

19 Duncan G. Stroik, *The Church Building as a Sacred Place: Beauty, Transcendence, and the Eternal*, Liturgy Training Publications, 2012, p.3.

20 Richard Taylor, *How To Read A Church: A Guide to Images, Symbols and Meanings in Churches and Cathedrals*, HiddenSpring, 2003, p.5.

Barragán)이 4년 동안 설계하고 완성하여 수녀들에게 헌납한 것이다. 큰길에서 제법 큰 문을 열고 들어가면 파티오(안뜰)가 먼저 눈에 들어온다. 작고 소박한 중정에는 십자가가 붙어 있는 회반죽 벽과 노란 격자, 제단에 꽃을 바칠 때를 위해 만든 검은 돌로 된 작은 수조가 있다. 제대 옆, 횡랑을 가로막고 있는 노란 격자창을 통해 제단을 바라보면 앞에 있는 물체가 다 사라지는 듯이 보인다.

제대의 왼쪽에는 금빛 스테인드글라스가 보이지 않는 곳에 마련되어 있다. 이것에서 흘러들어오는 빛은 십자가의 그림자를 떨어뜨리고 정면의 빨간 벽과 금박으로 된 세 장의 패널을 비춘다. 여기에 쓰인 재료는 모두 평범하다. 돌이

[4-14] 카푸치나스 사크라멘타리아스 수녀원 경당, 멕시코 멕시코시티 트랄판

성당, 빛의 성작

깔린 중정이나 마루, 회반죽으로 칠한 콘크리트 벽, 단순한 격자 세공, 나무 바닥, 두껍고 투박하지만 앉으면 편한 무릎틀 등은 모두 값싼 재료들이다. 제단은 소박하고 벽은 거칠지만 모든 것이 겸손하다. 눈은 성체에만 집중되고, 마음은 거룩한 하느님께 수렴한다. 경당 뒤편 위의 노란 격자를 통해 들어오는 빛은 내부공간을 에워싸며 우리 몸에 호소하고 있다.

르 코르뷔지에의 롱샹 경당은 아름다운 곡면의 형체가 공간을 메우고, 눈부신 빛이 마음을 감동시키며 이곳저곳을 살피게 한다. 그러나 이 작은 수녀원의 경당은 빛을 반사하거나 벽과 바닥을 비추며 그림자를 만들어내지 않는다. 제단의 감실을 에워싸는 금빛의 패널만이 성체의 존귀함을 드러낼 뿐, 거친 벽면 재료 속에 스며들어가 있다. 물질이 표징이 되어 조용히 우리의 마음 안에 자리 잡는다.

'일곱 개의 성당 계획'

건축가 루돌프 슈바르츠는 부인 마리아 슈바르츠(Maria Schwarz)와 함께 특히 많은 성당을 설계했다. 그의 책과 건축물은 성당 건축에 매우 큰 영향을 미쳤으며, 그 영향은 지금도 계속되고 있다. 루돌프 슈바르츠는 동적인 공간과 중심 지향, 미학적 영향과 상징적 반향, 전통과 현대성의 관계라는 점에서 교회 건축을 새로이 생각했다. 그는 1938년 성당 건축에 관한 혁신적인 책인 《성당 건축에 대하여(Vom Bau der Kirche)》(1938)를 출간했다. 이 책은 《육화된 성당(The Church Incarnate)》(1958)으로 영역되었다. 그는 세상을 떠나기 한 해 전인 1960년에는 그의 비망록이기도 한 《성당 건물: 문지방 앞의 세계(Kirchenbau: Welt vor der Schwelle, Church Building: World before the Threshold)》라는 책도 냈다.

《육화된 성당》은 성당이라는 건축공간이 얼마나 성서적이며 영성적인가를 깊게 논증한 역작이다. 이 책에서 그는 성당 건물 전체에 의문을 제기하고, 모든 성당이 추구해야 할 새로운 형태, 성당 건축에 대한 비전, 거룩한 건물의 본질을 설명하고 있다. 그의 친구이자 거장인 미스 반 데어 로에(Mies van der Rohe)는 영역판 서문에서 루돌프 슈바르츠는 위대한 건축가이며 특히 사고하는 건축가이자 위대한 독일의 교회 건축가이며, 이 시대의 가장 사려 깊은 사상가로 평가했다. 그리고 독일에서 가장 어두운 시대에 쓰인 이 책은 "성당 건물에 대한 물음에 처음으로 빛을 던지고, 건축 자체의 모든 문제를 조명한다"고 말한 바 있다. 그러나 성당 건축에 대한 사전 지식 없이 그의 글을 이해하기는 쉽지 않다.

슈바르츠는 책 전체에 걸쳐 일곱 개의 성당 계획을 제시한다.[4-15] 그는 먼저 2부에서 여섯 개 계획을 상세히 설명한다. 그리고 3부에서는 일곱 번째 계획 하나만을 설명한다. 이것을 짧은 문장으로 충분히 설명하기는 매우 어렵다. 그렇지만 성당 건축이 과연 어떤 것인지를 이해하는 데는 이 책을 빼놓을 수 없다. 그의 계획은 간단히 말해 다음과 같은 과정을 말하고 있다. 백성은 그리스도를 둘러싸는 공동체로 함께 모여 일치를 이루고 보호되는 공간을 만든다. 그리고 전체는 무한을 향해 열린다. 백성은 안전한 곳에서 나와 출발하여 하느님을 향해 열려 기도를 올린다. 백성은 목표에 가까워지고 주께서는 팔을 뻗어 그들을 기다리고 있다. 백성은 순수한 어둠에서 순수한 빛으로 움직인다. 그리고 마지막에 백성은 다시 그리스도를 둘러싸며 일치한다. 그리고 마침내 백성은 천국으로 들어간다.

그가 2부에서 제시한 여섯 개 계획은 평면, 입면과 같은 특정한 건축설계가 아니다. 그것은 하느님 백성이 모이는 배열과 그에 따른 이미지, 곧 성당의 이미지를 말한다. 이 계획은 성당의 건축공간이 지니는 여섯 가지 본질을 그린 것이다. 어떤 한 계획은 다른 것으로 변형되는 바탕이 된다. 그래서 한 계획은 자라기를 기다리는 씨앗과 같다. 그러나 여러 패턴 중 어느 하나를 선택해도 되는 개념은 아니다. 제일 마지막에 따로 설명하는 일곱 번째 계획은 여섯 개의 계획이 모두 합해진 최종적인 이미지다.

첫 번째 계획에서 성당은 출발점부터 사람이 주님의 식탁인 제대를 에워싸는 것에서 성립한다. 신자는 제대를 둘러싸되 손에 손을 잡고 고리(ring)를 이루며 모인다. 이때 고리란 보고 보이는 관계를 말한다. 사람들은 중심을 둘러싸고 모임으로써 공동체를 형성한다. 제대와 공간과 벽 그리고 그것을 덮는 지붕만으로 가장 단순한 성당이 지어진다. 그러나 모든 구조는 제대에서 비롯한다.

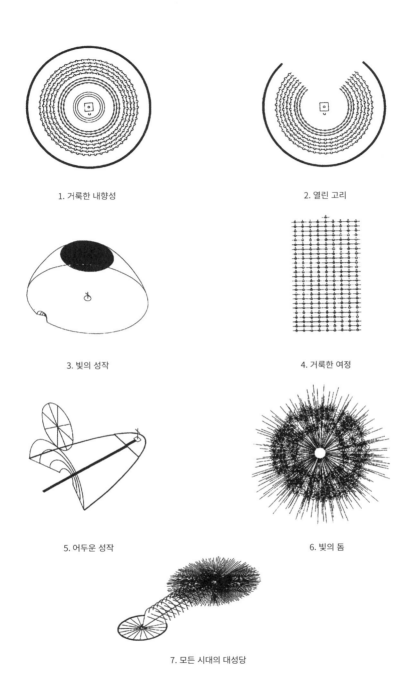

1. 거룩한 내향성

2. 열린 고리

3. 빛의 성작

4. 거룩한 여정

5. 어두운 성작

6. 빛의 돔

7. 모든 시대의 대성당

[4-15] 루돌프 슈바르츠의 '일곱 개의 성당 계획'

이를 명확하게 보이는 평면 도형은 원이며 공간적으로는 구(球)가 된다. 그러면 원이 이루는 내적인 장(場)이 생긴다. 이러한 공간을 충분히 만들 수 없을 때는 동굴을 찾거나 동굴처럼 만든다. 슈바르츠는 이것을 '거룩한 내향성(sacred inwardness)'이라 불렀다. 사람은 그리스도의 식탁을 둘러싸고 있지만, 그리스도께서는 우리 안에 들어와 계신다. "그리스도 안에서"를 공간적으로 해석한 것이다.

두 번째 계획은 하느님 백성이 제대를 둘러싸고 내적으로 통합되어 있는 첫 번째 계획의 고리가 무한을 향해 열린다. 그래서 그는 이것을 '열린 고리(open ring)'라 불렀다. 제대는 정점이지만 동시에 문지방과 같은 경계선이다. 제대는 중심이면서 옮겨가는 장소다. 제대를 둘러싸고 세 변에 회중이 모여 T자를 이룰 때 나머지 한 변은 빈 채로 남아 있다. 이 비어 있는 한 변은 인간의 영역을 넘어서 있다. 그러나 이 평면은 매일 일어나는 평상시의 상황에 적합하다. 제대 뒤에 있는 유일한 창과 그것에서 방사하는 빛은 그것을 통해 나아가는 전망을 뜻한다. 이것은 레오나르도 다 빈치의 〈최후의 만찬〉에서 예수님께서 열린 변을 향하고 계시는 ㄷ자 구도와 같다. 이처럼 제대는 한가운데 놓이지만 그것을 넘어 저 멀리 성부가 계신 쪽을 향하고 있다. 루돌프 슈바르츠는 예수 그리스도께서 우리의 손을 잡고 제대를 넘어 그쪽을 향해 들어가려 하신다고 설명한다. 그는 이것을 '거룩한 갈라짐(sacred parting)'이라 불렀다. "그리스도를 통하여"를 공간적으로 해석한 것이다.

세 번째 계획은 두 번째 계획을 수직적으로 바꾼 것이다. 두 개의 돔이 수직으로 만나는 정상부에 창을 두어 빛의 고리를 만들면, 아래에 있는 돔은 어둡고 바로 위에 있는 돔은 빛을 받는다. 그러면 이 두 돔 사이에 갈라짐이 생기고, 땅에 있는 제대가 빛을 향하게 된다. 세계가 하늘 아래로 열려 있으며, 땅은 제대를 통해서 빛을 향해 올라간다. 백성이 바치는 희생은 분향처럼 올라가고, 영원한 말씀은 아래로 내려온다. 열린 하늘이 제대 위로 내려와 우리 가운데 계신다. 성작(聖爵) 아래의 오목한 부분은 땅이다. 또 그 안은 비어 있는데, 그것은 하늘이다. 따라서 성작에는 하늘 아래 땅이 있으며, 그 사이를 빛이 가득 채우고 있다. 사제가 성작을 땅에서 하늘을 향해 들어올리듯이, 성당도 땅과 하늘을 잇는다. 그래서 성당은 '빛의 성작(chalice of light)'이다. 그는 이것을 두 번째 계획과 같이 '거룩한 갈라짐'이라 불렀다. '드높이'의 상승과 하강, 초월과 내재를 공간적으로 해석한 것이다.

네 번째 계획은 무한을 향해, 갈라진 목표를 향해 움직이는 성당이다. 이성당에서는 세계가 덮여 있지만은 않다. 덮고 있는 공간은 갈라지고, 그 갈라진 곳을 향해 움직이는 통로가 생긴다. 이 통로는 그리스도의 길이다. 하느님의 백성은 여정을 떠나는 길 위에 있으며, 하느님께서는 이 여정에서 백성과 함께하신다. 이렇게 해서 두 번째 계획을 완성한다. 그는 이 길을 '거룩한 여정(sacred journey)'이라 불렀다. "그리스도를 통하여"를 공간적으로 해석한 것이다.

다섯 번째 계획은 그리스도께서 수난을 받으시고 돌아가시는 제대에서 팔을 벌리고 우리를 기다리고 받아들이심을 표상하는 성당이다. 이 성당에서는 넓고 밝게 빛나는 정면을 뒤로하고 제대에 근접할수록 무거운 벽은 조금씩 어두움을 드리운다. 그는 이런 성당을 벽면이 포물선이 되는 형태로 실제로 설계하고 세웠다.[4-19] 이런 성당은 '어두운 성작(dark chalice)'이다. 그는 이것을 '거룩한 어두움(sacred cast)'이라 불렀다. "그리스도와 함께"를 공간적으로 해석한 것이다.

여섯 번째 계획은 빛으로만 가득 차 있는 성당이다. 이것은 모든 곳이 하늘이고 모든 곳이 땅이며, 하늘과 땅이 뒤섞여 세상이 영원한 빛으로 적셔지는 성당, 곧 천상의 영원한 예루살렘인 성당을 은유한다. 이 계획은 영원한 빛으로 완성된 공간으로서 첫 번째의 계획에 대한 대답이다. 그는 이런 영원한 빛의 공간을 '빛의 돔(the dome of light)'이라고 했다. 이때 돔이라 함은 건축 구조의 돔이 아니다. 그것은 빛으로만 이루어진 초월적인 형태로서의 구(球)다. 이러한 '빛의 돔'을 완성해 보인 것은 비잔티움 성당이다. 이곳에서 세계가 단 하나의 하느님의 집이 되었다. 그는 이것을 '거룩한 세계(sacred universe)'라 불렀다.

일곱 번째 계획은 여섯 개의 계획이 하느님 안에서 모두 용해되어 하나가 될 때의 계획이다. 각각의 계획은 자족적인 형태지만, 그가 보여준 다이어그램으로는 두 번째와 여섯 번째 계획 사이를 네 번째 계획이 잇는 것으로 표현되어 있다. 그러나 이것은 또 다른 것으로 변화하며 자라난다. 이것은 역사에 따라, 시간의 흐름에 따라 나타나야 할 성당 건축의 '전체(the whole)'의 모습이다. 따라서 일곱 번째 계획은 모든 계획에 우선하지만, 어떤 사람도 일곱 번째 성당을 지을 수는 없다. 그는 이것을 '모든 시대의 대성당(the cathedral of all times)'이라고 불렀다.

이런 요약을 읽고 나면 이렇게 성당 건축이 어려운 것인가 하고 질문할 것이다. 이에 대해 루돌프 슈바르츠는 매우 중요한 말을 했다. "거룩한 건축의 위대한 모델은 언제나 주님의 생애 속에서 주어진다. 성당 건축은 … 그리스도인의 생활을 표현하고 … 건물의 언어 속에서 건축의 재료로 주님을 닮는 것이다."[21] 성당 건축은 로마네스크 양식 성당이니 고딕 양식 성당이니 하는 것으로 결정되는 것이 아니다. 그렇다. 성당 건축은 그리스도의 본성을 '통하여', '함께', '안에서' 그리고 '드높이'를 공간과 형태로 옮겨놓는 일이다.

'빛의 성작'과 '어두운 성작'

미사가 거행되는 제대 위에 선명한 아침 빛이 비치고, 하루의 일과를 마치고 기도하는 이의 어깨를 저녁노을의 금색 빛이 물들인다. 이렇게 성당에는 그 장소의 고요한 빛이 벽 안을 가득 비추며, 그 안에 있는 하느님의 백성을 하나로 감싼다.

이러한 성당은 제대를 담고 있다. 제대는 성합(聖盒)[22]과 성작(聖爵)[23]을 담고 있고, 성합과 성작은 그리스도의 성체와 성혈을 담고 있다.[4-16] 그러므로 성당은 단순히 바닥과 벽과 지붕으로 둘러싸인 집이 아니다. 그것은 그리스도의 성체와 성혈을 안고 있는 거대한 성합이자 성작이다. 성합과 성작은 금과 은과

---

21 Rudolf Schwarz, trans. by Cynthia Harris, *The Church Incarnate: The Sacred Function Of Christian Architecture*, Henry Regnery Company, 1958, pp.227~228.

22 성작처럼 받침대와 대가 있는 둥근 형체의 성합을 '치보리움(ciborium)'이라고 한다. 성반과 같이 평평하고 다리나 받침대가 없이 뚜껑이 달린 작은 상자 형태의 성합을 '픽시스(pyxis)'라 한다. 성합은 성작과 형태가 비슷하지만, 원뿔형인 성작보다는 더 둥글고 위에 작은 십자가가 부착된 뚜껑이 달려 있다. 성합의 형태는 따로 정해져 있지 않지만 반드시 안쪽을 도금해야 하며, 사용하기 전에는 주교나 사제의 축복을 받아야 한다.

23 성작(chalice)은 미사 때 축성되는 성체성사의 포도주를 담는 신성한 용기다. 컵과 받침대 그리고 이 둘을 분리하는 마디로 구성되어 있다.

[4-16] 제대 위의 성합과 성작

같은 귀한 재료로 만들어지지만, 성당은 벽돌, 돌, 콘크리트, 나무, 회반죽과 같은 어두운 재료로 만들어진 거대한 성합이자 성작이다. 그렇지만 성당은 최종적으로는 거룩한 빛으로 가득 차는 거대한 '빛의 성작'이고, 그리스도께서 초대하신 우리는 그 거대한 '빛의 성작' 안에 들어가 있다.

성작은 컵, 마디, 받침대 등 세 부분으로 이뤄져 있다. 컵은 포도주를 담고 받침대는 성작의 중심을 잡고 서 있으며 마디는 컵과 받침대를 연결한다. 컵은 하늘나라의 거룩한 곳이고 다리는 인간 세상이며, 마디는 인간 세상과 하느님 세상을 잇는 연결고리로 이해할 수 있다. 컵에 담긴 것은 하느님의 충만한 은총이며, 이 은총이 세상에 전달되어 하느님의 신비에 참여하도록 초대된다.[24] 성합과 성작에서 하늘과 땅이 만난다면, 그것을 감싸고 있는 성당은 땅과 하늘이 만나는 거대한 성합과 성작이어야 하지 않을까?

24   조학균 신부의 미사 이야기 (29) 성작, http://m.cpbc.co.kr/paper/view.php?cid=330364&path=201003

돔이라는 둥근 지붕 위를 뚫어 그 아래에 빛을 받아들이는 형식은 예전부터 중요한 건축물에 자주 사용되었다. 그러나 교회가 이 형식을 받아들인 것은 둥근 지붕 위에서 들어오는 빛으로 가득 채워진 공간은 땅과 하늘이 만나는 것이며, 그 안에서 사람들은 무거운 땅에서 벗어나 가볍고 밝은 하늘로 이어진다고 직감할 수 있기 때문이었다. 성작도 마찬가지다. 성작은 단지 포도주를 담는 용기가 아니다. 성작 아래의 오목한 부분은 땅이며, 그 안에 비어 있는 것은 하늘이다. 성작은 하늘 아래 땅이 있으며 그 안이 빛으로 가득 채워짐을 드러내는 용기다. 그래서 사제는 성체와 성혈을 담은 성반과 성작을 땅에서 하늘을 향해 들어올린다.

루돌프 슈바르츠는 '세 번째 계획'에서 이렇게 설명한다. 세상은 하늘 아래에서 열려 있다. 마찬가지로 제대를 둘러싸고 서 있는 백성은 영원을 향해 제사를 올린다. 그러면 땅은 제대를 통해서 빛을 향해 올라간다. 이때 열린 하늘은 말씀이 되어 제대 위로 내려온다. 그리고 사람들 한가운데 머무신다. 돔으로 들어온 빛은 어둠 속에 들어와 그 안에서 제대를 비춘다. 이렇게 하늘과 땅이 만나는 "이 중심은 열린 성작과 같다. 이 중심에 건물 전체가 이미 가까이 있다. 빛을 받고 있는 성작처럼 성당의 모든 구조물이 빛을 받고 있기 때문이다. 성작의 형태는 바로 그 안에서 시작해 바로 저 밖에까지 성당 전체에 스며들어가 있다."[25] 여기서 "이 중심에 건물 전체가 이미 가까이 있다"라는 표현은 성당이라는 건축이, 중심에 있는 성합과 성작에 이미 가까이 있는 또 다른 거대한 성합과 성작이라는 말이다.

슈바르츠는 두 가지 예를 들었다. 하나는 비잔티움 성당의 최고봉인 하기아 소피아고, 다른 하나는 초기 그리스도교의 가장 뛰어난 건축의 하나인 로마의 산타 코스탄자 성당(Santa Costanza)[4-17, 18]이다. 산타 코스탄자 성당은 남아 있는 것 중에서 돔이라는 둥근 천장을 얹은 가장 오래된 주옥과 같은 성당이다. 원형 구조물이 높이 올라가고 그 위로는 둥근 드럼 위에 돔이 올라가 있

---

25 Rudolf Schwarz, trans. by Cynthia Harris, *The Church Incarnate: The Sacred Function Of Christian Architecture*, Henry Regnery Company, 1958, p.99.

다. 드럼에는 12개의 창이 뚫려 있으며 이 창을 통해 빛이 들어온다. 이 빛은 그 밑에 있는 제대를 중심으로 모인 이들과 공간 전체를 비추며 조용히 감싸 준다.

 이 성당은 본래 콘스탄티누스 황제의 두 딸인 콘스탄치아와 헬레나의 세례당으로 세워졌으나, 콘스탄치아가 죽은 후 영묘로 쓰이다가 13세기 중반에 성당으로 개축했다. 오늘날에도 건물의 가장 깊은 곳에는 모작이기는 하나 석관이 놓여 있다. 콘스탄치아는 나병에 걸려 있었는데 성녀 아녜스의 묘에서 기도하던 중 성모가 나타나 그리스도교로 개종하라고 하여 세례를 받기 위해 세

[4-17] 산타 코스탄자 성당, 이탈리아 로마

운 것이 이 원형 세례당이었다.

두 개씩 쌍을 이룬 열두 쌍의 화강석 원기둥이 아치를 틀어 가운데의 원형 구조물을 받치고 있다. 쌍을 이룬 원기둥 열이 중앙의 공간과 바깥쪽의 주보랑 사이를 구분해준다. 가운데 원형 구조물 옆에는 다시 원형의 주보랑이 감싸고 있으나, 높은 창에서 내려온 빛은 이 부분까지는 비춰주지 못한다. 그래서 돔 아래의 공간과 주보랑의 공간이라는 두 개의 공간, 두 개의 세계가 생겼다. 이 두 공간의 지름은 22.5m다.[4-18]

산타 코스탄자 성당은 초기 그리스도교 예술에서 모자이크 장식으로 세속적 건축을 성당으로 바꾼 드문 예이기도 하다. 반원제단, 중앙의 돔, 주보랑 등 모두 모자이크 장식을 했다. 다만 돔의 모자이크는 더 이상 남아 있지 않다. 둥근 천장에는 프란체스코 돌란다(Francesco d'Ollanda)가 1540년에 완성한 프레스코화가 하늘처럼 높은 느낌이 나도록 그려져 있는데, 그 안에서 말없이 앉아 천장을 바라보고 있노라면 몸과 공간이 하나가 된다. 원통 공간 바깥쪽에 있는 볼트 천장에는 참으로 아름다운 모자이크가 덮여 있다. 볼트 천장 밑에 있는 작은 창을 통해 들어오는 빛과 중심 공간에서 나온 반사광이 이 모자이크에 겹치면서 시시각각 미묘한 빛의 변화를 만들어낸다. 그야말로 '빛의 성작'이다.

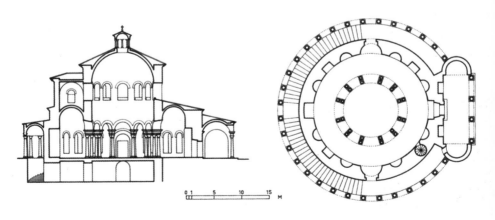

[4-18] 산타 코스탄자 성당 단면과 평면, 이탈리아 로마

성당, 빛의 성작

루돌프 슈바르츠는 그럼에도 성당은 성작처럼 비어 있는 거대한 공간임을 다시 강조한다. "그다음 형태는 성작이다. 땅은 비어 있는 그릇처럼 이미 완전히 오목해지고 하늘 아래에 놓여 있다. 사람들이 모이고 마음을 올리는 움직임은 다 없어졌다. 땅은 모든 것을 맡기고 완전히 비어버렸다. 모든 것이 고요하며 온전히 준비를 다 하고 기다리고 있다."[26] 원형의 작은 성당 한가운데 제대가 있고 백성들이 그 주위를 둘러싼다. 둘러싸고 있다기보다 비어 있는 원형의 성작과 같은 공간 안에 담겨 있다고 해야 할 것이다. 피어난 꽃과도 같이 아름다운 이 원형 성당은 제대 위의 성혈을 담고 있는 거대한 '빛의 성작'이다.

루돌프 슈바르츠의 '다섯 번째 계획'에서 성당은 '어두운 성작'이다. 백성은 성당 안에서 그들에게 마련된 새로운 땅을 향해 움직인다. 이때 넓게 열린 하늘이 기다리고 있다. 주님께서는 그 앞에 앉으셔서 백성을 향해 두 팔을 벌리고 있다. 빛은 어둠 속으로 열려 그 안으로 들어간다. 벽은 견고하고 무거운 재료로 서 있다.[27]

왜 이것이 '어두운 성작'인가? 이것을 이해하는 데는 많은 시간이 걸렸으나, 성작을 바닥에 누이고 윗면의 반은 바닥의 위에, 다른 반은 바닥의 아래에 있다고 가정한다. 그리고 바닥 위에 있는 성작의 일부를 크게 확대해 간다. 최종적으로 그것이 포물선을 이루는 성당의 벽면이 되었다고 생각하자. 성작의 윗면은 마치 포물선이 시작하는 성당 정면 쪽의 큰 창과 같다. 제대 위의 성혈을 마주하고 있으면 성당이라는 거대한 성작의 밑면에 와 있는 셈이 된다. 이때 어두움이 드리운 제대와 벽면은 그리스도께서 받으신 수난과 고통의 공간이 된다. 루돌프 슈바르츠는 이것을 '어두운 성작'이라고 불렀다.

이때 평면이 포물선이어서 들어올 때는 넓고 높게 들어오지만 제대를 향해 걸어가면서 공간은 조금씩 좁아진다. 이는 그리스도께서 팔을 벌리고 사람들을 기쁘게 맞아들이시지만, 안으로 들어오면서 공간은 서서히 어두워진다. 이

26   Rudolf Schwarz, trans. by Cynthia Harris, *The Church Incarnate: The Sacred Function Of Christian Architecture*, Henry Regnery Company, 1958, p.104.

27   Rudolf Schwarz, trans. by Cynthia Harris, *The Church Incarnate: The Sacred Function Of Christian Architecture*, Henry Regnery Company, 1958, pp.154~155.

는 겟세마니에서 받으신 예수 그리스도의 고난 속으로 바뀌어감을 나타내기 위함이었다. 넓고 밝게 빛나는 정면을 뒤로하고 제대를 향해 서면 무거운 재료로 둘러싸인 채 어두움이 드리운다. 벽과 둥근 천장은 회중 위로 높이 올라가고 디테일은 어둠 속으로 사라진다. 이제 성당 공간은 서서히 "아버지, 하실 수만 있으시면 이 잔이 저를 비켜 가게 해주십시오. 그러나 제가 원하는 대로 하지 마시고 아버지께서 원하시는 대로 하십시오"라고 기도하시면서 고통을 받으시던 장소로 바뀐다. 이것이 건축가 슈바르츠가 '어두운 성작'이라고 표현한 성당 건축의 의미였다.

그는 실제로 벽면이 포물선을 이루는 성당을 만들었다. 독일 보트로프(Bottrop)에 있는 거룩한 십자가 성당(Pfarrkirche Heilig Kreuz, 1957)[4-19]이 그

[4-19] 거룩한 십자가 성당(루돌프 슈바르츠), 독일 보트로프

성당, 빛의 성작

것이다. 벽돌을 차분하게 쌓은 포물선의 벽면이 성당을 감싼다. 포물선이 시작되는 정면 쪽의 큰 창은 마치 성작의 윗면과 같다. 제대 위의 성혈을 마주하고 있는 우리는 성당이라는 거대한 성작의 밑면에 와 있는 셈이다. 이때 어두움이 드리운 제대와 벽면은 주님께서 받으신 수난과 고통의 공간이 된다.

성당이란 무엇인가? 역사적으로 훌륭한 성당의 공간과 형태는 함께 모인 사람들로 하여금 보이지 않는 위대하신 하느님을 믿음의 눈으로 뵐 수 있게 해 주었다. 성당은 빛의 자녀인 인간이, 수난하시고 부활하셨으며 구원의 빛이신 예수 그리스도의 몸과 피를 모시려고 모이는 거대한 '빛의 성작'이며 '어두운 성작'이다. '빛의 성작'과 '어두운 성작'. 이 표현만큼 성당 건축의 본질을 잘 나타내는 말은 없다.

전례를 공간으로

하기아 소피아

위대한 전례 공간

성당은 이 땅에서 천상의 전례가 이루어지는 곳이다. 전례가 영혼이라면 성당은 그 육체다. 그렇다면 육체인 성당은 영혼의 전례를 과연 어떻게 구체적인 공간으로 담아내는 것일까?

성당은 건물로 완성되면 최종적으로 그 공간적인 본질은 성당 내부에만 있다. 그러나 성당은 도시적 맥락에서 시작하여 돌과 나무로 섬세하게 다루어진 기물에 이르기까지 두루 관련된다. 따라서 공간 속의 장소, 크기와 위치, 방향과 시선, 사람의 움직임과 눈, 재료의 구축 등이 구체적으로 전례의 대원칙에 어떻게 구현되어야 하는지를 마치 집을 짓듯이 살펴볼 필요가 있다. 원칙적으로 말하자면 성당이라는 건축물을 공부할 때는 일반적인 건축물보다 훨씬 더 꼼꼼하게 살펴보고, 지어지는 과정에서도 하느님의 집을 몸으로 느낄 수 있어야 한다. 그러려면 많은 성당을 자세히 다루어야 마땅하나, 그럴 수가 없어서 여기서는 하기아 소피아와 독일에 있는 성녀 안나 성당을 전례와 공간의 관계에서 자세히 살펴보기로 한다.

일반적으로 '성 소피아 사원'이라고 알려져 있는 '하기아 소피아(Hagia

Sophia)'[28]는 1931년까지 이슬람의 모스크로 쓰이다가 2020년까지 박물관으로 사용되었으나 지금은 다시 모스크로 전환되었다. 본래는 콘스탄티노폴리스의 정교회 성당으로 콘스탄티누스 대제의 아들 콘스탄티누스 2세가 360년에 착공했다. 404년과 532년 두 차례 화재로 무너졌다가 537년에 유스티아누스 대제가 새로 성당을 지었다. 이때의 건축가는 안테미오스(Anthemios)와 이시도로스(Isidoros) 두 사람이었다. 새로 지은 다음에도 558년에 지진으로 편평한 돔이 무너져 562년에 다시 지었다.

하기아 소피아는 비잔티움 건축의 전형이며 건축의 역사를 바꾼 건물이다. 그러나 건축적인 평가가 어떠하든 하기아 소피아가 건립된 이유는 전례를 거행하기 위해서였다. 건물로서의 성당, 기도의 집, 신자들이 모이는 장소로서의 성당이 의미 있는 실체가 된 것은 콘스탄티노폴리스의 의례에서였다.

그런데 이보다 더 중요한 사실은 하기아 소피아라는 건축물로서의 성당이 비잔티움의 의례 형식과 의미에 대한 비전을 결정해주었다는 것이다. 보통은 전례가 있고 그것이 성당 건축을 결정한다고 생각한다. 물론 당연한 말이다. 그러나 하기아 소피아 이전의 전례 전통으로는 어떤 성당 건물도 하기아 소피아만큼이나 중대한 영향력을 갖지 못했으며, 이곳에서 이루어진 전례는 이전의 성당 건축에 대한 견해를 크게 바꿔놓았다. 하기아 소피아는 위대한 건축이지만, 그 이전에 위대한 전례의 공간이었다. 이것이 어떻게 가능했을까?

유스티아누스 황제 이후 하기아 소피아는 성당 안에서 이루어지는 비잔티움의 전례, 성당 건물 자체, 그것의 상징적인 의미에 큰 영향을 주었다. 하기아 소피아가 실현해준 놀라운 내부는 앞으로 나아가야 할 종교적인 환영(幻影)을 불러일으켰고, 이 환영은 전례의 정신에도 중요한 영향을 미쳤다. 특히 창을 통해 범람해 들어오는 빛의 놀라운 효과, 돌로 지어진 지붕을 하늘로 여기는 기록이 많이 발견되는데, 이는 그만큼 성당이 공간으로 전례를 이끌 수도 있다

---

28 Hagia Sophia는 그리스어로는 '하기아 소피아'라 읽는다. '거룩한 지혜'라는 뜻이다. 이 책에서는 본래 정교회 성당이었다는 점에서 '하기아 소피아'라고 통일했다. 라틴어로는 상타 소피아(Sancta Sophia)라 하는데, 현재 터키에서는 '아야 소피아(Ayasofya)'라고 부른다. 우리나라에서는 이를 성 소피아 사원, 성 소피아 성당, 성 소피아 대성당이라고도 부르고 있다.

성당, 빛의 성작

는 사실을 반증해준다. 하기아 소피아는 그 이후에 나타난 성당의 훨씬 작은 스케일의 공간이나 사물에까지 큰 영향을 미쳤다.

전례 행렬

비잔티움 제국의 수도 콘스탄티노폴리스에는 보스포로스 해협을 면하고 있는 북쪽에 아크로폴리스가 있고 남쪽에는 황제의 궁전이 있었다. 궁전 바로 북쪽에는 하기아 소피아가 인접해 있었다.[4-20] 하기아 소피아와 궁전이 만나는 곳에는 도로원표인 밀리온(Milion) 기념비가 있었다. 밀리온의 안쪽으로는 황제 궁전의 주요 의전 문인 초크 문(Chalke Gate)이 있었다. 밀리온에서 시작하여 길게 뻗어나간 데쿠마누스(동서 방향의 주도로)[29]인 메세(Mese)라는 길에는 콘스탄티누스 광장, 타우리 광장, 옥스 광장 등이 있었다.[4-21]

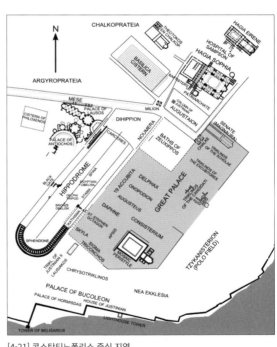

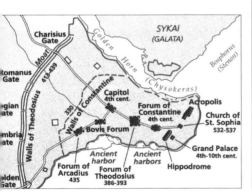

[4-20] 4~6세기 콘스탄티노폴리스의 길과 광장

[4-21] 콘스탄티노폴리스 중심 지역

29   로마 도시계획에서 데쿠마누스(decumanus)는 동서 방향의 도로다. 그중 가장 중요한 데쿠마누스는 '데쿠마누스 막시무스(Decumanus Maximus)', 간단히 'decumanus'라 했다. 남북 방향의 도로는 '카르도(cardo)'라고 한다.

그런데 이 시대의 비잔티움 사람들은 성당 건물 안에서 일어난 전례 행위보다는 길과 광장에서 거행된 전례 행위에 대해 많은 것을 기록해두었다. 이 시대에는 전례 행위가 길과 광장에서 자주 일어났기 때문이다. 그들은 도로의 가까운 곳에 지붕은 덮여 있으나 한쪽은 기둥이 열을 이루는 개방적인 열주랑에서 순회 행렬(stational processions)을 하고 예배를 드렸다.[30] 그중에서도 메세는 다른 길보다 전례적으로 더 중요한 길이었다. 다만 이때의 길은 중요한 길이라고 해도 오늘날의 골목보다 조금 컸다는 점을 염두에 둘 필요가 있다.

콘스탄티노폴리스의 초기 그리스도교 역사를 보면 재해가 잦았고 이단도 많이 나타나 길과 광장에서 사람들을 유혹했다. 콘스탄티노폴리스는 404년에서 960년까지 지진이 18번이나 일어났다. 이에 시민들은 지진에 위험한 실내보다는 길과 광장에서 예배드리는 것을 당연하게 여겼다. 그래서 이런 기록이 남아 있다. "9세기까지도 콘스탄티노폴리스에서 있었던 전례상의 탄원과 행렬은 분명 흔치 않는 위험에 대한 흔한 반응이었다."

재해만큼은 아니었지만 이단의 출현도 순회 행렬이 생긴 데 큰 배경이 되었다. 그중에서도 아리우스파는 오직 성부만이 모든 것의 근원으로 진정한 하느님이시지만, 성자는 성부에 의해 창조되었다고 주장했다. 이들은 광장에서 회합을 하며 그들의 주장에 맞는 찬미가를 불렀다. 밤낮을 가리지 않고 도시의 중심에서 행렬하며 도시 문 밖에 나가서도 회합했다. 이 행렬은 황제가 아리우스파의 순회 행렬을 금지할 때까지 계속되었다. 이에 요아네스 크리소스토모스(Ioannes Chrysostomos)는 이들의 세력을 막기 위해 아리우스파와 같은 방식으로 행렬을 하며 순회 전례(stational liturgy)와 옥외 예배를 드렸다.

콘스탄티노폴리스의 순회 전례는 하기아 소피아의 전례에 지워질 수 없는 흔적으로 남았다.[4-22] 바깥에서 시작한 행렬의 목적지는 성당이다. 신자들은 시내 각지에서 모여와, 입당 행렬을 위해 총대주교가 도착하기를 환영하려고 성당에 들어가지 않고 서쪽 아트리움에서 기다렸다. 황제의 행렬 때는 신자들

---

30   Robert F. Taft, *The Byzantine Rite: A short History* (ed. American Essays in Liturgy), Liturgical Press, 1992, pp.28~41.

은 아트리움에서 멈추고 고위 성직자와 궁정 신하단의 입당을 기다렸다. 성당
에는 전례가 시작되기 전 사제와 황제가 봉헌할 수 있는 별채가 있었다. 하기아
소피아의 북쪽에 있는 로툰다로 만든 제의실(sceuophylacium)[31]이 그것이다.

　　이러한 행렬 거동은 성당의 네 변에 입구를 많이 둔 초기 콘스탄티노폴리
스 교회의 특징적인 형태에서 비롯했다. 로마 교회의 입당과 달리 콘스탄티노
폴리스의 입당은 사제와 성당에 신자가 함께 들어갔다. 이들은 회중석으로 들
어가는 왕의 문(royal doors)[32] 앞에서 입당 기도를 올릴 때까지 문랑에서 기다
렸다.[4-23] 황제는 궁전을 떠나 무려 5만 5,000명의 수행원과 함께 행렬을 이루
며 세 시간이나 걸려 성당에 왔다. 그리고 총대주교보다 먼저 와서 바깥 문랑
에 있는 자리에 앉아 있다가 총대주교와 인사하고 신자들의 환호를 받았다.

　　하기아 소피아는 서쪽 파사드의 장엄한 문만이 아니라 성당의 네 변에서
모두 출입이 가능했기 때문에 회중석과 갤러리에 쉽고 빠르게 입당할 수 있었
다. 1층에만 56개의 출입구가 있으며 그중 19개는 회중석으로 이어지고 6개는
문랑에 있다. 주출입은 서쪽 파사드에 있는 문으로 하는데, 그 앞에는 정사각
형의 아트리움이 있었다.

　　성당 안이 모자이크나 프레스코화로 명확하게 표현되기 전에도 우주적 상
징은 이미 오래전부터 그 시대의 전례 본문에 들어가 있었다. 그러나 하기아
소피아에서는 전례 본문이 공간으로, 공간은 행렬로 표현되었다. 행렬이 도착
하면 곧 전례를 시작했다. 총대주교와 황제는 성당에 들어가려고 기다리고 있
다가, 독서대 아래에서 시편 가창자가 찬미가 〈외아들 예수〉를 부르면 총대주
교는 왕의 문 앞에 가서 입당 기도를 드렸다. 이 기도문에는 동쪽을 향해 눈부
시게 빛나는 천상의 지성소의 비전이 담겨 있었다. 이때 총대주교는 열린 문을
통해 우주적 전례가 행해지는 회중석을 향한다. 총대주교와 황제는 복음서를
두 손에 든 보제[補祭, 가톨릭의 부제(副祭)에 해당]와 사제단과 궁정 신하들

31　동방정교회의 초기 성당의 제의실.

32　왕의 문(royal doors)은 정교회에서 제단과 회중석을 구분하는 성화벽(이코노스타시스 iconostasis)의 중앙의 문을
　　말하는데, 문랑(門廊, narthex)과 회중석을 구분하는 중앙의 커다란 문 등 성당에 적합한 의례적인 문을 가리키기도
　　한다.

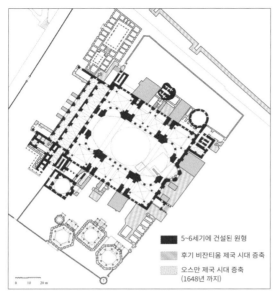

[4-22] 5~6세기 하기아 소피아 원형 평면(검은 색)과 후기 비잔티움 제국 시대 증축(교차 해칭)

凡例:
- 5~6세기에 건설된 원형
- 후기 비잔티움 제국 시대 증축
- 오스만 제국 시대 증축 (1648년 까지)

[4-23] 왕의 문 하기아 소피아, 터키 이스탄불

을 따라 신자들의 환호를 받으며 성당 안으로 들어간다. 그러고는 아무도 없는 돔 밑 공간을 지나 앞으로 나아갔다. 그러면 회중은 이 장려한 행렬을 따라 성가를 부르며 성당 안으로 들어가 문랑에 가까운 회중석의 서쪽 부분과 측랑에 앉았다.

　　　　　　　　　　　　　　　　　　　　　　　성당, 빛의 성작

하기아 소피아는 거대한 행렬의 성당이었다. 성대할 때는 집전 사제를 포함해 성가대에서 문지기까지 500여 명의 봉사자들이 움직였다. 그리고 이콘, 십자가, 성작 등을 들고 들어오는 행렬, 성직자, 황제, 황제의 신하, 성가대 그리고 일반 신자 등 수천 명이 함께했다.

이렇게 많은 사람들이 회중석을 가로질러 움직일 때 이 행렬을 조화 있게 통합하기는 매우 어려웠다. 이에 성당 안에는 입구와 반원제단 사이의 종축이 강조되고, 행렬은 바닥의 표시를 따라 제단으로 들어갔다. 성당의 바닥에는 폭이 60cm 정도의 녹색 대리석 띠가 네 개 있는데, 이것이 제단을 향해 움직이는 행렬의 여러 단계를 표시했다.[4-24] 첫 번째 띠는 입구에서 16m 떨어져 있고, 두 번째는 이보다 9m 더 떨어져 있으며, 세 번째 것은 다시 8m 정도 더 떨어져 있고, 마지막 것은 제단 주변을 에워싸고 있다. 지금은 본래의 것의 5분의 1 정도만 남아 있다.[33]

성당의 바닥은 거대한 바다이고, 독서대는 바다 가운데에 있는 섬이며, 녹색 대리석은 바다로 흘러가는 강, 천국의 네 개의 강을 표상하는데,[34] 이 강에서 전례 거행이 바뀐다. 바닥의 강은 저마다 있어야 할 자리를 찾는 데 도움을 주고, 많은 전례 거동도 이 강의 주위에서 조직된다. 이로써 수많은 회중, 집전 사제, 많은 성가대원은 하늘과 땅 사이에 있는 어떤 장소로 옮겨지고 있다는 느낌을 받았다. 따라서 이 대리석 띠는 장식이 아니다.

장엄한 저녁 기도에는 총대주교가 왕의 문을 지나 회중석에 들어와 첫 번째 강에 도착하면 제대를 향하기 전 뒤를 돌아 서쪽 문 위에 높이 걸려 있는 '초크 문의 그리스도(Christ of the Chalke Gate)'의 거대한 모자이크 이콘에 절을 한다. 제단 앞에는 회중석을 향해 단을 높여 돌출시킨 솔레아(solea)가 있다. 솔레아에는 독서대의 주위에 벽으로 막은 통로가 있는데, 사제와 황

33 Bob Atchison, "The Sanctuary of Hagia Sophia," https://www.pallasweb.com/deesis/sanctuary-of-hagia-sophia.html

34 George P. Majeska, "Notes on the Archeology of St. Sophia at Constantinople: The Green Marble Bands on the Floor," *Dumbarton Oaks Papers* Vol. 32, 1978, pp.299~308.

[4-24] 하기아 소피아 내부와 바닥, 터키 이스탄불

성당, 빛의 성작

제의 수행원은 이 통로를 지나 제단을 에워싸는 템플론(templon)[35] 또는 챈슬(chancel, 성단소 聖壇所)의 여러 문을 지나 올라간다.[36] [4-25]

솔레아 안의 통로는 폭 2.4m, 길이 16m이고, 독서대에서 가장 튀어나와 있는 곳은 돔의 정중앙에서 회중석 중앙의 북쪽으로 약 7m 떨어진 곳에 있다. 독서대에는 동서쪽에 두 개의 계단이 있고, 두 개의 곡면 의자가 있다. 이것은 높이가 1m 정도이고 회중과 독서대를 구분하는 난간 역할을 한다. 독서대 밑에는 시편 가창자가 섰다. 독서대는 거대한 돔의 동쪽 가장자리 밑의 바닥에 있다. 독서대 위에 서서 총대주교는 강복(降福)하고 보제는 성서를 읽었다. 멀리서 보면 마치 사람의 바다에 섬처럼 나타난 것 같았다.

[4-25] 하기아 소피아 제단 주변의 복원도

---

35 비잔티움 성당의 한 특징으로 제대와 회중석을 분리하는 벽으로 구성되었다.

36 복원도는 Technische Universität Darmstadt, Lucerne University of Applied Sciences and Arts의 Andreas Noback, Lars O Grobe, Franziska Lang의 작업.

돔 밑의 전례

하기아 소피아는 현존하는 성당 중에서 가장 오래되었다. 그리고 최초로 중심형 돔을 얹고도 다시 장축형의 평면을 만들고자 한 성당 건축이다.[4-26] 평면 한가운데 서면, 수평 방향으로 확장되는 공간과 수직 방향으로 덮인 공간이 하나로 합쳐져 있다. 그리하여 건축의 두 방향인 '깊이 방향(이쪽에서 저쪽으로)'과 '높이 방향(위와 아래)'이 함께 나타난다. 돔은 구체적인 형태로 나타난 하늘이고, 신자들이 모이는 바닥은 땅이다.[4-27] 돔의 가장 긴 지름은 31.87m이며, 밑 부분에는 40개의 창이 잇따라 뚫려 있어 장엄한 빛의 띠를 이룬다. 돔에는 우주의 전능한 지배자 그리스도를 그린 판토크라토르(Pantocrator)가 희미하게 빛나고 있다. 지구상의 돌로 지은 내부공간 중에서 가장 크다. 천장이 평평한 바실리카와 달리, 내부 회중석 부분의 체적은 25만 5,800㎥이며, 1만 6,000명이나 들어갈 수 있다.

그리스도에게 바쳐진 이 성당은 긴 사각형의 바실리카에 돔으로 된 지붕이 결합되어 있다. 돔 아래 공간은 문랑과 돌출한 반원제단을 제외하고 폭 73m, 길이 78m이며, 문랑과 반원제단을 포함하면 전체 길이는 102m다. 돔 밑의 공간은 한 변이 31m인 정사각형이고, 네 개의 피어로 상부의 구조를 지지하고 있다. 바닥에서 약 56.6m 높이 위에 벽돌로 만들어진 거대한 돔을 얹었다. 이 높이는 서유럽에서 가장 높은 중세 대성당보다도 높다.

외관은 벽돌로 벽체를 세우고 모르타르로 마감해 간소한 모습을 하고 있다. 그러나 내부의 거대한 돔이 덮여 있는 회중석을 비롯한 여러 공간의 벽면은 장엄하게 장식되어 있다. 이에 사용된 대리석판의 두께는 25~35㎜였다. 결코 얇지 않은 무거운 두께다. 대리석을 붙인 벽면은 연속하는 몇 단의 수평 띠 사이를 세로로 나누어 기하학적으로 디자인했다.[4-28] 이 성당에 사용된 대리석의 종류는 열한 가지로 결코 많은 것은 아니지만, 색이나 모양 등 재질에 따라 산지가 엄선되었다. 또 선명하고 귀중한 대리석을 풍부하게 조합해 전례와의 관계에서 반원제단, 회중석, 문랑, 측랑, 2층의 갤러리 등의 순서에 따라 면밀하게 계획되었다.

성당은 하느님이 현존하시는 주거이며 신비의 상징이다. 따라서 단지 크다

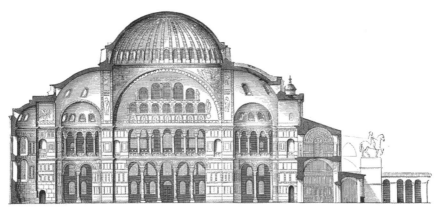

[4-26] 하기아 소피아 단면도

[4-27] 하기아 소피아의 돔과 그 주변

[4-28] 하기아 소피아 회중석의 오른쪽 벽면

거나 높다는 것만으로는 성당 건축물을 제대로 이해할 수 없다. 비잔티움의 성당은 케루빔 위의 옥좌에 앉아 계신 하느님께서 인간 생활이 벌어지는 더 낮은 영역으로 내려오신다는 플라톤적인 이미지로 성당의 관념을 창안하지 않았다. 하기아 소피아의 광대함, 엄청나게 장려함, 번쩍이는 빛의 광휘 등은 모두 보는 이로 하여금 여기가 땅 위의 하늘이고, 천상의 지성소, 우주이며 바로 하느님의 옥좌임을 나타낸다. 다른 위대한 건물은 이것을 장식으로 말하고자 했으나, 하기아 소피아는 땅 위의 하늘을 구조 그 자체로 만들어냈다.

　왜 그리 큰 돔을 덮은 중심형 공간을 하기아 소피아에 만들고자 했을까? 그리고 그 아래에서 신자들은 어떻게 움직였을까? R. 퍼노 조르단의 《서양건축》과 스피로 코스토프의 《건축의 역사》, 리하르트 크라우트하이머의 《초기 그리스도교와 비잔티움 건축》[37] 등을 참조해 당시 이 공간에서 진행되었던 미사 장면을 그려보면 다음과 같다.

<hr />

37　R. Furneaux Jordan, *A Concise History of Western Architecture*, Thames and Hudson, 1983(초판 1969), pp.78~80; Spiro Kostof, *A History of Architecture: Settings and Rituals*, Oxford University Press(2nd edition), 1995, pp.266~267; Richard Krautheimer, *Early Christian and Byzantine Architecture,* The Pelican History of Art(Third Edition), 1979, pp.224~230.

총대주교와 사제는 돔 밑의 제단에 자리를 잡고, 황제와 궁정 신하는 남쪽 측랑의 황제 수행단 구역에 있었다. 주례사제와 황제만이 돔 밑의 공간 전체를 차지하고 있다. 황비와 여시종들은 안쪽 문랑 위의 서쪽 갤러리로 올라간다. 회중은 성가를 부르면서 이 장대한 행렬의 뒤를 따라 성당 안으로 들어와 주위를 잇는 회중석의 서쪽 부분과 측랑 및 갤러리 안으로 들어간다. 회중들은 지금처럼 성당 한가운데 모여 있는 것이 아니었다. 이들은 중앙 공간을 둘러싼 측랑과 2층의 갤러리 또는 성당 입구에 마련된 문랑에 서 있었다. 하기아 소피아에 지금 보아도 상당히 넓은 복도가 있는 것처럼 보이는 것은 이 때문이다.

첫눈에는 측랑과 갤러리가 독립된 듯이 보인다. 그러나 이것은 측랑과 갤러리를 길이 방향으로 보았을 때만 그렇지 실제로는 회중석을 보는 것으로 계획되었다. 이때 회중석의 중랑은 원기둥의 스크린으로 반쯤 가려 보이는데, 가운데는 원기둥을 두 개 두었다. 그래서 측랑과 갤러리에서는 중앙의 돔도, 1/2 돔도, 중랑도 모두 부분으로만 보인다. 중랑과 제단에 모인 사람들만이 공간이 어떻게 설계되었는지를 온전히 알 수 있다.

중랑에는 총대주교와 그가 이끄는 사제단, 궁정 신하와 함께 온 황제만이 나타난다. 신자들은 측랑으로 나가 있고 거의 대부분 측랑과 갤러리에 모여 전체의 부분만을 보고 있다. 이때도 남자와 여자는 서로 다른 쪽 측랑에 있다. 중랑에서는 왕의 문에서 솔레아로, 솔레아에서 독서대에 이르는 장엄한 통로를 따라 행렬이 움직였다.

광대한 중심 공간에 펼쳐진 대리석 바닥은 비어 있고, 예복이 바닥 위를 수놓고 있다. 성당 안에는 사제들이 전례를 위해 기도하는 소리가 들려온다. 황제는 총대주교에 이어서 지성소에 들어가 제단에 고귀한 제물을 바치고, 다시 나와 남쪽 측랑에 있는 옥좌에 앉는다. 안쪽의 반원제단에 있는 커튼 뒤에서는 성사가 이루어지고 있다. 6세기 유스티아누스 시대에서 가장 최고의 순간은 거대한 하기아 소피아의 돔 밑에서 총대주교와 황제가 평화의 입맞춤을 교환하고 성작을 나눌 때였다. 그러나 측랑과 갤러리의 그늘 속에 있는 평신도들은 이 모습을 부분밖에 보지 못했다.

전례가 끝나면 신자들을 먼저 내보낸 다음, 황제와 사제가 입당할 때와 같은 순서로 성당의 끝에서 끝까지, 그리고 두 개의 문랑과 아트리움을 가로질러 천천히 걸었다. 신자들이 모두 사라지면 촛불이 꺼진다. 성당 기물들도 모두 치우고, 성당 안에는 아무도 없게 된다. 돔 아래의 이 공간은 전례가 이루어지는 동안에도, 전례를 마친 후에도 언제나 그렇게 비어 있다.

이를 두고 건축역사가 스피로 코스토프는 "다시 텅 비게 된 거룩한 지혜의 큰 방에서는 향의 연기가 떠다니고, 천사들의 기운이 가득 찬 대공간 위에서 웅대한 돔이 조용히 떠 있었다"[38]라고 표현했다. 이는 그 거대한 돔 밑의 공간을 가득 채우고 있는 것이 이 성당의 주인인 하느님이며, 거대한 돔을 만드는 이유는 바로 위대한 하느님이 건물에 현존하시게 하기 위해서였음을 뜻한다. 돔에 나 있는 수많은 창문들은 광대한 공간을 비추는 빛으로 하느님께서 그 공간에 임재하고 계심을 표현한다. 하기아 소피아 돔 아래 서는 순간! 그것을 실제 공간을 두고 상상해보라. 하기아 소피아의 공간은 위대한 전례의 건축공간이었다.

뒤렌의 성녀 안나 성당
돌의 기억과 벽의 망토

뒤렌(Düren)의 성녀 안나 성당(Annakirche, 1951~1956)[4-29]은 700년에 작은 경당으로 시작해 로마네스크 양식의 성당 건물을 거쳐 1200년에 초기 3랑식(三廊式) 고딕 양식으로 지어졌다. 이에 경당이 회중석 좌우에 돌출되어 있다.[4-32] 이 성당에는 예수의 외할머니인 성녀 안나의 머리 유해가 안치되어 있다. 1506년 율리우스 2세가 이제부터 성녀 안나의 유해가 성당에 남아 있어야 한다고 결정한 이후, 많은 순례자들이 이 성당을 찾았다.

그러나 1944년 연합군의 공습으로 도시의 97%가 파괴됐다. 이때 이 성당은 폭격을 맞아 초기 고딕 양식의 남쪽 문과 북쪽 벽의 일부만 남고 모든 것이 무너져 내려앉았다. 그래서 성한 것은 바닥뿐이었다. 이때 성당의 신부들도 목

---

38 Spiro Kostof, *A History of Architecture: Settings and Rituals*, Oxford University Press (2nd edition), 1995, p.267.

[4-29] 성녀 안나 성당, 독일 뒤렌

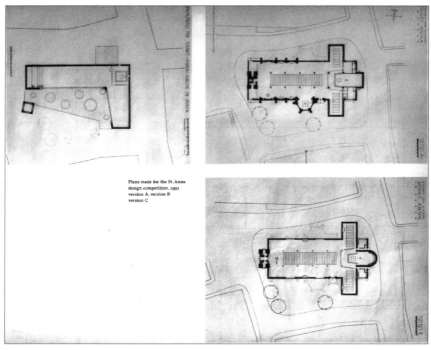

[4-30] 성녀 안나 성당 세 개의 안(오른쪽 위 A안, 아래 B안, 왼쪽 C안), (루돌프 슈바르츠)

숨을 잃고 말았다. 현상설계로 새 성당을 짓기로 했을 때 산산이 부서진 옛 성당의 돌을 불도저가 한쪽으로 밀어놓아 산더미처럼 쌓여 있었다. 남길 것이 전혀 없어 옛 성당처럼 복원하는 것은 불가능했다. 현상설계에는 세 명의 건축가가 지명되었다.

루돌프 슈바르츠는 세 개의 안을 제안했다.[4-30] 처음의 두 안은 파괴된 옛 성당을 뒤렌의 시민을 위해 복원하는 것이었다.[39] 첫 번째 안(A)은 옛 기초 위에 콘크리트로 기둥을 세우고, 성녀 안나의 머리 유해를 안치한 경당의 위치와 크기를 옛 성당대로 복원하는 것이었다. 두 번째 안(B)은 첫 번째 안과 비슷했다. 서쪽의 포털의 좌우를 없애고 종탑을 독립적으로 나타내며 밖으로 튀어

---

39 루돌프 슈바르츠의 부인 마리아 슈바르츠와의 대화에서. Maria Schwarz, "The Competition for St. Anna in Düren," in Adam Caruso, Helen Thomas, *Rudolf Schwarz and the Monumental Order of Things*, gta publishers, 2018, pp.307~308.

성당, 빛의 성작

나온 경당을 삭제하는 안이었다. 그렇지만 콘크리트라는 근대적 재료로 복원한다 해도 옛 성당처럼 되지는 못하고 오히려 전혀 다른 모습으로 변질될 것이라고 판단했다.

새 성당으로는 그의 세 번째 안(C)이 선정되었다. 이 안은 옛 성당의 형태를 지속시키기보다는 산산이 부서진 옛 성당의 돌을 정성스럽게 쌓아올린 벽으로 내부를 감쌌다. 심사위원회는 재정적인 이유도 감안해 이 안을 채택했다. 이때 슈바르츠는 성녀 안나의 머리 유해가 믿는 이들의 마음에 전해지듯이, 파괴된 옛 성당의 돌들도 땅에 속해 있었고, 700년 동안 도시의 신자들을 감싸주던 성당의 돌들이 그들의 옷이요 몸이라고 생각했다. "이 성당에서 기도드렸던 사람들은 모두 성당의 거룩한 몸처럼 죽었다. 우리에게 남겨진 것이라고는 죽은 자를 묻는 것이 전부다."[40] 폭격으로 모든 것을 잃어버린 이 도시에서 성당을 짓는다는 것은 무엇이었을까? 그것은 옛 성당과 함께 사라져버린 옛 교우들을 성당 아래 묻는 것이었다.

폭격을 당하고 나서 6년 후 도시가 복구되면서 성당 주변의 도시 콘텍스트가 다소 바뀌었다. 1940년의 주변 지도를 보면 옛 성당의 서쪽과 남쪽에 광장이 있는 것은 비슷하나, 이 광장에 면하는 블록은 불규칙한 길이 직선의 넓은 도로로 많이 바뀌어 옛 성당이 있던 자리를 그대로 고수하기가 어려웠다.[4-31] 이에 루돌프 슈바르츠는 새 성당을 10도 정도 틀었고, 남쪽 순례자 측랑의 벽면은 옛 성당의 벽면 선을 따랐다. 이렇게 해서 새 성당은 옛 성당과 관계를 맺으면서 도시의 새로운 콘텍스트에도 대응할 수 있었다.

성녀 안나 성당은 도심의 한가운데에 있다. 처음의 두 안은 옛 성당처럼 동쪽과 북쪽 면은 대지 경계선에 가까이 붙어 있다. 그 대신 주출입구가 있는 서쪽과 남쪽에는 광장을 두었다. 포털이 있는 서쪽에는 높은 탑을 세웠다. 이와 비슷하게 세 번째 안도 옛 성당의 탑처럼 남쪽 면의 서쪽 끝에 높은 종탑을 두고 그 옆에 주출입구를 두었다. 성당의 남쪽 벽면이 사선으로 된 것은 옛 성당

---

40   Rudolf Schwarz, "St. Anna Düren, 1951-6," in Adam Caruso, Helen Thomas, *Rudolf Schwarz and the Monumental Order of Things*, gta publishers, 2018, p.223.

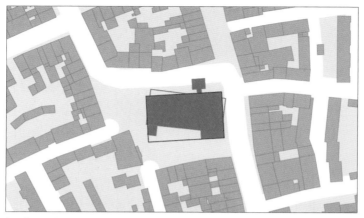

[4-31] 1940년대 주변, 옛 성당과 새 성당의 배치(위가 북쪽)

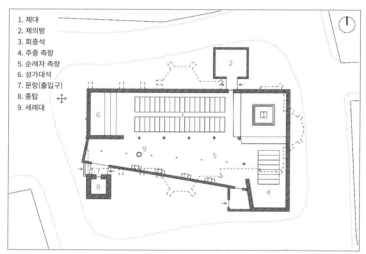

1. 제대
2. 제의방
3. 회중석
4. 주중 측랑
5. 순례자 측랑
6. 성가대석
7. 문랑(출입구)
8. 종탑
9. 세례대

[4-32] 성녀 안나 성당 평면도(점선이 옛 성당)

의 벽선을 따랐기 때문이지만, 결과적으로는 광장을 넓히는 효과도 있었다.

북쪽과 서쪽 변에는 창이 하나도 없이 견고한 벽을 둘렀다. 이 벽의 안과 밖은 크기도 모양도 전혀 다른 무수한 돌을 쌓았다. 그러나 수많은 돌들을 마구 쌓은 것이 결코 아니다. 벽에 몸을 붙이고 돌이 쌓인 모습을 자세히 살펴보면, 수많은 돌들이 일정한 폭으로 수평선을 유지하며 쌓여 있음을 알 수 있다. 그 결과 외관은 수많은 돌들이 쌓인 지층처럼 느껴진다. 외부에서는 제대가 어

성당, 빛의 성작

디쯤에 위치하는지도 읽을 수 없을 정도로 이 견고한 벽은 내부를 성채처럼 보호한다. 그러나 이처럼 돌을 쌓아 성채와 같은 형태를 만든다는 것은 당시로서는 도발적인 시도였다. 이것으로 뒤렌의 성녀 안나 성당은 오직 견고한 '벽의 망토'로 전례에 집중하도록 설계된 첫 번째 성당이 되었다.

세 개의 전례 공간

옛 성당과 새 성당을 겹쳐 그린 도면을 보면 두 성당의 바닥의 크기가 거의 비슷하다. 새 성당의 회중석은 옛 성당의 절반 정도이지만, 나머지 절반은 순례자 측랑으로 바뀌었을 뿐이다.[4-32] 옛 성당에는 좌우로 횡랑이 있었다. 그러나 새 성당에는 그중 한쪽만을 남겼다. 루돌프 슈바르츠는 성당에 오는 사람을 '많은 신자', '적은 신자', '순례자' 등 세 종류로 나누었다. 주일 미사에 오는 '많은 신자'는 천장이 높고 긴 장방형의 회중석을 사용한다. 주중 미사에 오는 '적은 신자'는 제단과 같은 폭으로 횡랑처럼 붙어 있는 '주중 측랑(週中側廊, weekday aisle)'을 사용한다. 이 두 공간은 제단을 동시에 바라볼 수 있게 L자형으로 연결되어 있다. 물론 주일에 신자가 많이 참석할 때는 회중석과 주중 측랑을 모두 사용할 수 있다.[4-33]

'순례자'는 회중석과 주중 측랑을 향해 낮게 열려 있는 '순례자 측랑(pilgrims' side aisle)'을 사용한다. 축일이나 특별한 행사가 있어서 회중이나 순례자가 많이 모이게 될 때, 이곳에 의자를 더 놓기도 하고 서서라도 미사를 드릴 수 있게 만들어졌다. 그는 이 순례자 측랑을 '거룩한 정착지'라고 불렀다. 이렇게 공간을 사용하는 것을 공간을 융통성 있게 사용한다고 말하는데, 성녀 안나 성당은 최대로 융통성 있게 계획한 최초의 성당이다. 이 성당은 "시대에 따라 늘 수도 있어야 하고 줄어들 수도 있어야 한다"는 루돌프 슈바르츠의 생각이 아주 잘 반영되어 있다. 오늘날 성당에서는 보통 이동 칸막이로 신자들의 회합 장소를 조절할 때 공간을 융통성 있게 사용한다고 말한다. 그러나 성녀 안나 성당에서는 전례 공간 자체가 융통성 있게 사용될 수 있다.

제대만은 하얀 사암으로 만들어 가장 거룩한 자리임을 분명히 했다. 성당 내부의 바닥은 모두 검은 슬레이트를 깔았으나, 성당 안에서 하얗게 보이는 재

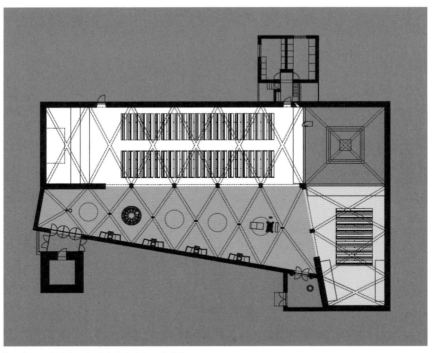

료로 만들어진 것은 오직 제대뿐이다.[4-34] 제대는 남쪽 창을 통해 들어오는 빛
에 반사되면 더욱 희게 보인다. 세 개의 정사각형의 단에 올려져 있고 다시 그
아래에 세 개의 단이 넓게 마련되어 있다. 독서대는 모든 곳에서 잘 보이도록
제단과 회중석이 만나는 경계선에 놓여 독서자의 얼굴도 분명히 볼 수 있게
했다. 제단과 회중석 사이의 구분을 최소화하기 위해서 제대 난간의 길이는 회
중석 긴 등받이 의자의 길이와 같게 했다.[4-39] 제2차 바티칸 공의회 이전에 지
어진 성당인데도 그 정신이 잘 나타나 있다.

　제단에서는 직교하는 큰 회중석과 작은 주중 측랑을 동시에 바라볼 수 있
다. 제단과 제대는 모두 정사각형이어서 두 방향의 공간에 동등하게 나타난다.
수백 명의 순례자가 순례자 측랑에 앉으면 제대를 대각선 방향으로 바라보게
된다. 이때는 제단을 둘러싸는 원의 4분의 1이 순례자 측랑을 향할 정도로 어
디에서나 제대를 볼 수 있다. 그러나 제대는 성당의 가장 안쪽에 있어서 안으

[4-34] 제대, 성녀 안나 성당, 독일 뒤렌

로 걸어들어가면서 가려 있던 베일이 서서히 벗겨지는 느낌을 받는다. 그래서 루돌프 슈바르츠는 이 성당의 제대를 "회중석의 변곡점"[41]이라고 표현했다.

제단에서 회중석을 보면 성당 안에서 가장 많은 빛을 바라보는 곳은 제단이다. 이곳에서는 순례자 측랑의 두 변에 걸쳐 순례자 측랑의 천장 높이의 두 배가 되는 유리블록 창을 통해 분산되어 들어오는 빛의 통을 마주하게 된다(본래는 유리블록으로 만들어졌으나 손상을 입어 1990년대 초에 스테인드글라스로 바뀌었다). 이처럼 이 성당에서 빛은 건물의 재료다.

제대 뒤의 벽면[4-35]에는 생명나무가 땅에서 솟아나 줄기에 풍성한 잎을 이루며 위로 올라가는 형상을 크기와 모양이 제각기 다른 돌로 엮어 만들었다. 이는 "주 하느님께서는 보기에 탐스럽고 먹기에 좋은 온갖 나무를 흙에서 자라게 하시고, 동산 한가운데에는 생명나무와, 선과 악을 알게 하는 나무를 자라게 하셨다"(창세 2,9)에 나오는 생명나무다. 외부에서는 생명나무의 둥치가 땅에 접해 있는 모습을 볼 수 있다. 회중석에는 이 생명나무가 제대에 "뿌리를 두고" 자라는 것으로 보이도록 제대의 측면에 두 개의 포물선을 합쳐 새겼다. 제대 뒤 벽면의 생명나무는 "강 이쪽저쪽에는 열두 번 열매를 맺는 생명나무가 있어서 다달이 열매를 내놓습니다. 그리고 그 나뭇잎은 민족들을 치료하는 데에 쓰입니다"(묵시 22,2)와 같이, 전쟁 이후에 필요한 치유를 강조하기 위함이었을 것이다.

줄기의 좌우에는 밝은 과일인 세 개의 구멍이 있고 일곱 개의 가지에 달려 위로 올라간다. 등이 일곱 개 달린 펜던트 등도 이 생명나무와 같은 개념에서 나왔다. 둥근 구멍에는 앨러배스터를 끼워 낮에는 바깥의 빛을 받고, 밤에 미사를 드릴 때는 불빛으로 생명나무를 밖에서 볼 수 있다. 루돌프 슈바르츠는 이런 이미지는 벽에 페인트로 그릴 수도 있었겠지만, 그렇게 하면 전체가 생명나무인 건물 안에 백성이 머물러 있음을 나타낼 수 없기 때문이라고 설명했다.

41   Rudolf Schwarz, "St. Anna Düren, 1951-6" in Adam Caruso, *Helen Thomas, Rudolf Schwarz and the Monumental Order of Things*, gta publishers, 2018, p.224.

[4-35] 제대 뒤의 벽면, 성녀 안나 성당, 독일 뒤렌

공간의 경험

주입구는 두 곳이 있다. 서쪽에 있는 주입구는 종탑으로 확연히 구분되는 곳에 낮고 좁게 마련되어 있다.[4-29, 4-32, 5-127] 다른 하나는 주중 측랑 가까운 곳에 있다. 높이가 50m인 종탑은 성당이 완공된 지 몇 년 후에 지어졌으며, 라임스톤으로 수평 띠를 세심하게 만들었다. 남쪽 입구로 들어가면 순례자 측랑 앞에 폭격에도 살아남았던 13세기의 고딕 양식의 포털이 서 있다.[4-36]

주입구에 들어서면 낮고 긴 순례자 측랑이 나타난다.[4-37] 낮게 내리누르는 듯한 천장은 마치 지하경당에 있는 듯한 느낌을 준다. 한편 대각선 보가 교차하는 곳에 가늘고 긴 원기둥을 세우고, 원기둥 사이에 유리블록으로 만든 다섯 개의 원형 천창을 둔 것은 고딕 대성당의 내부공간과 비슷하다. 주중 측랑을 향해 비스듬히 벌어져 있다. 출입구 쪽에서는 폭이 6m인데 주중 측랑 쪽에서는 14m로 넓어진다.

[4-36] 남쪽 입구, 성녀 안나 성당, 독일 뒤렌

성당, 빛의 성작

[4-37] 순례자 측랑, 성녀 안나 성당, 독일 뒤렌

이곳은 죄를 지은 인간의 어두움을 상기시킨다. 이 측랑에는 세례대와 세례반, 네 곳의 고해소가 늘어서 있고 벽에는 14처가 걸려 있다. 공간이 상당히 넓고 듬성듬성하게 놓인 전례적인 요소만 보면 얼핏 본래 목적이 정해지지 않은 모호한 공간으로 느껴진다. 주중 측랑과 만나는 경계선 부근에는 성녀 안나의 유해가 네 개의 둥근 기둥 위에 집 모양을 한 유해함(遺骸函, reliquary)에 안치되어 있다. 유해함 위에는 유리블록의 천창에서 빛이 비쳐진다. 신약과 구약의 경계선에 서 있듯이 주중 측랑의 밝은 벽을 배경으로 구약의 성녀 안나가 신약의 성모 마리아와 아기 예수를 바라보는 조각상이 서 있다.

회중석, 순례자 측랑, 주중 측랑 등 세 공간은 가운데에 있는 여섯 개의 기둥으로만 구분될 뿐 서로 연속되어 있다. 회중석의 끝에서도 순례자 측랑을 통해 주중 측랑의 제일 뒤가 보이고, 반대로 주중 측랑의 제일 뒤에서도 순례자 측랑을 통해 회중식의 뒷부분까지 볼 수 있다. 또 순례자 측랑에서도 회중석의 끝에서 주중 측랑의 끝까지 파노라마처럼 바라볼 수 있다. 성당의 모든 바닥에는 검은 슬레이트를 깔아 어디에 앉아 있더라도 하나의 공간 속에서 제대를 둘러싸고 있다고 느낀다.

어디에서도 모든 것이 보이니, 이 성당에서는 신자들이 공간 안에서 자유로이 움직일 수 있다. 주입구로 들어와 순례자 측랑을 지나 회중석으로 갈 때도 회중석의 제일 뒤에서 들어가지 않는다. 제대 앞에 많이 앉아 있으면 순례자 측랑의 중간쯤에서 들어갈 수도 있고 그보다도 뒤쪽에서 들어갈 수 있다. 주중 측랑을 갈 때도 서쪽 입구로 들어와 순례자 측랑을 지나가도 되고, 남쪽 입구로 들어와 곧장 주중 측랑으로 갈 수 있다. 또 남쪽 입구로 들어와 회중석을 갈 때도 어디에 가서 앉으면 될지를 미리 알고 적당히 내부를 지나갈 수 있다. 이처럼 엄격한 축을 따라 움직이지 않고 자유로이 움직일 수 있다. 그때마다 성당 내부의 건축적 풍경은 달라지고 움직이는 사람에 따라 다른 생기를 얻는다.

슈바르츠는 도시가 서로 다른 지역으로 배분되듯이, 성당의 견고한 벽 안에는 기도와 쉼의 작은 도시가 들어 있어야 한다고 보았다. 성당 안에 전례 물품(liturgical objects)[42]은 그냥 놓이는 것이 아니라 그 자체가 고유한 공간을 형성 한다. 따라서 제대는 제대의 공간, 회중석은 회중석의 공간, 주중 측랑은 주중 측랑의 공간, 안나 성해함 주변은 안나 성지의 공간, 고해소는 고해소의 공간, 세례대는 세례대의 공간을 각각 가지고 있다. 그렇게 되면 한 전례 물품에서 다른 전례 물품으로 걸어가는 것은 어떤 공공건물이나 모뉴먼트에서 다른 공공건물이나 모뉴먼트로 걸어가는 것과 같다. 이렇게 공간을 옮기면 그 사이에는 연속적인 평탄한 바닥과 오픈 플랜을 통해 '사이(in-between)'의 영역이 발생한다. 이렇게 하여 성녀 안나 성당에는 벽으로 에워싸인 큰 공간 안에 전례 물품을 둘러싸는 부공간이 절묘하게 배치되어 있다.

성당에 들어서면 동굴에 있는 성당과 하늘을 향해 높은 곳에 있는 성당이

---

42 성당 기물(church furnishings)이라고도 한다. 올바른 전례를 거행하기 위해 적합한 기물들을 사용한다.

성당, 빛의 성작

이웃하고 있다고 여길 정도로 두 공간의 어두움과 빛의 대비가 선명하다. 성당에 들어서면 어두운 순례자 측랑 앞에는 남쪽 창에서 빛을 받아 밝게 보이는 L자형의 벽면을 마주하게 된다. 루돌프 슈바르츠는 밝게 비치는 회중석의 벽은 우리를 보호해주는 거대한 망토이며, 영원한 하느님에게서 나오는 사랑을 선언하는 것이라고 했다. 회중석과 순례자 측랑을 가르는 기둥의 열은 이 공간에서 저 공간으로 넘어가는 문지방이다. 그는 이를 "베일과 같다"고 했다.

순례자 측랑은 어두운 세속의 공간에서 빛의 공간을 향해 걸어간다는 감각을 이끌어낸다. 이것은 루돌프 슈바르츠가 《육화된 성당》의 네 번째 계획에서 말한 바와 같다. "입구에서 순례자는 끝, 흔들림, 어두움, 옮겨감의 불확실성을 경험한다. 그러고는 그 앞에서 넓게 열리는 새로운 공간 속으로 나아가고 있다는 기쁨을 경험한다."[43] 어두운 쪽은 기둥으로 열리고, 밝은 쪽은 벽으로 내부를 강하게 에워싸고 있다. 은총의 빛은 높은 곳에서 내려오며, 그 빛을 반사하는 벽은 그 안에 모인 백성을 비춰준다.

회중석은 평면이 직사각형인 직육면체의 단순한 장축형 공간이다.[4-38] 이 공간은 아래는 검은 슬레이트 바닥, 위는 노출 콘크리트의 천장, 왼쪽은 옛 성당의 잔재를 정성스럽게 붙인 붉은 사암 벽, 그리고 오른쪽에는 어두운 순례자 측랑과 그 위의 빛의 벽으로 구성되어 있다. 위와 아래는 어둡고, 좌우의 벽은 밝다. 슬레이트는 어두운 회색으로 톤이 다양하고 빛을 흡수하거나 반사한다. 약간 거칠고 켜가 있으며 땅과 가까운 관계다. 사암은 색깔과 텍스처가 다양하다. 어떤 것은 밝고 어떤 것은 거칠며 돌과 돌의 이음매가 깊다. 콘크리트는 회색 톤에 변화가 많고 거칠며 시공할 때마다 톤이 달라진다. 반면에 차갑기도 하고 거푸집에 따라 매끄럽거나 거칠게 느껴진다.

대각선으로 교차하는 보로 구성된 천장은 공간을 더 길고 역동적으로 만들며, L자형으로 연결된 회중석과 주중 측랑을 더 분명히 하나의 공간으로 인식하게 한다. 이러한 평면은 그가 '일곱 개의 성당 계획' 중 두 번째 계획에서

43   Rudolf Schwarz, trans. by Cynthia Harris, *The Church Incarnate: The Sacred Function Of Christian Architecture*, Henry Regnery Company, 1958, p.140.

[4-38] 회중석, 성녀 안나 성당, 독일 뒤렌

[4-39] 성가대석, 성녀 안나 성당, 독일 뒤렌

말한 '열린 고리'와 같다.

벽 쪽에는 등이 한 개 달린 펜던트를 16개 달았고, 유리블록 창 쪽으로는 등이 일곱 개 달린 펜던트 등을 세 개마다 하나씩 모두 16개를 달아 회중석 전체를 밝히고 있다. 각각 견고한 벽체와 유리창의 텍스처에 대응하기 위함이다. 한편 성가대석은 회중석 뒤편에 두었다.[4-39] 성가대가 회중의 일부이면서도 전례에 쉽게 참여하도록 해야 한다는 그의 해석을 잘 표현하고 있다. 성가대석 위에는 파이프오르간이 있다.

롱샹 경당과의 비교

2012년 나는 세 번째로 롱샹 경당44[1-10, 3-61]을 방문해 20여 명의 신부들과 세 명의 평신도와 함께 아침 미사를 올렸다. 그날 아침에도 롱샹 경당의 빛과 공간은 참으로 눈부셨다. 그런데 미사를 시작하면서 그 전에는 전혀 경험할 수 없었고 아무도 말하지 않았던 새로운 사실을 알게 되었다.

아침 8시쯤 지났고 맑은 날이었는데도 내부가 너무 어두워서 주례사제는 미사 경본을 읽을 수가 없어 가까이 있는 다른 신부에게 태블릿 컴퓨터를 켜 달라고 할 정도였다. 미사가 시작되었다. 주례사제는 "성부와 성자와 성령의 이름으로. 아멘. 주님께서 여러분과 함께. 또한 사제의 영과 함께." 그러나 그토록 짧은 거리인데도 소리가 심하게 흔들려 무슨 말을 하는지 알아듣기가 어려웠다. 독서대는 멋진 조형으로 만들어졌지만, 그곳에서 읽는 소리는 겨우 10m 정도 떨어진 나에게도 전혀 들리지 않았다. 강론도 성가도 소음으로 허공에서 엉키며 감돌았다.

만일 이때 오르간으로 반주까지 했더라면 내부를 비추는 찬란한 빛과는 전혀 다른 체험을 더 깊이 했을 것이다. 관찰자의 입장에서는 롱샹 경당의 벽을 뚫고 들어오는 빛은 아름답고 경건해 보였다. 그러나 미사를 드릴 때는 눈이 내부의 벽체가 만드는 빛의 조형에 산만해짐을 느꼈다. 이날 여러 신부들과 함께 미사를 드리면서 나는 예전에 건축하는 사람들과 함께 갔을 때는 도저히

---

44 롱샹 경당과 관련된 내용은 171~174쪽을 참조.

알 수 없었던 롱샹 경당의 결함을 생생히 체험했다. 그리고 크게 낙심했다. 이 작은 마을 사람들이 왜 이 세기의 걸작인 롱샹 경당에 오지 않고 저 아래의 이름 없는 또 다른 '롱샹 경당'에 다니는지 그제야 이해가 되었다.

그 전에는 두 차례 다 건축하는 사람들과 함께 롱샹 경당을 찾았다. 나를 포함해 모든 이들은 세계적인 건축물이 가까워지면 다들 설레는 표정으로 카메라를 장전하기 시작했다. 어느 방향에서 보아도 아름답고 놀라운 조형에 감탄해 이 경당의 안팎을 돌아보는 동안 함께 간 사람들은 서로 아무 말도 하지 않았다. 책에서만 보았던 아름답고 놀라운 남쪽 벽의 창과 빛에 눈과 마음을 빼앗긴 채, 이들이 이 경당에서 하는 것은 오직 사진 촬영뿐이었다. 우리는 그 안에서 미사가 거행되는 것을 본 적이 없었다.

이듬해인 2013년에는 신부들과 함께 독일 현대 성당을 답사했다. 그때 성녀 안나 성당을 가 보았다. 이 성당은 롱샹 경당(1954)과 비슷한 시기인 1956년에 완성되었다. 그런데 만일 성녀 안나 성당이 롱샹 경당과 가까운 곳에 있었더라면 롱샹 경당은 이 성당과 비교가 되었을 것이다. 르 코르뷔지에의 롱샹 경당은 세계 최고의 성당으로 알아주지만, 성녀 안나 성당은 건축하는 사람들도 잘 모르고 어딘가에 소개되는 경우도 거의 없다.

그런데 이게 웬일인가? 성녀 안나 성당에 들어서는 순간, 마치 롱샹 경당과 비교라도 해보라는 듯이 육중한 파이프오르간이 연주되고 있었다. 나는 성당에 머무는 내내 이 소리를 들었는데, 육중하고 골고루 퍼지는 오르간 소리는 오르간이 내는 소리가 아니라 성당의 건축공간이 내는 소리였다. 성녀 안나 성당은 단지 잘 지어진 성당이 결코 아니다. 그것은 정성을 다해 바친 성당이며 전례를 공간으로 숙고한 뛰어난 성당이다.

그 후에 알게 된 것이지만 루돌프 슈바르츠가 보기에 가장 유혹적이지만 가장 부정적인 예는 르 코르뷔지에의 롱샹 경당이었다. 슈바르츠는 이 경당 건물을 몹시 싫어했다. "나는 르 코르뷔지에의 성당을 전혀 좋아하지 않는다. 왜냐하면 독일이 프랑스에 건설한 방어 요새 지역인 지크프리트선 (Siegfriedstellung 지크프리츠텔룽)에 있는 벙커에서 너무나 많은 시간을 보낸 나로서는 (벙커에 대한 부정적인 기억 때문에) 코르뷔지에가 어떻게 포신이 있는 벙커 모양으로 성당을 짓겠다는 생각을 할 수 있었는지 여전히 이해할 수 없기 때문이다."45

성당의 평면과 용어
성당의 유형과 평면
성당은 '에워싸는 것'을 공간으로 표현한 것이라고 앞에서 말했다. 그러면 '에워싸는 것'의 형태인 평면은 어떻게 되어 있는 것일까? 성당 건축의 기원으로는 동서로 긴 바실리카 형식과 집중식이라는 두 가지 유형이 있다.[4-40] 성당으로 들어오는 입구가 있는 서쪽이 정면이 된다. 내부는 회중석(會衆席, 네이브 nave)이라 부르는 폭이 넓은 중앙 부분이 있다. 이 부분은 다시 측랑(側廊, 아일 aisle)이라는 폭이 좁은 부분으로 나뉜다. 측랑과 측랑은 열주로 나뉜다. 한가운데의 측랑인 중랑(中廊)은 좌우의 측랑보다 천장이 높고, 열주 위에는 벽이 서 있다. 그 벽의 위에는 창을 뚫어 중랑에 빛을 비추었다.[4-45]

고대 로마의 집회소인 바실리카는 보통 직사각형의 긴 변에 두세 개의 입구를 두었다.[4-41] 또 짧은 변의 한쪽 끝이나 양쪽 끝은 '앱스(apse)'라 부르는 반원형 제단이 붙어 있다. 반원제단에는 사람들을 잘 볼 수 있게 바닥을 들어올린 '데이스(dais)'라는 널찍한 단을 두었다. 그곳에는 이교도의 신상이나 거대한 황제 조각상이 놓였고 귀족이 앉거나 때로는 황제가 앉았다. 그러나 이런 평면에서는 반원제단이 공간 전체의 중심이 되지는 않는다.[4-42]

산타 사비나 대성전(Basilica di Santa Sabina)[4-43]에서 보듯이, 그리스도교는 바실리카의 긴 변이 아니라 짧은 변에서 들어오게 했다. 이 때문에 반원제단이 중랑의 가장 깊은 자리를 차지하게 되었다. 반원제단 앞에는 제대를 두었고 그 주위에는 울타리를 둘렀지만, 중랑 등에서 그 안을 볼 수 있게 했다. 제단은 사제가 미사를 집전하는 곳이며, 거룩한 곳 중에서도 거룩한 곳 곧 지성소다. 그래서 바실리카식 성당은 공간적으로 안쪽을 향해 깊이 들어가는 강렬

---

45   Wolfgang Pehnt, "'Temperde Form': Church Building after 1945," in Adam Caruso, Helen Thomas, *Rudolf Schwarz and the Monumental Order of Things*, gta publishers, 2018, p.179.

한 수평성이 강조되어 있다. 이 방향성은 그 이후에도 계속 이어졌다.

다른 유형인 집중식 성당 평면은 모든 부분이 하나의 중심에 집중한다. 평면은 산타 코스탄자 성당[4-17~18]처럼 원형, 팔각형, 그리스 십자형 평면에 반드시 돔을 얹는다. 집중식 평면의 성당은 성당 안에 있는 일부 요소를 강조하거나 세례당이나 순교 성인의 묘 등에 많이 사용되었다. 집중식 평면에서는 중앙의 돔이 하늘을 향하는 움직임을 더욱 뚜렷하게 나타낸다.

십자가의 팔의 길이가 같은 그리스 십자 평면에서는 팔 위에 원통 모양의 볼트가 놓이고, 직육면체 위에 반원이 놓이며 다시 중앙의 가장 높은 곳에는 중요한 주제를 그린 돔이 놓인다. 이것은 많은 신자가 제단을 바라보며 미사를 올리기에는 적당하지 않아, 사람들이 적게 모이는 성당에 많이 쓰였다. 그러나 집중식 평면은 수직적으로 한 공간 안에 사람들이 모여 있다는 느낌을 강하게 나타낸다. 집중식 평면은 정교회에서 주로 사용하고, 가톨릭교회에서는 기본적으로 바실리카 형식을 많이 사용했다.

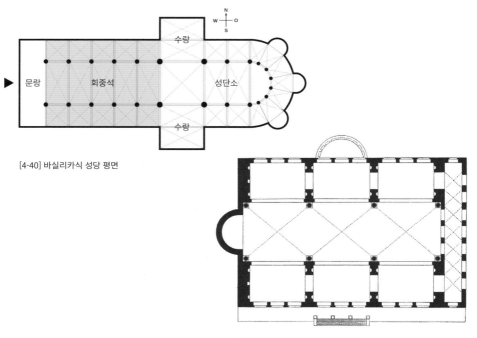

[4-40] 바실리카식 성당 평면

[4-41] 막센티우스 바실리카 평면도

성당, 빛의 성작

[4-42] 트라야누스 포룸의 중앙 바실리카 내부 복원도, 이탈리아 로마

[4-43] 산타 사비나 대성전, 이탈리아 로마

4. 전례의 공간

257

이 두 형식의 근원은 요한묵시록 21장에서 말하고 있는 '천상의 예루살렘'[3-53]의 이미지에 있다. "이어서 그 천사는 성령께 사로잡힌 나를 크고 높은 산 위로 데리고 가서는, 하늘로부터 하느님에게서 내려오는 거룩한 도성 예루살렘을 보여주었습니다. 그 도성은 하느님의 영광으로 빛나고 있었습니다. 그 광채는 매우 값진 보석 같았고 수정처럼 맑은 벽옥 같았습니다. 그 도성에는 크고 높은 성벽과 열두 성문이 있었습니다. 그 열두 성문에는 열두 천사가 지키고 있는데, 이스라엘 자손들의 열두 지파 이름이 하나씩 적혀 있었습니다. 동쪽에 성문이 셋, 북쪽에 성문이 셋, 남쪽에 성문이 셋, 서쪽에 성문이 셋 있었습니다. … 도성은 네모반듯하여 길이와 너비가 같았습니다. 그가 잣대로 도성을 재어보니, 길이와 너비와 높이가 똑같이 만 이천 스타디온이었습니다"(묵시 21,10-16).

"하늘로부터 하느님에게서 내려오는 거룩한 도성 예루살렘을 보여주었습니다"란 하늘(원형)의 움직임이 땅 위에서 사각형이 되는 이미지를 말한다. 원이란 중심에서 거리가 모두 같고 시작도 없고 끝도 없는 형태다. 원은 하느님의 무한하심과 완전하심을 나타낸다. 도성은 네모반듯하여 길이와 너비가 같았는데, 땅 위의 형체로서 직선으로 이루어진 것이 사각형이다. 이것이 집중형 그리스도교 성당의 원형이다.

바실리카 형식과 집중식이 합쳐지면 직육면체의 공간이 수평으로 진행하다가, 제단 가까이 돔이나 볼트 밑에서 수직 방향으로 바뀌며 하늘을 향한다. 전례가 거행되는 제단을 향해서는 '거룩한 길(via sacra)'이 강조되고, 원형의 돔은 하늘을 강조한다. 땅 위에 하늘이 있듯이 회중석의 직육면체 위에는 반구형의 돔이나 반원의 볼트가 얹어진다. 그래서 많은 성당은 예부터 천장을 푸르게 칠하고 별을 그려 넣어 돔이나 볼트로 하늘을 상징했다.

6세기에 지어진 라벤나의 산타폴리나레 누오보 대성전[3-3]은 고대 로마시대의 바실리카식을 그대로 유지하고 있지만, 그리스도교 성당을 크게 발전시킨 것은 바실리카 형식에 십자의 팔을 덧붙여서 만든 라틴십자 평면이었다. 예배의 기하학을 일반화하기는 어렵다. 그러나 십수 세기에 걸쳐 지어진 주요 성당의 평면은 십자가 형태, 더 정확하게 말하면 십자가에 매달린 사람의 형태를 따라 지어졌다.

교회는 라틴십자 평면에 중요한 의미를 부여했다. "그러자 예수께서 그들에게 대답하셨다. '이 성전을 허물어라. 그러면 내가 사흘 안에 다시 세우겠다.' 유대인들이 말하였다. '이 성전을 마흔여섯 해나 걸려 지었는데, 당신이 사흘 안에 다시 세우겠다는 말이오?' 그러나 그분께서 성전이라고 하신 것은 당신 몸을 두고 하신 말씀이었다"(요한 2,19-21). 이로써 그리스도인들에게 성당은 그리스도의 몸을 표현한 것이 되었고, 성당의 평면을 십자가 형태로 했다. 오툉의 호노리우스는 "제단은 그리스도의 머리를, 회중석은 몸통을, 수랑은 팔을, 제대는 그분의 심장 곧 존재의 중심을 나타낸다"고 했고, 망드의 주교 기욤 뒤랑도 "성당의 배치는 인체를 나타낸다. 왜냐하면 제단이 있는 장소는 머리를, 좌우의 십자는 팔과 손을, 서쪽에서 나타나는 다른 부분은 인체의 다른 부분을 표현하고 있다"고 했다.

성당에서는 전례에 따른 자리와 역할이 다르다.[4-44] 성당은 크게 제단과 신자들의 장소 두 부분으로 나뉘며,[46] 두 공간의 위계적 질서가 성당을 구성한다. 십자가의 머리에는 반원제단을 둔다. 중세 대성당에서는 반원제단의 앞에 성가대와 제단이 넓게 놓였다. 제단에는 제대, 독서대, 주례사제석, 부제석, 복사석 등이 있다. 십자가의 긴 부분에는 회중의 자리인 회중석을 둔다. 이곳에는 세례대, 경당, 성가대석, 회합실, 문랑 등이 놓인다.

회중석과 반원제단 사이에는 회중석에 직교하는 부분인 횡랑(橫廊, transept)이 더해질 수 있으며, 또 이것에서 팔처럼 확장된 수랑(袖廊)이 더해질 수 있다. 이 부분이 하느님의 세계와 인간의 세계 사이에 그어진 경계선으로 격자 스크린이나 난간이 놓인다. 또한 초기 그리스도교 성당에서 로마네스크 성당까지는 서쪽의 정면과 회중석 사이에 문랑이 붙어 있다. 고딕 대성당 이후에는 이것이 사라지거나 축소되면서 서측면 포털이 발달했고, 남쪽과 북쪽의 수랑에도 포털이 생겼다.

---

46 《로마 미사 경본 총지침》 295, 311, 312, 314, 318항.

성당의 요소

성당의 평면은 초기 그리스도교 시대 이후 수천 년 동안 기본적인 형태가 조금도 바뀌지 않았다. 그런데 애석하게도 성당의 여러 부분을 나타내는 우리말 이름이 교회 용어나 건축 용어로 정확하게 쓰이지 않는 예를 오랫동안 자주 보았다. 이는 건축 분야의 책임도 크지만, 하느님의 집에 관한 용어는 교회가 먼저 분명히 정해야 할 의무가 있다(이후 관련 도판은 262쪽 [4-44] 참조).

제단 부근

제단(祭壇)을 나타내는 용어가 많다. 라틴어로 제단은 presbyterium, sanctuarium이고, 영어로는 sanctuary, chancel이다. 먼저 'sanctuary'는 제대와 아주 가깝게 성별된 거룩한 부분이라는 뜻이 강조된 용어다. 'sanctuary'는 라틴어 'sanctuarium'에서 나왔다. '거룩한 것, 거룩한 사람'이란 의미를 가진 'sancta'나 'sancti'와 '-arium(무언가를 보존하려고 그 안에 담는 그릇)'이 합쳐진 말이다. 유대교 성전의 내부는 지성소(至聖所, the holy of holies, sanctum sanctorum)와 성소(聖所)로 나뉜다.[2-13~14] 지성소에 해당하는 것이 제대이므로, 제대와 가까운 부분은 성소라고 번역되어야 한다. 따라서 'sanctuary'를 제단(祭壇)이라고 번역하는 것[47]은 잘못된 것이다.

제단이라 할 때 '프레스비테리움(presbyterium)'도 사용한다. 이것은 반원 제단의 좌우로 둥근 벤치를 두고 주교를 둘러싸고 앉는 부분을 말한다. 곧 집전 사제가 앉는 자리라는 뜻이 강조된 용어다. 'presbyterium'이란 그리스어 'presbuterion'을 라틴어로 바꾼 것인데, 이는 원로회의(presbytery)라는 뜻이었으며, '프레스뷔테로스(presbuteros, 원로)'에서 나왔다. '성단소(chancel 또는 choir)'와 제대(altar 또는 sanctuary 성소) 사이에 있는 부분이 이에 해당한다. 제단이 동쪽을 향하고 있을 때 사제가 등을 돌리고 미사를 드리는 경우에 sanctuary(성소)로 보면 'presbyterium'은 서쪽에 놓이고, '성단소' 쪽에서 보면 동쪽에 놓인다. 가톨릭교회에서 품계(ordo)를 말할 때도 주교품, 사제품, 부제

47　주비언 피터 랑, 《전례사전》, 박요한 영식 옮김, 가톨릭출판사, 2005, 419쪽.

품이 있는데, 사제품을 'ordo presbyterorum'이라고 부른다(《가톨릭교회 교리서》1537항). 그러다가 이 부분에 제대가 포함되고 그 주변에 주례사제를 위한 자리가 마련되면서 다른 용어들과 혼용해 사용되었다.

《로마 미사 경본 총지침》295항은 "제단은 제대가 있고 하느님 말씀이 선포되고 사제, 부제, 다른 봉사자들이 자기 임무를 수행하는 곳이다. 조금 높게 만들거나 특별한 구조와 장식으로 성당의 다른 부분과 뚜렷이 구별되게 해야 한다. 그리고 성찬례 거행을 편리하게 수행할 수 있고 신자들이 그 거행을 잘 볼 수 있도록 충분히 넓어야 한다"고 말한다.

여기에서 "제단은 제대가 있고 하느님 말씀이 선포되고"와, "조금 높게 만들거나 특별한 구조와 장식으로 성당의 다른 부분과 뚜렷이 구별되게 해야 한다"란 'sanctuary'의 제단을 뜻하고, "사제, 부제, 다른 봉사자들이 자기 임무를 수행하는 곳"이란 'presbyterium'의 제단을 뜻하며, "성찬례 거행을 편리하게 수행할 수 있고 신자들이 그 거행을 잘 볼 수 있도록 충분히 넓어야 한다"는 회중석에 대한 제단의 의미를 말한 것이다.

또한 '챈슬(chancel)'은 제대와 가까운 곳에 전례의 특별한 역할을 하는 이들을 위해 난간(cancelli [영]rail)으로 구획한 부분을 말한다. 곧 제단이 난간이나 스크린 등으로 구획되어 회중석과 구분되어 있음을 강조한 용어다. 'cancelli(cancellus의 복수)'는 성당의 본체를 구분하는 난간을 뜻하는 단어다. 이것은 성소(sanctuary)와 제대가 있는 공간만을 감싸는 것이었으나, 후에 성가대석을 포함한 성당의 동쪽 부분을 가리키는 용어가 되었다. 그러던 것이 중세에 특히 이렇게 구획된 곳에서 의전 사제들이 성가를 부르는 곳이 '챈슬' 안에 놓여 있어 이를 '성가대석(choir)'이라고도 불렀다. 성가대석을 '가대(歌臺)'라고도 부른다. 그래서 성단소와 회중석을 분리하는 스크린을 챈슬 스크린(chancel screen) 또는 성가대석 스크린(choir screen)이라 한다.

《전례사전》은 '챈슬'을 성단소(聖壇所)[48]라 번역한다. 성단(聖壇)은 제대이고, 일정한 곳이라는 뜻의 '소(所)'가 붙어 스크린 등으로 구획된 곳이라는 뜻

---

48   주비언 피터 랑, 《전례사전》, 박요한 영식 옮김, 가톨릭출판사, 2005, 225쪽.

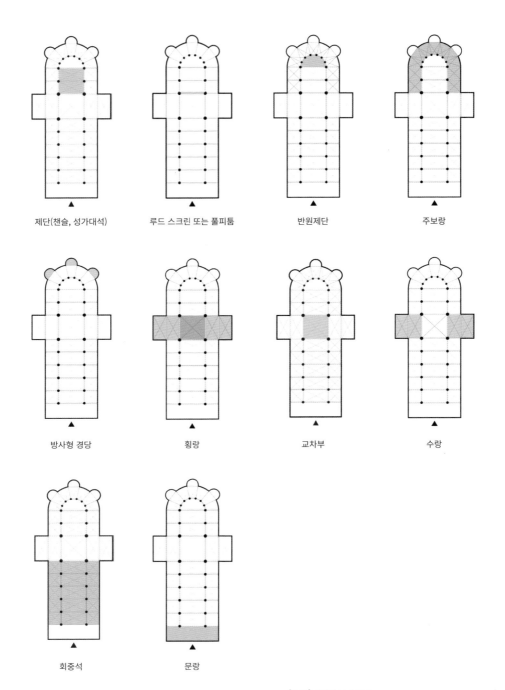

제단(챈슬, 성가대석) 루드 스크린 또는 풀피툼 반원제단 주보랑

방사형 경당 횡랑 교차부 수랑

회중석 문랑

[4-44] 성당의 구성 요소

성당, 빛의 성작

을 나타낸다고 보아 적절한 번역이다. 그러나 이를 일본어 번역으로 '내진(內陣)'이라 불러서 안 된다. 내진은 "신사(神社)의 본전(本殿)이나 사원의 본당으로 신체(神體) 또는 본존을 안치하고 있는 신성한 장소"라는 뜻이다. '신체'란 일본 신도(神道)에서 신이 들어 있는 물체를 말한다. 때로는 성단소와 성가대석이 겹칠 때가 있어 '가대'를 '내진(內陣, choir)'으로 번역하는 경우가 있는데, 이도 잘못된 것이다.

반원제단(apse)이 있다. 이는 축의 끝에 있으며 제대를 놓으려고 만든 반원이나 반다각형 공간을 말한다. 라틴어 apsis에서 나왔는데 아치, 볼트 또는 바퀴라는 말이다. 본래 그리스어로는 바퀴를 만들 때 호(弧)를 이어 원을 이루는 것을 말한다. 이에 대한 적절한 번역어가 없어 앱스, 압시스, 압시데(ábside), 후진(後陣) 등 여러 가지로 불러 혼돈스럽다. 충분하지는 못하나 성당 끝에 반원으로 확장한 부분이라는 점에서 반원제단이라 이름 지었다. 건축사 교과서에는 이를 후진(後陣)이라고 번역한 것이 많다. 그러나 후진(後陣)은 내진(內陣)에 대응해서 만든 일본어 건축 용어이며, 주보랑에 둘러싸인 반원형 공간만을 가리키는 말이므로 'apse'를 제대로 번역한 말은 아니다.

주보랑(周步廊, ambulatory)은 거행되고 있는 미사를 방해하지 않고도 신자나 순례자들이 제대가 있는 반원 공간을 둘러싸며 다닐 수 있게 만든 U자형 통로이며 중세 로마네스크 성당을 찾아오는 순례자의 수가 늘면서 마련되었는데 고딕 대성당에 이르러서 더 잘 나타난다. 'ambulare'는 돌아다닌다는 뜻이다. 주보랑 바깥으로 방사하는 모양으로 배치된 작은 경당은 '방사형 경당(radiating chapel, apsidal chapel)'이라고 이름 지었다. 프랑스에서는 셰베(chevet)라고 한다. 따라서 경당을 '제의실'로, 주보랑을 '머리회랑'이라 번역하고는 이를 합쳐 '제의실 머리회랑'[49]이라 불러서도 안 된다.

성당의 전통적인 평면은 바실리카에 십자가처럼 팔이 덧붙어 있다. 이 부분을 건축 용어로는 트랜셉트(transept)라 하는데, 건축사 교과서에는 익랑(翼

---

49 성당 건축을 설명하는 데 잘못된 용어가 너무 많이 쓰인다. 서측 정면을 '서측 정면도(facade)', 고창층을 '광창', 부벽 또는 버팀벽을 '부축벽'이라 한다든지, 트랜셉트를 "교회의 팔에 해당하는 부분으로, 네이브에 직각으로 교차하는 공간"이라고도 하고, '중앙 교차부'를 "축소된 트랜셉트"라고 설명하기도 한다.

廊)이나 수랑(袖廊)이라는 일본어 번역을 쓰고 있다. 그러나 트랜셉트란 정확하게는 '주축에 수직으로 횡단하는 부분'이므로 이를 **횡랑(橫廊)**이라고 번역하는 것이 옳다.

회중석과 제단이 횡랑과 만나는 공간은 **교차부**(crossing)다. 제대 반원 공간이 동쪽을 향하는 경우 횡랑은 '북쪽 팔+교차부+남쪽 팔' 모두를 말한다. 그런데 교차부 좌우에 직각으로 밖으로 뻗어나와 있는 단위 공간을 영어로 'arm(팔)'이라고 부른다. 이에 소매 수(袖) 자가 '팔'을 나타낸다고 보아 이를 일본어 번역인 **수랑(袖廊)**을 그대로 받아들여 사용하는 것이 좋다고 본다. 이때 이 부분은 영어로 'transept'가 아니라 'arm'이다. 그래서 횡랑은 '북쪽 수랑+교차부+남쪽 수랑'이 된다. 수랑(袖廊)은 직역하면 '소매채'가 되지만 그렇다면 횡랑(橫廊)은 '가로채'로 불러야 하므로 어색하니 이를 굳이 '소매채'나 '가로채'라고 부르지 않는 것이 좋다.

회중석 부근

성당 평면을 수직으로 놓고 보았을 때 제단의 아랫부분이 회중석(nave)이다. 횡랑(橫廊, transept)이 있으면 횡랑과 문랑 사이가 회중석이다. 이를 신도석 또는 신자석이라 하며, 건축 용어로는 흔히 신랑(身廊)이라 부른다.《가톨릭대사전》이나《전례사전》에는 'nave'를 '신도석'이라고 번역하고 있다. 이는 교회법 204조에서 신도들이란 세례성사로 그리스도와 일치함으로써 하느님 백성을 이루는 이들이라고 정의한 것과 상통한다. '신도'라는 말보다는 '신자'라는 말을 더 많이 쓰는데 신도나 신자에는 성직자, 수도자, 평신도가 모두 포함된다. 신자 중에서 성직자나 수도자가 아닌 신자를 '평신도'라고 하므로, 'nave'는 '평신도석' 또는 '평신자석'이라고 해야 할 것이다. 다만 신도는 평신도와 같은 말로 사용되기도 한다. 따라서 전례를 거행하기 위해 모인, 곧 미사를 드리기 위해 모인 모든 이들을 '전례 회중(典禮會衆, liturgical assembly)'이라고 하므로 'nave'의 번역어는 회중석이 적절하다.

옛 성당에서는 지붕을 받치는 기둥 때문에 nave가 열주로 한정되어 세로로 긴 공간인 aisle(아일)로 나뉜다. 따라서 nave는 긴 공간이 세 개든 다섯 개든

aisle을 모두 합친 것이다. 가운데 aisle은 'central aisle'이라 하고, 그 좌우는 'side aisle'이라고 한다. 성당이 작으면 nave 자체가 aisle이 되는 경우도 있다. 원형 평면이면 nave가 제대를 둘러싸고 회중이 앉으면 nave와 aisle의 구분이 없다. 사전에는 좌석이 놓이는 열 사이의 긴 공간을 aisle이라고 하고 있으나, 성당 안에 의자를 놓기 전에 사람들이 서 있었을 때도 이를 aisle이라 불렀다.

그런데 성당에 관한 용어 중 제일 혼동이 많은 것은 네이브에 대한 이해와 번역어다. 대부분의 사전과 건축 책은 여러 '아일' 중에서 가운데의 긴 공간을 nave라 하고 그 좌우에 있는 것을 aisle이라고 부르는데, 이는 잘못된 것이다. 평면이 기둥과 벽으로 몇 개로 나뉠지라도 그 전체가 네이브인 것을 잘 모르고 있다. 또 아일을 '회랑'이라고 번역한 예도 있다.[50]

아일은 본래 기둥으로 구획된 긴 공간이지 단순히 통로(passage)가 아니며, 문을 지나 방으로 들어가게 하는 통로인 복도(corridor)는 더욱 아니다. 따라서 그저 통로라고 할 수 없다. 또 네이브(nave)는 의자를 배치하는 전례 공간이며, 아일(aisle)은 순례자와 방문자를 위한 통로로 사용되는 빈 공간이라고 잘 못 알고 있는 경우도 많다. 네이브나 아일은 모두 전례 공간이며, 의자를 놓는가 놓지 않는가로 네이브가 정해지는 것이 아니다. 또한 아일은 복도처럼 사람이 지나다니는 통로도 아니며, 아일에도 의자를 놓을 수 있다. 따라서 이를 '옆 복도'라고 불러서도 안 된다.

이 'aisle'을 번역할 말이 마땅치 않다. 그러나 우리말에 대문간에 붙어 있는 방을 행랑(行廊)이라 했고 궁궐, 절 따위의 정당(正堂) 앞이나 좌우에 지은 줄행랑을 월랑(月廊)이라 했으니, 가운데 있는 긴 공간인 '아일'은 중랑(中廊, central aisle), 좌우의 조금 낮은 긴 공간은 측랑(側廊, side aisle)이라 부르는 것이 옳다.[4-45] 성당은 보통 회중석 전체가 세 개의 긴 공간으로 나뉘면 3랑식(三廊式), 측랑을 좌우에 두 개씩 모두 네 개를 두면 5랑식(五廊式) 성당이라 부른다.

그중에서 가장 많이 잘못 말하고 있는 것은 중랑(中廊)을 일본어 번역을 따

50   "신도석 양측에 있는 외벽과 내부 기둥들 사이에 난 긴 통로를 가리킨다. 신도석 사이의 통로는 회랑이라 하지 않는다." 주비언 피터 랑, 《전례사전》, 박요한 영식 옮김, 가톨릭출판사, 2005, 501쪽.

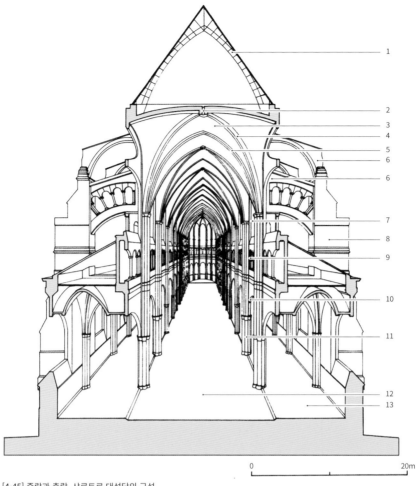

[4-45] 중랑과 측랑, 샤르트르 대성당의 구성
1. 지붕틀 2. 천장 요석(要石, boss) 3. 볼트 패널 4. 대각선 리브(diagonal rib, ogive) 5. 횡단 아치(transverse arch)
6. 플라잉 버트레스(flying buttress) 7. 고창층(高窓層, clerestory) 8. 버팀벽(buttress) 9. 삼창통로층(三窓通路層, triforium) 10. 대(大) 아치 11. 피어(大柱, pier) 12. 중랑(中廊, central aisle) 13. 측랑(側廊, side aisle)

라 신랑(身廊)이라 부르고, 신랑을 'nave'라고 하는 경우다. 이것은 십자가의 예수님의 몸을 연상하도록 '몸 신(身)' 자를 사용한 것 같다. 또한 신랑(身廊)을 몸(身)+채(廊)로 보아 네이브를 '몸체'로 번역하는 경우도 있는데 이 또한 잘못된 것이다. 《전례사전》에 '아일'이 회랑(回廊)이라고 나와 있는데, 회랑은 'cloister'이며, 한쪽은 건물의 벽을 따르고 다른 한쪽은 중정에 면해 열주가 서 있는 통로를 말하므로 이것도 크게 잘못된 번역이다.

미사가 시작되기 전 해설자가 중앙 통로를 중심으로 자리를 바짝 당겨달라고 말하는 경우를 종종 듣는다. 본래는 중앙에 의자를 놓지 않다가 후에 의자를 놓게 되어 사제가 입당할 때 지나는 곳이 생겼으므로 이 부분에 대한 분명한 용어가 없다. 그러나 중앙 통로는 전례상 행렬(procession)이 이루어지는 통로(passage)이므로 이를 '행렬 통로'라 부르는 것이 옳을 것이다. 그 대신 좌우의 측면을 지나는 통로는 '좌측 통로' 또는 '우측 통로'라고 부르기로 한다.

로마네스크 성당에 들어서자마자 나타나는 부분을 '나르텍스(narthex)'라고 한다. 이 또한 번역어가 없어서 그냥 나르텍스라고 하거나 드물게 일본어 용어인 '배랑(拜廊)'이라고 부르고 있으나 '절하는 채'라는 뜻이 어색하다.《전례사전》에는 '성당 앞의 주랑'이라고 번역했으나, 주랑(柱廊)이란 기둥과 지붕뿐이고 벽이 없이 좌우가 트여 있는 복도를 말한다. 나르텍스는 그런 주랑이 아니다. 또 나르텍스는 성당문과 성당 내부 사이에 있는 것인데, 이를 성당 앞에 있다고 하니 맞지 않는다. 그러나 시편에 "저의 하느님 집 문간에 서 있기가 악인의 천막 안에 살기보다 더 좋습니다"(84,11)라는 말씀을 참고하면, 나르텍스는 '하느님 집 문간'이 된다. 따라서 나르텍스는 **문랑(門廊)**이라고 부르는 것이 타당하다.

내부에 빛을 주려고 측랑보다 천장의 높이가 높은 중랑의 벽에 높은 창[高窓]을 둔다. 이때 창들이 열을 이루며 놓이는 부분이 있는 '층'을 '클리어스토리(clerestory)'라고 하므로, 이를 **고창층(高窓層)**이라고 번역했다. 따라서 이를 광창(光窓) 등으로 번역하면 안 된다. 또한 고창층 밑에 작은 창이 세 개가 묶여 있는 벽의 중간층은 **삼창통로층(三窓通路層, triforium, 트리포리움)**이라 번역했다.

성당의 용어

교회 건축(ecclesiastical architecture)이란 교회를 위한 건물 전반을 가리킨다.《가톨릭대사전》에 따르면 교회 건축은 성당, 경당, 묘 이외에 미사와 간접적으로 결부되는 것, 그중에서도 수도원, 신자의 회관, 종교적 관련 단체의 회관, 사제관 등이다.

교회법에서는 성당(聖堂, ecclesia, [영]church)을 "하느님 경배를 위하여 지정된 거룩한 건물"(제1214조)이라고 하고,《천주교 용어 자료집》에서는 성당을 "하느님을 경배하기 위해 축성한 거룩한 건물. 신자 공동체가 기도하고 미사에 참례하기 위해 모이는 장소이며, 성체 안에 현존하시는 하느님의 거처이다"라고 설명한다. 1995년 한국주교회의는 성당, 소성당, 경당을 모두 성당(聖堂)이라고 하되, 성당(ecclesia)과 법적 구분이 필요할 때만 '소성당'이나 '경당'이라고 했다. 프랑스어로는 '에글리즈(église)', 스페인어로는 '이글레시아(iglesia)', 영어로는 '처치(church)', 이탈리아어로는 '키에사(chiesa)', 독일어로는 '키르헤(kirche)'다. '에클레시아(ecclesia)'는 본디 '교회(하느님의 백성)'이지만, 건물을 가리킬 때는 '성당'이라고 한다.

교회법은 성당이나 경당 등을 말하기 전 '거룩한 장소'를 말한다. "거룩한 장소란 하느님 경배나 신자들의 매장을 위하여 전례서가 이 목적으로 규정한 봉헌이나 축복으로 지정된 장소다"(제1205조, 제4권 제3편 제1장 '거룩한 장소'). 교회법은 '거룩한 장소'를 성당(제1절), 경당과 사설 예배실(제2절), 순례지(제3절)와 제대(제4절), 묘지(제5절) 등 다섯 가지로 구분한다.

교회법은 먼저 '성당'을 말한다. "성당은 하느님 경배를 위하여 지정된 거룩한 건물을 뜻하며, 신자들은 하느님 경배를 특히 공적으로 행하기 위하여 이 집에 출입할 권리가 있다"(제1214조, 같은 장의 제1절). 그리고 절을 달리하여 '경당과 사설 예배실'을 말한다. "경당은 어떤 공동체나 또는 그곳에 모이는 신자들의 집단의 편익을 위하여 직권자의 허가로 지정된 하느님 경배의 장소를 뜻하며, 다른 신자들도 관할 장상의 동의 아래 그곳에 출입할 수 있다"(제1223조, 같은 장 제2절).

교회법에 따르면 '경당과 사설 예배실'은 성당이 아니다.《가톨릭대사전》은 교회법의 규정에 따라 "경신례를 위해 모든 신자들이 이용하도록 지정된 거룩한 건물. 성당은 경신례를 위한 이용자의 범위가 모든 신자라는 점에서 그 범위가 특정 집단인 경당(oratories), 한 명 또는 여러 명의 자연인인 개인 소성당(private chapels) 등과 다르다"고 되어 있다. 그런데《가톨릭사전-용어사전》에는 "넓은 의미에서 성당은 하느님 경배를 위해 지정된 모든 건물을 말한다. 그

　　　　　　　　　　　　　　　　　　성당, 빛의 성작

러므로 대성전, 경당, 사설 예배실 등도 성당에 해당한다"고 적고 있다. 그러나 성당은 경당과 사설 예배실과 같지 않다.

대성당(ecclesia cathedralis, [영]cathedral, 주교좌성당 主敎座聖堂)은 지역 교회 교구장 주교가 관할권을 행사하는 성당으로 주교좌가 있는 성당이다. 대성당은 프랑스어로는 cathédrale, 영어로는 cathedral이라 하는데 이것은 라틴어 카테드라(cathedra)에서 나왔다. 주교가 앉는 의자인 카테드라가 제단에 고정되어 있는 성당이라는 뜻이다.

명동대성당의 정식 명칭은 '천주교 서울대교구 주교좌 명동대성당'이다. 주교좌성당은 주교의 직위에 따라 '총대주교좌성당', '수석대주교좌성당', '대주교좌성당', '주교좌성당'으로 구분하기도 한다. 독일에서는 대성당은 '돔(Dom)'이라고 하고, 이탈리아에서는 '두오모(Duomo)'라고 부른다. 이것은 라틴어 '도무스(domus)'에서 나왔다. '도무스'란 집이라는 뜻이다. 특히 중세에서는 '도무스'란 '하느님의 집(도무스 데이 domus Dei)'을 뜻했다.

대(大)성당이라 해서 교구에서 가장 크고 웅장한 성당 또는 크기가 큰 성당을 말하는 것이 아니다. 그런데도 본당 주보를 보면 '전입 교우 환영식 교중미사 중 대성당'이라는 등의 잘못된 표현을 많이 본다. 이는 본당 중 예배를 드릴 가장 큰 공간을 이르는 것일 테지만, 그렇다고 이렇게 말하는 것은 잘못된 것이다.

대성전(大聖殿, 바실리카 basilica)은 '성 베드로 대성전과 성 바오로 대성전 봉헌 축일'이라고 표현하듯이 교황만이 특전을 부여하며, 역사와 예술, 신앙적인 면에서 중요성이 인정되는 성당이다. 바실리카는 3장에서 설명한 바와 같이 교회의 건축 양식을 나타내기 위해 사용할 때는 그대로 '바실리카'라고 말한다.

상급 대성전은 대(大)바실리카(basilica maior, major basilica)라고 하며 교황만이 사용할 수 있는 제대와 성년에만 열리는 성문이 있다. 라테라노 대성전, 베드로 대성전, 성 바오로 대성전, 성모 마리아 대성전 등 4대 대성전이 대바실리카다. 바티칸의 성베드로 성당은 정식 명칭이 '성 베드로 바실리카(라틴어로 Basilica Sancti Petri, 이탈리아어로 Basilica di San Pietro in Vaticano)'다. 하급 대성전은 준대성전(準大聖殿, basilica minor, minor basilica)이라고 하며, 예루살렘의 성 십자가 대성전, 카타콤바의 성 세바스티아노 대성전, 트란스테의 성모 마리아 대성전, 12사도 대성전, 빈콜리 성 베드로 대성전, 천사들의 성모 마리아 대성전 등이 있다.

대성전에는 로마 가톨릭의 상징인 '움브라쿨룸(umbraculum)'을 제대 오른쪽에 건다. '큰 우산'이라는 뜻이다. 대성전은 황금색과 붉은 벨벳을 사용하고 준대성전은 빨갛고 노란색의 비단을 사용한다. 그런데도 "기존 대성전은 그대로 두고 이번에 새로 신축한 건물은 …"이라며 본당에서 다른 작은 집회실과 비교하여 크기가 크다고 성당을 대성전이라고 부르는 것도 잘못된 것이다.

성전(Temple, 聖殿)은 이스라엘 사람들이 주 하느님을 섬기던 신전을 말한다. 당시의 성전은 예루살렘 한 곳뿐이었다.[51] 역사적으로 성전은 구약시대에 솔로몬 성전과 즈루빠벨 성전, 헤로데 성전 등 세 개가 건축되었는데 모두 같은 자리에 세워졌다. 성경의 '성전'이라는 용어는 상징적인 의미로 쓴다. 그런데 본당 중 미사를 드리는 가장 큰 곳을 '성전'이라고 따로 부르는 경우를 많이 본다. 성당을 성전으로 바꾸어 부르며 '성전 건립', '성전 건축을 위하여'라고 말하는 것은 잘못 존칭하는 것이다. 성당을 성전으로 바꾸어 부르는 것은 'church'를 'Temple'로 바꾸어 부르는 것과 같다. 그렇다면 '성전 봉헌'은 '성당 봉헌'으로 바뀌어야 할 것이다.

본당(本堂, parish)은 교구(diocese)에 소속되어 실제적으로 교회 공동체를 이루는 단위교회다. 쉽게 말하면 내가 다니는 동네의 성당이라는 뜻이다. 이를 이웃 성당과 구분할 때 '본당'이라는 말을 사용한다. 성당은 미사를 드리는 장소가 있는 건축물을 가리키지만, 내가 다니는 '○○성당'을 '○○본당'이라고 하면 내가 그 교회 공동체에 소속된 신자임을 나타낸다.

이에 대해 공소(公所, secondary station, station)는 본당 사목구 주임 사제가 상주하지 않고 순회하며 사목하는 구역 신자들의 공동체다. 본당보다 작은 교

---

51 이런 이유에서 예루살렘 성전은 'the Temple'이라고 표현한다. 《천주교 용어사전》에서 "성전은 이스라엘 사람들이 야훼 하느님을 섬기던 신전, 즉 시나고가(Synagoga)에서 비롯되었다"는 설명이 나오는데 이는 잘못된 것이다. 시나고가는 바빌론 포로 시대에 잃어버린 성전을 대체한 것이었다.

회 단위로서, 사제가 상주하지 않아 날마다 미사가 봉헌되지 못하고, 보통 공소 회장을 중심으로 공소 예절을 드리며 담당 사제가 정기적으로 방문하는 때에 성사가 집행된다.

성당과 교회는 그리스도교의 미사나 예배를 행하기 위해 모이는 장소인 건물을 의미할 때는 같이 사용할 수 있다. '○○성당'의 정식 명칭은 '천주교 ○○(동) 성당', 영어로는 '○○ Catholic Church'다. 그런데 '교회'는 건물을 뜻하기 이전에 '하느님 백성의 모임'이라는 뜻[52]이었으므로 동방교회, 서방교회, 정교회, 영국국교회, 개신교회 등 그리스도교 안에서 교파를 의미할 때도 모두 사용되는 단어다. 천주교회는 가톨릭교회, 'Catholic church'이며, 개신교회는 프로테스탄트교회, 'Protestant church'다. 그런데도 교회라고 하면 그것이 곧 개신교회를 의미하는 것으로 잘못 알고 있다. 또 우리나라에서는 예배하는 건물로 말할 때도 성당은 가톨릭의 미사 장소이지만, '교회'는 개신교의 예배 장소의 전용어처럼 구분해서 사용하는 경우가 허다한 것도 잘못이다.

교회당은 성당이나 교회를 뜻하는 영어 'church'가 믿는 이들의 집합체이면서 건물을 함께 나타내기 때문에 이를 구별해 건물을 나타낼 때 사용한다. 교회법 제933조에 "가톨릭교회와 온전한 친교가 없는 교회나 교회 공동체의 교회당에서도 추문을 피하면서 성찬을 거행할 수 있다"고 하며 교회당이라는 용어를 사용하기도 하지만 거의 쓰이지 않는다.

성당은 모든 신자를 위한 것이지만, **경당**(經堂, chapel) "어떤 공동체나 또는 그곳에 모이는 신자들의 집단의 편익을 위하여 직권자의 허가로 지정된 하느님 경배의 장소"(교회법 1223조)다. 수도원이나 신학교 같은 곳에 지정된 하느님 경배의 장소도 경당이다. 경당은 따로 독립하여 있을 수도 있고, 큰 성당의 어떤 구역이나 학교, 병원, 수도원의 어떤 방일 수도 있다. 유럽의 대성당이나 규모가 큰 성당에 들어가면 벽면 쪽으로 성당의 일부를 이루며 작은 제대가 놓인 부속 공간이 있다. 이를 '측면 경당(side chapel)'이라고 한다.

'chapel'이라는 단어는 투르의 생마르탱(Saint-Martin of Tours)의 망토를 모

---

52   이에 대해서는 2장 '하느님 백성의 집'에서 자세히 설명했다.

[4-46] 성 패트릭 대성당 성모 경당, 아일랜드 더블린

시는 데 쓰인 천막이 카펠라(cappella)로 알려져 있는데, 성인의 유해가 옮겨질 때 기도를 바치던 영역에 이 말을 사용한 데에서 비롯했다. 건축사 교과서에는 그 안에 언제나 제대가 있고 크기가 방 정도의 제실(祭室)이라 잘못 번역하고 있는데 이는 교회 용어가 아니다.

여기에 일반적으로 혼돈을 주는 것이 개신교에서 말하는 예배당이다. 가톨릭교회에서는 경당을 예배당이라 번역해서는 안 된다. 그런데도《가톨릭대사전》에서 "시스티나 성당은 교황의 사적인 예배당이며, 교황 선출을 위한 추기경 회의가 거행되는 장소이다"라고 설명하는 등 잘못된 용례가 보인다.

교회법에는 사설 예배실이라는 용어가 있다. 이는 한 명이나 여러 명의 자연인들의 편익을 위하여 교구 직권자의 허가로 지정된 하느님 경배의 장소를 뜻하지만, 그것은 어디까지나 '사설' 예배실이지 그냥 예배실이라 하지 않으며

성당, 빛의 성작

[4-47] 성녀 클라라 오라토리, 산 다미아노 수도원, 14세기 프레스코, 이탈리아 아씨시

더욱이 예배당은 아니다.

　　성모 경당(聖母經堂, lady chapel)[4-46]은 복되신 동정 마리아에게 봉헌된 경당으로서 특히 중세 때부터 기원하는 주교좌성당에 붙어 있는 경당을 가리킨다. 제대 밑을 판 지하실이며 납골소로 이용되는 **지하경당**(地下經堂, crypt)도 있다. 이곳이 정규적으로 미사를 집전하는 데 사용되면 이를 지하성당(crypt church)이라고 부른다.

　　기도소(oratory, oratorium)[4-47]는 라틴어로 oratorium, 곧 '기도를 위한 장소'를 말한다. 전례법이 금지하지 않거나 직권자가 직접 제한하지 않는 한, 모든 전례 행사와 신심 행위를 거행할 수 있도록 직권자가 따로 설립한 기도 장소다. 그러나 《전례사전》처럼 '기도원'이라고 번역하면 개신교의 기도원으로 오인되기 쉽다.

순교자 기념 성당[5-81, 131]은 순교자나 순교자들의 유해를 모시고자 지어진 성당 또는 순교한 곳에 지어진 성당으로 영어로는 'martyrium'이라고 하여 따로 부른다.

성당, 빛의 성작

5

성당의
자리

제단

성별된 거룩한 곳

제단(祭壇)은 제사를 올리기 위해 쌓은 단이며 종교의 원초적인 요소다. 제단은 하느님께서 나타나신 곳에 쌓았고, 하느님의 이름을 받들어 부르기 위해 쌓았다. "주님께서 아브람에게 나타나 말씀하셨다. '내가 이 땅을 너의 후손에게 주겠다.' 아브람은 자기에게 나타나신 주님을 위하여 그곳에 제단을 쌓았다"(창세 12,7). "그는 그곳에 제단을 쌓고 주님의 이름을 받들어 불렀다. 이사악은 그곳에 천막을 치고 그의 종들은 그곳에서도 우물을 팠다"(창세 26,25).

제단은 거룩한 곳이고 성별되는 곳이다. "너는 이레 동안 제단을 위하여 속죄 예식을 거행하여 그것을 성별하여라. 그러면 제단은 가장 거룩한 것이 되고, 거기에 닿는 것도 모두 거룩하게 된다"(탈출 29,37). 제단은 인간의 영역과 하느님의 영역이 명확히 구분되는 곳이다. 제단은 인간의 영역이 끝나는 곳이고 하느님의 영역이 시작되는 곳이다. 그래서 제단을 하늘에 이르는 문, 문지방, 문턱이라 말한다. 그렇지만 성경에 '제대'라는 말은 나타나지 않는다. 신약성서가 기록될 때 제대는 공동체가 성찬을 거행하던 식탁, 하늘에 계신 아버지께서 우리와 함께하시는 식탁이 되었다.

성당은 제대의 거룩함이 퍼져 나와 제대 주변을 거쳐 그 힘이 가득 채워지는 공간이다. 제대 주변이란 제단(sanctuary)의 바닥, 벽, 천장을 말한다.[5-1] 제단은 성당 안에서 경배하는 거룩한 장소(성소 聖所), 특히 제대 주위의 장소를 가리킨다. 제단은 솔로몬 성전의 지성소(至聖所)와 같은 곳이며, 교회의 몸체에서 떨어져 있으면서 희생의 제사를 위해 마련된 자리다.

제단은 제대와 전례를 위해 사제에게 마련된 일정한 자리이며, 회중석과 구별되게 몇 개의 단으로 높이고 예전에는 난간을 두어 구분했던 영역이다. 제단은 '특별한 구조나 장식으로' 회중석과 뚜렷이 구별되어야 한다. 그래서 많은 성당에서 끝부분을 반원, 정사각형, 팔각형의 제단을 두어 회중의 시선을 집중하게 했고, 장대한 아치로 윤곽을 주거나 그 위를 벽으로 막아 경계를 지었다.

오늘날의 제단은 구약의 성전을 이루는 지성소에, 회중석은 성전의 성소의

[5-1] 제단, 성 안드레아 성당, 독일 뤼텐샤이트

위치에 해당한다.[2-13, 14] 구약의 성전은 '거룩한 장막'을 본떠 건축했다. 성전 끝의 작은 방에는 폭과 너비와 높이가 모두 9m(20암마) 남짓한 지성소가 있고, 그 안에는 십계명판이 든 계약 궤를 모시고 있다. 이 계약 궤에는 올리브나무로 만든 커다란 커룹 둘이 이것을 보호하는 모습을 하고 있다. 커룹의 높이와 길이가 4.7m나 되므로 두 커룹이 방의 절반을 차지하고 있었다고 볼 수 있다 (1열왕 6,23-27). 지성소는 히브리어로 '코데쉬 학코다쉼(Qṓdeš HaqQŏdāšim)' 곧 '거룩함 중의 거룩함(the Holy of Holies)'이라고 불렀다. 지성소는 오로지 대사제만이 일 년에 한 번 속죄를 위해 들어갈 수 있는 거룩한 곳이다. 오늘날 성당의 제단이 구약의 성전에서 '거룩함 중의 거룩함'이 있던 곳이다.

지성소와 성소 사이에는 두께가 2.8m 되는 벽에 나무문이 달려 있고 이 둘

[5-2] 성전의 거대한 휘장

[5-3] 산타 마리아 인 코스메딘 성당, 이탈리아 로마

성당, 빛의 성작

을 계단이 엄격하게 나누고 있다. 모세의 성막에서는 양털과 아마실로 만든 거대한 휘장이 지성소와 성소를 분리했는데(탈출 26,33), 그 넓이는 무려 200㎡나 되었다.[5-2] 이 휘장과 벽은 하늘인 지성소와 땅인 성소를 나누는 모든 것을 재현하고 있다. 또한 문과 휘장은 보이는 것과 보이지 않는 것, 시간과 영원을 이어주는 것이다. 따라서 이 문과 휘장을 지나는 것은 곧 하느님과 하느님의 백성을 잇는 것이다.

그러나 예수 그리스도의 희생으로 지성소의 벽과 휘장은 사라졌다. 8세기 로마에 지어진 산타 마리아 인 코스메딘 성당(Santa Maria in Cosmedin)[5-3]을 보면 제대는 네 개의 기둥 위에 얹은 닫집 아래 놓여 있고, 제대의 뒤는 둥근 벽면이 닫집을 다시 에워싸고 있다. 낮은 벽 위에 기둥을 두어 제단 앞을 가로막아 제단과 회중석을 뚜렷하게 나누었다. 그럼에도 그 기둥 사이로는 제대가 보이게 했다.

성단소와 회중석을 분리하는 스크린을 챈슬 스크린 또는 성가대석 스크린이라고 하는데, 특히 이것이 '십자가 위의 그리스도상(rood)'을 받쳐주고 있는 목재, 돌, 주철제 칸막이이며 이를 '루드 스크린(rood screen)'[4-44, 5-4]이라고 한다. 중세에는 이를 '주비(jube, 프랑스어로 jube)'라고 했다. 돌로 만든 스크린으로 성가대석과 회중석을 구분하며 성경을 읽는 플랫폼으로 사용하면 이 스크린을 '풀피툼(pulpitum)'이라고 한다. 회중석과 제단을 구분하는 건축적인 장치는 적어도 4세기까지 거슬러 올라간다. 콘스탄티누스 대제 시대의 교회 역사가 에우세비우스가 지금 레바논에 있는 티레(Tyre) 대성당의 제대와 그것을 보호하는 장치를 "뛰어난 솜씨로 깎아낸 나무 세공"이라고 묘사했다. 이것을 보면 초기 바실리카에서도 칸첼리(cancelli)가 난간벽으로 되어 있었음을 알 수 있다.

정교회에서는 제단과 회중석 사이에 '이콘(성화상)'을 걸어 칸막이를 한 성화벽(이코노스타시스 iconostasis)01[5-5]을 두어 신자들은 제단 안에서 이루어지

---

01 《전례사전》은 이를 '그림 벽'이라 번역했으나 그 그림이 어떤 것인지를 나타내지 못한다. 정교회는 이를 '성화벽'이라 부르고 있다.

는 제사를 거의 볼 수가 없다. 이는 회중석(정교회에서는 신자석)과 제단을 구분하기 위해 만들어진 것으로 기능적으로는 난간벽을 강조한 것이다.

성화벽의 본래 형태는 열린 스크린이었으나 8세기부터 성상 파괴를 막고자 오늘날과 같이 그림으로 장식된 닫힌 스크린이 되었다. 성화벽은 제단의 휘장이 변한 것으로 천상과 지상 사이를 상징하고, 제단과 신자석을 명확히 구분하며 제단의 거룩함을 드러낸다. 정교회 성당에서 지성소는 오직 성직자들과 복사들만 드나들 수 있다. 중앙에는 '임금의 문'이라 불리는 입구가 있고 양쪽에는 보제(補祭)나 복사들이 드나드는 '보제문'이 있다. 예식이 거행되지 않을 때는 커튼이나 문으로 닫아놓아 제단을 가린다. 이는 우리가 죄로 인해 여전히 하느님에게서 분리되어 있고, 하느님의 통치가 아직 완성되지 않았음을 상기시켜주기 위한 것이다. 가톨릭교회의 성단소(聖壇所)[5-6]는 정교회의 성화벽과 같다.

이와 비교해보면 가톨릭교회의 성당은 얼마나 신중하게 제단과 회중석 사이를 분리하면서 동시에 연결해왔는지를 이해할 수 있을 것이다. 제단의 거룩함을 강조하기 위해 여러 가지 건축적인 고심을 했다. 이에는 제단을 높인다, 제대를 덮는다, 제대 뒤를 받쳐준다, 제대 앞을 가로막는다 등 네 가지 방식이 있다. 먼저 많은 계단을 두어 제단을 높게 만들었다. 초기 시리아의 교회에서는 이미 제대가 회중석 한가운데 있었고 성체성사가 신자 사이에서 이루어졌을 때도 계단을 두어 제단을 높이 올렸다. 제2차 바티칸 공의회 이후 신자들의 능동적인 참여를 위해 제단을 많이 낮추었지만, 그 이전에는 제대를 보호하고 거룩함을 더하기 위해 지붕 모양의 덮개를 덮었다.

산타 마리아 인 코스메딘 성당[5-3]과 비교하면 오늘날의 성당은 무엇이 가장 크게 달라졌을까? 그 차이는 제대와 그 주변이다. 20세기 초에 루돌프 슈바르츠가 설계한 '그리스도의 몸 성당'에서는 제2차 바티칸 공의회 이후에는 제단이 회중석 쪽으로 나왔고 제단을 두른 의자가 제단의 영역을 뚜렷하게 해주고 있지만 본래는 이보다 높은 자리에 있었다.[3-63, 5-7] 제단 위에는 닫집도 뒷벽의 배경도 없고, 그 대신에 감실을 더 높은 곳에 두었다.

산타 마리아 인 코스메딘 성당의 바닥은 칸막이로 구분되어 있다. 그러나

[5-4] 루드 스크린, 리치필드 대성당, 영국 스태퍼드셔

[5-5] 성화벽, 성 네델야 성당, 불가리아 소피아

[5-6] 성단소, 노트르담 대성당, 프랑스 파리

'그리스도의 몸 성당'은 회중석과 제단의 바닥을 똑같이 검은 돌을 깔아 회중
석과 제단이 하나의 바닥으로 연속해 있다. 한 공간 안에 있으면서 위계와 경
계가 뚜렷한 성전의 모습을 여전히 간직하고 있는 것, 이것이 '그리스도의 몸
성당'의 혁신적인 모습이었다. 그러나 이 두 성당만 비교해봐도 제대가 이렇게

[5-7] 제단, 그리스도의 몸 성당, 독일 아헨

확연히 달라지는 데는 무려 1,200년이나 걸렸다.

제단의 계단은 흔히 건물에서 밟고 다니는 그런 계단과 결코 같지 않다. 단지 몇 단 안 될지라도 제단의 계단은 성소와 지성소를 가르는 경계이며, 생명을 회복하는 천상을 향한 여정의 경계다. 오늘날 제단 위에서 봉사하는 이들이 장백의(長白衣)를 입는 것도 그들이 아마실로 만든 휘장 안인 지성소에 들어와 있음을 의미하기 위함이다.[02] 장백의는 사제나 부제가 미사 때 제의 안에 입는, 발끝까지 내려오는 희고 긴 옷을 말하며, 사제가 미사 때 갖춰야 할 육신과 영혼의 순결을 상징한다.

제2차 바티칸 공의회 이후에 넓은 제단을 사용한 것도 제대의 탁월성을 명확하게 하기 위함이었다. 이전에는 제단앞에 난간이나 사슬을 둘러 제단의 영역을 강조했다. 그러나 오늘날 성당에는 지성소와 성소를 구분하던 엄격한 벽이 사라졌으며, 전례의 공동체성을 더욱 잘 드러내기 위해 제단도 많이 낮아졌

---

02   Denis R. McNamara, *Catholic Church Architecture and the Spirit of the Liturgy*, Hillenbrand Books;
      Studies Series edition, 2009, p.53.

다. 더욱이 제대를 덮는 닫집이나 제단 앞을 둘렀던 난간도 사라지고, 제단과 계단만이 남았다. 그래서 지금은 제일 낮은 계단을 경계로 제단과 회중석이 구분된다. 제단에는 사제, 복사 등의 제단 봉사자, 독서자만 오를 수 있다. 미사 중에 주례사제는 제단의 끝인 가장 낮은 계단까지만 내려온다. 봉헌 때나 성체 분배 때 사제는 전례 원칙상 제단 아래로 내려오지 않고 그곳에서 봉헌물을 받고 성체를 분배한다.

제단 위에 있는 것

제단 위에는 제대, 주례사제 의자(주례석), 제대 난간, 십자고상, 독서대, 감실, 책 틀 등 일곱 개의 요소가 있다.[5-8] 그중 제단의 주요 요소는 제대, 독서대, 주례사제 의자이다. 이 세 가지의 위치와 디자인은 별도로 온전해야 하고, 위엄과 안정성을 나타내도록 권위 있게 제작되어야 한다.

의자는 가르치는 자의 임무와 권위를 드러낸다. 예수께서도 자리의 권위를 이렇게 말씀하셨다. "율법 학자들과 바리사이들은 모세의 자리에 앉아 있다. 그러니 그들이 너희에게 말하는 것은 다 실행하고 지켜라"(마태 23,1). 이러한 권위는 하느님께 받은 것이다. 복음서에서 권위의 자리를 나타낼 때 사용한 자리가 그리스어로 카테드라(kathedra)다.[5-9] 주교의 권위를 상징하는 자리인 카테드라는 종종 작은 단 위에 놓으며 주교만 앉을 수 있는 주교좌다. 이 의자는 제대 뒤와 반원제단의 중심에 놓으며 사제와 부제가 이 의자를 둘러싼다. 옛날에는 주교가 강론대나 독서대가 아닌 이 의자에 앉아 강론을 했다.

사도좌(使徒座)란 그리스도교의 법률적·사목적 최고 권위를 지닌 교황의 직위를 뜻한다. '교황청'을 '성좌(聖座, Santa Sede)', '성청(聖廳, Sedes Sancta)'이라고도 하는데 모두 거룩한 의자(sedes, seat)라는 뜻이 들어 있으며 로마교회를 지칭하는 고유 명칭이 됐다. 다만 '사도좌'의 별칭으로 '성좌(Sedes Sancta, Holy See)'를 사용하지만, '성청'이라는 말은 쓰지 않고 '교황청(curia romana)'이라고 한다.

성 베드로 대성전 중앙 제대 뒤쪽에 있는 '성 베드로 사도좌(Cattedra di San Pietro Apostolo)'는 5세기경에 만들어진 것이지만, 베드로 사도가 앉았던 나무

[5-8] 제단, 초당동 성당, 한국 강릉

[5-9] 주교좌(카테드라), 천사들의 모후 대성당, 미국 로스앤젤레스

성당, 빛의 성작

의자 조각을 모아 상아로 장식했다. 그 이후 베르니니(Bernini)가 그 의자에 청동을 입혔다. 성 베드로 사도좌 축일(Feast of the Chair of Peter, 2월 22일)은 그리스도께서 베드로를 선택하셔서 교회에 봉사할 모든 권한을 주시고 당신의 지상 대리자로 삼으신 것을 기념하는 날인데, 이것이 자리의 권위로 표현되어 있다. 그래서 교황이 보편교회를 위해 권위적인 정의를 내릴 때 '엑스 카테드라(Ex Cathedra)'라고 말한다. 이는 '자리로부터(From the Chair)'라는 뜻이다.

모든 성당에는 제단 위에 주례사제 의자(presider's chair)가 있다. 이 의자는 회중을 주관하고 기도를 이끄는 임무를 수행하는 장소이므로, 제대와 독서대와 함께 제단 안에 있는 주요한 전례 가구다. 이는 "주례사제의 좌석은 회중을 주도하고 기도를 이끄는 임무를 드러내야 한다. 그러므로 그 자리는 제단의 높은 데에 있으면서 신자들과 마주보는 곳이 가장 좋다."(《로마 미사 경본 총지침》 310항). 따라서 다른 중요한 가구와 같이 세심하게 만들어져야 하지만 그렇다고 왕좌와 같은 모양이어서는 안 된다. 설비상 다른 것들의 장애가 없는 상태로 계단의 높은 자리에서 신자들과 마주보는 것이 가장 적합하다. 시작예식과 마침예식은 주례사제석에서 거행하는 것이 원칙이다. 이를 위해 주례사제석에 미사 전례서와 음향시설 등을 갖추고 있어야 한다.

옛날에는 주교와 주례사제만이 의자에 앉았으며, 신자들은 회중석에 의자가 없이 서 있거나 무릎을 꿇었다. 회중석에 의자를 두어야 하는 경우엔 벽에 벤치를 두었다. 중세에는 제대 남쪽 벽이나 성단소 안에 크게 만든 벽감(壁龕, niche)처럼 세 개의 자리를 만들었다. 가운데는 주례사제가 앉고 좌우에는 부제나 차부제(次副祭)가 앉았다. 이를 '세딜리아(sedilia, sedile의 복수, 자리라는 뜻)'라고 한다.[5-10]

공동 집전하는 사제와 부제의 의자도 규정되어 있다. "또 제단에서는 공동집전 사제들을 위한 좌석과 공동집전은 하지 않지만 가대복(歌臺服, 가대에서 이루어지는 예식에 참석할 때 입는 성직자 복장)를 입고 제단에서 거행에 참석하는 다른 사제들을 위한 좌석도 마련해놓는다"(《로마 미사 경본 총지침》 310항). 그러나 주례사제 의자는 다른 사제 의자와 구별되어야 한다. "부제석은 주례사제석 곁에 마련한다. 다른 봉사자들을 위한 좌석은 성직자석과는 분명히 구분되면서 그들이 맡은 임무를 쉽게 수행할 수 있도록 마련한다"(《로마 미사 경본 총지침》310항).

주례사제 의자의 좌우에는 복사용 의자가 놓인다. 이때도 의자는 제대와 독서대를 시각적으로 방해를 해서는 안 되며, 의자의 색깔도 벽의 색깔과 일치시켜 드러나지 않게 한다. 같은 모양의 의자가 주례사제석을 중심으로 늘어선 경우를 보게 되는데, 주례사제 의자와 복사용 의자를 제외하고는 보조의자는 제단에서 치워 제단을 간소하게 한다.

한편 서울 중림동 약현성당, 인천 답동성당, 충남 공세리성당 등 역사적인 성당에는 어느 정도 높은 난간이 제대가 놓인 제단을 보호하며 회중석과 분리하고 있다. 이 난간을 '제대 난간(altar rail)'이라고 한다.[5-11] 요즘에는 보기 힘들지만, 예전에는 영성체를 할 때 무릎을 꿇고 이곳에서 기다리고 있으면 사제가 신자들에게 성체를 분배해주었다. 그래서 이를 '영성체 난간(communion rail)'이라고도 한다. 오늘날에는 회중과 제대 사이의 거리를 줄인다고 이 난간을 없애버렸다. 제2차 바티칸 공의회의 가르침에 따라 영성체 난간을 없앴다고 하지만 이에 대한 논거는 없다.[03] 단지 행렬을 이루며 손으로 성체를 받아 모시게 됨으로써 영성체 난간을 없앴을 뿐이다.

교회 초기부터 모든 신자가 선 채로 축성된 빵(성체)과 포도주(성혈)를 함께 받아 모시는 양형 영성체(兩形領聖體, communio sub utraque specie, communion under both species)를 했다. 그러나 빵의 형상에 그리스도께서 온전히 현존하신다는 신학에 따라 양형 영성체가 사라졌다. 더욱이 13세기에 들어와 성체 공경 신심이 퍼지고 성혈을 한 방울이라도 흘리면 대죄를 면하지 못한다는 두려움에 신자들은 양형 영성체를 꺼리게 되었다. 이에 신자들에게 성체만을 영해주는 '단형 영성체'가 보급되었다. 12세기 말 후기 로마네스크 시대에 들어와서 이스트를 넣지 않은 빵을 많이 만들게 되었고, 성체를 영하는 이들의 입에 직

---

03 《가톨릭대사전》에는 "무릎을 꿇고 영성체하는 이들에게는 제대 난간이 영성체 난간이다. 현재의 법 규정에 따르면 제대 난간을 없애는 것이 좋다. 그러나 층을 달리하든지 또는 특별한 구조와 장식을 통해 제단과 신도석을 구별할 수 있게 해야 한다"(《로마 미사 전례서 총지침》 258항)라고 적혀 있으나 《로마 미사 경본 총지침》에는 그런 말이 보이지 않는다.

성당, 빛의 성작

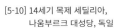
[5-10] 14세기 목제 세딜리아, 나움부르크 대성당, 독일

[5-11] 제대 난간, 가르멜산의 성모 성당, 영국 리버풀

접 넣어주고 신자들은 무릎을 꿇는 자세를 취했다. 그 결과 전통적인 구획 요소인 칸첼리와 성화벽으로 분리하면서도 영성체를 쉽게 할 수 있는 '제대 난간'이 사용되었다.

본래 '제대 난간'은 나무나 금속, 대리석 등 비싼 재료로 만들어졌다. 무릎을 꿇고 손을 올리기에 알맞은 높이는 약 75cm이며 제일 위를 덮은 가로대의 폭은 15~23cm 정도다. 게다가 성체를 받아 모실 때 사제의 손에서 성체의 부스러기가 떨어질까 봐 난간 위로 폭 60cm 정도의 흰 천을 펴기도 했다. 보로미니(Borromini)가 만든 로마의 산 지롤라모 델라 카리타 성당(San Girolamo della Carità)에서는 제대 난간(1660)[5-12]이 두 천사가 천을 맞잡고 있는 모습을 하고 있다.

미사통상문 감사기도 제1양식에서는 "그리하여 이 제단에서 성자의 거룩한 몸과 피를 받아 모실 때마다(so that all of us, who through this participation at the altar receive the most holy Body and Blood of your Son)"라고 기도한다. 이 감사기도에서는 'altar'를 제단이라고 번역했지만, 이전에는 제대라고 했다. "through this participation at the altar(ex hac altare participatione)"를 "그 둘레

에 모이는 제대"(《가톨릭교회 교리서》 1383항)라 한 것을 보아 제대를 제단이라고 고쳐 번역한 듯하다.

제대 난간 또는 영성체 난간은 제대의 연장이다. 그런 의미에서 제대 난간이 놓인다면 재료나 양식 또는 장식 등은 제대를 본떠서 만들어야 마땅하다. 영성체 난간에서 성체를 영하면서 아주 잠시만이라도 십자고상을 바라보면 성체성사의 신비를 더 깊이 묵상할 수 있다. 오늘날에는 이런 제대 난간이 사라져버렸지만 그것을 대신할 만한 건축적 상징물은 마련되지 못하고 있다.

십자고상(또는 부활십자가)은 제대 위에 매달 수도 있고, 제대 뒤의 벽면에 고정할 수도 있으며, 제대 가까운 곳에 신자들이 잘 바라볼 수 있게 놓는다. "제대 위나 그 주위에 십자가에 달리신 그리스도의 형상이 있는 십자가를 놓는다"(《로마 미사 경본 총지침》 117항). 따라서 이것은 반드시 제대 위에 십자가를 두라는 의미는 아니다.

주수상(酒水床, credence table)[5-13]은 성체성사를 위해 사용하는 제단 옆에 놓는 이동식 작은 탁자다. '크레덴스(credence)'는 믿음이라는 뜻의 라틴어 '크레덴차(credenza)'에서 나온 말이다. 전통적으로 주수상은 회중석에서 보아 제대의 오른쪽(서간 書簡 쪽, epistle side)에 놓았다. 이것은 사제가 회중에게 등을 돌리고 동쪽을 바라보며 미사를 드릴 때 주례사제의 오른쪽인데, 이제는 사제가 회중을 바라보며 성체성사를 거행하게 되었어도 사제의 오른쪽에 놓인다. 지금은 제대를 바라보며 왼쪽, 독서대 뒤 벽 가까이에 놓는다. 주수상은 부속물이므로 제단에서 드러나지 않게 하되 작지만 배경과 어울리면서 기품 있게 또는 예술적인 가치가 뛰어나게 만들 필요가 있다.

주수상 위는 흰색 포를 깔고 제사에 쓰이는 빵과 포도주, 성작, 주수병, 수반, 물수건이나 수건 등 전례 용구를 준비한다. 성체와 성혈을 담는 성작과 성합, 성반을 놓는 성체포, 성작을 닦는 성작 수건, 성작을 덮는 성작 덮개, 사제가 손을 닦는 데 필요한 물그릇과 물수건도 그 옆에 준비한다. 포도주와 물은 유리나 금속으로 만든 주수병(酒水瓶, cruets)에 넣어둔다. 복사는 예물 준비를 위해 그리고 영성체 후에는 성작을 씻기 위해 주수상 위에 있는 주수병을 쟁반에 담아 제대로 옮긴다. 제사를 마치고 나서 제대는 깨끗이 해두어야 하므

[5-12] 제대 난간(보로미니), 산 지롤라모 델라 카리타 성당, 이탈리아 로마

[5-13] 주수상

로 사용하기에 따라서는 성찬의 전례에 사용하는 여러 도구를 보관하기도 한다. 그러기 위해서는 사용하는 성작이 다 들어가고 큰 촛대도 보관하고도 여유가 있도록 세심하게 설계해야 한다. 또한 높이도 사제나 복사들이 서서 옮기기에 편리해야 한다.

제단이 동쪽을 바라보는 이유

빛은 동쪽에서 떠오른다. 동쪽은 빛의 기원이며 생명의 원천이다. 그러나 해가 지는 서쪽은 종종 모든 죽음의 공포가 있는 곳으로 이해된다. 오리엔테이션(orientation)이라는 말은 오리엔트(orient, ~을 지향하게 하다, 자기 위치를 알다)에서 유래하는데, 특히 성당의 '오리엔테이션'은 제단이 동쪽을 향하게 하는 것을 말한다. 이는 해를 향해 건물을 세우는 습관에서 비롯했다. 바사이에 있는 고대 그리스의 아폴로 에피쿠리오스 신전(Temple of Apollo Epikourios in Bassae)에서는 동쪽으로 창을 내어 떠오르는 해가 비추는 벽을 배경으로 코린트식 원기둥 한 개가 신전의 중심에서 빛나게 한 것으로 유명하다.

아침에 떠오르는 해는 부활의 상징이며 하느님의 빛을 상징하므로 제단도 해가 떠오르는 방향을 가리키도록 해야 한다고 생각했다. 교회는 바실리카의 반원제단을 왕 중의 왕이신 그리스도가 계시는 동쪽을 향하게 했다. 제대가 동쪽에 있으면 제대를 바라보고 있는 회중은 아침에 떠오르는 해를 마주할 수 있었고, 햇빛이 이른 아침 미사를 드리는 모두를 비춰줌을 의미했다.

반원제단의 천장인 반원형 돔에는 화려한 모자이크로 주님이시고 왕이신 예수 그리스도를 그렸고, 그 밑의 둥근 벽면에도 거룩한 그림을 그렸다. 그 자리에는 희생의 제사를 드리는 제대가 자리를 잡고 그 뒤로는 사제들이 앉았다. 이렇게 하여 바실리카의 긴 공간은 뚜렷한 위계를 갖게 되었다. 이 평면은 그리스도교의 이상을 가장 잘 나타낸 것으로, 300년 무렵의 초기 그리스도교 건축에서 로마네스크를 거쳐 1,300년 무렵의 고딕에 이르기까지 무려 1,000년 동안 계속 사용되었다. 이는 성당 건축만이 아니라 건축사 전체에도 대단히 중요한 공헌이었다.

그러나 이것이 초기 그리스도교 성당부터 본격적으로 적용된 것은 아니었다. 초기에 지어진 성당은 입구를 동쪽에 두고 제대가 있는 반원제단이 서쪽을 향해 있었다. 모세의 성막과 솔로몬 성전의 지성소는 서쪽을 바라보지만, 사람은 동쪽으로 들어오고 동쪽의 뜰 안에 제단이 있었다. 아마도 이스라엘 백성은 신선한 아침 햇살을 받고 있는 성막을 바라보며 안마당을 향해 들어왔을 것이다. 이런 이유에서 초기 그리스도교 사제는 서쪽에 서서 동쪽을 향해 신자들을 보며 미사를 드렸다.

제단이 동쪽을 향하는 것은 예루살렘 성전의 방향을 따랐기 때문이라는 설이 있다. 그러나 예루살렘보다 더 동쪽에 있으며 4세기에서 6세기에 지어진 시리아의 성당도 제단이 동쪽을 향하고 있지, 예루살렘을 향하고 있지 않다는 사실을 볼 때, 이는 타당하지 않은 설명이다. 319년과 333년 사이에 지어진 옛 성 베드로 대성전의 경우는 미사의 형식이 확정되어 있지 못한 시기였기 때문에 반원제단이 서쪽을 향하고 있다.[5-14] 이를 기초로 하여 다시 지은 오늘날의 성 베드로 대성전도 서쪽을 향하고 있다. 라테라노 대성전, 성 바오로 대성전, 성 로렌초 대성전, 티레 대성전, 안티오키아 대성전 등도 반원제단이 서쪽을 바라보고 있다. 2세기 또는 3세기에 봉헌된 로마 산타 체칠리아 인 트라스테베레 성당(Santa Cecilia in Trastevere)[5-15]은 성녀 체칠리아가 살았던 주택 위에 제단을 두면서 동쪽을 향해 지어졌다.

그리스도교가 공인되기 이전 최초의 그리스도교 공동체는 주택에서 미사를 드렸다. 이때 주택 교회에서도 동쪽을 향하는 장소를 선택했다. 동쪽의 벽면에 십자가를 그렸고 모두 이 방향을 바라보았다. 알렉산드리아의 신학자 오리게네스(Origenes)는 "동서남북의 네 방위가 있지만 우리가 기도해야 할 방향은 분명히 동쪽이다. 참된 빛이 떠오르는 동쪽은 영혼의 상징이다"라고 말했다. 성 아우구스티누스도 "우리가 기도드리려고 서 있을 때 해가 떠오르는 방향인 동쪽을 향해야 한다"고 말했다.

그리스도인은 그리스도께서 동쪽에서 다시 오심을 기다리고 있다. 예수께서는 사도들에게 "동쪽에서 친 번개가 서쪽까지 비추듯 사람의 아들의 재림도 그러할 것이다"(마태 24,27)고 말씀하셨고, 예수께서 태어나실 때도 "동방에서 그분의 별을 보고" 동방박사들이 찾아와 경배했다. 그리고 하느님께서 이 세상을 창조하실 때에 "주 하느님께서는 동쪽에 있는 에덴에 동산 하나를 꾸미시어, 당신께서 빚으신 사람을 거기에 두셨다"(창세 2,8). 에제키엘서도 "그런데 보라, 이스라엘 하느님의 영광이 동쪽에서 오는 것이었다"고 말한다(에제 43,2).

초기 그리스도교에서 태양은 그리스도의 상징이었다. "그분의 얼굴은 한낮의 태양처럼 빛났습니다"(묵시 1,16). 태양이 떠오르는 것은 어둠을 몰아내

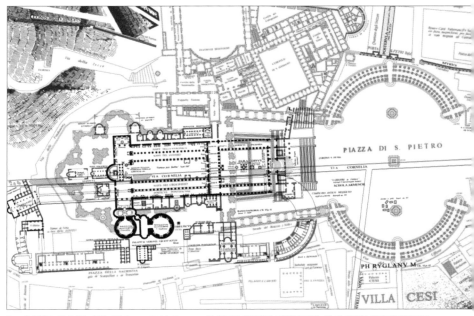

[5-14] 로돌포 아메데오 란챠니의 Forma Urbis Romae, 성 베드로 대성전과 광장(붉은색), 옛 성 베드로 대성전(검정색)과 네로 전차경기장(회색)

[5-15] 산타 체칠리아 인 트라스테베레 성당, 이탈리아 로마

성당, 빛의 성작

는 그리스도의 빛처럼 보인다. 예수께서는 떠오르는 태양처럼 부활하셨고, 그분을 믿는 모든 이를 비추어주는 빛이시다. 초기 교회는 모이는 장소의 동쪽 벽에 십자가를 걸고 경배의 방향을 정했다. 동쪽을 향해 기도하는 습관은 그리스도교만큼이나 오래되었다. 이에 대한 최초의 기록은 《초대교회 법전집(Apostolic Constitutions)》제2권에 있는데, 성당은 머리를 동쪽으로 둔 직사각형이어야 한다고 적고 있다. 성 테르툴리아누스(Tertullianus)도 성당은 높고 넓게 지어져야 하고 빛을 향해야 한다고 말했다.

8세기와 9세기에 이르러서는 사제가 신자를 향하지 않고 반원제단을 향하면서 성당의 반원제단이 동쪽을 향하게 되었다. 이로써 사제가 제대 뒤의 반원제단이나 벽을 향하고 사제와 신자가 같은 방향을 향하면(제대가 서쪽을 향하고 있을지라도) 이를 '아드 오리엔템(ad orientem)'이라고 말하고, 반대로 사제가 신자를 바라보면 '베르수스 포풀룸(versus populum)'[5-16]이라고 한다. 12세기와 13세기에 지어진 프랑스의 고딕 대성당 33개의 향(向)을 분석한 논문을 보면 동향이라고 할 수 있는 범위에 모두 들어오도록 지어졌다. 아미앵 대성당은 동쪽에서 남쪽을 향해, 산타폴리나레 인 클라세 대성전은 동쪽에서 북쪽으로 각각 25도 정도 기울어져 있다.[5-17, 18] 이것을 보면 동쪽을 향하는 성당 건축의 전례상의 역할을 다시 인식하게 되었음을 알 수 있다.

로마노 과르디니는 성당의 제대가 동쪽을 바라보는 것은 "하루의 처음과 마지막 햇살을 받아들이기 위해서다. … 복음을 읽을 때면 미사경본을 오른편에서 왼편으로 옮겼다. 제대가 동쪽을 향해 있기 때문에 북쪽으로 옮기는 게 된다. 거룩한 말씀이 남에서 북으로 나아가는 게 된다"[04]라고 말했다. 이렇게 되면 성당의 정면과 정문은 서쪽을 면하고, 제대를 향한 행렬은 어둠을 뒤로 하고 빛이 있는 동쪽을 향하게 된다. 서쪽을 뜻하는 라틴어 'occidens'는 동사 'occido(가라앉다, 죽다)'에서 나왔는데, 이는 서쪽이 해가 지고 빛이 적은 곳이기 때문이다. 그러나 동쪽은 성소가 상징하는 천상의 낙원으로 가는 길의 끝에 있다. 교회 안에 만든 무덤도 동쪽을 바라보게 하는 관습이 있다. 죽은 자

---

04   로마노 과르디니, 《거룩한 표징》, 장익 옮김, 분도출판사, 2000, 89~90쪽.

[5-16] 베르수스 포풀룸, 쾰른 대성당, 독일

[5-17] 아미앵 대성당, 프랑스

[5-18] 산타폴리나레 인 클라세 대성전, 이탈리아

성당, 빛의 성작

가 일어나 빨리 주님께 인사드리기 위해서다. 그러나 세례당은 북쪽에 두었다. 이곳은 어두움과 이교도가 있는 곳이었다.

성당의 제대가 동쪽을 바라본다는 것은 아침에 밝은 빛을 받기 위함만은 아니다. 이것은 우주에 질서를 주신 하느님께서 인간을 구원하시려는 신비 안에서 그 질서를 사용하고 계심을 상징한다. 베네딕토 16세는 《전례의 정신》에서 이렇게 말한다. "동쪽으로 방향을 돌리는 것은 궁극적으로 우주의 구원사가 하나로 통한다는 사실을 의미하기도 한다. 즉, 우주도 함께 참여하며 구원을 기다리는 것이다."05 우주의 모든 피조물과 함께 우리는 하느님을 향해 기도하는 것이며, 이 우주적 보편성이 동쪽을 향하는 성당이라는 건물로 확증되고 있다.

그리하여 사제도 신자들도 이 세상에 있는 모든 그리스도인은 동쪽을 바라봄으로써 주님을 바라보고 주님에게로 향한다. 세상 모든 곳의 아주 작은 성당까지도 모두 이 우주적 질서를 따른다는 거대한 일치를 인식하게 된다. 그렇게 되면 성당 안에서 그리고 전례 안에서, 곳곳에 떨어져 있는 모든 사제와 신자가 거룩한 제사를 올리는 공통의 행위 안에서 그리스도의 몸과 일치를 이룬다.

이러한 성당의 방향성은 전례와 관련해 많은 논쟁이 있을 정도로 중요하다. 그러나 사제와 신자가 모두 동쪽을 바라보려면 근대 이후의 도시계획 안에서 성당이 그렇게 지어질 수 있어야 하는데, 과밀한 도시 안에서 그런 대지를 언제나 쉽게 얻을 수 있기란 거의 불가능하다. 그럼에도 하느님의 집인 성당의 축과 중심 그리고 동쪽을 향하는 제대라는 공간적인 형식 속에는, 하느님의 백성이 모두 함께 일치하여 주님을 향하고 주님을 기다리며 우주의 질서에 동참하고 있다는 위대하고 근본적인 진리가 담겨 있다. 로마제국의 공공건물의 형식을 빌린 이후 2,000년 동안 이러한 교회의 정신이 성당 건축에 계속 간직되어왔다는 것은 그 자체만으로도 놀라운 사실이다.

---

05 교황 베네딕토 16세(요셉 라칭거),《전례의 정신》, 정종휴 역, 성바오로, 2008, 83쪽.

제단은 단순하고 위엄 있게

제단 위에는 제대, 독서대, 감실 등 여러 요소가 함께 놓인다. 미구엘 피삭 (Miguel Fisac)이 설계한 성녀 안나 성당(Santa Ana de Moratalaz, 마드리드 모라탈라스, 1971)[5-19]에서는 제단의 벽면에 오목한 포물선의 곡면 벽 세 개를 서로 다른 형태로 만들었다. 사실 제단의 아래 부분만 보면 왼쪽에서 오른쪽으로, 초 봉헌대, 성가족상, 주례사제 의자, 마이크, 주수상, 독서대, 제대. 제대 뒤의 사제 의자, 제대 앞의 꽃, 매달려 있는 십자고상, 감실, 성모자상 등 매우 많은 요소가 줄지어 있다. 제단은 폭에 비해 깊이도 매우 얕다.

그런데 회중석에서 볼 때 왼쪽 독서대에 대응하는 포물선은 가운데보다는 조금 낮고 넓게 표현되어 있다. 이에 비해 감실에 대응하는 오른쪽 포물선은 깊어서 그림자가 많이 떨어진다. 이처럼 전례 거행의 세 가지 다른 계기가 제단의 곡면 벽으로 의미 있게 디자인되었다. 각 요소는 높고 깊이가 그리 깊지 않은 포물선에 모두 정리되어 제각기 포물선의 공간적인 배경에 소속되어 있다. 이에 건축가 피삭은 이렇게 말했다. "이 성당에는 단 하나의 초점은 없고 그 대신 제대가 움직이는 초점으로 나타난다."

제단에 놓이는 여러 요소를 움직이는 데 불편하지 않을 정도로 적당한 거리를 두면 된다고 여기면 회중석에서는 복잡하게 보일 수 있다. 성당을 설계할 때 평면의 크기와 위치, 형태가 어느 정도 결정되면 제일 먼저 설계해야 하는 것이 제단이다. 그 이유는 제단의 폭과 깊이가 아주 중요하고 이와 함께 놓이는 여러 요소들이 어떤 거리를 두고 놓여야 할지를 사전에 결정해두어야 하기 때문이다. 공사가 거의 마무리될 무렵에 따로 제대나 감실을 디자인하고 그때 가서 위치를 결정하면 산만해질 우려가 크다. 이에 기성제품을 구입하여 배치하는 경우는 훨씬 더 신중한 판단이 요구된다.

바로 그 점 때문에 성당 건축에서 가장 중요한 것은 제대와 회중석의 관계다. 제단을 설계할 때 먼저 주례사제가 제대에서 회중석을 바라볼 때 전후좌우가 어떻게 보일 것인가 하는 것부터 고려하여 설계해야 한다. 성당의 중심은 제대이므로, 제대를 향한 모습과 제대에서 바라보이는 모습을 하나로 통합해 설계하지 않으면 안 된다. 제단과 회중석이 연결되는 부분을 벽면 전개도나 모

형으로 입체적으로 충분히 검토하지 않고, 제단의 벽면과 회중석 측면의 재료
나 디자인을 너무 다르게 하는 경우를 많이 본다. 주례사제에게 천장의 조명
등이 어떻게 보일지도 충분히 검토해야 한다.

그런데도 우리 성당 건축에서는 제대의 공간적 깊이를 충분히 주지 않고,
신자들이 마치 극장처럼 회중석에서 제대를 바라보는 쪽을 우선시해 설계된
성당이 제법 많다. 제단의 깊이는 실제로 얼마 안 되는데 제단 앞을 낮은 아치
모양의 벽면을 두면 제단의 깊이가 허약해지고 제단의 의미가 축소되고 만다.
여기에 2층 발코니에 회중석을 둔 성당에서는 제대에서 바라보면 강당이나 문
화공간처럼 느껴질 때도 있다.

제단의 전체적인 구성을 좌우하는 것은 십자고상의 위치와 크기다. 십자가

가 지나치게 크거나 예수님의 몸보다 십자가가 훨씬 굵게 보인다든지, 제단 바닥과 벽은 밝은데 십자고상과 함께 제대, 독서대, 감실이 짙은 색깔의 재료로 만들어진다면 결국 이 요소들만 따로 지각된다. 감실 바로 옆에 주수상을 두는 경우에는 감실의 위엄이 사라진다. 제의방으로 들어가는 커다란 문, 때로 그 위에 있는 비상구 표시등이 그대로 보여 뜻밖의 요소가 자칫 제단의 거룩함을 크게 해치게 된다. 또한 등을 매입(埋入)하여 제단 벽면과 십자고상을 비추는 경우에는 앞줄에 앉은 신자의 눈에 등의 매입 상태가 잘 인식되지 않도록 천장의 깊이를 충분히 둔다.

제단에 놓이는 요소의 상징성을 지나치게 강조하면 제단의 거룩함을 훼손하게 된다. 제대나 독서대 몸체를 물결 모양으로 조각하거나 성체대회에 사용했던 도안인 '천주교 공공 표지'를 벽면, 천장, 감실 등에 남용하면 공간 전체는 산만해질 수밖에 없다. 에밀레종처럼 생긴 커다란 복사 종, 제대 전면을 가릴 정도로 과대하거나 여기저기에 놓은 전례 꽃꽂이, 여러 대의 선풍기, 스탠드형 에어컨, 보조 스피커, 그것에 길게 이어진 전기 코드, 벽면에 무심히 노출된 전원 콘센트 등 열거하기에도 민망한 요소들이 많다. 전체를 보지 않고 개별 물체에만 관심을 둔 결과다.

또한 제단 좌우에 하얀 성모상과 성 요셉상을 크게 두거나 김대건 신부상을 한쪽에 놓은 경우도 있으나 이는 제단의 크기를 축소해 보이게 하고 제단의 의미도 훼손한다. 천장은 낮은데 두 손을 들고 계신 부활하신 예수상도 어색하다. 제단의 십자고상을 강조하기 위해 그 좌우의 벽면을 비워두는 경우가 많다. 그런데 그 벽면에 복자 124위 전체 초상화, 성모의 얼굴, 하느님 자비 상본 등과 같은 큰 그림을 걸거나 자비의 희년 등 교회의 선포 내용, 교구나 본당의 사목 목표를 담은 플래카드 등이 제대를 가득 메우는 예를 종종 본다. 여기에 최근 디지털 영상을 함께 보기 위해 추후에 설치된 대형 전동 스크린은 제단의 모든 조형을 가장 크게 방해하는 요소가 되어버렸다.

공동체와 사제, 건축가, 예술가의 협력으로 이뤄진 스위스 무띠에의 '우리 마을 성모 성당(Notre-Dame de la Prévôté, Moutier, 1963~1967)'의 제단[5-20]은 노출 콘크리트 벽에 천장의 빛이 비쳐 약간 어두운 회중석과 공간적 차이를 뚜렷이 했다. 제단의 바닥은 회중석의 바닥과 같은 색조로 한 단 높고 넓게 깔려 있다. 다시 그 위에 흰 돌로 한 단을 높이고 그 단 위에 십자가, 제대, 독서대, 감실 등을 배치해 중심인 제단 위에 또 다른 중심을 형성했다.

행렬 통로의 축에 맞춰 십자가가 서 있으며, 제대는 오른쪽으로 약간 비껴나 있다. 중심에서 왼쪽에는 독서대와 주례사제석이 있으며, 주례사제석은 제대가 있는 바닥보다 한 단 높다. 주례사제석 오른쪽으로는 낮은 의자가 길게 이어져 있는데, 사제들이 앉지 않았을 때는 단순히 제대 뒷면을 구성하는 하나의 수평면처럼 보인다. 감실은 제단 오른쪽 끝에 벽체를 따로 만들고 그 위에 놓아 제단의 한 중심이 되기보다는 옆에 독립해 있다. 제대의 앞면 문양이 감실의 그것과 같다.[5-100] 성체성사와 성체를 모시는 곳의 깊은 연관성을 주기 위함이다. 제대의 꽃도 제단 한가운데 놓이지 않고 감실이 놓인 벽의 일부에 마련했다. 이처럼 제단 위에 놓이는 전례의 요소가 정연하게 제자리를 잘 잡고 각각 뚜렷한 성격을 나타내는 것이 중요하다.

[5-20] 제단, 우리 마을 성모 성당, 스위스 무띠에

제대

모든 것이 제대를 향하여

제대(祭臺)는 미사를 봉헌하기 위한 탁자이며 제단 안에 제대가 놓인다.[5-21] 제대는 예수 그리스도의 마지막 만찬이 이루어지는 식탁, 대사제가 되시는 예수님께서 당신 자신을 제물로 내어놓으시고 하느님의 백성을 초대하시는 주님의 식탁(Mensa Domini)이다. 제대는 하늘과 땅이 만나는 하늘의 식탁이다. 주례사제는 미사를 통해 그리스도의 모습으로 그리스도가 하시는 일을 거행한다. 제대는 성당에서 가장 거룩한 자리이고, 일치와 존경과 기도와 예배의 초점이며 성당 건축의 절정이다. 개신교 교회당에는 희생제사가 없으니 제대가 있을 리 없다. 그 대신 설교대인 강대상(講臺床)과 신자들이 앉는 자리를 훨씬 중요하게 여긴다. 성찬상 위에 성경책을 올려놓고 앞에 "나를 기념하라" 또는 영어로 "THIS DO IN REMEMBRANCE OF ME"라고 적어둘 따름이다.

제대는 성당의 원점이다.[5-22] 본래 제대(altare, altar)란 라틴어 '드높은(altus, high)'이라는 말에서 유래했다. 제대는 하느님께서 제대 위로 내려오시고 인간은 제대를 향함으로써 하느님과 인간이 결합하는 드높은 자리라는 말이다. 성당에서 모든 이는 제대를 향해 있고 모든 것이 제대를 위해 있다. 제의를 입은 사제가 입당하여 신자들 사이의 행렬 통로를 지나 제단에 오른다. 이것은 어두움에서 빛으로, 지상에서 천상으로 가는 여정을 드러낸다. 이 여정의 목표는 말할 나위도 없이 제대다. 베네딕토 16세는 이렇게 말한다. "제대는 우리를 로고스의 희생과 함께하며 참여하도록 돕는 한편, 함께 모인 공동체 안으로 천국을 끌어들인다. … 하늘을 연 제대는 교회의 공간을 닫는 것이 아니라 영원한 전례로 열어준다."06

성당 안에 제대가 있는 것이 아니라, 오직 건물이 고정된 제대를 둘러쌈으로써만 성당은 존재한다. 따라서 성당을 짓는 건축가는 성당이라는 건물이 있기 이전에 먼저 거룩한 제대를 생각해야 한다. "제대는 신자들의 회중 전체가 자연스럽게 시선을 집중할 수 있도록 참으로 성당의 중심에 그 자리를 잡아

---

06   교황 베네딕토 16세(요셉 라칭거),《전례의 정신》, 정종휴 역, 성바오로, 2008, 84쪽.

[5-21] 제대, 샤르트르 대성당, 프랑스

[5-22] 제대, 성 프란치스코 성당(루돌프 슈바르츠), 독일 에센

야 한다. 제대는 원칙적으로 고정시켜야 하고 봉헌해야 한다"(《로마 미사 경
본 총지침》 299항). 따라서 성당을 이루는 모든 요소는 이 제대를 위해 있다.
성당의 안과 밖에 있는 어떤 요소도 제대만큼 주의 깊게 지어질 수는 없다. 이
런 이유에서 성당을 이루는 수많은 선과 매스, 디테일과 성미술 등 모든 것은
제대에서 뻗어나오는 힘 안에 있어야 하고, 눈과 마음을 제대로 이끌어주어야
한다.

　또한 제대는 벽에서 떨어져서 독립적으로 중앙에 놓는다. "가능한 곳에서

는 어디서나 제대를 벽에서 떨어져 있도록 설치하여, 사제가 그 둘레를 쉽게 돌 수 있고, 교우들을 바라보고 미사를 거행할 수 있게 하는 것이 바람직하다"(《로마 미사 경본 총지침》 299항).

성당에서 제대는 하나뿐이다. 새 성당을 지을 때 이전 성당에 있던 제대는 어떻게 하는가? "새 성당을 지을 때 제대는 하나만 세운다. 신자들이 이루는 회중에서 그리스도는 한 분이시고 교회의 성찬례는 하나임이 드러나야 하기 때문이다"(《로마 미사 경본 총지침》 303항). 새로 만든 제대를 사용하고, 옛 제대는 새 제대와 구별되도록 특별히 장식하지 않게 되어 있다. "그러나 이미 지어진 성당에 옛 제대가 자리 잡고 있어서 교우들이 참여하기에 어렵고 예술적 가치를 손상시키지 않고서는 제대를 옮길 수 없을 때는 다른 고정 제대를 만들 수 있다. 새 제대는 예술적으로 만들어 정식으로 봉헌해야 한다. 그리고 이 제대에서만 거룩한 예식 거행을 한다. 신자들이 새 제대에 주의를 기울이도록 옛 제대에는 특별한 장식을 하지 않는다"(《로마 미사 경본 총지침》 303항).

제대라는 용어 이외에 주제대(主祭臺, high altar)라고 말하는 경우가 있다. 성당에서 제대는 하나뿐이라고 했는데, 주제대라고 하면 다른 제대가 있다는 것으로 들린다. 본래 옛날에는 성당에 제대가 하나밖에 없었다. 성 이냐시오는 "하나의 제대, 한 명의 주교"라고 말했듯이 교부들은 단 하나의 제대를 말했다. 그런데 순교자들의 유해를 보호하려는 것과 사제들이 저마다 개인 미사를 봉헌하면서 한 성당 안에 여러 부속 제대를 설치했다. 부속 제대는 흔히 전례 회중의 미사를 방해하지 않도록 주제대에서 충분히 멀리 떨어진 곳에 설치되었다. 그래서 성당 중앙 제대를 주제대, 부속 제대를 소제대(小祭臺, side altar) 또는 측면 제대라고 구분해 부른다. 주제대는 성당에서 가장 으뜸이 되는 제대라는 뜻도 있지만, 모든 신자들이 동시에 잘 바라볼 수 있게 제단에서 3단 또는 5단 등으로 들어올려져 있다는 뜻도 있다.

제대는 어떻게 만드나

제대는 성당 안에서 영구하도록 만들어져야 한다. 제대는 고정될 수도 있고 이동할 수도 있다. 바닥에 고착되어 움직일 수 없도록 설치된 제대는 '고정 제대'라 하고, 옮겨질 수 있는 제대는 '이동 제대'라고 한다. 교회의 전통적 관습에 따라 고정 제대는 하나의 자연석이어야 한다. 자체의 기초가 있어야 하고 특별히 성별된다.

성당에는 반드시 가장 우월한 고정 제대가 하나 있어야 한다. 한 분이신 그리스도, 하나뿐인 교회의 성체성사를 의미하기 때문이다. 그 밖의 장소에서는 이동 제대가 있는 것이 적절하다. 이동식 제대에서는 제대석이 요구되지 않는다. "모든 성당에는 제대가 고정되어 있는 것이 바람직하다. 제대는 살아 있는 돌이신 그리스도 예수를(1베드 2,4; 에페 2,20 참조) 더욱더 분명하게 지속적으로 나타내기 때문이다. 그러나 거룩한 거행을 위하여 봉헌된 곳이 아닌 다른 장소에서는 이동 제대를 쓸 수 있다. 고정 제대는 바닥에 고정시켜 움직일 수 없는 제대를 말한다. 한편 이동 제대는 다른 곳으로 옮길 수 있다"(《로마 미사 경본 총지침》 298항).

제대에서 가장 중요한 면은 수평의 평탄한 돌판인 제대석, 곧 '멘사(mensa)'다. 따라서 제대의 윗면은 돌로 만들어져야 한다. "교회의 전통 관습과 상징에 따라 고정 제대의 윗부분은 돌로, 곧 자연석으로 만든다. 그러나 주교 회의의 판단에 따라 품위 있고 튼튼하며 정성 들여 마련된 다른 재료로도 만들 수 있다. 윗부분을 받쳐주는 다리와 밑부분이 품위 있고 튼튼하면 어떤 재료로 만들어도 좋다. 이동 제대는 고상하고 튼튼하며 해당 지역의 전통과 관습에 따라 전례 용도에 알맞으면 어떤 재료로 만들어도 좋다"(《로마 미사 경본 총지침》 301항).

순교자의 유해가 들어 있는 돌판인 성석(聖石)을 주교가 축성하여 제대 중심에 안치한다.[5-23] 이것은 박해 시대에 카타콤바에 묻은 순교자의 묘지 위에서 미사를 봉헌하던 전통에서 유래한다. 예전에는 고정 제대의 가운데 홈이 깊게 파인 자리에 성인의 유해를 안치했다. 곧 성인의 묘지가 제대에 놓인 것이다. 또한 이동 제대나 성석에도 성인의 유해를 안치할 수 있었다. 이것은 미사를 봉헌할 때 그 유해의 인물이 그리스도와 긴밀하게 일치되어 있음을 표현했다. 그렇지만 성 아우구스티노는 "순교자들을 기념하기 위하여 설치하는 제대라 하여 그 순교자들을 위하여 설치하는 것이 아니다. 제대는 오직 순교자

[5-23] 성인 유해 안치 예식, 서소문성지 역사박물관 개관식, 한국 서울

들의 하느님을 위하여 설치하는 것"이라고 했다.

8세기까지 제대는 성작과 성반 등을 올려놓기에 충분한 정사각형이었다. 그러나 순교자 무덤 위에 세운 성당의 중심에 제대를 두고, 그 제대가 순교자의 유해나 유품과 관련되면서 형태가 다양해졌다. 교회법은 고정 제대 밑에 순교자들이나 다른 성인들의 유해를 안치하는 옛 전통을 전례서에 전수된 규범에 따라 보존하도록 지시하고 있다. 그러나 이동 제대 밑에 성인의 유해를 안치하는 것은 금한다.

옛날에는 성당 안에서나 밖에서 반드시 고정 제대나 이동 제대 위에 성석을 놓고 그 위에서만 미사를 봉헌해야 했다. 성석은 성인의 유해를 넣어둔 돌판을 말한다. 성작과 성반을 올려놓을 수 있을 정도로 윗면이 넓고 평평한 직육면체로, 미사 집전 중 성체포를 깔아놓는 제대의 가운데 부분에 홈을 파서 넣어두었다. 이러한 규정을 지키고자 성당 밖에서 미사를 거행할 때는 사제들은 항상 성석을 휴대하고 이를 휴대용 제대로 사용했다. 특히 선교 지역에 있는 사제들은 가벼운 성석을 갖고 다니면서 미사를 봉헌했는데, 성반, 성작, 성합을 올려놓을 수 있을 만큼의 크기였다. 그렇지만 성석이 무거워 갖고 다니기가 불편해서, 정교회에서는 옛날에 이동식 제대에서 미사를 드릴 때는 유해가 필요했으므로 유해를 담은 납작한 주머니인 '유해포낭(遺骸布囊, antimensium)'을 깔고 미사를 봉헌했다.

4세기 이후에는 돌로 만든 제대가 쓰였으며 6세기 이후에는 제대는 돌이어야 한다고 규정했다. 오늘날에는 그렇게 구별하지는 않는다. 가능하다면 제대는 가장 좋은 재료로 매우 품위가 있고 아름답게 설계해야 하지만, 품질이 좋은 구리나 주철, 아름답게 깎은 나무로도 만들 수 있다.[5-24~26] 나무로 만든 제대는 '주의 식탁' 곧 잔치인 미사라는 의미가 강하며, 나무로 만든 제대는 300여 년 동안 주택 교회에서 사용되었다. 그러나 박해가 끝난 후에는 새로 세워진 성당에 맞게 돌로 고정한 제대로 바꾸었다. 이는 돌로 만든 제대가 희생제사를 연상하게 하거나 무덤을 닮아 있기 때문이다. 돌로 만든 제대는 모퉁이의 돌이신 그리스도, 생명의 물이 솟아나오는 바위이신 그리스도를 나타냈다.

멘사의 표면에는 예수 그리스도의 다섯 상처 곧 오상(五傷)을 의미하기 위해 중앙과 사각형의 모퉁이에 하나씩 다섯 개의 십자가가 새겨지거나 표현된다. 초기 교회에서는 순교자들의 무덤에서 미사를 봉헌하는 관습이 있었고, 나중에는 순교자들의 무덤 위에 교회를 짓고 제대를 세웠다. 그래서 16세기 말까지 교회는 제대, 특히 미사의 희생제사를 위해 축성된 제대에 유해를 모시는 것을 법으로 규정했다. "제대를 봉헌할 때 제대 밑에 순교자가 아니더라도 성인들의 유해를 모시는 관습은 적절하게 보존한다. 그러나 그 유해가 참된 것임을 분명히 확인해야 한다"(《로마 미사 경본 총지침》 302항).

'제자들의 성체성사가 그려진 성반'(565~578)[5-27]을 보면 두 번 나타나신 예수께서 같은 식탁에서 왼쪽으로는 빵을, 오른쪽으로는 포도주를 각각 좌우의 여섯 명의 제자에게 골고루 나눠주고 계신다. 모든 하느님 백성을 식탁에 초대하신다는 뜻이다. 사도들 역시 나무로 만든 상에서 '빵을 나누는 예식'을 행했다. 식탁이 강조될 때는 나무로 된 제대를 둔다. 다만 제대를 단순한 목제 테이블이나 추상적인 금속 구조물로 만들면 위엄과 존경의 마음이 줄어들기 쉽다. 미니멀하게 추상적으로 만든 제대는 일반 식탁과도 구별되지 않을 우려가 있으므로 각별히 조심해야 한다.

제단의 바닥은 제대가 초점이 되도록 때로는 제대와 대비가 되는 패턴이나

[5-24] 제대 앞면 조립

[5-25] 제대 코어를 대리석으로 마감

[5-26] 제대의 완성, 축성 전

[5-27] 제자들의 성체성사가 그려진 성반, 덤바턴 오크스 박물관, 미국 워싱턴DC

성당, 빛의 성작

재료를 사용한다. 대리석을 사용하면 제대가 확장되는 느낌을 더해줄 수 있다. 이렇게 해야 할 정도로 제대는 마치 작은 조각배가 물결을 일으키며 뭍에 닿을 때까지 파문을 일으키듯이 성당의 공간에 영향을 미친다. 그리고 이 바닥은 방향성과 분명한 경계가 지어져야 하며, 이 자리가 성당 안에서 가장 높은 위계성을 나타낼 수 있어야 한다.

제대의 정면은 앞에 드리우는 현수포(懸垂布)로 제단을 치장하고 보호하기 위에서 아래까지 감싸는 긴 천으로 만든 휘장을 두기도 했다. 이것을 '안테펜디움(antependium)'이라고 한다.[5-28] 라틴어로 '안테(ante-)'는 앞이고 '펜데레(pendēre)'는 매단다는 뜻이다. 교회의 전례 시기나 축일에 따라 색깔을 달리했다. 천이 아닌 금속이나 돌로 제대를 장식하기도 했는데, 5세기(정교회에서는 4세기)에 처음 사용되기 시작했으나 지금은 없어졌다. 같은 말로 강론대와 독서대에 걸치는 천을 가리키기도 한다.

제대 위에는 성체포, 성작 수건, 성작, 성반, 성작 덮개, 미사 경본이 놓인다. 성체포(corporale)는 50cm 크기의 정사각형 아마포로 만드는 신성한 천이다. 이 천 위에 성합, 성반, 성작을 올려놓는다. 성작 수건(purificator)은 성혈을 모신 후 성작 윗부분을 닦거나 성작을 깨끗이 씻어 말릴 때나 사제의 입과 손을 닦을 때 사용한다. 성작(chalice)은 포도주를 담는 잔이다. 성작 덮개(chalice

[5-28] 안테펜디움

pall)는 성작을 덮는 네모난 덮개다. 성반(paten)에는 사제가 사용할 대형 제병을 놓는다. 미사 경본과 그것을 받치는 책 틀인 로마 미사 경본대가 놓인다.[5-29] 나무로 만든 것도 있고 도금을 한 것도 있는데 그 크기는 폭 51cm, 길이 32cm, 높이 10cm 정도다. 형상이 단순하고 가벼우며 성작이 가려지지 않게 높지 않아야 한다. 경본대의 색깔도 제대의 색깔과 맞추고 흰 제대보와 어울려야 한다.

초는 제대 위에 놓일 수 있다. 전례적으로는 대축일(좌우 3개), 축일(좌우 2개), 평일과 기념일(좌우 1개)에 따라 최대 6개를 놓는데, 주교가 미사를 집전할 때는 제대 초보다는 가늘고 작은 주교초를 하나 더 놓아 7개가 된다. 이 초는 주교의 사목직을 상징하며, 나이가 많이 들어 눈이 침침해질 무렵 주교가 되는 경우가 많아 경본을 읽는 데 도움을 주기 위해서다. 촛대는 제대와 제단의 구조를 고려해 제대 위에도 놓을 수 있고 가까운 곳에 독립적으로 놓아둘 수도 있게 한다. 또한 제대 위에는 마이크도 놓이는데, 전선 처리를 세심하게 해야 한다.

제대를 강조하는 요소

중세나 바로크 시대에는 성당의 크기에 비해 상대적으로 제대가 작을 때는 제단 뒷면에 그림을 그리거나 조각을 한 '제단 뒤 장식벽(레리도스 reredos)'을 두어 시각적으로 모든 회중이 자연스럽게 제대를 향해 집중하게 만들었다. 이런 장식벽은 세비야 대성당에서 보듯이 대단히 화려한 것이 많다.[5-30] 그러나 베르가모의 세리아테에 있는 요한 23세 사목 센터 성당(Il Centro Pastorale Giovanni XXIII di Seriate, 마리오 보타 설계, 2004)[5-31]의 제대 뒤에는 약간 곡면을 이룬 삼각형의 배경이 있는데, 이는 천장을 비롯한 전체 공간에 대해 제대와 제단의 비례를 결정짓는 매우 뛰어난 현대적인 '제단 뒤 장식벽'이다.

'제대 뒤 선반(리테이블 retable)'은 제대 위 또는 바로 뒤와 그 위에 놓인 구조물로 초를 올려놓는 선반이기도 하지만, 조각이나 회화가 들어간 선반은 '제단화'로 불리기도 한다. 이런 것은 제2차 바티칸 공의회 이전에 사제가 등을 돌리고 벽을 보고 미사를 드렸기 때문에 생겼다. 스페인이나 멕시코에서는 '레타블로(retablo)'라고 부른다. '제대 위'라는 뜻이다. '레타블로'는 특히 교회의 전통

[5-29] 로마 미사 경본대

[5-30] 제단 뒤 장식벽, 세비야 대성당, 스페인

[5-31] 제단 뒤 장식벽, 요한 23세 사목 센터 성당, 이탈리아 베르가모

예술에서 나온 도상(圖像)을 인기 있는 민속 예술로 그린 종교화를 일컫는 말이다. 휘장(dossal 또는 dossal curtain)은 제대 뒤에서 수직으로 올라와 있는 천 또는 그림을 말한다.

이와 비슷한 말로 제단화(祭壇畫, altarpiece)[07]가 있다. 이것은 제대 뒤의 벽에 그리거나 벽에 붙은 틀에 건 회화나 제대 위의 조각 작품을 말한다. 그러니까 '제단 뒤 장식벽'은 벽 또는 스크린을 강조하는 말이고, 제단화는 예술 작품을 강조하는 말이다. 패널의 수에 따라 두 폭 제단화(diptych), 세 폭 제단화(triptych), 네 장 이상은 다폭 제단화(polyptych)라고 부른다. 멀리서도 잘 보이게 제단화의 본체를 올리기 위해 낮게 띠 모양으로 그려지는 부분을 제단화대(祭壇畫臺, predella)라 한다. 마티아스 그뤼네발트(Matthias Grünewald)가 그린 유명한 이젠하임 제단화(Isenheim Altarpiece)[5-32]는 제단화대 위에 세 폭 제단화로 이루어져 있다.

역사적으로는 제대의 위치를 뚜렷하게 하려고 제대 위에 두 가지 형식의 덮개를 두었다. 돌이나 금속 또는 나무 기둥 네 개 위에 지붕을 얹고 작은 건물 모양으로 독립해서 서 있는 치보리움(ciborium, 닫집)[5-33]이나 발다키노(baldacchino, 天蓋)가 그것이다. 치보리움은 나무나 금속 또는 돌로 만든 영구적인 구조물이고, 발다키노는 비단과 같은 천으로 덮인 비영구적인 구조물을 일컫는 말이다. 그러나 치보리움과 발다키노라는 용어는 구분하지 않고 사용하는 경우가 많다. 그러나 제2차 바티칸 공의회 이후 제대가 벽을 향하지 않고 회중을 바라보도록 놓이게 되자, 이미 있었던 배경화는 예술적으로는 중요했지만 제대와의 관계는 덜 중요해졌다. 그 대신에 치보리움이나 발다키노는 전례적으로나 건축적으로 제대를 강조하는 해결책이 되었다.

치보리움은 고대 그리스나 로마 사람들이 금속으로 만든 그릇으로, 본래는 마시는 컵 모양이었다. 치보리움이라는 말은 라틴어 치부스(cibus)에서 나온 말로 음식을 뜻했고 성체성사의 의미를 전해주었다. 이것이 후에 제대를 덮

---

07 《전례사전》에서는 이를 '제대 작품'이라 번역했으나 제대 자체가 작품이라는 뜻으로도 읽혀 적절하지 못하다. 또한 'reredos'는 '제단 뒤 장식 병풍'이라 하고 있다.

성당, 빛의 성작

[5-32] 이젠하임 제단화, 운터린덴 미술관, 프랑스 콜마르　　[5-33] 치보리움, 산 파올로 대성당, 이탈리아 로마

는 커다란 닫집 또는 닫집 모양의 덮개를 뜻하는 말로 그 의미가 확장되었다. 전통적으로 제대에는 네 변에 커튼이 쳐 있었다. 이렇게 하면 제대가 마치 독립된 작은 건물처럼 보이고 시각적으로 제대를 강조할 수 있었다. 기능적으로는 성당의 천장이 높아 청소하기가 어려워서 먼지나 천장에서 떨어지는 것을 막고 제대를 보호하는 목적도 있었다. 올리고 내리도록 움직일 수 있는 쇠줄로 천장에 매달기도 하는데, 대축일 등 또는 성당 건물 밖에서 미사를 드릴 때는 임시로 제대 위에 닫집을 치기도 한다. 발다키노는 본래 이탈리아어로 '발다코 (Baldacco)'라 부르는 바그다드에서 온 화려한 옷 모양을 의미했다. 발다키노는 제단이 넓을 때 효과가 있다. 화려하기로는 역시 성 베드로 대성전에 1633년에 베르니니가 만든 발다키노[5-34]가 으뜸이다.

　　다른 것으로는 기둥이 없이 천장에 가볍고 작은 구조물이 매달리거나 제대 뒤의 벽에 붙어서 제대를 덮는 닫집이 있다. 이것을 영어로 '테스터 (tester)'[5-35]라고 한다. 나무를 깎아 만들거나 벨벳이나 비단이 걸린 틀로 만들 수 있다. 머리라는 뜻의 라틴어 'testa'에서 나온 말이다. 이렇게 제대에 덮개를 씌운 것은 모세의 성막이 천막으로 되어 있었음을 상기시켜주기 위함이다. 테스터는 세례대 등에도 쓰인다. 강론대에 쓰이는 경우도 있는데 이는 자리를 존중하면서 강론의 말소리를 반사하여 회중에게 잘 들리게 하기 위함이었다. 16세기와 17세기에 유럽에서 많이 쓰였다.

미구엘 피삭이 설계한 도미니코 수도회 신학대학 성당(마드리드, 1952)[5-36] 안에는 간결하고도 위엄이 있으며 온화한 느낌을 주는 작은 경당이 있다. 제단은 네 개의 단을 오르게 되어 있으나 회중석과 같은 밝은 돌로 만들어져 있다. 화려한 장식이 아닌 목재로 된 제대의 뒷벽이 단순하고 과묵한 '제단 뒤 장식벽' 역할을 하고 있다. 제단의 벽면은 같은 목재로 만들어진 회중석의 긴 의자와 한 몸이 된다.

여기에서 제대는 중심에서 오른쪽으로 옮겨져 있다. 회중석의 행렬 통로의 중심축과도 맞지 않는다. 그런데 왼쪽에는 커다란 스테인드글라스가 있다. 모두 24칸 안에 예수님과 열두 제자의 최후의 만찬이 그려져 있다. 제일 아래 왼쪽의 유다만이 식탁에서 얼굴을 돌리고 있다. 커다란 유리 벽을 통해 들어오는 빛은 제단의 바닥과 벽면을 환히 비추고, 이 때문에 제단의 왼쪽 공간은 훨씬 밝고 넓어 보인다. 그리고 나무로 만든 성가족상이 제단 벽면의 왼쪽의 넓은 면적을 차지했다.

왜 그랬을까? 제단에는 다음과 같은 구도가 표현되어 있다. 앉아서 제대를 바라보면 왼쪽 위에서 오른쪽 아래로 대각선을 그어 보면, 왼쪽의 스테인드글라스 빛이 성가족상으로, 다시 십자가와 제대로, 그리고 감실 속의 성체로, 다시 말씀을 봉독하는 독서대 바로 위로 이어진다. 왼쪽 창 위에서 오른쪽 감실을 향하여 물체의 크기가 점점 작아진다. 이것은 곧 빛이신 하느님께서(스테인드글라스), 빛에서 나신 빛이신 예수 그리스도가 되시어 이 세상에서 인간의 몸을 취하시다가(성가족), 우리를 위하여 십자가에 못박혀 돌아가셨으며(십자고상), 이제는 제대 위에 오시어 성체로서 희생제사를 드리고(제대), 매일 우리를 찾아오시려고 우리에게 당신의 몸을 바치고 계심(감실)을 간명하게 보여주고 있는 것이 아닌가? 제대가 중심에서 비껴서 있는 이유가 여기에 있다. 이 얼마나 훌륭한 '제단 뒤 장식벽'인가?

하느님의 집을 지을 때 제일 먼저 어떤 모양에 어떤 크기로 건물을 지을까를 생각한다. 제대를 어떻게 만들까를 제일 먼저 생각하는 경우는 별로 없는

[5-34] 발다키노(베르니니), 성 베드로 대성전, 이탈리아 로마   [5-35] 테스터, 성 메흐테른 성당(루돌프 슈바르츠), 독일 쾰른

[5-36] 도미니코 수도회 신학대학 경당(미구엘 피삭), 스페인 마드리드

듯하다. 성당 건축은 이처럼 제단과 제대의 거룩함을 드러내고, 한 사람 이외에는 들어갈 수 없는 문, 눈에 보이지 않은 휘장이 계단 부근에 쳐져 있었음을 늘 기억할 수 있도록 제단에서 회중석을 향하여, 그리고 회중석에서 제단을 향하여 세심하게 설계되어야 한다. 하느님의 거룩한 집인 성당의 제대, 제단 그리고 그것에 이르는 계단을 유심히 바라보며 거룩하신 하느님께서 얼마나 우리와 함께 가까이 계시려 하시는지 깊이 생각해보자.

독서대와 강론대

말씀이 선포되는 곳

성당 안에서 가장 고유한 시설은 제대, 독서대, 세례대 등 세 가지인데, 그중의 하나가 독서대다. 독서대는 말씀 전례에서 독서자가 성경을 읽거나, 사제가 복음을 읽고 강론을 하도록 마련된 구조물이다. 어떤 것은 단순하기도 하고 또 어떤 것은 장식이 많기도 하지만, 독서대는 하느님의 말씀을 읽기 위해 바쳐진 곳이므로 거룩하게 다루어져야 한다.

독서(readings)란 교회 전례나 기타 예식에서 성경을 낭독하는 것이며, 성경을 낭독하는 사람을 독서자(讀書者, readers)라고 한다. 독서자는 제단 안에 독서대 가까이 마련된 자리에 앉는다. 독서대와 강론대를 함께 '복음 선포대'라고도 하지만, '독서대'라는 말이 더 일반적이다.

독서대가 도입된 것은 4세기경이었다. 초기 그리스도교 교회에서 강론을 하고 성경을 낭독하며 공지사항을 전달하기 위하여 회중석에 층계를 만들어 높게 단을 만들었다. 특히 밀라노 칙령 이후에는 존귀한 하느님의 말씀을 회중에게 말하기 위해 들어올린 단을 사용하고 계단으로 올라가게 만들었다. 5~6세기부터 대부분 행렬 통로 윗부분에 독서대가 있었고 계단으로 올라갔으므로 독서대를 '암보(ambo)'라고 불렀다.[5-37] 'ambo'라는 말은 그리스어로 '아나바이네인(anabainein)'에서 나온 것인데, 이는 "높은 곳으로 올라가다"라는 뜻이다. 시간이 지나면서 교회가 커지자 9세기에는 독서대가 두루 쓰였고, 12세기에는 크고 돋보이게 예술적으로 아름답게 장식되었다. 한 시리아 교회에는 부제들이 앉는 벤치와 주교 의자가 있을 정도로 큰 말굽 모양의 독서대가 있었다.

성당, 빛의 성작

이스라엘 백성이 바빌론 유배에서 돌아와 회당 전례가 시작되었을 때도 높은 곳에서 하느님 말씀을 읽었다. "율법 학자 에즈라는 이 일에 쓰려고 만든 나무 단 위에 섰다. … 에즈라는 온 백성보다 높은 곳에 자리를 잡았으므로, 그들이 모두 보는 앞에서 책을 폈다. 그가 책을 펴자 온 백성이 일어섰다"(느헤 8,4-5). 또한 이사야서에서는 "기쁜 소식을 전하는 시온아 높은 산으로 올라가라. 기쁜 소식을 전하는 예루살렘아 너의 목소리를 한껏 높여라. 두려워 말고 소리를 높여라. 유다의 성읍들에게 '너희의 하느님께서 여기에 계시다' 하고 말하여라"(이사 40,9)라고 말한다. 독서대는 성경을 펼치고 기쁜 소식을 선포하는 높은 산과 같은 자리다.

옛날 활자가 없던 시절에 성경은 손으로 필사되었다. 이런 때 말씀의 전례는 사람들이 성경의 말씀을 들을 수 있는 귀중한 기회였다. 그러나 이렇게 성경을 읽고 듣는 것은 그리스도교가 창안한 것이 아니었다. 이것은 구약에 있는 한 사례를 참조했거나 같은 시대의 유대인 회당에서 따온 것이다. 유대인 회당의 한가운데에 있는 단 위에는 율법을 낭독하고 설교하는 '베마(bema, 강론대)'가 있고 그 위에 두루마리 성경을 올려놓았다.

[5-37] 독서대, 칼람바카(Kalambaka) 수도원(5세기경), 그리스 메테오라

예수님께서 안식일에 늘 하시던 대로 당신이 자라신 나자렛 회당에 가서서 성경을 봉독하려고 일어서시자, 이사야 예언자의 두루마리가 그분께 건네졌다. 그분께서는 두루마리를 펴시고 찾아 읽으셨다. 다 읽으신 다음 두루마리를 말아 시중드는 이에게 돌려주시고 자리에 앉으셨다(루카 4,16-20). 예수님께서 두루마리를 펴고 읽으신 자리가 독서대이며, 성경의 말씀이 그 자리에서 이루어졌음을 선포하신 자리가 강론대다. 또 예수님께서는 군중을 향해 높은 곳에 오르셨다. "예수님께서는 그 군중을 보시고 산으로 오르셨다. 그분께서 자리에 앉으시자 제자들이 그분께 다가왔다. 예수님께서 입을 여시어 그들을 이렇게 가르치셨다"(마태 5,1-2). 이렇게 예수님께서 가르쳤던 높은 자리가 강론대다.

미사의 주요한 두 부분은 말씀 전례와 성찬 전례다. 그리스도께서 빵의 형상으로 현존하시는 성찬 전례의 중심은 제대이고, 말씀이신 그리스도께서 복음을 선포하시는 말씀 전례의 중심은 독서대다. 성 요한 바오로 2세는 하느님께서 교회를 먹이시는 주님의 식탁이 두 개가 있다고 말한 바 있다. 하나는 주님께서 희생하시는 빵의 식탁인 제대이고, 다른 하나는 하느님 말씀의 식탁인 독서대다. "사람은 빵만으로 살지 않고 하느님의 입에서 나오는 모든 말씀으로 산다"(마태 4,4)고 예수님께서 말씀하신 대로다. 주님의 두 식탁은 각각 고유한 자리가 있다. 제2차 바티칸 공의회 이후 말씀 전례에 신자들이 능동적으로 참여하게 되었고, 독서자, 시편 가창자, 성가대에 의해 하느님의 말씀이 새로운 생명을 입게 되었다. 그래서 새 성당을 봉헌할 때 주교는 부제에게서 복음서를 건네받고 "하느님의 말씀이 이 집을 채우소서"라고 외친다.

백성과 함께 드리는 미사에서 성경 봉독은 언제나 독서대에서 해야 하므로 독서대에서는 독서, 화답송, 엑술뗏(부활 찬송), 복음으로 말씀이 선포된다. 부활 성야에는 부활 찬송을 독서대에서 부르고 제3독서를 독서한 이가 독서대에 서서 화답송 선창을 부른다. 강론과 보편 지향 기도도 할 수 있다. 그러나 제대나 해설대에서는 성경을 봉독하지 않는다. 독서대에는 그 존엄성에 비추어 오직 말씀의 봉사자만 올라갈 수 있다. 따라서 해설자, 성가대원, 성가대 지휘자 등의 봉사자가 독서대에 올라가는 것은 옳지 않다.

그리스도교 전례의 시초부터 독창자가 독서 후에 화답송을 노래했다. 제1 독서 후 화답송과 복음 전 노래의 임무를 맡은 사람을 '시편 가창자(詩篇歌唱 者, psalmista)'라고 한다. 일반적으로 가창자는 독서까지도 노래하거나 낭송했 으므로 독서자 또는 성가대의 한 사람이 할 수 있다. 초기에는 화답송을 독서 대에서 불렀다. 시편 가창은 전례문으로서 성서 봉독에 속해 있으므로 독서대 에서 행해지는 것이 마땅하지만, 다른 적당한 장소에서도 할 수 있다. 7세기경 부터 노래와 복음 사이의 등급 차이를 드러내려고 제단 밑의 층계(gradus)에서 불렀다. 그래서 이 노래를 층계에서 부르는 노래라는 뜻으로 '층계송(graduale)' 이라 불렀다. 화답송은 성서 봉독과 달리 시편의 노래이며, 기도의 노래다. 이 노래는 독서를 통해 들은 하느님의 말씀을 마음 안에 새기고 기도로써 화답 하는 것이므로 '화답송'이라는 명칭을 얻었다.

독서대의 자리

본래 독서대는 회중석에 하나만 두었다. 독서대의 좌우에는 계단이 있었는 데, 하나는 동쪽으로 제대를 향하고 다른 하나는 서쪽을 향한다. 동쪽 계단으 로는 차부제가 제대를 향해 제2독서를 하고 서쪽 계단에서는 부제가 신자들 을 향해 복음서를 읽었다. 독서대 하나로는 불편해지자 많은 성당에서 두 개 의 독서대를 두었다. 이 독서대는 보통 낮은 벽으로 회중석과 분리하고 제단의 좌우에 두었다. 여기에서 하는 독서는 모두 노래로 불렀으며 독서대 앞에 성가 대가 있었다. 이때 사제의 강론은 주례사제 의자에서 했으나 그가 말하는 목 소리는 멀리 전달되지 못했다.

회중석에서 보아 제대의 왼쪽은 크고 화려하게 장식된 '복음 독서대(gospel ambo)'를 두고, 오른쪽에는 조금 작고 단순한 '서간 독서대(epistle ambo)'를 두 었다. 제대가 동쪽을 향하는 경우 북쪽의 것이 복음 독서대, 남쪽의 것이 서간 독서대가 된다. 때문에 미사에서 사제는 독서대를 달리하며 성경을 읽었다. 이 런 이유에서 종종 제단의 방향을 제대를 향해 왼쪽은 '복음편(gospel side)', 오 른쪽은 '서간편(epistle side)'이라고 부른다. 예를 들어 파스카(Pascha) 초는 제단 의 '복음편'에 놓이고 주례사제 의자는 '서간편'에 놓인다. 제대 초는 먼저 '서간편'에서 불을 붙이고 그다음 '복음편'으로 이동해 불을 붙인다. 그러나 제2차 바티칸 공의회 이후에는 하나의 독서대를 사용한다. 그럼에도 프란치스코 교황은 야외 미사에서 복음 독서대와 서간 독서대를 모두 사용하며 미사를 드렸다.

로마에 있는 산 클레멘테 알 라테라노 대성전(Basilica of San Clemente al Laterano)에는 이런 배치가 아주 잘 나타나 있다.[5-38] 이곳에서는 제대를 향해 왼쪽인 제단의 북쪽 변에는 크고 장식이 많은 복음 독서대를 두었고, 오른쪽의 남쪽 변에는 작고 단순한 서간 독서대를 두었다. 복음 독서대가 이렇게 큰 것은 독서자만이 아니라 좌우에서 초를 들고 있는 두 사람이 함께 서 있어야 했기 때문이다.

원칙적으로 독서대는 하나를 두지만, 베네치아의 산 마르코 대성당은 975년 지진으로 피해를 입었는데도 기둥 위에 얹은 2층짜리 장대한 독서대의 흔적이 아직 남아 있다.[5-39] 아래에서는 서간을 읽고 위에서는 복음을 읽는다. 이처럼 서간 독서대가 위아래로 나뉘는 경우가 있는데, 이때는 윗단은 서간을 노래로 할 때 쓰이고, 아랫단은 구약성경을 읽을 때 쓰였다. 8세기에서 10세기까지 성경을 노래로 읽을 때는 독서대가 널리 사용되었으나 13세기부터는 사용하지 않았다.

《로마 미사 경본 총지침》309항대로 독서대는 고정되어 있고 단으로 높여져야 한다.[5-40] 이것은 독서대가 말씀 안에 그리스도께서 현존하심을 표상하기 때문이다. 제대와 독서대는 그리스도께서 교회에 대하여 서로 다른 모습으로 나타내시지만 본래는 하나이심을 표현한다. 그렇다고 해서 제대와 독서대가 다툰다는 뜻은 아니다. 제대는 성체성사의 중심으로서 중심성이나 탁월성을 요구하며, 독서대는 제대와 적극적인 관계를 갖되 제대에 종속되지 않게 한다는 뜻이다. 그만큼 독서대와 제대는 건축적으로도 강력한 공간적인 관계에 있으므로 독서대와 제대의 크기와 모양이 서로 균형을 이루어야 한다.

독서대는 제대보다 작더라도 위엄 있게 마련되어야 한다. 독서대는 제대 가까이에 놓이되 제대와 적절한 거리를 두어야 한다. 또 모든 신자가 쉽게 볼 수 있고, 그곳에서 선포되는 말씀을 잘 들을 수 있는 높이에 두거나, 그렇게 높이 있다는 느낌이 들도록 독서대를 제작해야 한다. 초기 교회에서 복음은 사제가

[5-38] 독서대, 산 클레멘테 알 라테라노 대성전, 이탈리아 로마

[5-39] 독서대, 산 마르코 대성당,
이탈리아 베네치아

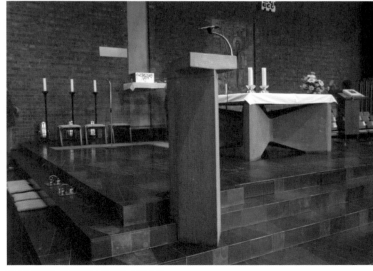

[5-40] 독서대, 성 프란치스코 성당, 독일 에센

읽었으며 주교는 그의 주교좌나 제단에 놓인 의자에서 강론했다. 그러나 오늘날 독서대의 자리는 특별히 정해진 바가 없다. "하느님 말씀은 그 존엄성에 비추어 성당 안에 있는 알맞은 곳에서 선포해야 한다. 그리고 이 장소는 말씀 전례 동안 신자들이 자연스럽게 주의를 기울일 수 있는 곳이어야 한다. 이러한 장소는 일반적으로 고정된 독서대를 놓아야 하며 단순한 이동식 간이 독서대 (책 틀, legile, [영]lectern)는 놓지 않는다"(《로마 미사 경본 총지침》309항).

이탈리아 풀리아의 비톤토 대성당(Cathedral of Bitonto, Puglia)에서 가장 아름다운 조형물로 만들어진 대리석 독서대(1229)[5-41]가 위엄마저 갖추고 있다. 독서대는 제대 옆에 있지 않고 회중석 쪽으로 나와 있다. 회중석에서 보면 독서대가 측면으로 보인다. 계단으로 높이 올라가면 독서대의 전면은 반원형으로 돌출되어 있고 아름답게 조각되어 있다. 반원형 벽면의 가장 밑에는 사람이 독수리를 떠받치고 있고 독수리는 머리로 성경이 놓이는 책 틀을 받치고 있다. 이것을 '독수리 책 틀(eagle lectern)'이라고 한다. 독수리는 세상의 네 방향으로 하느님 말씀을 전하는 것을 상징하며, 그리스도를 하느님의 말씀으로 시작하는 요한 복음사가를 나타내고 더 나아가 복음서 전체를 나타낸다. 반원형 독서대의 밑면에는 "이 작품은 사제이자 장인(匠人)인 니콜라우스가 1229년에 제작했다(Hoc opus fecit Nicolaus sacerdos et magister anno, 1229)"고 새겨져 있다. 독서대는 본래 이럴 정도로 위엄 있게 제작되었다.

독서대의 크기는 복음집과 독서집을 펼쳤을 때 그 위엄이 돋보이도록 정한다. 독서대의 윗면은 가장 큰 복음집이 편안히 놓일 수 있는 크기여야 한다. 독서대를 지지하는 하반부를 지나치게 작게 만들거나 면을 분리해 구성하는 예를 보는데, 이렇게 하면 독서대의 권위가 사라지고 '책 틀'과 비슷해지므로 삼가는 것이 좋다. 복음집과 독서집이 미끄러지지 않을 뿐 아니라, 독서자가 기도손을 하고 성경을 신중하게 읽을 수 있는 경사를 고려한다.

독서대는 이렇게 소중한 장소이기에 새로 만들어졌을 때는 축복 예식을 한다. "새 독서대는 전례에 쓰기 전에 《로마예식서》에 제시된 예식에 따라 축복한다"(《로마 미사 경본 총지침》309항). 그럼에도 제대는 예술적으로 만드는 반면, 독서대는 기성 제품으로 제대와 짝을 이루지 못하는 것을 설치하는 예를

성당, 빛의 성작

[5-41] 독서대, 비톤토 대성당, 이탈리아 풀리아

[5-42] 화답송 전례서가 있는 독서대,
성 베드로 성당, 독일 벤젠바흐

많이 본다. 특히 독서대의 뒷면을 비품이나 책을 두는 선반으로 사용해서는
안 된다.

독서대는 제대보다 앞으로 나간 자리에 놓이는 경우가 많다. 제단의 제일
윗 계단 하나를 걸치고 놓이면 말씀을 선포한다는 의미를 더할 수 있다. 독서대
중에는 제단에서 성경을 봉독하는 대와, 제단 아래에서 제단을 바라보며 화답
송을 부르도록 전례서를 놓는 대가 앞뒤로 붙어 있는 경우가 있다.[5-42] 또한 독
서대는 때에 따라서는 여러 명의 봉사자들이 독서대에 둘러서는 경우가 있으
므로 여러 전례를 거행하는 데 적합하도록 주위를 충분히 넓게 만들어야 한다.

독서자들의 키가 서로 다른 점을 고려해 자연스럽게 마이크의 높낮이를
조절할 수 있게 독서대를 설비한다. 마이크는 독서대의 형상을 방해하지 않는
크기여야 하며, 독서대 중앙이 아니라 독서자의 왼쪽 구석에 설치하는 경우가
많다. 독서대 위에 마이크를 따로 설치하여 마이크 거치대나 마이크스탠드, 코
드 등이 노출되는 일이 없도록 하고, 경사진 독서대의 상판 위에서 마이크스탠
드가 기울어져 다시 보정하지 않도록 미리 일체화하여 설계해야 한다. 저녁에

미사를 하는 경우 회중석에서는 보이지 않으면서 성경을 비추도록 전등을 설치하되 등을 갈아끼우기 쉽게 만든다.

베르가모의 세리아테에 있는 요한 23세 사목 센터 성당의 제단은 반원형인데, 다섯 개의 단 위에 제대가 놓여 있다.[5-31, 43] 독서대는 왼쪽에 놓였으며 원형의 벽으로 둘러싸여 있다. 원형 벽의 독서대는 회중석 바닥에서 시작하게 함으로써 원형의 볼륨으로 확대하여 제단의 높이에 선 독서자 및 강론하는 사제를 강조해주고 있다. 크기는 제대만큼이나 볼륨이 크지만 측면에 비껴서 앞으로 나와 있으면서도 밑으로 내려온 듯이 보여 제대와 독서대라는 두 식탁의 균형을 절묘하게 맞추었다. 한편 마이크는 독서대 중앙에 두고 전면을 판으로 가렸다.

강론대와 해설대

전례에서 강론(homilia, homily)은 "전례력의 흐름에 맞춰 신앙의 신비와 그리스도인의 생활 규범을 성서를 바탕으로 설명하는 것"[08]이다. 강론은 설교와 다르다. 설교는 전례와 상관없이 회중 앞에서 교리나 신앙에 관련된 주제로 말하는 강연이나 연설을 뜻한다. 사도 시대에는 강론이 큰 비중을 차지했다. 그이후 강론하는 자리는 제대에서는 가깝고 성가대에서는 떨어져 많은 사람에게 말씀을 선포하기 위하여 큰 성당인 경우는 행렬 통로 위에 있었다. 그래서 강론자는 복음 봉독이 끝나면 그곳으로 올라갔다가 강론을 마치면 다시 제대로 돌아왔다.

비잔티움 성당이나 중세 성당에서는 말씀을 노래로 했다. 그러나 말씀을 강론하는 것으로 바꾸게 되자, 14세기부터는 점차 장식이 덜한 강론대(pulpitum, [영]pulpit)가 독서대를 대신하게 되었다.[5-44] '풀피툼(pulpitum)'이란 라틴어로 '발판, 무대'를 뜻하는데, 성경을 읽는 플랫폼이 있는 스크린이라는 뜻이다.[09] 따라서 '풀피툼'은 가톨릭 교회 용어는 아니다. 그러나 강론대가 처

---

08   이홍기, 《미사전례》, 분도출판사, 2004, 172쪽.

09   이와 관련된 내용은 279쪽을 참조.

[5-43] 독서대, 요한 23세 사목 센터 성당, 이탈리아 베르가모

[5-44] 강론대, 성 대(大)야고보 성당, 독일 헤르프슈타인

음으로 발견된 12세기에는 간단한 단이 기둥에서 내쌓기를 해 만들어졌고 이에는 난간이 붙어 있었다.

　중세를 거치며 강론의 비중이 점차 약해졌다. 그러나 15세기나 16세기, 특히 가톨릭 종교개혁에서는 말씀이 크게 강조되어 위에 닫집을 두는 등 강론대를 화려하게 만들어 회중석에서 보기 쉽고 말이 잘 들리게 다시 회중석 안으로 옮겼다. 이로써 말씀이 사람이 되시어 당신 백성과 함께하시는 하느님의 현존을 더욱 강조했다. 그러나 점차 독서대가 강론대를 겸하게 되어, 독서대를 'ambo'라고도 하고 'pulpit'이라고도 했다.

성당, 빛의 성작

후에 생긴 강론대는 강론의 목소리가 회중에 잘 들리도록 그 위는 '테스터'를 덮었다. 그러나 강론대는 오직 강론을 위해서만 사용되었다. 강론대에는 씨 뿌리러 나가는 사람을 새긴 것이 많다. 그렇지만 오늘날에는 음향설비가 발달해 가장 큰 성당을 제외하고는 별도의 강론대를 사용하지 않는다. 제2차 바티칸 공의회 이후에는 독서대에서 강론이 허용돼 독서대인 'ambo'를 강론대로도 번역하며, 'pulpit'이라는 용어는 점차 'ambo'로 바뀌었다.

강론하는 장소는 독서대이거나 주례사제석이지만 제대에서 강론을 해서는 안 된다. 제대는 말씀의 식탁이 아니기 때문이다. 일반적으로 강론은 서서 하지만 주례사제석에 앉아서 할 수도 있다. 그러나 거의 대부분 독서대에서 강론을 하므로 사제가 서서 강론하기에 적당한 폭과 높이를 가져야 한다. 독서대 앞뒤의 길이는 강론 원고를 넘길 때 원고가 신자들에게 보이지 않게 충분해야 한다. 또 사제가 강론 중에 약간 몸을 움직일 수도 있으므로 독서대 아래의 공간에 여유가 있어야 한다. 독서대 밑부분에 꼭 필요한 경우에만 사용하는 수납공간을 둘 경우에는 문을 달아 제단에서 내용물이 보이지 않게 한다.

독서대나 강론대와 구별되는 '렉턴(lectern)'이라는 용어가 하나 더 있다.《로마 미사 경본 총지침》309항은 고정된 독서대(stationary ambo)와 움직이는 단순한 이동 책받침대(movable lectern)로 구분하고 있다. 렉턴은 미사 경본 등을 올려놓는 '책 틀'이나 이런 것에 흔히 나무로 받침대를 길게 만든 이동 책받침대를 이른다. 일반적으로 '렉턴'은 해설대라고 부른다. 그러나 해설대는 독서대와 강론대와 같이 전례 용어가 아니다. 해설대는 해설자, 공지 사항을 알려주는 사람, 성가대 선창자 등이 사용한다. 이들은 제단에 있는 독서대에서 해설할 수 없다.

해설대는 신자들에게 잘 보이는 곳에 놓아야 한다. 해설자는 회중의 일원이므로 해설대는 독서대와 구분하기 위해 제단 아래에 따로 설치한다. 그런데도 전례 가구 업체에서는 '독서대/해설대'라 분류하고 이 둘을 구분하지 않고 있으며, 따로 디자인하는 경우에도 독서대가 해설대와 짝을 이루어 설계되는 예가 많다. 독서대는 제대와 같이 존엄한 장소이므로 기품이 있어야 하며 해설대와는 분명히 구별되게 만들어져야 한다.

세례대와 성수대

세례당

건축물과 특별히 관계가 깊은 세 개의 성사는 성체성사, 세례성사, 고해성사다. 가장 중요하고 고유한 시설은 제대와 독서대이며 그 뒤를 잇는 것이 세례대다. 따라서 건축적으로도 성체성사 다음으로 가장 많이 고려해야 하는 성사가 세례성사다. 성체성사가 성당 건축이 존재하는 첫 번째 이유라면, 세례성사는 성체성사에 이르는 문이다. 세례를 받고 나면 새로 태어난 표시로 흰옷을 입고, 축성 성유를 바르고 손에 촛불을 들고 성당 안으로 들어간다. 그래서 교회법은 "어느 본당 사목구 성당이든지 세례소가 있어야 한다"(제858조)고 정하고 있다.

이스라엘 백성이 홍해를 건너온 것이 바로 첫 세례성사였듯이 세례대를 지나 성당에 들어간다. 오르비에토 대성당(Orvieto Cathedral)의 세례대 덮개는 대성당 지붕 형태를 하고 있고 그 위에 그리스도께서 서 계신다.[5·45] 이것은 우리가 세례를 받아 교회와 예수 그리스도 안에 들어간다는 것을 가르치기 위함이었다. 이처럼 세례대는 세례를 받고 하느님의 자녀가 되었던 사실을 기억하게 해주는 매우 중요한 장소다.

세례당(洗禮堂, baptisterium, [영]baptistry)은 세례성사를 거행하기 위해 따로 마련된 성당의 한 부분이나 독립된 방 또는 건물을 가리킨다.[5·46] 세례소(洗禮所)라고도 한다. 세례는 기본적으로 장소를 선택하지는 않지만, 많은 성당에서는 세례당이 독립해 있었다. 세계에서 가장 오래된 세례당의 대부분은 성인 세례지원자를 많이 수용할 수 있는 독립된 건축물이었다. 세례당은 대개 중심형 건물로 세례반을 둘러싸고, 그 바깥으로는 새 영세자와 함께 집전자들과 증인이 서 있을 수 있게 주보랑을 두었다. 세례당이 독립하여 따로 잘 보이게 지어졌다는 것은 당시에 세례성사를 얼마나 중요하게 여겼는가를 보여준다.

세례당은 씻음을 상징하는 로마의 공중목욕탕과 죽음을 상징하는 영묘(mausoleum)라는 당시 두 개의 중심형 건물 유형을 본떴다. 이스라엘의 쉬브타(Shivta)에 있던 5세기경에 세워진 성당의 십자형 세례반[5·47]처럼, 세례반은 그리스도와 함께 묻히고 그리스도와 같이 부활하는 것이므로 대개 십자가 형

[5-45] 세례대, 오르비에토 대성당, 이탈리아   [5-46] 산 조반니 세례당, 이탈리아 피렌체

태를 하고 있었다. 특히 초기 세례반은 사각형이었으나, 유명한 사탑이 있는 피사 대성당의 왼쪽에는 거대한 원형 세례당이 있다. 이처럼 원형은 영원하신 삼위일체의 하느님과 다시 태어남(요한 3,3)을 나타냈고, 6각형은 일주일의 여섯 번째인 금요일과 아담이 창조된 날에서 오는 죽음을 나타냈다.

세례당은 8각형 평면이 많다. 그것은 '창세의 7일간' 다음의 시간을 나타내며, 그리스도께서 일주일의 첫날, 곧 구약의 7일로 이루어진 일주일을 지나 제8일에 부활하셨음을 의미한다. 이렇듯 8각형의 세례당은 세례를 받는 사람이 영적으로 새로이 태어남을 나타냈다. 로마의 산 조반니 인 라테라노 대성전에 있는 세례당[5-48]은 5세기에 지어진 첫 번째 세례당으로, 이것을 모델로 하여 많은 세례당이 지어졌다. 세례반은 세 개의 단을 내려가며, 세례반의 물은 자연의 샘물에서 받았다. 위에는 금이나 은으로 된 비둘기가 매달려 성령을 상징했을 것으로 보고 있다. 밖에서는 정사각형으로 보이지만, 안에 들어가면 8각형으로 보이는 것도 있고 12각형 또는 원형인 세례당도 있다.

[5-47] 십자형 세례반, 이스라엘 쉬브타

[5-48] 세례당, 산 조반니 인 라테라노 대성전,
이탈리아 로마

　초기 교회에서는 예비신자들은 밖에서 교리를 배웠고 세례를 받아 하느님의 자녀가 된 자만이 성찬례에 온전히 참여할 수 있었다. 이에 성당 입구나 측면에 세례당을 따로 지어 입교하려면 세례를 받아야 함을 강조했다. 어떤 세례당은 남녀를 구별하기 위해 두 부분으로 나뉘기도 했고, 간혹 남녀를 구별하려고 두 개의 세례당을 짓는 경우도 있었다. 성인 신자는 자신의 탄생을 재현하기 위하여 벗은 몸으로 세례를 받는 경우도 많았다.

　초기 그리스도교에서는 주교가 일 년에 세 번만 모든 세례지원자에게 세례를 주었다. 세례가 없는 몇 달 동안은 세례의 정통성을 위해 세례당의 문이 주교의 인장으로 봉해져 있었다. 일부 도시에서는 그리스도인으로서 세례를 받지 않으면 시민권을 얻을 수 없었을 정도로 세례는 사회적으로도 중요했다. 세례당은 그리스도교 초기의 수 세기 동안에는 도시 중심부의 주교좌 성당에만 있었고 교구 성당에는 없었다. 유럽 등지를 여행하다가 이런 세례당을 만나면, 그것이 공적으로 매우 중요한 건물이었음을 기억해야 한다.

　피사 세례당의 내부를 위에서 내려다보면 세례성사의 장대한 의식을 공간

성당, 빛의 성작

적으로 상상할 수 있다.[5-49] 평면의 한가운데에는 8각형의 세례반이 있고 그 뒤로는 제대와 제단이 있다. 주교와 집전하는 사제는 ㄷ자 모양으로 제단을 에 워싼다. 그리고 그 옆에는 높게 독서대가 있다. 지금은 이러한 공간에서 세례성 사를 하지는 않지만, 바닥의 크기를 보면 세례성사 때에는 수백 명의 신자들 이 세례당을 가득 메웠을 것이다. 심지어는 2층의 갤러리에서도 내려다볼 수 있다. 이때 호명된 한 사람이 모든 사람이 보는 앞에서 세례반으로 들어가서 침수했다. 그리고 잠시 후 젖은 몸을 닦고 이곳을 나오며 자신을 덮고 있는 높 은 돔을 바라본다. 세례당의 공간은 그가 죽었다가 다시 새 생명을 얻었음을 이렇게 확인해주었을 것이다.

세례반과 세례대

세례와 관련해서 세례반(洗禮盤)과 세례대(洗禮臺)라는 용어가 있다. 세례

[5-49] 피사 세례당 내부, 이탈리아

반은 욕조처럼 바닥[盤]을 내려서 만든 것이고, 세례대는 세례성사를 거행하기 위하여 편리한 높이의 받침대[臺]에 세례수를 담아두는 그릇을 올려놓은 것이다. 세대반은 돌로 만들어졌고 그 안은 물이 안 새도록 금속을 덮고 물을 청결하게 보존할 수 있게 했다. 세례반은 성당 안 또는 세례당 가까운 곳에 두고 안전하게 뚜껑을 잘 덮고 자물쇠를 채워놓는다. 영어로는 모두 'baptismal font(piscina)'다.

우리나라에서는 보기 힘들지만, 유럽의 거의 모든 성당에는 세례를 위한 세례대가 있다. 세례를 위하여 축성된 물은 세례를 받는 사람의 이마나 머리 위에 부을 때 세례대 안으로 흘러내리게 된다. 12세기의 세례반은 유아의 온몸을 물에 담그기 위하여 8각형이 아닌 긴 사각형으로 되어 있었다. 세례반 밑에는 세례에 사용된 물을 흘려보내기 위한 배수관이 붙어 있었다. 성별된 이 물은 땅에 묻은 성수반으로 흘러들어가게 하고, 세례대가 두 부분으로 이루어지지 않았을 때는 물을 그릇에 모아 다른 성수반에 쏟는다.

초대교회에서는 세례반이나 세례대가 없이 흐르는 물에서 했다. 그것은 예수님께서 요르단강에서 세례 받으신 것을 연상하기 위해 자연에 흐르는 물에 몸을 담가 세례를 주었기 때문이다. 흐르는 물은 죽음과 다시 삶을 상기시켜 주었다. 그러던 것이 점차 세례반 속에 몸을 담그는 침례 형태로 세례를 주어 세례반이 상당히 컸다. 흐르는 물 대신에 찬물에서 했고, 찬물이 없으면 따뜻한 물에서 했다. 시리아의 두라에우로포스에 있던 주택 교회에 세례실이 따로 있었음은 앞에서도 말했다.

비교적 큰 세례반에는 흔히 물 안으로 들어가기 위한 계단과 물에서 나오기 위한 계단이 붙어 있는데, 이것은 죽음과 부활을 나타낸다. 세례반이 낙원과 관련된 도상으로 장식되어 있는 것도 이런 이유에서다. 세례반에는 어른용과 유아용 두 가지가 있다. 어른용은 바닥보다 낮게 하고, 유아용은 바닥보다 약간 높게 하여 영세자가 쉽게 몸을 담그거나 머리에 물을 붓기 쉽게 했다. 초기의 세례반은 사방 2m이고 바닥이 대략 70cm 내려가 있었다. 그래서 세례를 받으려는 사람이 서 있으면 넓적다리까지 잠기고, 무릎을 꿇고 앉으면 가슴까지 잠겼다.

유럽에 그리스도교가 널리 퍼지자 성인 영세자가 줄어들었다. 7세기 무렵에는 성인 세례 대신에 유아 세례가 일반화되면서 큰 건물로 독립한 세례당이나, 성인이 들어갈 정도로 큰 세례반은 필요하지 않게 되었다. 세례반은 유아한 명이 물에 담길 정도로 크기가 작아졌다. 유아는 세례대 위로 들어올려 물을 부었고, 어른은 세례대 위로 허리를 굽힐 수 있게 했다. 영세자의 머리에 적은 물을 부으면서 세례반도 점차 작아졌다. 여기에 받침대를 두었는데 이것이 세례대다.

세례반과 세례대는 성당 안에 많이 설치되었다. 중세 대성당의 세례대를 덮고 있는 목재 덮개는 세례용 성수에 먼지 같은 것이 들어가지 않게 하기 위한 것이지만, 넓은 성당 안에서 세례대의 존재를 강조하려고 그 위에 닫집(ciborium)을 덮거나 위에 매달기도 하고 덮개를 아름답게 장식했다.

큰 성당인 경우에는 세례대는 경당으로 만들거나 제대의 한 부분에 두는 등 내부의 독립적인 공간을 마련했다. 세례대나 세례반은 역사적으로나 상징적으로 주 출입구 안이나 이와 가까운 곳에 두었다. 성당에 들어가는 모든 사람들이 세례대나 세례반을 볼 수 있고 또 접근할 수 있게 하면 전례가 시작되기 전에 생명의 활력을 느끼게 한다. 세례대는 그리스도인이 세례의 물을 지나 제대에 이르는 여정을 반영하므로, 원칙적으로는 세례대와 제대를 같은 축 위에 놓는다. 이때 세례대는 제대를 잇는 뚜렷한 전이공간에 놓여야 하는데, 이 공간은 복도와 같은 것이어서는 안 되고 늘 지나가는 널찍한 장소에 둔다. 바닥의 패턴이나 재료, 설계 요소를 같게 하여 세례대와 제대의 통합적인 관계를 나타내고, 세례대에는 자연 채광이나 분명한 조명으로 강조한다.

오늘날에도 세례반을 강조하는 성당이 만들어지고 있다. 미국 유타주 솔트레이크시티의 막달레나 대성당(Cathedral of the Madeleine, 1991)은 제대를 바라보는 자리에 세례대와 세례반을 함께 두고 그 앞에는 부활 촛대를 두었다.[5-50] 1990년대에 만들어진 어떤 성당의 경우에는 무려 3만 8,000ℓ의 용량을 가진 세례반을 만든 경우도 있다. 이 세례반은 천연석을 촘촘하게 깔아 호수나 강에서 세례를 받는 느낌을 주며, 원시 그리스도교의 소박한 세례를 상기시키기 위해 건축적인 상징을 많이 쓰지 않았다. 그렇지만 세례자 요한이 예수님께 세례를 주는 모습을 그린 그림을 보면 강물에 발을 적시고 서서 작은 그릇으로 세례를 받는 모습이 많은 것으로 보아 온몸을 담그는 침례교처럼 큰 세례반을 다시 두는 것이 꼭 필요하지는 않을 것이다.

물론 오늘날에는 세례당이나 세례반을 어디에 두어야 하고 어떻게 설계해야 하는지에 대한 일률적인 규정은 없다. 그렇지만 세례당이나 세례반은 성당의 중요한 초점이며 도상(圖像)이다. 세례대를 위한 공간은 어디에 두어야 할까? 세례당을 따로 두지 않는 이상 두 가지 선택이 가능하다. 성당의 입구나 아니면 제단 근처다.

제단 근처에 두는 경우는 세례성사를 회중 모두가 볼 수 있으며 제대, 독서대와 함께 늘 내려주시는 하느님의 은총을 상기할 수 있다. 그러나 제단의 면적을 축소시키는 요인이 되고, 세례성사가 늘 베풀어지는 것이 아니므로 중요한 제단 주변을 복잡하게 구성하게 될 우려가 있다. 제2차 바티칸 공의회 이후 세례반을 제대 가까운 곳에 두는 경우가 많아졌으나, 이는 역사적인 선례가 있던 것이 아니며 '능동적인 참여'라는 요구에 막연히 대응한 것이었다. 제대와

[5-50] 세례반과 세례대, 막달레나 대성당(1991), 미국 유타주 솔트레이크시티

성당, 빛의 성작

[5-51] 세례소와 세례대, 성 요한 세례자 성당, 독일 노이울름

세례반은 각각 미사에서 제각기 다른 영역에 속하는 것이다.

성당 입구 근처 또는 문랑(門廊)에 두면 세례성사가 거행되는 동안 회중이 볼 수 없다. 그러나 입구 근처의 세례대는 세례로 시작한 그리스도인으로서 자신의 세례를 상기하게 해준다. 세례대가 제대와 일직선으로 이어지면 세례성사와 성체성사가 시각적으로 연결된다. 성당을 떠날 때도 자신이 세례 받은 사람임을 상기시켜준다. 그럼에도 이러한 세례대의 배치는 입당 행렬의 흐름을 방해하고 면적을 많이 차지한다는 문제가 있다. 또한 가능하다면 교회는 세례대에 뚜껑을 열어두어 세례가 거저 주시는 하느님의 선물로 여겨지고 배타적으로 보이지 않게 할 필요가 있다. 그러나 세례대에 뚜껑을 덮는 것은 다른 목적으로 이 물을 훔쳐 가지 않게 하려는 것인데, 이는 중세부터 있었다.

도미니쿠스 뵘이 설계한 성 요한 세례자 성당(Pfarrkirche St. Johann Baptist Kirche, Neu-Ulm, 1926)에는 작은 세례소가 마련되어 있다.[5-51] 한 열 사람이 들어가면 꽉 찰 정도의 크기다. 위에서 들어온 빛은 종이접기를 한듯이 접혀 있는 콘크리트 벽면을 따라 내려온다. 한가운데에는 세례대가 있고 바닥은 세례대에서 빛이 퍼져나가듯이 가는 벽돌 타일을 박았다. 세례대 위에는 비둘기가 매달려 있다. 예수님께서 요르단에서 세례자 요한에게 세례를 받으시고 올라오실 때 하늘이 갈라지며 비둘기처럼 당신께 내려온 성령(마르 1,9-11)을 나타내어 세례의 의미를 공간으로 형상화했다. 마찬가지로 도미니쿠스 뵘이 설계한 잔크트 엥겔베르트 성당에서는 세례소[5-52]를 따로 구획하여 만들지는 않고, 제단에 가까운 측면의 한 부분에 세례대라고 하기에는 낮고 비교적 넓게 개방된 세례소를 만들었다.

무띠에의 '우리 마을 성모 성당'의 세례대[5-53]는 널찍한 문랑의 대각선 끝에 놓이면서도 제대와 행렬 통로의 축 위에 배치되었다. 그리고 세례대의 가까운 벽에 아름다운 스테인드글라스를 두었다. 세례대는 회중석과 일직선으로 이어져 있고 문 없이 늘 열려 있어서, 제대를 향해 들어갈 때나 미사를 마치고 나갈 때 스테인드글라스가 에워싸고 있는 세례대를 응시하게 했다. 세례대의 주변은 세례반의 의미를 강조하기 위해서 문랑의 바닥보다 두 단 내려가 있다. 두 변에는 세례 받을 사람이 앉는 검은 돌 벤치를 길게 두었다. 세례대는 흰 돌을 원형

[5-52] 세례소, 잔크트 엥겔베르트 성당, 독일 쾰른

[5-53] 세례대, 우리 마을 성모 성당, 스위스 무띠에

으로 만들었고, 윗면에는 비둘기의 형상을 새긴 곳에 물이 담기게 했다.

루돌프 슈바르츠가 설계한 성 안토니오 성당(Pfarrkirche St. Antonius, 1959) [5-54]은 회중석 뒤의 일정 구획에 바닥 패턴을 달리하고 그 위에 자연 채광을 하며 세례대와 부활 촛대, 앉을 벤치를 배치했다. 보트로프에 있는 거룩한 십자가 성당은 회중석 뒤의 성가대석 아래에 단을 내리고 그 안에 세례대를 두었다.[5-55] 특히 뒤셀도르프의 가라트(Garath)에 있는 성 마태오 성당(St. Matthaus Church, 고트프리트 뵘, 1970)은 나르텍스나 입구 홀이라 할 만한 공간이 없고 회중석 뒤로는 약간 넓은 통로 정도밖에 낼 수 없음에도 세례대를 제대와 같은 축 위에 놓았다.[5-56] 좁은 곳에 놓인 세례대를 강조하려고 곡면 벽을 만들어 조명하고 생명의 나무의 반을 각각 좌우의 벽에 붙여 장소의 의미를 강조했다. 작은 면적이더라도 현대적으로 해석한 세례대를 얼마든지 마련할 수 있음을 보여주고 있다.

오늘날 우리나라 성당은 어떤가? 우리나라 성당에는 세례당이 없다. 그리고 세례반, 세례대도 보이지 않는다. 세례대가 있다고 해도 일 년에 몇 차례 사용하지 않으므로 실용 면에서는 떨어진다고 여기기 때문일 것이다. 정성스럽게 제작하는 14처에 비하면 세례대에 대한 인식은 거의 없어졌다. 그러나 이토록 중요한 세례성사를 위해 세례당까지 따로 지었던 역사적 사실을 생각하면, 세례반이나 세례대에 담겨 있는 깊은 의미는 살려내야 하지 않을까? 높이를 고려하여 물이 흘러나오는 샘 모양의 세례대까지는 아닐지라도 어떻게든 새로운 모습의 세례대와 세례반을 다시 볼 수 있어야 한다.

성수반과 성수대

성수는 축복 예식에 사용하려고 사제가 하느님의 강복을 청하며 축복한 물이다. 성수는 세례성사를 위한 세례수와 다르다. 그리스도께서 제정하신 일곱 개의 성사와는 달리 성수를 사용하는 것은 교회가 도입한 전례 행위, 거룩한 표지나 사물을 가리키는 '준성사'에 해당된다. 그래서 성수대는 세례대에 못지 않게 중요하다. 성수대는 오늘날 세례를 기억하게 하기 위해 성당 입구에 설치한다. 초대 그리스도교 신자들이 기도하기 전, 그리고 성당에 들어갈 때 손

[5-54] 세례대, 성 안토니오 성당, 독일 에센-포론하우젠

[5-55] 세례대, 거룩한 십자가 성당, 독일 보트로프

[5-56] 세례대, 성 마태오 성당, 독일 뒤셀도르프 가라트

[5-57] 작은 성수 그릇

을 씻었다고 테르툴리아노와 클레멘스 교부의 증언에서 성수가 등장할 정도로 성수대는 매우 오래전부터 쓰였다.

성수반(聖水盤, aqua benedicta fontana, holy water font 또는 stoup)은 성수를 담은 그릇이다. 영어로 'font'는 성수를 담기 위한 큰 그릇이고, 'stoup'은 이보다는 작은 성수 그릇을 말한다.[5-57] 성수대란 성수반에 받침대를 받쳐놓은 것이다. 받침대가 없이 성수 그릇만 있으면 성수대가 아니라 성수반이다.

악을 멀리하고 하느님의 집으로 들어가는 하느님의 자녀들은 자신이 받았던 세례를 기억하기 위하여 성당에 들어갈 때 성수대나 성수반에 담긴 성수를 손끝에 묻혀 십자성호를 그으며 기도한다. "주님, 이 성수로 저희 죄를 씻어주시고 마귀를 몰아내시며 악의 유혹을 물리쳐주소서." 또는 "주님, 이 성수로 세례의 은총을 새롭게 하시고, 모든 악에서 보호하시어 깨끗한 마음으로 주님께 나아가게 하소서." 이것을 성당에 들어가기 전(성당에서 나갈 때는 하지 않는다)에 분심과 사심을 없애고 깨끗한 마음으로 들어가려는 표지 정도로 이해하는 경우가 많다. 물론 이런 정화의 의미도 있다. 그러나 성수대의 성수로 기도하는 근본적인 목적은 그리스도와 함께 죽었다가 그리스도와 함께 새로 태어난 거룩한 세례를 기억하고 자신이 하느님의 자녀임을 자각하는 것이다.

초기 그리스도교 성당에서 아트리움은 세속의 공간에서 거룩한 공간으로 이행하는 곳에 놓였다. 신자들은 거룩한 공간에 들어가기 전 아트리움의 분수대에 멈춰 손과 발을 씻었는데, 그것이 오늘날 성수대가 되었다. 이 안마당이 줄어 단순한 현관처럼 되었을 때 두 손으로 들던 큰 컵이 구조물로 바뀌었고, 이것이 지금의 성수반 역할을 했다.

고정 성수반은 보통 구리, 대리석, 화강석, 테라코타, 도자기 등으로 만들지만, 돌은 다공성인 재료이므로 안을 납이나 주석으로 만들었다. 따로 놓을 때도 있고 받침대에 얹을 때도 있으며, 때로는 벽이나 기둥 속에 끼워 넣기도 한다. 11세기까지는 고정된 성수대가 거의 발견되지 않는데, 이것은 그 당시로서는 성당이 그리 많이 지어지지 않았고 부서지거나 다시 고쳐 짓는 경우가 많아서 돌로 제대로 만들어진 성수반은 성당의 문설주 속에 끼워 넣었기 때문이다.

옛날 성 가롤로 보로메오(St. Carlo Borromeo)는 밀라노 교구 성당에서는 성수반은 잘 만들어진 대에 올려놓고, 성당 밖에 놓아서는 안 되며 반드시 안에 놓아야 하고, 가능하다면 들어오는 사람의 오른쪽에 둘 것이며, 남자가 들어오는 문에 하나, 여자가 들어오는 문에 하나를 두어야 한다고 했다.[10] 다만 이것이 성당 안에 나르텍스나 홀 등을 지나 문이 있다고 할 때, 그 문의 안쪽인지 바깥쪽인지 분명하지 않다.

지금도 성수대는 성당 문 입구 가까운 곳에 비치한다고만 말한다. 그러나 이것도 문 안쪽의 가까운 곳인지, 문 바깥쪽의 가까운 곳인지가 정확하지 않다. 그렇지만 성수가 옛날 아트리움의 분수대에서 시작했다는 것과, 세례를 기억하고 전례에 참여할 준비를 하고 성당 안에 들어와야 한다는 의미에서 성당의 입구 안쪽보다는 바깥쪽의 가까운 곳에 위치하는 것이 맞다고 생각한다. 그러나 실제로도 성수대는 성당에 들어오기 전의 홀에 두기도 하고, 성당 안의

---

10   CATHOLIC ENCYCLOPEDIA: Holy Water Fonts-New Advent,
      http://www.newadvent.org/cathen/07433a.htm

[5-58] 성수대, 잔크트 엥겔베르트 성당, 독일 쾰른

[5-59] 성수대, 주님 탄생 성당, 미국 위스콘신 라인랜더

입구 쪽에 설치하기도 한다. 예를 들면 쾰른의 리엘(Riehl)에 있는 잔크트 엥겔베르트 성당[5-58]이나 위스콘신 라인랜더에 있는 주님 탄생 성당[5-59]처럼 성당의 문을 들어서서 몇 걸음 걸어 들어가면 제대와 행렬 통로의 축 위에 놓여 있다. 이 성당에는 세례대가 제대와 비교적 가까운 측면에 따로 마련되어 있다.

회중석

하느님 백성의 자리

주님께서는 언덕 위에서 가르치셨고 호숫가에 배를 대고 그 배 위에서 가르치셨다. 그리고 많은 사람이 주님의 말씀을 듣고자 그분을 둘러쌌다. 그들은 적당한 장소를 찾아 앉거나 서서 마음을 다하여 주님의 말씀을 들었다. 이런 모습을 그대로 성당이라는 건축 안에 넣어본다. 그러면 신자들이 앉는 회중석(會衆席, nave)이 어떤 것인지를 조금 더 잘 알 수 있다.[11]

회중(會衆, populus congregatus)은 전례를 거행하려고 '모여 온' 하느님 백성을 말한다(《가톨릭교회 교리서》 1097~1098항 참조). 회중은 "선택된 겨레고 임금의 사제단이며 거룩한 민족이고 그분의 소유가 된 백성"(1베드 2,9)이다. 회중은 주례하는 사제, 부제, 성체 분배자, 성가대, 평신도 등이 함께 모여서 미사를 드리는 하느님 백성이다.

그러나 회중석은 성당의 머리 부분이 제단과 입구 부분인 문랑 사이에 신자들이 앉게 되는 면적이 가장 큰 가운데 부분을 말한다. 입구 가까운 곳의 문간인 문랑을 지나면 성당의 본체인 회중석이 나타난다. 비교하자면 유대인의 성전과 지성소(Holy of Holies), 성소(Holy Place), 문간 중 사제들만 들어가던 성소가 성당의 회중석에 해당한다.

회중석이란 제대를 둘러싸고 그분의 말씀을 듣고 그분의 몸을 모시며 하느님께 드리는 전례가 거행되는 동안 하느님 백성이 머무는 장소다. 회중석에서 미사를 드리는 공동체는 사제가 입당하면 일어서고 참회하기 위해 선다. 또한 영성체 할 때와 세례를 받을 때 행렬하며 성가를 부르고 성수를 받으며 온몸으로 전례에 동참한다. 전례 회중(liturgical assembly)이 회중석에서 드리는 예배는 믿음 안에서 하나가 된 몸이다. 회중석은 주례사제와 함께 모두가 온전하게 능동적으로 자기의 역할을 하는 예배의 장소요, 하느님 백성의 자리다.

성당을 설계할 때 평면의 전체 형상을 결정하는 중요한 부분은 회중석이다. 우선 몇 명을 앉힐 것인지, 제대를 향해 어떻게 모여 앉을 것인지에 따라 규

---

11 nave의 번역에 대해서는 264~266쪽을 참조.

모가 정해진다. 300~500석 정도 되면 원형 또는 타원형이나 부채꼴 평면으로 제대를 둘러싸는 형식이 가능할 것이고, 자리가 1,000 정도 되면 긴 축으로 제대를 향해 일렬로 앉게 될 것이다. 회중석이 2층으로 올라가는 경우도 있겠으나 이 부분의 규모가 커지면 음악당이나 극장과 같은 분위기가 될 우려가 있다. 원칙적으로는 같은 층에서 미사를 드리는 것이 훨씬 교회 전례에 맞다.

회중석은 왜 '배'인가?

예수님께서 티베리아스 호숫가에서 제자들에게 다시 당신 자신을 드러내셨다(요한 21). 제자들은 먹고 살기 위해 다시 어부가 되어 갈릴래아로 돌아간 뒤 밤새도록 바다에서 고기를 잡고자 그물을 던지고 있었다. 그다음 날 아침에 물가에 예수님께서 서 계신 것을 보고, 그들은 주님을 향해 호수로 뛰어들었고 고기가 든 그물을 배로 끌고 왔다. 예수님께서는 이들에게 다가가셔서 숯불 위에 놓인 물고기와 빵을 들어 그들에게 주셨다. 그러고는 베드로에게 나를 따르라고 말씀하셨다.

성당이라는 건축공간의 본래 의미가 이 장면에 다 담겨 있다. 출렁이는 갈릴래아 바다와 그 안을 움직이는 작은 배, 그리고 그 작은 배에 몸을 실은 제자들. 이것이 성당 안의 회중석이다. 주님께서 서 계신 물가는 제단이고 물고기와 빵이 놓인 숯불 위는 제대다. 배에 있던 제자들은 그분을 조금이라도 빨리 만나 뵙고자 물속으로 뛰어들거나 작은 배로 주님께로 다가온다.

그런데 왜 회중석을 '배'라고 부르고 회중은 '배 안'에 있다고 여기는가? 초기 그리스도교 공동체가 교회는 격랑을 헤쳐 가는 작은 배로 표상되었다. 바티칸 박물관에는 마르코, 루카, 요한 등 복음사가들이 예수님의 지시를 받으며 노를 젓고 있는 조각이 있다.[5-60] 4세기 석관에 장식된 작은 작품이다. 그러나 이 조각에서는 든든하게 예수 그리스도께서도 함께 노를 젓고 계시다. 교부 히폴리투스는 이렇게 말했다. "바다는 세상이다. 교회는 배와 같고 물결에 흔들리고 있다. 그러나 가라앉지는 않는다. 사실 그 배에는 뛰어나신 선장 그리스도가 계시다"(De antichristo, 59).

회중석의 본래 이름은 영어로 네이브(nave)다. '배'라는 뜻이다. 초기 그리

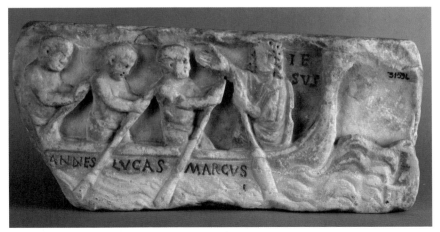

[5-60] 스폴레토에서 발굴된 관의 조각 단편(300년경), 피우스 그리스도교 박물관 소장, 바티칸 박물관

스도교에서는 이 부분을 배라는 뜻의 라틴어로 '나비스(navis)'라고 불렀다. 나비스는 그리스어 나우스(naus)에서 나왔는데, 고대 그리스 신전에서는 그 중심부를 누스(noos)라 불렀다. 이 두 말의 어원은 같다. 나비스는 중세 라틴어 나벰(navem)의 주격인데, 해군을 뜻하는 네이비(navy)와 어원이 같다. 고대 그리스에서는 신전의 박공지붕을 안에서 올려다보면 뒤집혀진 배와 비슷하게 생겼다고 하여 신전을 '나비스'라고 불렀다.

본래 전용 건물이 없었던 교회는 공공 집회를 위해 넓은 내부공간을 가졌던 고대 로마의 바실리카를 활용하게 되었는데, 이 건물의 지붕을 덮은 박공지붕이나 아치로 된 형상은 하늘나라를 향하는 선체나 배의 바닥의 중앙을 버티는 길고 큰 목재인 용골의 모양을 연상시켰다. 그리스도교는 노아의 방주처럼 신자들을 보호한다는 이미지에 이러한 고대의 감성이 겹쳐서 회중석의 이름을 '나비스'라 불렀고, 이것이 영어로 '네이브'가 되었다.

제단과 제대는 하늘의 문이고, 네이브인 회중석은 이 땅에 있는 배다. 이것은 유대교 회당에는 없는 것으로 그리스도교의 본질을 아주 잘 나타낸다. 베네치아의 산토 스테파노 성당(Chiesa di Santo Stefano)에서 보듯이 회중석이 배처럼 길게 생겼다.[5-61] 때문에 회중석은 갈릴래아에서 예루살렘으로 떠나시는 예수 그리스도와 함께하는 하느님 백성의 순례 여정을 상징한다. 교회는 무질서하게 소용돌이치는 물 위에 떠 있는 노아의 방주, 회중석에 앉은 사람들은 세상의 죄에서 벗어나 하느님 나라를 향해 순례의 여정을 떠나는 이들로 비유되었다. 파리 노트르담 대성당[5-62]이 센강 한가운데 있는 시테섬에 서 있다는 것도 이러한 사실을 강조한다. 충북 제천에 있는 배론 성지 성당의 배

[5-61] 회중석, 산토 스테파노 성당, 이탈리아 베네치아

[5-62] 센강 한가운데에 있는 노트르담 대성당

[5-63] 배론 성지 성당, 한국 제천

성당, 빛의 성작

모양의 천장[5-63]은 첩첩산중 계곡이 깊어 마치 배 밑바닥 같다고 해서 주론(舟論) 또는 배론이라 불린 곳에 지어진 것이지만, 이런 땅 이름을 가진 성당답게 회중석이 배임을 상징하고 있다.

제대를 향해 회중석의 가운데를 똑바로 지나는 행렬 통로는 구원으로 이끄는 곧고 좁은 길, 세례를 받고 나서 걷게 되는 영적인 길과 여정을 표상한다. 그래서 《가톨릭교회 교리서》에서는 이렇게 적고 있다. "교회는 '화해를 이룬 세상'이며, '주님의 십자가의 돛을 활짝 펴고 성령의 바람을 받아 이 세상을 잘 항해하는' 배다. 교부들이 즐겨 쓰는 또 다른 표현은 빌리자면, 교회는 홍수에서 유일하게 구해주는 노아의 방주에 비유된다"(《가톨릭교회 교리서》845항).

교회는 안전과 평화의 배다. 모든 하느님의 백성은 배 안에 모여 흔들리는 세상의 풍랑과 유혹에서도 굳건히 계속 움직이고 있다. 회중석이 '배'라는 것은 성당이 새로운 생명과 희망을, 홍수로 가라앉은 세상에서 복음을 전하는 또 다른 노아의 방주요 구원의 징표이기 때문이다. 계속 노를 젓는다는 것은 멈출 수 없는 복음의 전파, 곧 우리에게 위탁된 메시지를 권위 있게 선포하는 케리그마(kérygma)를 뜻한다. 예수님께서 베드로와 그 형제들이 고기를 잡고 있을 때 부르셔서 사람 낚는 어부가 되게 하겠다고 말씀하셨듯이, "모든 민족들을 제자로 삼아, 아버지와 아들과 성령의 이름으로 세례를 주는"(마태 28,19) 사명을 가진 공간이 '네이브'라는 이름을 가진 회중석이다. 격랑의 바다와 배, 이로써 교회는 계속 움직인다.

독일 벤젠바흐(Wenzenbach)에 있는 성 베드로 성당(2003)[5-64]은 '배'라는 회중석의 의미를 현대적으로 표현했다. 이 성당은 새로 지어진 것이 아니라 7세기에 지어진 성당 북쪽에 배의 앞부분 모양으로 증축했다. 제단에서는 두 곡선이 만나고 있으며, 천장의 목구조는 나무 배의 모양을 표현했다. 창의 푸른빛은 아래로 내려갈수록 짙어지며 벽면은 더 짙은 푸른색으로 도장된 철판으로 마감되어서 회중석은 깊은 바닷물 속에 있다는 느낌을 자아낸다.

곡률을 정확하게 하고자 철판으로 마감한 벽면에는 스피커를 잘 보이지 않게 매입한 것말고는 아무것도 붙이지 않았다. 깊은 바다를 느끼도록 만든 벽면에 다른 것이 붙으면 안 되기 때문이었다. 심지어 십자가의 길 14처도 벽면 밑

[5-64] 성 베드로 성당, 독일 벤젠바흐

의 통로 바닥에 붙였다. 바닥을 내려다보며 14처 하나하나를 대하다 보면 조금 이라도 더욱 겸손해지는 느낌을 받는다. 여기에 제대를 향해 파문처럼 둥그렇 게 에워싸는 회중석은 미사의 공동체성을 강조하고 있다.

제대라는 존재가 돋보이게 제대 위에는 기둥이 없이 가볍게 매달아놓는 테 스터(tester)를 돛처럼 만들었다. "주님의 십자가의 돛을 활짝 펴고 성령의 바람 을 받아 이 세상을 잘 항해하는 배"를 형상화한 것이다. 회중석에 앉은 믿음의 공동체가 평화를 얻고, 노를 저어 이 세상에 복음을 전하며, 종국적으로는 하느 님께로 나아가는 순례의 여정에 있는 한 척의 배로 성당을 보았기 때문이다. 그 러나 유감스럽게도 '네이브'를 번역한 '회중석'이라는 우리말에는 '배'라는 의미 가 담겨 있지 않다.

회중석의 등받이 의자

바실리카를 이용해 성당을 짓기 시작한 이래로 교회 건축의 역사 속에서 생긴 가장 큰 변화는 과연 무엇이었을까? 이렇게 말하면 의외일지 모르지만 그 것은 회중석에 놓인 긴 등받이 의자였다.[5-65] 평신도는 회중석에 앉는다. 회중 (會衆)의 '석(席)'은 등받이가 달린 고정식 긴 의자를 말하는데, 영어로 'pews'라

[5-65] 등받이 의자, 성 안드레아 성당, 독일 뤼텐샤이트　　[5-66] 밀라노 대성당 바닥, 이탈리아

고 한다. 이 의자에는 무릎틀(장궤틀)이 붙어 있다. 장궤(長跪)란 몸을 똑바로 세운 채 오른쪽 무릎 또는 두 무릎을 꿇은 자세로 존경을 나타내는 행위를 말한다.

　　오래된 유럽의 성당에 들어가 보면 정성을 다해 아름답게 장식한 바닥을 볼 수 있다.[5-66] 좌석이 고정되어 있는 오늘날의 회중석을 생각하면 어차피 의자에 가려질 바닥을 왜 그렇게 아름답게 장식했는지 이해하기 어렵다. 그것은 종교개혁 이전에는 신자들이 미사를 드리는 동안 계속 서 있었기 때문이다. 오래된 성당에서는 특별한 행사가 있는 경우가 아니면 보통은 회중석에 좌석을 두지 않고 빈 공간인 채로 둔다.

　　초기 그리스도교 성당에서는 미사를 거행하는 동안, 사제나 평신도는 고정된 의자 없이 대부분 서 있었고, 성당의 맨바닥에 무릎을 꿇기도 했다. 미사가 거행되는 동안 신자들은 약간 걸어 다닐 수는 있어도 앉지는 못했다. 중세 후기인 14세기가 돼서야 처음으로 벽을 따라 돌 의자가 마련되었다. 그러나 이런 의자는 아프거나 연로한 신자들이 사용했다. 15세기에 이르러 성당의 수가 늘어나면서 비로소 등받이가 없는 벤치나 의자를 부분적으로 놓았다.

　　개신교에서는 긴 설교가 예배의 중심이 되었으므로 반드시 긴 의자를 두었다. 가톨릭교회는 이러한 개신교의 영향을 받아 16세기 후반에는 미사의 중심으로 강론을 강조했고, 강론을 집중해서 듣게 해주려고 회중석에 높은 등받이와 무릎틀이 있는 긴 나무 의자를 고정해두었다. 이 변화는 교회와 전례 자체에도 큰 영향을 미쳤다. 그러나 회중석 옆에 앉는 여자들의 좌석은 의자가 낮고 무릎틀도 낮았다. 이렇게 하여 제대를 향해 한 방향으로 놓인 긴 의자는 전통적으로 성당의 내부공간을 결정짓는 매우 중요한 요소가 되었다.

정교회에서는 전례가 거행되는 동안 신자들은 회중석에 서 있어야 하며(다만 한국의 정교회는 지역적 배려에 의해 의자를 배치하고 있다), 예배 중에는 여기저기 걸어 다니거나 제대를 등지고 서 있으면 안 된다.[5-67] 정교회는 긴 의자가 제대를 수동적으로 바라보게 할 뿐 아니라, 성당 안에서의 전통적인 자유로운 움직임을 해친다고 여긴다. 정교회에서는 가톨릭이나 개신교 교회처럼 신자들이 앉는 의자가 없으며 아픈 사람만 회중석 구석에 놓여 있는 의자에 앉을 수 있다. 때문에 정교회는 가톨릭 성당에 긴 의자를 놓아 거행하는 전례가 하느님'의' 의식(儀式)이 아니라, 교실이나 강의실에서처럼 하느님에 '관한' 의식이 되었다고 강하게 비판한다.

그러나 가톨릭 교회의 미사는 개인적으로 드리는 예배가 아니다. 전례는

[5-67] 사도 시몬 정교회 수도원, 조지아 아브카지아

성당, 빛의 성작

하느님 백성이 '함께' 올리는 공적인 예배다. 전례는 사제는 제단에서, 평신도는 회중석에서 모두 자기의 역할을 가지고 하느님께 함께 예배를 드린다는 뜻이다. 미사를 하는 동안 사제에게는 사제가 따라야 할 규칙이 있고, 평신도에게는 평신도로서 따라야 할 규칙이 있다.

가톨릭의 예배는 영혼과 소리만이 아니라 몸 전체의 모든 감각으로 드리는 제사다. 평신도는 의자에서 앉고 일어서고 무릎을 꿇고 기도하고 말씀을 들으며 가슴을 치고 뉘우치며 성가를 부른다. 또 이 자리에서 머리를 숙이거나 무릎을 꿇거나 십자성호를 긋거나 두 손바닥을 모으거나 뉘우치며 가슴을 치거나 조용히 침묵하기도 한다. 평신도에게 이 자리는 하느님과의 관계를 몸으로 표현하는 곳이며, 성당의 공간과 전례와 신앙 공동체를 자신의 몸으로 직접 느끼는 자리다.

"아브람이 얼굴을 땅에 대고 엎드리자, 하느님께서 그에게 이르셨다"(창세 17,3). "들어가 몸을 굽혀 경배 드리세. 우리를 만드신 주님 앞에 무릎 꿇으세"(시편 95,6). "무릎을 꿇고 두 손을 펼쳐, 주 나의 하느님께 말씀드렸다"(에즈 9,5). 이렇게 몸으로 드리는 예배의 모습은 성경에 수없이 기록되어 있다. 회중석의 긴 의자에 붙은 무릎틀은 이러한 자세를 위한 것이다. 요즘에는 미사를 드릴 때 무릎 꿇는 부분이 서는 자세로 많이 바뀌었지만, 가톨릭교회의 전통적인 경배 자세는 무릎 꿇기였다. 이러니 긴 의자가 열을 이루며 놓여 있는 회중석은 제단이라는 무대를 바라보는 객석일 수 없다. 그럼에도 언제부터인가 우리나라에서는 감사기도를 드리는 동안에 무릎을 꿇지 않아도 된다는 해석이 널리 퍼지면서 성당에 있던 무릎틀을 많이 없애버렸다.

이러기까지 회중석에는 남자와 여자가 종종 나뉘어 있었다. 어떤 오래된 성당의 행렬 통로 좌우의 벽에는 열주로 된 아케이드 위에 2층석이 있었다. 이것은 마트로네오(matroneo)라고 하는 여성용 특별석으로서, 남녀가 따로 미사를 드린 비잔티움의 전통을 따른 것이다. 고딕 대성당에서는 이와 같은 용도는 사라졌지만, 정교회에서 여자는 때때로 회중석 위에 있는 '기나이콘(gynaikon)'이라 부르는 갤러리에 서 있었다. 이것은 고대 그리스에서 15세 이상의 여자들이 모여서 뜨개질을 하거나 옷을 짓던 방의 이름인 '기나이콘'에서 나왔다. 중세 가톨릭교회에서는 흔히 여자들은 북쪽과 서쪽에, 남자들은 남쪽과 동쪽에 앉았다. 이것은 고대 그리스 신화에서 죽은 자들의 나라 하데스는 서쪽에 있고 이교도들은 북쪽에 있다고 보았고, 여자들이 이런 유혹에서 믿음이 적은 이들을 지켜낸다고 여겼기 때문이다. 또 성당 정면에는 남자와 여자가 따로 드나들게 문을 좌우에 두 개 더 두기도 했다.

제2차 바티칸 공의회에서 언급된 회중의 능동적인 참여라는 말을 지나치게 넓게 해석해 등받이가 있는 긴 나무 의자는 움직이기에 불편하므로 받침방석이 있는 편안한 개인 의자를 극장처럼 배열하자는 주장이 있다. 그러나 이것은 하느님의 집을 기능과 효율만으로 바라보겠다는 것이다. 공간을 융통성 있게 사용하겠다고 이동식 의자를 성당 안에 쌓아둔다는 것은 참으로 전례와 공간의 관계를 무시한 것이다. 이런 의자에서 앉고 일어나서는 하느님께 마음을 드높이기 힘들다.

《로마 미사 경본 총지침》 311항에서 "신자들의 자리는 신자들이 거룩한 전례에 몸과 마음으로 올바르게 참여할 수 있도록 정성껏 마련해야 한다. 신자들의 자리에는 원칙으로 무릎틀 또는 의자를 준비하는 것이 좋다"고 말하는 이유가 여기에 있다. 나무로 된 긴 의자는 무겁고 고정된 것이기는 해도 모인 이들이 같은 공동체라는 강한 이미지를 준다.

한편 같은 지침의 같은 항에는 "그러나 어느 특정인을 위한 지정석은 두지 않아야 한다"는 말이 덧붙여 있다. 왜 이렇게 언급하고 있을까? 그것은 교회가 모두 앉을 수 있는 의자를 충분히 둘 수 없어서 16세기 말부터 교회의 허락을 받거나 비용을 내면 특정한 자리를 빌려주었기 때문이다. 사회적인 지위나 교회에 물질적인 도움을 준 이와 그의 가족에게는 성당 안의 강론대에 가까운 곳에 의자를 할당하고 칸막이를 쳤다. 이것을 'pew box(박스 칸막이의 회중석)'라고 한다. 특히 영국의 영향을 받은 미국 교회가 그러했는데, 제3회 볼티모어 공의회에서는 이를 승인해주기까지 했다.

그렇다면 어떤 것이 올바른 회중석의 모습일까? 고트프리트 뵘이 설계한 성 이냐시오 성당(St. Ignatius kirche, 1963)의 긴 의자[5-69]는 이에 대한 성실한 대답이다. 등받이 판 대신에 굵직한 나무로 길게 가로지르고 있다. 등받이가

　　　　　　　　　　　　　　　　　　성당, 빛의 성작

[5-68] 성 이냐시오 성당, 독일 프랑크푸르트 암 마인

[5-69] 등받이 의자, 성 이냐시오 성당

없는 소박한 긴 의자와 같은 느낌이다. 두툼하게 만든 엉덩이받이에 의자의 옆면도 판으로 막지 않고 오히려 바깥으로 마구리를 길게 빼내어서 소박한 수도

원의 의자처럼 보인다. 무릎틀도 마찬가지다. 가로지른 나무도 성가 책이나 기
도서를 놓을 수 있는 최소의 폭으로 잘려 있다. 그 밑에는 가방을 걸 수 있게
나무못이 박혀 있다. 그렇게 만든 의자를 배열한 결과, 뒤에서 보면 의자의 옆
면이 행렬 통로를 가로막지 않고 시선이 곧바로 제대를 향하게 된다. 게다가 회
중석이 낮게 느껴져서 마치 천막처럼 가볍게 표현한 천장을 향해 마음이 드높
여진다.[5-68]

　이런 성 이냐시오 성당에서 면적을 아끼겠다고 의자에서 무릎틀을 없애보
자. 어떻게 변할까? 그리고 별 생각 없이 등받이를 판으로 만들고 의자 옆면도
판으로 막아보자. 의자가 성당 바닥의 주인처럼 보일 것이다. 조금이라도 자리
를 더 만들겠다고 행렬 통로를 좁혀보자. 제대를 향한 우리의 마음을 가로막
을 것이다. 긴 의자는 바닥을 점유한다고 아예 한 사람씩 앉는 의자로 다 바꾸
어보라. 그러면 그 순간 하느님의 집은 단숨에 회합장으로 바뀌어 버릴 것이다.
성당에서 회중석 긴 의자의 디자인은 이처럼 중요하다.

　한편 회중석이 커지고 길어지면 뒤에 앉게 되는 사람의 시선이 방해를 받
게 되므로 회중석의 앞은 바닥이 수평이더라도 뒤의 어느 지점부터는 완만한
경사면을 이룬다. 행렬 통로를 걸을 때는 이 경사면이 별로 의식되지 않지만,
앉아보면 불편함이 느껴져 등받이 의자의 밑면이 경사면에 맞도록 의자 앞을
올리든지, 밑면에 각도를 조절하는 쐐기를 덧대어 조절한다. 그러나 의자 앞만
조절하면 앉기가 불편해지고, 쐐기를 대면 의자가 들린 것 같아 보기에 좋지
않다. 또 다른 방법은 행렬 통로만 완만한 경사면으로 하고 등받이 의자가 놓
이는 부분에는 낮고 긴 계단을 만드는 것이다. 그러나 이것은 행렬 통로와 회
중석 밑은 단의 차이 때문에 드나드는 데 턱이 생겨 불편하다. 이 두 방법을 피
하려면 엉덩이받이와 등받이의 각도 그리고 의자의 앞 높이 등 세 가지를 미세
하게 조정해 수평면에 앉아 있는 것과 똑같은 느낌을 주는 등받이 의자를 따
로 세심하게 설계해야 한다.

　성당 안에 있는 회중석에서 우리는 어떤 마음과 자세로 앉거나 서야 할까?
내가 본 가장 겸손한 회중석 의자는 프랑스 남부 르 토로네 수도원 성당의 회
중석이다.[5-70] 앉아보면 의자가 낮다. 조금이라도 주님 앞에서 나를 낮추기 위

[5-70] 의자, 르 토로네 수도원 성당, 프랑스

함이다. 주님을 따르겠다고 다 버린 겸손한 수도자의 마음이 이렇듯 의자라는 물체에 소박하게 표현되어 있다. 등받이도 없고 무릎틀도 없다. 무릎을 꿇으려면 딱딱한 돌바닥에 무릎을 대야 한다. 이런 의자에는 우리 성당에서 흔히 보는 긴 방석 같은 것이 놓일 여지가 없다. 우리를 위해 내어주신 주님의 몸을 모시고 말씀을 듣고자 하는 자가 조금 더 편한 의자에 앉아 무엇하랴? 이것이 우리가 앉고 서는 회중석의 본래 모습이다. 성당이라는 건물의 회중석 의자는 바로 이런 우리의 마음과 영성이 드러나는 곳이다.

천장

사람의 몸은 바닥을 발로 딛고 걸으며 벽에 기댈 수 있지만, 천장은 우리 몸 저쪽 위에 떠 있다. 바쁘게 움직일 때는 바닥을 빨리 밟고 움직이고 무슨 일을 하며 집중할 때는 벽을 바라보게 된다. 그러나 하던 일을 멈추고 조용히 나를 성찰할 때 천장은 크게 나타난다. 천장은 나의 존재가 과연 무엇인지, 나는 어디에서 왔는지를 물을 때 이 물음에 대답해주는 존재다. 천장은 나를 넘어서 저 위에 있고 나를 내려다보며 나를 감싸준다. 따라서 천장은 방을 기쁨으

[5-71] 천장, 루터교 우스마 교회, 리가 민족지학 야외 박물관, 라트비아 리가

로 완성한다.

라트비아 리가에 있는 민족지학(民族誌學) 야외 박물관에는 18세기에 온통 나무 널판으로 지은 루터교 우스마 교회(Lutheran Usma church)가 있다.[5-71] 초라하다고 보일 정도로 가난한 시골 교회에는 목재 널을 댄 천장에 그림으로 하늘과 천사들을 그려 넣었다. 낮에야 창으로 비치는 빛을 받으면 천장이 하늘임을 금방 알아차리겠지만, 밤에 촛불을 켜고 밝힐 때는 이 교회당의 천장은 더 아름다운 하늘로 사람들을 덮었을 것이다. 이 나무널 교회를 보면 집의 천장을 하늘로 장식한 것이 아니다. 그것은 천장으로 하늘을 표상한 것이다.

사람에게는 집을 세계로 생각하는 DNA가 있다. 천장은 영어로 'ceiling'인데, 이는 라틴어 'caelum(천국, 하늘)'에서 나왔다. 천장을 올려다보는 것은 하늘과 천국을 바라보는 것이다. 모든 것이 평탄한 오늘날의 건축에서는 사실 천장의 의미를 잃어버렸다. 그러나 오래전부터 아무리 초라하고 작은 집일지라도 그곳은 '세계 속의 세계'이며, 집 안에서 올려다보는 천장은 하늘을 보는 것과 같다. 하물며 그럴진대 하느님의 집인 성당은 어떠할까?

앞에서 성당 건축에는 두 가지의 공간적인 방향이 있다고 했다. 하나는 이

성당, 빛의 성작

쪽에서 저쪽으로 우리를 이끄는 깊이 방향이고, 다른 하나는 우리를 덮듯이 위에서 아래로 나타나는 높이 방향이다. 성당에서 한가운데에 서서 위로 눈을 돌리면 그리스도를 중심으로 아래에 선 이들을 덮는 듯이 위와 아래가 이어짐을 느끼게 된다. 그것은 제단과 회중석 모두를 높이 덮고 있는 천장 때문에, 지붕 밑에 있는 공간은 하느님의 은총으로 충만한 곳이 된다.

성당 건축의 원형은 성막이었다. 성당의 위에서 아래로 내려오는 하느님의 힘이 백성을 감싸듯이 텐트와 같은 천장은 사람을 감싼다. 롱샹 경당의 만곡한 천장은 텐트의 이미지를 표현한 것으로 유명하다. 서울 반포성당의 천장[5-72]은 텐트와 같은 이미지로 회중석과 제단을 하나로 묶고 회중이 하느님의 힘 안에 들어가 있음으로 보여주었다. 약간 어둡고 낮은 천장에 이어서 밝고 높은 천장

[5-72] 천장, 반포성당, 한국 서울

이 겹쳐 나타나 6각형의 중심형 평면에 장축형 성당의 이미지를 겹쳐 보여준 훌륭한 예다.

성당은 오랫동안 돌로 만들어져 왔으므로 사각형의 벽으로 둘러싸인 건물 위에 둥근 돔이나 볼트가 놓이는 경우가 많았다. 돔이라는 건축 형식은 성당이 생기기 전부터 있었다. 둥근 돔과 사각형의 벽과 기둥은 순수하게 건축적으로 필요해 생긴 것인데도, 둥근 돔은 하늘나라를 나타내고, 벽으로 둘러싸인 밑부분은 땅을 나타낸다고 여겼다. 교회는 그런 돔에 천상의 이미지를 표현하여 하늘의 집이 되게 하고 싶었다. 돔에는 예수 그리스도가 그려지기도 하여 하늘에서 땅으로 내려오는 예수 그리스도의 신성과 인성을 상징한다. 5세기에 세워진 라벤나의 갈라 플라치디아 영묘(Mausoleum of Galla Placidia, 425~450)의 볼트는 모자이크로 덮인 가장 오래되고 잘 보존된 기념물로서 이전에는 성십자가 성당의 기도소로 쓰였다. 천장의 네 모퉁이에는 4복음사가가 그려져 있고 천장에는 파란색 바탕에 황금색 별들이 모자이크로 수놓여져 있다.[5-73] 이로써 성당은 하늘 아래 있는 우주가 된다.

돔은 성당 위를 덮는 반원의 구조물이다. 성당이라는 건축물의 공간으로 구원의 은총이 내려오고, 그 안에 하느님과 나의 관계라는 세계가 펼쳐진다. 돔은 하늘의 둥근 호, 즉 하늘나라이며 종종 삼위일체, 천사, 성인 등의 이미지로 장식된다. 빛으로 가득 찬 돔의 공간은 은총이 밑에 모인 이들에게 아무런 거리낌 없이 내려와, "어제도 오늘도, 시대와 세기를 넘어"[12] 하늘과 땅, 하느님과 사람이 일체가 됨을 표명하고 있다.

하기아 소피아(537년)가 다시 지어진 후 꼭 50년이 지난 뒤 시리아에서 에데싸(Edessa) 성당을 묘사한 찬미가가 만들어졌다. 그것은 비잔티움 교회 건축을 대표하는 하기아 소피아와는 비교가 안 될 정도로 작은 성당이었다. "둥근 볼트는 하늘나라처럼 확장되고 모자이크와 함께 별들처럼 비치고 있으며, 솟아오르는 돔은 하느님께서 계신 하늘나라 중의 하늘나라이고, 돔을 받치는 네

---

12   부활 성야 미사에서 사제는 파스카 초에 필기구로 십자를 긋고, 십자 위에 그리스 글자 A, 십자 밑에 Ω를 쓰고, 십자의
      팔 위와 아래 칸에 그해 연도의 네 숫자를 한 자씩 쓰며, 그 사이사이에 드리는 기도 중 "주 그리스도께서는 어제도
      오늘도. 시작이며 마침이시고, … 시간도 시대도 주님의 것이오니, …" 하며 기도드린다.

[5-73] 천장, 갈라 플라치디아 영묘, 이탈리아 라벤나

[5-74] 천장, 베네치아의 산 마르코 대성당, 이탈리아

개의 기둥은 세상의 네 방향"이라고. 그리고 이것들이 "하늘과 땅, 사도들, 예언자들, 순교자들 그리고 참으로 삼위일체의 하느님을 표현하고 있다"고 이 찬미가는 노래했다. 건축의 구조가 하늘나라를 나타낼 뿐만 아니라 하늘나라의 백성과 하느님까지도 나타낸다는 말이다. 돔은 무수한 빛의 신비한 공간 그 자체다. 그래서 이런 성당에 들어가면 눈은 천장을, 곧 하느님의 나라를 향한다.

교회는 전통적으로 성당의 중앙 돔이나 천장 또는 반원제단의 반원의 돔 안에 커다란 판토크라토르(Pantocrator)를 그렸다.[3-12] 만물의 주재자라는 뜻이다. 이 그림에서 그리스도께서는 세상의 왕처럼 왕관이나 홀을 갖고 계시지 않으며, 커다란 눈으로 보는 이의 정신을 직접 보고 계신다. 우리와 함께 계심을 묘사한 것이다. 중심 돔의 천장에 그려진 판토크라토르는 성당의 내부만이 아니라 온 누리가 하느님의 권능이 미치는 천국임을 뜻한다.

베네치아의 산 마르코 대성당[5-74]에는 몇 개의 돔이 상하좌우로 연속해 있고 그 바탕에는 수많은 상이 모자이크로 그려져 있다. 반원제단 위에는 그리스도가 앉아 계시고, 예수 승천 돔, 예언자 돔, 성령 강림 돔 등이 있다. 아치 밑면과 펜덴티브[3-9]에도 많은 그림이 그려져 있다. 내부 전체는 금박을 한 모자이크로 가득 차 있다. 피렌체의 산 조반니 세례당(Battistero di San Giovanni)[5-75]에는 8각형으로 된 장대한 모자이크 천장이 있다. 한가운데 채광탑이 있고 그것을 중심으로 바깥쪽으로 차례대로 천사 성가대, 창세기, 성모 마리아와 그리스도, 세례자 요한 이야기가, 그리고 밑의 3분의 1쯤은 최후의 심판이 그려져 있다.

성당 안에는 갈라 플라치디아 영묘의 천장보다 더욱 분명하게 천상의 예루살렘에서 빛나는 별과 함께 영광에 빛나는 하느님을 바라볼 수 있게 했다. 그 대표적인 천장은 생트 샤펠[5-76]이다. 이 경당에서는 고딕의 리브 볼트가 엮여 있는 푸른 바탕에 천상의 예루살렘을 비추는 수많은 별들이 그려져 있다. 칼라일 대성당(Carlisle Cathedral)은 고딕 양식의 건물인데 목구조로 만든 14세기의 원통 볼트 천장에 19세기에 오웬 존스(Owen Jones)가 감색 바탕의 밤하늘에 금빛으로 빛나는 별과 천사를 그려 넣었다.[5-77] 밤하늘은 하느님을 향한 무한한 열림을 의미한다.

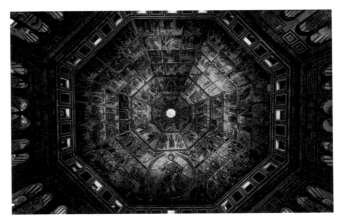

[5-75] 천장, 산 조반니 세례당, 이탈리아 피렌체

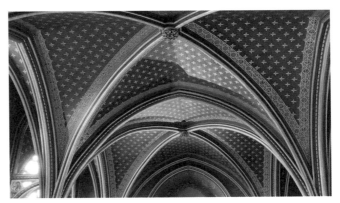

[5-76] 천장, 생트 샤펠, 프랑스 파리

[5-77] 천장, 칼라일 대성당, 영국 컴브리아

[5-78] 돔, 성 베드로 대성전, 이탈리아 로마

돔 천장은 성당에서 가장 중요한 자리다. 성 베드로 대성전에는 미켈란젤로가 설계한 돔[5-78]이 136.5m 위에 올려져 있다. 지름이 41.4m로 이 세상에서 가장 높은 돔이다. 이 돔의 밑부분에는 마태오 복음 16장 18~19절의 말씀이 새겨져 있다. "Tu es Petrus et super hanc petram aedificabo ecclesiam mean et tibi dabo claves regni caelorum(너는 베드로이다. 내가 이 반석 위에 내 교회를 세울 터인즉, … 나는 너에게 하늘나라의 열쇠를 주겠다)." 16개의 커다란 창에서 들어오는 빛이 여기에 새긴 거대한 푸른 글자를 비추고 있다. 글자 한 개의 높이는 약 2m가 된다. 하늘에서 예수 그리스도께서 말씀하시는 음성이 들리는 듯이 나타내기 위함이었다. 그리고 더 높은 쿠폴라(cupola) 밑에는 S. PETRI GLORIAE SIXTUS PP. V.A. MDXC PONTIF. V(성 베드로의 영광을. 교황 식스투스 5세 1590년 재임 5년)라고 적혀 있다. 돔(dome)은 라틴어 도무스(domus)에서 나왔으며 도무스는 집을 뜻한다고 했는데, 집의 천장은 이렇게 온 세상을 덮는 천장이 되어 있다.

천장을 이루는 볼트 사이의 평탄한 면이 좁아서 이런 이미지를 표현하기 어려우면 돌이나 나무로 만든 돋을새김이나 장식을 편평한 표면에 새겨놓기도 한다. 이런 장식을 보스(boss)라고 부르는데, 고딕 대성당에서는 리브 볼트가 교차하는 키 스톤에 주로 나타난다. 영국 블리스버그의 성삼위 교회(Holy Trinity Church, Blythburgh) 천장[5-79]의 보스에 날개 달린 천사가 중앙의 지붕마루를 장식하고 있다.

천장은 빛을 받아 내부공간의 거룩함을 단숨에 표현한다. 뒤셀도르프의 로쿠스 성당(Rochuskirche, 1953)의 둥근 천장[5-80]은 삼엽형의 평면과 함께 삼위일체의 하느님을 나타내는가 하면, 가우디가 지은 사그라다 파밀리아의 천장의 꽃 모양[6-3]은 성당 내부에 에덴동산을 재현한다. 제단 위의 천장을 높게 하면 제단 벽면을 따로 비추는 효과를 얻을 수 있다. 베를린의 마리아 레지나 순교자 기념 성당(Maria Regina Martyrum, 1963)처럼 천장의 좌우에 천창을 두면 벽면에 빛이 비쳐 천장이 허공에 떠 있는 느낌을 줄 수 있다.[5-81] 로마의 주빌레 성당(Jubilee Church, 리처드 마이어, 2003)은 남쪽의 빛을 차단하고 대신 북향의 천창을 성당의 천장이자 지붕으로 만들었다.[5-82]

[5-79] 천장, 성삼위 교회, 영국 블리스버그

[5-80] 천장, 로쿠스 성당, 독일 뒤셀도르프

[5-81] 마리아 레지나 순교자 기념 성당, 독일 베를린

[5-82] 주빌레 성당, 이탈리아 로마

성당에서 조명 기구만이 즐비한 천장은 영성적이지 못하고, 천장의 조형을 잘못하면 자칫 공연장의 천장처럼 보일 수 있다. 성당 내부의 천장은 내부공간 전체에 상징성을 집약한다는 점에서 세심한 조형이 요구된다.

성가대석

콰이어, 성가대와 성가대석

중세 대성당에 가보면 오늘날의 성당과는 전혀 달리 성가대석이 제단과 회중석 사이에 있어서 회중석에서는 제단이 성가대석 사이로 보인다. 더구나 아예 화려하게 장식된 칸막이로 막혀 있기도 하며, 그 안에는 성가대의 긴 의자들이 서로 마주보고 앉도록 좌우로 배열되어 있다. 그런데 성당 건축의 역사 전체를 볼 때 성가대석의 정확한 위치와 의미는 의외로 분명하지 않다.

공동체의 예배인 미사 전례를 위한 음악을 전례음악(musica liturgica)이라고 한다. 전례음악이란 '전례문'을 노래로 불러 하느님을 찬미하는 교회음악이다. 성가대는 미사 중 이러한 전례음악을 회중과 함께 또는 번갈아가며 노래하면서 회중을 도와주는 직무를 부여받은 사람들이다.

본래 초기 그리스도교 성당에서는 미사를 집전하기 위해 몇 단을 올려 다른 곳과 구분하는 제단이 회중석에 직접 이어져 있었다. 또한 대성당 안에는 제대와 주교좌(cathedra)를 뒀다. 주교나 수도원장은 정치적으로나 사회적으로 중요해 이들을 '권위자(hierarch)'라고 달리 불렀다. 위계를 뜻하는 영어의 'hierarchy'라는 단어가 여기서 나왔는데, 성당 건축 안에서 이런 위계가 특히 표현된 곳이 성가대석 주변이다.

'챈슬(chancel, 성단소)'은 난간이라는 뜻을 가진 라틴어 칸첼루스(cancellus)에서 나왔다. 성단소 앞에는 미사가 진행되는 동안 성직자나 수도자들이 전례 성가를 부르고 기도하는 자리를 뒀다. 이 자리를 성가대석 또는 '전례 성가대석(liturgical choir)'이라 부른다. 이렇게 성당은 크게 성직자를 위한 성단소와 평신도를 위한 회중석이 칸막이벽으로 명확히 나누어져 있다. 성가대석을 포함하여 막고 있는 벽이라고 '성가대석 스크린(choir screen)'이라 하며, 성단소 전체를 두르고 있는 칸막이벽이라 하여 '챈슬 스크린(chancel screen)'이라고 부르

성당, 빛의 성작

기도 한다. 이 스크린 앞에 독서대와 강론대를 뒀다.

노래하는 성가대를 영어로 '콰이어(choir)'라고 하는데, 이 단어는 라틴어 코루스(chorus)에서 나왔다. 처음에는 성무일도를 그레고리오 성가로 노래하는 사제나 수도자인 규율의전 사제 수도자(規律儀典 司祭 修道者)들이 늘 같은 자리에서 성가를 불렀다.[5·83] 이런 이유에서 콰이어는 전례적으로는 '성가대'를, 건축적으로는 '성가대석'이라는 뜻을 함께 지니게 되었다. 따라서 중세 대성당에서 성가대석은 규율의전 사제 수도자로 구성된 성가대가 노래하는 곳이었다. 성가대석을 '가대(歌臺, choir stalls)'라고도 부른다. '가대복(歌臺服, choir dress)'은 '가대'에서 이루어지는 예식에 참석할 때 입는 성직자 복장으로서, 주로 시간 전례, 신심 행위, 미사 밖의 성사 거행 때 입는 옷을 말한다.

성가대석의 칸막이벽은 늘 정성을 다해 호화롭게 장식됐다. 알비 대성당(Albi Cathedral)에는 화려한 성단소의 스크린으로 에워싸인 제단과 성가대석이 아주 길게 격리돼 있다. 회중석을 향한 문만 잠그면 성가대석 자체가 또 하나의 성당이 된다.[5·84] 한편 수도원 성당이나 대학 성당에서는 성가대가 따로

[5-83] 성가대석, 팔렌시아 대성당, 스페인

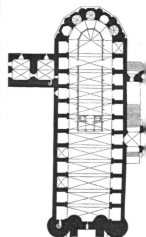

[5-84] 성가대석과 평면, 알비 대성당, 프랑스 알비

있지 않고 구성원 모두가 성가를 부르기도 했다. 인근 주민과 함께 미사를 드릴 수 있게 회중석을 이어 붙이는 경우도 있었지만, 그 자체가 이들만의 작은 성당이었다.

수도원 제도가 확립됨에 따라 수도원 성당 안의 한가운데에 놓인 성가대석은 하루 종일 시간에 맞춰 성무일도(聖務日禱)로 하느님께 찬미를 드렸다. 이처럼 성가대석은 거룩한 천사의 노랫소리가 언제나 이 땅에 닿게 하는 자리였다. 그러나 성가대를 전담한 이들은 성직자나 수도자들이었지, 오늘날과 같이 평신도가 봉사하는 성가대가 아니었다.

고딕 시기에 이르러 성직자와 수도자들은 앉거나 서서 성무일도를 노래로 불렀으므로 의자가 필수적이었다. 대부분의 성가대석에는 양편에 서로 마주보는 긴 좌석들이 놓여 있었고 각 좌석 앞에는 책꽂이가 있었으며 개별 좌석은 팔걸이로 나뉜다. 그러나 긴 시간 서서 노래를 불러야 하는 사정을 고려하여 의자의 엉덩이받이 아랫면에 조그만 판을 깎아 붙였다. 이 엉덩이받이를 올리면 선 자세처럼 보이면서도 약간 튀어나온 조그만 나무판에 슬쩍 앉을 수 있게 했다. 이 조그만 나무판은 의자를 올렸을 때만 보인다. 이것을 '미세리코르드(misericord)'라고 하는데, 이는 "오랫동안 서 있는 '우리를 불쌍히 여기소서'"라는 뜻이다.[5-85] 그래서 이를 '자비 좌석(mercy seat)'이라고도 한다. 또한 이런 의자를 '스톨(stall)'이라 한다. 이 말은 '서 있는 자리'라는 옛 영어인 '스틸(steall)'에서 왔다. 이 말로도 이들이 얼마나 오래 서서 노래를 불렀는지를 알 수 있다. 공들여 만든 스톨을 좌우로 평행하게 배치해 서로 마주앉아 시편이나 성가를 교송하기에 적합하게 했다.

성가대석 한가운데에는 책 틀(lectern)이라는 보면대가 놓였다. 이것에는 성무일도를 위해 반주 없이 부르는 단선율 음악인 평성가(plainchant)를 적은 커다란 양피지로 된 교송 책을 올려놓았다. 프랑스 브르타뉴에 있는 생 쉴피스 성당(Église Saint-Sulpice de Fougères)[5-86]을 보면 칸막이 대신에 난간과 스톨을 연결해 제대 안의 영역을 확실히 구분하고 있고, 그 높이가 낮아서 회중석에서는 제대와 성가대석을 잘 바라볼 수 있다. 이 성당에서 가운데에 있는 제대는 제2차 바티칸 공의회 이후에 만들어진 것이다.

초기 그리스도교 성당에서 평신도는 제단에서 상당히 멀리 떨어져 있었다. 그런데도 평신도는 제단과 성가대석을 따로 구분하고 격자로 만든 스크린을 통해 안을 보는 것을 당연한 것으로 여겼다. 더구나 전례의 발달로 성직자들은 성가를 더욱 세련되게 불렀다. 그러나 성가가 세련돼질수록 평신도들은 예배의

[5-85] 미세리코르드와 성가대 의자, 샹슬라드 수도원 성당, 프랑스

[5-86] 성가대석, 생 쉴피스 성당, 프랑스 브르타뉴

중심에서 멀어지고 점점 전례의 구경꾼이 되었다.

르네상스 시기에는 성가대석을 제단 앞으로 옮기면서 스크린을 없앴다. 그 대신 제대와 회중석은 제대 난간으로 구분하고, 그 난간에서 무릎을 꿇고 성체를 모시게 했다. 제대와 회중석을 직접 연결하고자 성가대석을 제대 뒤에 놓거나 회중석 뒤편에 두기도 했다. 이렇게 제대 뒤에 놓인 성가대석을 '뒤성가대석(retrochoir)'이라고 했는데, 순례자를 수용하기 위해 성당 동쪽 끝에 설치됐다. 안드레아 팔라디오(Andrea Palladio)가 1591년에 완성한 베네치아의 일 레덴토레 성당(Il Redentore)[5-87]은 성가대를 제대 뒤에 두고 제단을 중심으로 회중석

성당, 빛의 성작

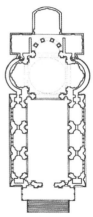

[5-87] 일 레덴토레 성당과 평면, 이탈리아 베네치아

과 성가대석을 직접 연결한 가장 탁월한 예다. 제단 뒤를 열주로 만들어서 제대 뒤 공간이 회중석에서 잘 보이지만, 열주 밑에 낮은 벽을 둬서 노래하는 성가대 가 안 보이게 하고 빛이 가득 찬 방에서 성가만이 고요하게 들려오게 했다.

스페인에서는 타라소나 대성당(Catedral de Tarazona)과 같이 '코로(coro, 스 페인어로 성가대석)'를 아예 회중석 뒤편에 둬 제단과 회중석을 직접 잇는 평 면이 나타났다.[5-88] 이 경우에는 가끔 동쪽의 제단과 서쪽의 성가대석을 둔 좁 은 통로로 서로 이어지게 했다. 더욱이 바로크 시대에는 전례운동의 결과, 성가 대석을 성당 뒤 2층석으로 옮기고 제대와 회중석을 더욱 분명하게 통합했다.

한편 수도원 성가대의 규모가 커지자 수도원 학교에 다니는 학생 중에서 보이 소프라노를 뽑거나 직업 성가대원을 영입했다. 그 후에 여성들이 소프라 노와 알토를 노래하게 되면서 혼성 4부 성가를 부르기 시작했다. 게다가 성가 는 예전보다 훨씬 복잡해졌고, 전례보다는 오히려 세속적인 성격이 점점 더 강 해졌다. 이것이 오늘날의 성가대석이 성당 뒤로 가게 된 이유이며, 성가대가 왜 전례음악에 충실해야 하는지를 말해주는 교훈이기도 하다.

성가대의 첫 번째 역할은 회중이 성가를 잘 부르도록 돕는 것이 아니다. 전 통적으로 성가대가 성직자나 수도자였듯이 성가대의 첫 번째 역할은 노래로 미사에 기도하는 것이다. 따라서 성가대원에게는 신자들의 보편 사제직을 수

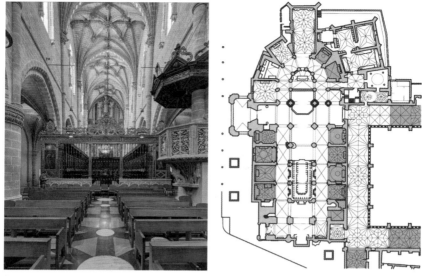

[5-88] 회중석 뒤의 성가대석과 평면, 타라소나 대성당, 스페인 타라소나

행하는 다른 특별한 직무가 있다. 성가대원은 복사, 독서자, 해설자와 함께 전례 봉사 직무를 수행하는 사람이다(〈전례헌장〉 29항). 성직자들은 수단 위에 길이가 무릎까지 오고 소매 폭이 넓은 흰옷인 중백의(中白衣, superpelliceum, [영]surplice)를 입는다.[5-89] 아마포나 면으로 만들어진 이 옷은 12세기 무렵부터 입기 시작했다고 한다.

중백의는 사제가 미사와 행렬 등 성사를 집행할 때 또는 미사 전례 외에 다른 전례를 행할 때 입는데, 독서직이나 시종직을 받은 신학생, 복사가 중백의를 입는다. 성가대도 마찬가지로 중백의를 입는다. 그래서 영어사전에서 'surplice'를 찾으면 "성직자나 성가대가 입는 중백의"라고 되어 있으며, 성가대가 입는 중백의를 'choir surplice'라고 부른다. 이것은 성가대가 성당 한가운데에서 성가를 부르던 성직자나 수도자를 대신해 하느님을 찬미하고 있다는 표지다.

흔히 성가대원들은 자신이 입는 옷이 전례복인 중백의라는 사실을 모르고 자신이 미사 중에 입는 옷을 성가대 '가운'이라고 말한다. 그러나 가운은 졸업식 가운이나 외과의사의 수술복 또는 웨딩드레스를 말할 때 쓰는 말이다. 성가대가 입는 옷은 전례복이지 가운이 아니다. 또 자신이 입는 옷을 성가대 단

[5-89] 성가대 중백의

복(團服)이라고 부르는 것도 자신이 전례의 중심적 직무를 하는 사람들임을 잊고 있다는 증거다.

성가대석은 어디에

회중은 전례를 노래한다. 회중 전체가 음악 직무(music ministry)를 수행하는 것이다. 그러나 공동체 중에서 전례 회중을 위해 음악으로 찬미를 이끌어가는 특별한 재능을 지닌 사람들로서 음악 직무를 더 전문적으로 수행하는 지휘자, 반주자, 성가대원들을 음악 봉사자(music minister)라 한다. 이들은 나머지 회중을 돕고 회중의 찬미에 새로운 에너지를 불어넣어주며, 회중과 함께 시편 등을 번갈아 노래 부른다. 그러나 음악 봉사자는 다른 전례 봉사자와 똑같이 회중과 따로 떨어진 사람이 아니라 회중의 일원이다.

오늘날에는 성가대석을 한가운데 두었던 중세와는 달리 성가대석의 위치 규정이 그리 뚜렷하지 않다.《로마 미사 경본 총지침》은 성가대 자리와 악기의 자리를 단순하게 언급한다. "성가대 자리는 성당 구조를 고려하여 성가대도 모임을 이룬 신자 공동체의 한 부분이며 특별한 임무를 수행한다는 사실이 잘 드러나는 곳에 마련해야 한다. 또 성가대원들이 맡은 임무를 쉽게 수행하고 성가대원 각자가 편리하게 성체를 받아 모시어 미사에 완전하게 참여할 수 있는 곳이라야 한다"(《로마 미사 경본 총지침》312항).

이는 성가대 자리는 바로 이런 곳이라고 특정하여 말한 규정이 아니다. 그러나 성가대가 특별한 임무를 수행하고 있음이 잘 드러나고, 동시에 이들이 회중의 일부이지 따로 떨어진 연주자들이 아니라는 것, 그리고 성가대가 미사에 완전히 참여할 수 있게 하는 자리를 성당 건축물 안에서 찾으라는 원칙을 말하고 있다.

오래된 성당만이 아니라 우리나라에서는 회중석 뒤편 상층부에 성가대를 두기도 하고, 그 좌우에 회중석을 함께 배치한 성당이 많다. 이렇게 하면 성가대가 오르간 가까이 있어 노래를 부르기에 훨씬 좋다. 또한 회중 전체가 쉽게 부를 수 없는 절기에 맞는 전례 성가를 부르도록 도와줄 수 있고, 오르간과 훈련 받은 성가대의 목소리가 위와 뒤에서 퍼질 때 음향적으로도 좋다는 점이 있다.

트리엔트 공의회에서는 오늘날 '콰이어 로프트(choir loft)'라고 부르는 뒤쪽 문랑 위의 갤러리나 발코니를 성가대의 자리로 권유했다. 높은 볼트 천장이어서 음향이 자연스러운 옛 성당에서는 오르간이 위층에 있었다. 그러나 이런 자리에서는 성가대가 제단에서 멀리 떨어져 있고, 회중석과 분리되어 있어 회중들이 귀로만 듣는 성가가 될 우려가 있다.

그럼에도 현대 성당에서는 성가대석 위치를 콰이어 로프트에 그대로 유지하는 경우가 많다. 베를린의 하늘의 여왕 마리아 순교자 기념 성당(Maria Regina Martyrum, 1963)[5-90]은 약 400석의 교구 성당을 겸해 계획되었다. 성가대석은 단순 직육면체 공간으로 회중석 뒤편에 마련되어 있는데, 벽과 떨어진 채 네 개의 기둥이 슬래브를 받치고 있는 독립적인 공간으로 따로 떠 있는 듯이 보인다. 파이프오르간은 세 부분으로 나뉘어 있어서 공간을 절약해서 사용하고 있으며, 성가대석 아래는 내려가는 계단을 두었다.

루돌프 슈바르츠가 설계한 성 요셉 성당(Pfarrkirche St. Josef, 1955)에서는 성가대석이 성당 뒤편에 약간 높게 위치했으나 회중석 바닥과 차이가 별로 없

[5-90] 성가대석, 하늘의 여왕 마리아 순교자 기념 　　[5-91] 성가대석, 성 요셉 성당, 독일 쾰른-브라운스펠트
　　　　성당, 독일 베를린

다.[5-91] 입구는 회중석과 성가대석 사이에 나 있다. 이것은 성가대가 회중의 일부이면서도 전례에 쉽게 참여하도록 한다는 의미를 담은 혁신적 평면이었다. 다만 이것은 장축형 평면의 길이가 그다지 길지 않거나 제대를 중심으로 회중석의 평면이 반원형일 때 적절한 방식이다.

《로마 미사 경본 총지침》의 규정에 따라 성가대가 회중과 분리되지 않고 성가대 지휘자의 지휘를 따라 모든 신자들이 한목소리로 노래할 수 있게 하려면, 일단 시각적으로 성가대가 회중의 한 부분임을 나타내는 가장 좋은 성가대석의 위치는 제대와 가까운 곳이다. 그러나 성가대석이 제단을 가려서는 안 되며, 가능한 한 회중석과 따로 떨어져 있다는 느낌을 최소화해야 한다. 이때도 성가대석은 다른 회중석과 달리 그리 높지 않은 단을 두어 지휘자를 잘 볼 수 있고 목소리가 앞으로 잘 전달되게 해야 한다.

지휘자는 두드러지지 않지만 회중이 잘 보이는 곳에, 게다가 오르간과 가까운 곳에 있으면 회중의 성가가 뒤처질 우려도 없다. 그러나 이 자리는 자칫 지휘자에게 불편하고 신자들은 미사 중심인 제대에 집중하지 못하고 성가대를 쳐다보게 되어 분심이 생길 우려가 있다. 무엇보다 모든 미사에 성가대가 함께하는 것이 아니므로 성가대가 없는 회중석의 일부가 비어 있거나, 성가대원이 많지 않아 성가대석이 비어 있다는 느낌이 들기 쉽다.

《로마 미사 경본 총지침》312항의 포괄적인 규정을 잘 반영한 예는 샌프란시스코의 성모 승천 대성당(1971)[4-9]과 같은 경우다. 이 성당에서는 정사각형 평면에 회중석의 의자를 12쪽으로 나누어 이를 부채꼴 모양으로 배치했는데, 그중 제단과 대략 45도를 이루면서 길이가 가장 짧은 자리를 성가대석으로 하고, 칸막이를 한 앞부분에는 지휘자 자리와 오르간을 배치했다. 이로써 성가 대원과 반주자만이 아니라 회중도 모두 지휘자를 잘 바라볼 수 있게 했다. 그 뒤에는 강력한 기둥 위에 파이프오르간을 올려놓고 기둥 뒤에는 오르가니스트 전용 계단을 두었다.

로스앤젤레스의 '천사들의 모후 대성당(Cathedral of Our Lady of the Angels)'의 성가대석은 전례 공간에서 가장 이상적인 자리에 놓였다.[5-92] 제대는 상당히 앞으로 나와 있어 성가대석은 제단의 오른쪽 대각선 방향에 깊이 배치됐다. 오르간은 성가대석의 바로 앞에 놓였다. 이로써 성가대는 독립된 자리에 놓였으면서도 회중석의 일부가 되어 회중도 지휘자를 보고 성가를 부른다. 그러나 작은 대지에 세워지는 성당에서 이처럼 오르간을 포함한 성가대석을 제대 가까운 곳에 두고 설계하는 것은 거의 불가능하다.

성가대와 관련하여 새 성당을 지을 때 반드시 지켜야 할 것은 음악의 직무가 어디에 위치하는가를 정하는 것이다. 이에는 본당마다 선호의 차이는 있겠

[5-92] 성가대석, 천사들의 모후 대성당, 미국 로스엔젤레스(2018년 4월 1일 부활대축일 미사)

성당, 빛의 성작

으나 성가대와 악기를 분리하지 않는 것이 원칙이어야 한다. 따라서 성가대의 자리는 악기의 자리가 된다. 가능하다면 오르간이 아닌 다른 악기들도 연주할 수 있게 사전에 배려한다. 지휘자와 성가대석을 위해서는 전례위원회, 음악감독, 음향 전문가, 오르간 제작자 등을 포함해 논의해야 한다. 한편 성가대를 위해서나 회중을 위해서나 성가가 잘 울려 퍼지도록 음향설계를 잘 해야 함은 말할 나위도 없다. 성당을 신축해 파이프오르간을 추후에 설치하는 경우에는 설치가 용이하도록 오르간의 폭과 높이 등에 맞는 구조체를 미리 마련해두어야 한다.

감실

성체를 보관하는 곳

"누가 주님을 무덤에서 꺼내 갔습니다. 어디에 모셨는지 모르겠습니다"(요한 20,2). 예수님께서 묻히신 무덤을 찾아가 당황하던 마리아 막달레나의 말이었다. 그러나 "어디에 모셨는지 모르겠다"던 그리스도의 몸은 감실에 계시고, 영성체 하는 이의 손바닥에 놓이시며, 또 그의 몸 안에 들어가 그와 함께 계신다. "아멘"이라 답하는 그의 몸 안에 감실에 계신 그리스도의 몸을 모신다.

감실(龕室)이란 성체성사 후에 남은 '그리스도의 몸'인 성체를 보존하는 곳이다. 감실은 원통형이나 사각형으로 만든 성체 용기(聖體用器)이며 성체만을 모신다. 감실 안에는 성체를 담은 성합(聖盒)이 있으며 그 밑에는 성체포가 깔려 있다.

감실은 영어로는 '터버너클(tabernacle)'이라고 하는데, 이는 텐트라는 의미의 라틴어인 '타베르나쿨룸(tabernaculum)'에서 나왔다. 하느님께서 '계약 궤'를 모셔놓은 장막 안에 머무르셨기 때문이다. 그러나 새 계약에서는 그리스도의 몸이 하느님을 만나는 장막이 된다. 이와 같이 감실은 '하느님의 현존과 약속을 드러내는 장소'다. 중세에는 '계약 궤'가 있는 텐트처럼 생긴 것을 기억해내기 위해서 닫집이 덮인 제대, 성광, 성인의 유해를 담는 성해함이나 성체를 담는 용기를 덮는 베일 등 다양한 모습의 감실이 만들어졌다.

초대교회부터 감실이 있었던 것은 아니다. 성당이 없던 초기 그리스도교에서는 '빵 쪼갬(fractio panis)'이라는 성찬례를 거행한 뒤, 신앙 때문에 감옥에 갇힌 이들, 멀리 여행을 떠난 이들, 병에 걸려 미사에 참석하지 못한 이들에게 영성체를 할 수 있게 하려고 성찬례를 위해 모였던 집 안에 성체를 모셨다. 그 이후 그리스도교가 공인된 후 공식적으로 성당을 짓게 되면서 미사 때 남은 성체를 품위 있게 보관하기 시작했다. 4세기 무렵 로마에서 교황 또는 주교가 자신의 미사에서 축성된 제병에서 조각을 떼어 주교 미사에 참여할 수 없었던 교구 사제들에게 일일이 보내어 주교와 신자의 일치를 이루는 표지였는데, 이 조각을 '페르멘툼(fermentum, 누룩이라는 뜻)'이라고 했다. 이때는 성당 안에 때로는 제대 위에 보관했다.

성당에서 미사를 봉헌할 때는 "성체 분배가 끝나면 사제는 남은 성혈을 제대에서 곧바로 모두 모신다. 남은 성체는 사제가 제대에서 모시거나 성체를 보관하는 곳으로 옮겨 간다"(《로마 미사 경본 총지침》 163항). 그런데 성당 밖 감실이 없는 곳에서 미사를 봉헌할 때 성체가 남으면 어떻게 해야 할까? 먼저 양이 적으면 주례사제와 성체 분배자들이 남은 성체를 모두 모시고, 그렇게 할 수 없을 정도로 남은 양이 많으면 공동 집전자 중 한 사제가 남은 성체를 가장 큰 성합에 모시고 봉사자와 함께 근처 성당의 감실로 모셔야 한다.

성체 안에 하느님이 강생하신 그리스도께서 실제로 현존하심을 믿으며 성체께 경배 드리고, 깊은 침묵 중에 그분과 마주앉아 그분의 말씀에 귀 기울임으로써 미사가 아니더라도 하느님을 만날 수 있다. 이것이 성체조배(聖體朝拜, eucharistic adoration)다. 이런 까닭에 교부들은 최초의 감실을 성모로 표현했다. 감실은 그리스도교 신앙의 정신적 중심이며 근본이요, 개인적 영성을 자라게 하는 바탕이다.

10세기부터는 성체를 제대 위에 줄로 매단 둥글고 작은 용기에 보관했다. [5-93] 성반과 같이 평평하고 다리나 받침대가 없이 뚜껑이 달린 작은 상자로 금과 은 등 보석으로 장식되어 있는데, 이 용기를 '소성합(小聖盒, pyxis [영]pyx)'이라고 한다.[5-94] 그런데 이 용기는 때로는 비둘기 모양을 하고 있어서 '성체 비둘기'라고도 불렀다.[5-95] 12세기에는 성체를 제단에 인접한 '세정대(洗淨臺, sacrarium)'가 있는 방의 벽 안에 만든 장에 보관했다. 소성합은 사적으로 병자들에게 성체를 모셔갈 때도 사용된다.

　중세에는 사제가 신자들을 등지고 라틴어로 미사를 주례해 신자들은 이를 알아듣지 못했다. 이때 감실은 제대 위에 있었다. 신자들은 제대에서 거행되는 미사의 본질적인 의미보다는 감실에 모셔진 성체에 더 관심을 가졌다. 그러면

[5-93] 매단 소성합

[5-94] 소성합, 13세기

[5-95] 성체 비둘기, 프랑스, 1215~1235, 뉴욕 메트로폴리탄 뮤지엄

서 신자들은 죄인인 자기가 성체를 모시기에 너무 부족하다고 여긴 나머지, 성체를 영하는 대신 성체를 '바라보는' 열망을 갖게 되었다. 이에 사제가 빵과 포도주를 축성한 다음, 신자들이 볼 수 있게 받들어 올리는 예식이 생겨났고, 예수님의 몸인 성체를 담은 감실을 성당의 가장 고귀한 자리인 제대 위에 올려놓게 되었다. 우르바노 4세는 1264년 성체 축일을 제정하고 성체를 모시고 행렬했다. 이것이 성체현시와 성체강복으로 발전했는데, 성체 행렬을 하기 전과 후에 성광으로 제대 위의 성체를 현시했다. 14세기부터는 제대 가까이에 '성체 집(sacrament house)', '성체 탑(sacrament tower)'이라는 독립된 구조물을 만들고 그 안에 투명한 용기를 담아 성체를 볼 수 있게 했다.[5-96] 또 제대 위에 놓는다든지 이동 가능한 감실 또는 소성합에 담았으나 모두 영구적인 구조물은 아니었다. 감실이 나타나 서서히 현재의 형태를 갖추게 된 것은 12세기부터였다.

1215년 제4차 라테라노 공의회 이후에는 모든 성당의 성체는 열쇠로 잠그고 보관하도록 했고, 트렌트 공의회에서는 성체를 거룩한 장소에 보관하도록

[5-96] 성체 집 또는 성체 탑, 성 마르틴 성당, 벨기에 코르트릭

성당, 빛의 성작

했다. 1614년에는 감실을 사용하게 했고 1863년에는 여러 가지 보관 방식을 감실로 결론지었다. 제2차 바티칸 공의회 이후 교회는 감실을 견고한 금속으로 정교하게 만들어 안전하게 잠글 수 있도록 하고, 적절하게 장식하여 성체의 위엄을 나타냈다. 이처럼 감실은 오래전부터 쓰인 것이 아니며, 감실에 성체를 보관하게 최종 결정한 것도 오래전의 일이 아니었다.

감실이 많이 사용되자 주제대 위에 놓이기도 했다. 제대와 감실의 연관성 때문에 '제대 뒤 장식벽'이나 제단화가 크게 발전했다. 그러다가 15세기에는 감실이 '제대 뒤 장식벽'의 기본적인 요소가 되면서 제대의 크기도 커지고 장식이 많아졌다. 17세기에서 19세기까지는 성체흠숭과 성체강복이 널리 퍼지면서 감실이 성체성사의 중심처럼 여겨졌고, 그리스도의 현존에 대한 감각은 그리스도의 희생 장소인 제대를 무색하게 만들었다. 감실은 점점 더 커지고 더 정교하며 화려하게 장식되면서 결국은 제대를 압도하고 성당의 중심이 되었다. 제2차 바티칸 공의회 이후의 현대식 성당에서도 여전히 감실이 주가 되는 설계를 하는 경우가 있는데, 이는 공의회 이전의 이런 과정을 그대로 반영했기 때문이다. 결과적으로 화려하게 장식된 감실은 신자들의 열망에 따라 성당의 중앙을 차지하게 되었다.

감실의 위치

우리나라에는 감실을 제대 뒷벽의 한가운데 둔 성당이 많다. 집전 사제가 주님의 몸을 등지고 서 있는 셈이다. 축성된 빵의 모습으로 감실에 계시는 주님의 현존은 전례 거행의 결과이지 그 반대는 아니므로, 미사를 거행하는 성당은 감실이 제대의 중앙에 와야 할 타당한 이유가 없다.[13]

그런데도 성당 안의 감실 위치가 뚜렷하게 규정되어 있지 않다. 그것은 위에서 말한 바와 같이 감실을 둘러싼 역사적인 변천이 복잡했기 때문이다. 벽안에 감실을 고정시키기도 하고 제대 가까이 두기도 했으며, 제대와 구분된 곳

---

13   장익, "성당 내부-뜻과 쓸모와 아름다움을 찾아서",《마음과 모습》, 한국가톨릭미술가협회 편, 가톨릭미술상 제정 10주년 기념문집 1, 2005, 115쪽.

에 두기도 했다. 오래된 유럽 성당에서는 감실이 제대 위에 있기도 하지만, 오늘날에는 감실을 제대 위에 놓지 못하게 하고 있다. 옥스퍼드에 있는 성 알로이스 곤자가 오라토리 성당(The Oratory Church of St. Aloysius Gonzaga, 1875)의 감실은 제대 뒤 수많은 조각상이 새겨진 '제단 뒤 장식벽'의 중앙에 놓여 있다.[5-97]

감실에 대해서는 먼저 두 가지를 알아두어야 한다. 하나는 제2차 바티칸 공의회 이후에는 제대를 성당의 가장 중요한 중심으로 여기며 감실을 제대와 분리시켰다는 것이다. 어떤 것도 미사 거행을 하는 제대보다 더 중요한 중심일 수는 없다. 또 다른 하나는 제대는 예수 그리스도의 상징이고, 감실은 그리스도 자신이신 성체를 담고 있어서, 제대와 감실은 따로 떼어놓고 생각할 수 없으므로 감실도 그만한 존중을 받아야 한다는 것이다. 그래서 감실은 '제단 뒤 장식벽' 안에 놓았다. 그러나 이것은 제대와 감실의 관계가 중세 초기의 매달린 성합과 제대의 관계와 비슷하다고 할 수 있다. 결과적으로는 가까운 관계에 있는 감실과 제대가 유지되고 있는 셈이다.

[5-97] 감실, 성 알로이스 곤자가 오라토리 성당, 영국 옥스퍼드

성당, 빛의 성작

모든 본당과 경당은 감실을 두어야 한다. 또한 원칙적으로 성당 안에는 단하나의 감실만을 둔다.《로마 미사 경본 총지침》314항은 감실의 구조를 이렇게 규정하고 있다. 감실의 형태는 "감실은 참으로 고상하고 잘 드러나고 잘 보이면서도 아름답게 꾸민 곳에, 또한 기도하기에 알맞은 곳에 마련해야 한다." 감실의 재질은 "붙박이로 만들어야 한다. 또한 단단하고 깨지지 않는 불투명한 것"으로 만든다. 그리고 감실은 "성체를 모독할 위험이 결코 없도록 닫아두어야 한다."

감실이 놓이는 자리도 규정하고 있다. "성당의 한 부분에" 만들어 모셔두되 제단의 영역 안에 설치한다. 미사가 거행되는 제대 위를 제외하고 가장 알맞은 형태와 장소를 선택한다. 그러나 더 이상 거행에 쓰지 않는 옛 제대 위에는 감실을 설치할 수도 있다. 감실은 신자들의 눈에 잘 띄고 개인적으로 흠숭하고 기도하는 데 알맞은 경당에 설치한다.

따라서 알맞은 자리는 제단 위의 다른 자리이거나 아니면 개인적으로 흠숭과 기도를 바치기에 적합한 성당 안에 제대로부터 따로 떨어져 만든 성체 경당이다. 이 두 자리는 성체성사의 거행과 성체 보관 사이의 혼돈을 주지 않는다는 공통점이 있다.

그런데 성 바오로 6세는 감실을 "우리 교회의 살아 있는 심장"이라고 말했다. 이는 제대와 감실이 하나이면서 두 가지 측면을 가진 것임을 표현한 말이다. 성 요한 바오로 2세도 "희생의 성사, 영성체의 성사, 현존의 성사는 모두 하나"라고 말했다. 따라서 감실을 제단이 아닌 다른 곳에 둘 수는 없으며, 제단의 영역 안에 있는 측면 제대에 둔다. 감실과 관련해서 고려해야 할 것은 성체 조배인데, 성체조배는 개인적인 흠숭이고 전례 거행은 공적이라고 나누어 생각하기 쉽지만 이 역시 공동의 행위다.

그리고 감실과 제대를 똑같이 정당한 우월성과 존경으로 표현하도록 닫집과 같은 덮개(캐노피), 벽면을 오목하게 파서 만든 벽감(壁龕, 니치), 작은 신전 모양(애디큘)이나 다른 건축적인 장치를 통해 해결하도록 해야 한다. 제단의 중심에 놓인 제대는 전례상의 초점이며, 감실은 쉼의 상태를 말한다. 감실은 제대와 함께 우월하게 여겨지면서도 시각적으로 방향을 잘 알 수 있고, 공동체의 전례와 개인적인 성체조배실로 동시에 인식되고 쓰이도록 만들어야 한다.

그러려면 제대의 바로 뒤에 두지 않고 다소 비껴난 곳에 위치하게 하는 것이 좋다. 이때 감실만을 독립한 대좌 위에 두어 존귀함을 표현하거나,[5-98] 뷔르 츠부르크의 성 킬리안 대성당(St. Kilians Dom zu Würzburg)처럼 성당이 큰 경우는 상대적으로 크기가 작은 감실의 위치를 멀리서도 잘 알아볼 수 있도록 '성체 집'과 같이 독립된 형상의 조각물 안에 감실을 담는다.[5-99] 그러나 성당이 그리 크지 않고 회중석이 제단을 에워싸는 형식이면, 반대로 감실이 크게 보이지 않게 제단 측면의 낮은 벽체 위에 올려놓기도 한다. 스위스 무띠에의 '우리 마을 성모 성당' 제단에는 감실을 대각선 방향으로 놓았는데, 감실의 두 문을 열면 같은 문양으로 장식한 문의 뒷면과 감실 내부가 함께 보여 작은 감실이 아주 크게 보인다.[5-100]

고트프리트 뵘이 설계한 독일의 벨베르트 네비게스에 있는 평화의 모후 순례 성당(1972)은 제대와 완전히 따로 떨어진 넓은 성체 경당에 우뚝 세운 탑 안에 감실을 두었다.[3-62, 5-101] 제단을 회중석에 가깝도록 낮게 독립적으로 놓은 것과 대조를 이룬다. 이 경당은 약간 어두우며 장미가 그려진 창을 통해 비쳐 들어오는 빛을 받아 붉게 물들어 있다. 그러나 이처럼 큰 성당만이 아니라, 뒤셀도르프의 가라트에 있는 성 마태오 성당처럼 작은 성당에서도 제단 오른쪽에 제대에 인접해 닫혀 있으면서도 동시에 부분적으로 열려 있는 감실을 만들어내고 있다.[5-102] 우리나라에서는 성체조배실을 성당이 아닌 곳에 따로 마련하는 경우가 있으나, 이와 같은 감실 배치로 성체조배를 겸할 수 있게 설계될 필요가 있다.

성체의 형상 안에 현존하는 예수님을 만나는 개방적이고도 개인적인 공간이면서도 누구에게나 열려 있으면서, 미사 전례에도 감실로 쓰이는 별도의 방을 구현할 필요가 있다. 제단 뒤에 넓은 접이식 문으로 제대와 분리되면서도 문을 열면 시각적으로 중심이 되는 감실을 둘 수도 있다.

그래서 신자들은 감실 앞을 지나갈 때 깊은 절을 함으로써 존경을 표시하며, 따라서 감실은 분명하게 보여야 한다. 감실 앞에는 성체를 모셔둔 것을 알리고 그리스도께서 현존하심을 나타내며 성체에 대한 존경을 표시하기 위하

[5-98] 감실, 성 안토니오 성당, 독일 에센

[5-99] 감실, 성 킬리안 대성당, 독일 뷔르츠부르크

[5-100] 감실, 우리 마을 성모 성당, 스위스 무띠에

[5-101] 성체 경당, 평화의 모후 순례 성당, 독일 벨베르트 네비게스

[5-102] 감실, 성 마태오 성당, 독일 뒤셀도르프 가라트

성당, 빛의 성작

여 작은 성체등(聖體燈, sanctuary lamp)을 항상 켜두어야 한다. 성체등은 주님께 드리는 경배를 나타낸다. 따라서 성체등은 감실이 현존함을 분명히 해주고 하느님의 백성에게 어서 들어오라고 그리고 평안하라고 말씀해주시는 주님의 초대이기도 하다.

성체등은 초나 등을 모방한 것을 사용하지 않고 60~65%의 순수한 올리브기름을 사용하는 것이 바람직하다. 전구가 발명된 이후에는 램프나 촛불이 전구로 대체되었고, 언제부터인가 감실 옆에는 성체를 모셔두고 있음을 알리고 성체에 대한 존경의 표시로 작은 램프로 성체등을 켜두도록 했다. 이로써 성체등은 꼭 빨간색이어야 하는 것은 아니나, 감실 안에 예수님이 계심을 알리는 빨간 등을 늘 켜두는 관행이 생겼다. 게다가 빨간 성체등은 성당 안의 다른 등과 구별하는 데 도움이 된다. 감실의 뒷면에 둔 전등으로 벽을 비추게 하면 감실 뒤에 후광이 비치는 효과를 얻을 수 있을 것이다.

제의실과 제의방
침묵으로 시작하고 마치는 방
제의실(祭衣室, secretarium)은 주교좌성당 입구 근처에 있는 방으로 사제들, 공동 집전자들, 주교들이 옷을 보관하고 미사를 위해 제의를 갈아입는 곳이다. 제의실이 없을 때만 제의방이나 다른 적합한 장소를 사용할 수 있다. 이렇게 제의실과 제의방은 명확히 구별된다.

바티칸의 성 베드로 대성당 제의실의 소제대 위에는 'SILENTIVM'이라고 크게 쓰여 있다.[5-103] 제의실에서는 침묵하라는 뜻이다. 신자들이 성당 안에서 침묵 가운데 기도와 묵상으로 미사를 준비하는 동안 사제는 미사가 시작하기 전 제의실에서 침묵하며 제의를 입는다. 《로마 미사 경본 총지침》 45항은 이렇게 가르치고 있다. "전례 거행에 앞서 이미 성당이나 제기실, 제의실이나 그 주위에서 미리 침묵을 지키는 것이 바람직하다." 모든 사람들은 제의실 안에서 하느님의 집의 거룩함과 영신적 일치의 자세로 경의를 표하며 침묵을 유지한다.

제의실은 경건하고 권위가 표현되며 기품이 감돌게 설계되어야 한다. 브라질의 바히아에 있는 살바도르 대성당(Catedral Basílica Primacial São Salvador,

Bahia)의 제의실을 보라.[5-104] 제의실 하나가 웬만한 작은 성당으로 보일 정도로 크고, 바닥과 천장과 가구는 17세기 포르투갈의 바로크 양식으로 정교하게 치장되어 있어서 참으로 화려하다. 이 공간은 거룩한 미사에 앞서 사제가 제의를 입는 것을 얼마나 소중하게 여겼는가를 말해주고 있다. 콜롬비아의 메데인

[5-103] 제의실, 바티칸 성 베드로 대성당, 이탈리아 로마

[5-104] 제의실, 살바도르 대성당, 브라질 바히아

[5-105] 제의실, 무염시태 바실리카, 콜롬비아 메데인

성당, 빛의 성작

에 있는 무염시태 바실리카(Catedral Basilica Metropolitana de la Inmaculada Concepción de Maria, Medellín)의 제의실은 앞의 성당과 비교하면 소박한 편이지만, 널찍하고 단단하며 기품 있는 제의실이다.[5-105]

한편 제의방(祭衣房, sacristy, 때로는 vestry)은 교구 성당에서 주례사제가 제의를 입는 곳이다. 이 방은 제의와 전례용 기물 등을 보관하고 미사를 위해 제의를 입는 곳이며, 그곳에서 제의를 입은 성직자나 복사가 대기한다. 그렇다고 이 방이 단순히 옷방이거나 창고는 아니다. 제의방은 전례가 실제로 시작되는 거룩한 공간이며, 회중석 한가운데를 지나 천상을 향하는 길을 지나는 출발점이다. 전례 봉사자가 아니면 신자가 제의방에 들어가는 일은 거의 없다.

사제가 제의를 입는 것은 다른 사람들과 구별되고 제사의 위대함과 하느님께 대한 존경을 드러내기 위해서인데, 사제는 제의를 입음으로써 그리스도와 결합하고 그리스도를 입는다. 제의란 사제가 미사, 성사 집행, 행렬, 강복 등 모든 의식 때 교회 규정에 따라 입는 미사 전례의 중심 복장을 통틀어 일컫는 말이다.

제의는 고대 로마 귀족들의 외투인 페눌라(paenula)에서 발달한 것으로, 라틴어로 '카술라(casula)'라고 하는데 '작은 집'이라는 뜻이다. 13세기 기욤 뒤랑 주교는 "제의방은 거룩한 용기를 보관하는 장소이며 사제가 제의를 입는 곳이다. 제의방은 그리스도께서 인성의 옷을 입으신 복되신 마리아의 자궁이다. 제의를 입은 사제는 앞으로 나아가 사람들 앞에 나타난다. 그리스도께서 동정녀의 자궁에서 나오시어 세상 속으로 나아가셨기 때문이다"라고 말한 바 있다. 사제에게 제의방은 '작은 집' 곧 성모의 자궁과 같은 것이다.

사제가 제의를 입는 순서 안에서 이미 거룩한 미사는 시작된다. 사제는 개두포 착용을 시작으로 장백의를 입고 끈을 매고 영대를 착용하고 마지막으로 제의를 입을 때마다 각각 그것에 합당한 기도를 바친다. 사제는 제의실이나 제의방에서 개두포를 착용하면서 '미사 전에 전례복을 입을 때 드리는 기도'에 따라 "주여 내 머리에 투구를 씌우시어 마귀의 공격을 막게 하소서"라고 기도한다. 그리고 제의를 입으며 "주님, 주님께서는 '내 멍에는 편하고 내 짐은 가볍다'고 하셨으니 제가 주님의 은총을 입어 이 짐을 잘 지고 가게 하소서. 아멘"이라고 기도를 바친다.

제의실과 제의방은 성당과 함께 축성을 받는 거룩한 장소는 아니지만, 거룩한 침묵이 시작되고 침묵으로 마치는 방이다. 미사가 끝나고 퇴장하여 이곳으로 돌아온 돌아온 후에도 침묵 안에서 사제는 십자가에 절을 하고 전례복을 벗는다. 제의실과 제의방이 주님께서 계시는 감실과도 가깝기 때문이다. "주님께서는 당신의 거룩한 성전에 계시다. 온 세상은 그분 앞에서 조용히 하여라"(하바 2,20).

그러나 오늘날에는 신자들이 자유로이 들어가는 곳도 아니고 크기도 아주 작아져서 제의방이 얼마나 중요한 방인지를 신자들은 잘 알지 못한다. 성당의 규모가 작은 경우 제의방의 크기는 더 작아질 우려가 많다. 방 안에는 목적을 달리하는 여러 가구가 자리를 차지하고 벽에 걸어둘 것이 많으므로 잘 정리되지 않으면 전체적으로 마치 기물 보관 창고처럼 산만해지기 쉽다. 제의방과 성당 기물실이 한 공간에 있고 전례봉사자들도 같은 곳에서 옷을 갈아입으면 봉사자들이 자기도 모르는 사이에 자칫 간단한 환담을 주고받는 곳이 되기 쉽다.

제의방의 두 기능

제의방에는 두 가지 기능이 있다. 하나는 제의를 입고 전례를 위해 준비하는 방(secretarium)과 제구(祭具, sacred vessel)를 보관하는 성당 기물실(sacristia) 등 두 가지의 기능이다. 초기 그리스교에서는 제대와 가까운 곳에 두 개의 방을 두어 제의방의 두 가지 기능을 구분했다. 사제는 제대를 향해 왼쪽인 '복음편'에서 들어와 오른쪽의 '서간편'으로 나가기도 했으며, 가끔 하나는 사제용으로 다른 하나는 복사용으로 사용했다.

정교회에서도 제의방의 기능을 제의와 성경을 보관하는 '디아코니쿰(diaconicum, 그리스어 diakonikon)'과, 성체성사를 위해 빵과 포도주를 준비하는 '프로테시스(prothesis)'라는 두 개의 방으로 나누어 구별하고 이를 성당 입구의 행렬 통로 옆에 두었다.[5-106] 13세기까지도 제의방은 전례의 준비실 의미가 강했으며, 15세기에는 성체를 영구히 보관하는 장소로도 이용되었는데, 오늘날까지도 종종 성 금요일에서 성 토요일 전야까지는 감실을 비운 뒤 성체를 제의방에 보관하기도 한다.

성당, 빛의 성작

성당 기물실의 영어 sacristy는 라틴어 sacristia에서 나온 말로 거룩한 물건을 보관한다는 뜻이다. 그런데 가끔 'vestry'라고도 부른다. vestry는 라틴어 vestarium에서 나온 말로 제의를 위한 방이라는 뜻이다. 그래서 제의방이라고 하면 전례에 쓰이는 성당 기물과 제의(祭衣)를 보관하고 사제가 제의를 갈아 입는 방이라는 두 기능을 함께 나타낸다. 제의방에 보관하는 기물로는 제의를 넣어두는 옷장과 벽장, 성작, 성합, 성반, 성작덮개, 성체포, 성작수건, 주수병, 제의를 위한 탁자, 전례에 쓰이는 책들, 손을 씻는 대야, 십자고상, 기도대 등이 있다. 과거에는 제의, 장백의, 중백의, 개두포 등을 깊은 서랍에 보관했고, 그 위를 제의 등을 입는 테이블로 사용했다. 오늘날에는 장에 걸어두기도 하지만 귀한 제의는 깊고 넓은 서랍에 보관한다.

제의방으로 가려면 성당 안을 통과하지 않고 밖에서도 들어갈 수 있게 했다. 제의방은 성당 안에 있는 것이 보통이지만, 경우에 따라서는 수도원에서처럼 별동으로 만들어지기도 한다. 오래된 성당에서는 주제대 뒤에 많이 두며 측제대 가까운 곳에도 두었다. 그러나 오늘날에는 성당 입구 가까운 곳에 많이 둔다. 준비실 역할을 하는 제의방은 행렬이나 제의를 입고 편하게 지나가도록 넓어야 하고, 주교가 머리에 쓰는 주교관이나 행렬 십자가가 지나가기 쉽게 높

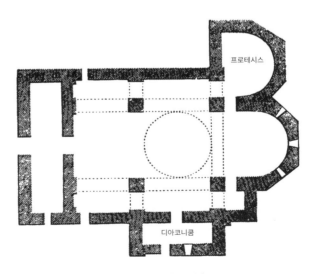

[5-106] 디아코니쿰, 40명 순교자 성당의 원형, 조지아

아야 한다.

　제의방에는 사제가 제의를 입기 전 손을 씻을 수 있는 개수대, 수건과 수건
걸이가 있어야 한다. 제의방에는 성수반(piscina)이라고 부르는 야트막한 대야
를 둔다. 이는 성작이나 제대의 아마포를 씻은 물, 축성된 재, 성사 집전 때 사
용된 성유와 같은 태워버린 성물을 씻은 물과 같이 거룩한 목적에 쓰인 물을
땅에 직접 버리기 위하여 따로 만든 대야나 그릇을 가리킨다. 이 물은 세정대
의 배수관을 통해 땅에 직접 버린다. 이 때문에 세정대의 관이 땅에 직접 연결
되어야 한다. 이 세정대가 싱크 옆에 놓인다면 무심코 사용하지 못하게 뚜껑을
덮어둔다.

　주교좌성당이나 바실리카 성당처럼 큰 성당에는 제의실을 담당하는 평신
도 봉사자를 임명했는데, 이들을 성물지기(sacristan) 또는 제의실지기라고 부
른다. 이는 제의실의 두 가지 기능, 곧 준비실과 보관실에 따른 이름이었다. 제
의실지기는 복음서를 준비하고 주례자의 기도문이 적혀 있는 기도서를 배열
한다. 제의를 펴서 제의실에 준비해놓고 전례 거행을 위해 필요한 그 밖의 모든
것을 준비해놓는 일을 맡는다. 한편 보관실의 기능에 따라 성물지기 또는 제의
실지기는 제의, 교회 가구, 제구(祭具) 장식을 관리한다.

　우리나라에서는 제의방을 수녀가 담당하거나 평신도에게 맡기고 있다. 그런
데 시간으로만 보면 제의방에서 가장 많은 시간을 보내는 사람은 담당 수녀나
제대회 또는 전례회 등에서 일하는 봉사자들이다. 따라서 제의방은 이 일을 담
당하고 봉사하는 이들의 또 다른 기도실이기도 하다는 점도 잊어서는 안 된다.

고해소와 고해실

　'고해소(告解所, confessional)'는 고해성사를 거행하기 위한 장소나 가구를
가리킨다. 고해소의 영어 'confessional'은 본래 순교자나 예수님을 그리스도라
고백한 이들(confessor)이 묻혀 있는 장소라는 말과 관계가 있다. 전통적으로
고해소는 움직일 수 있는 가구로 성당이나 경당 안에 따로 놓았다.

　가톨릭교회에서는 전통적으로 한 사람이 자기 죄를 인정하고 그것에 대한
보속을 매우 강조한다. 고해성사를 'sacrament of penance'라고 하는데 'penance'

란 참회다. 따라서 고해성사는 참회의 성사다. 또한 고해성사는 하느님과 이웃과의 어긋난 관계를 회복하는 화해의 성사다. 참회를 그리스어로 메타노이아(metanoia)라 하는데, 고해성사는 죄의 용서를 동반하는 내적인 쇄신을 요구하는 성사다. 따라서 고해소를 두는 위치는 고해성사의 품위를 위해 사려 깊게 고려돼야 한다.

고해소가 생긴 것은 16세기였다. 초기 그리스도교의 몇 세기 동안은 고해소가 없었으므로 성당의 계단이나 적당한 장소에서 주교에게 자기 죄를 드러내놓고 고백했을 것이고, 받은 보속을 다하지 못하면 문랑으로 보내졌을 것이다. 지금은 고해소가 칸막이로 구분되어 있지만, 과거에는 고해소에서 사제와 고백자가 서로 볼 수 없었으나 고백자의 위치가 완전히 노출되어 있어서 참회하는 이의 모습을 다른 사람들이 볼 수 있었다. 유럽의 오래된 성당에서는 고해소가 성당 안의 드러난 곳에 설치되어 있고 문이 없는 경우가 많다. 참회란 이처럼 사적이면서도 공적인 것이었다.

전통적으로 교황은 1년에 한 번 예수님의 재판과 처형을 기리는 날인 성금요일 오전에 사제들과 함께 평신도들의 고해를 듣는다. 몇 년 전 프란치스코 교황께서 자신이 먼저 고백하겠다는 뜻을 표하며 한 사제에게 다가가, 다른 사람들에게 다 보이는 곳에서 사제 앞에 무릎을 꿇었다. 이런 고해성사를 하는 모습이 신문에 실려 많은 사람이 가톨릭교회의 고해성사가 과연 어떤 것인지를 잘 알게 되었다.

성 가롤로 보로메오는 1565년 밀라노에서 고해소를 만드는 방법, 크기, 놓아야 할 곳 등을 자세히 지시했으며, 처음으로 사제와 고백자 사이에 철제 창살을 사용할 것을 명령했다. 그렇지 않았더라면 고백자가 회중석이나 문랑에 앉아 있었을 것이다. 이것이 발전하여 목제로 된 전통적인 고해소 칸막이가 성당 안에서 특정한 위치를 차지하게 되었고, 이로써 고해성사의 권위를 분명히 드러냈다. 고해성사를 베푸는 사제가 앉아 있는 칸막이에 문이나 커튼을 달 수도, 달지 않을 수도 있다. 문을 달지 않으면 고해사제의 모습은 훤히 보인다. 또 고백자가 무릎을 꿇고 있는 칸막이는 창턱의 폭보다 조금 더 길게 한다든지, 그 위에 둥그런 덮개를 두고 레일을 달아 커튼을 치며 경우에 따라 고백자의

모습을 모두 가려주기도 했다.[5-107~110]

　고해소는 분명하게 보여야 하고 진심으로 다가갈 수 있는 자리에 있어야 한다.[14] 건축적으로도 고백자는 초대받은 사람이고 교회가 이를 치유해주고 있음을 깊이 느낄 수 있게 해야 한다. 같은 공간에서 미사가 집전되고 있는 사이에 고해성사도 집전되면 대기 중인 고백자와 미사에 참례하는 신자들 동선이 부딪히게 된다. 이를 피하기 위해서 고해소는 따로 분리하여 문랑이나 입구 홀 등 회중석과 구분되는 장소에 마련하고, 고해소와 구분하여 고백자가 대기하는 장소도 마련되는 것이 더 바람직하다.

　고해사제나 고백자가 들어가는 칸막이에 성당의 벽과 일체가 되게 모두 문을 달아두어서 누가 들어가 있는지 밖에서 알 수 없게 만든다. 고백자의 말소리를 듣게 창살, 스크린, 격자로 짠 창을 둔다. 이때 밀어서 여닫는 스크린이 있어 한쪽 사람이 하는 말이 반대쪽에서 기다리고 있는 사람에게는 들리지 않아야 하며, 반대로 성당 안에 고해소가 설치되는 경우에는 성가 소리나 마이크 소리가 안에서 들리지 않게 한다. 여름에는 선풍기를 사용하지 않고 천장형 에어컨을 설치하면 제일 좋고, 겨울에는 바닥에 전기온돌을 깔아 추위를 해결한다. 고백자는 단에 무릎을 꿇고 팔을 올려놓을 수 있는 창턱에 손을 모으고 앉는다.

　오늘날의 고해소는 세 개의 방으로 되어 있는데, 가운데 방은 사제가 앉고 양쪽 방은 고백자가 무릎을 꿇고 앉는다. 그러나 고해소는 크기가 작은 세 칸의 방이 한 세트로 들어가면 된다고 생각하여 대개는 성당의 안쪽 한구석에 빠듯하게 자리 잡아, 세 칸이 모두 좁은 경우가 많다. 또한 고해소의 방음환경 때문에 환기와 채광이 잘 되지 않아 사제가 답답해하고 쉬 피곤해지기 쉽다. 고해사제가 있는 가운데 방은 고백자가 없을 때 그 안에서 책을 읽어도 괜찮을 정도의 크기와 환경 조건을 갖추어야 한다.

　고해소 안에 고백자가 들어가 있음을 알리도록 문에 불투명한 유리를 끼

14　*Built of Living Stones: Art, Architecture, and Worship*, Guidelines of the National Conference of Catholic Bishops, 103~105항.

[5-107] 고해소, 성 가밀로 성당, 뮌헨글라트바흐

[5-108] 고해소, 성녀 안나 성당, 리투아니아 빌리우스

[5-109] 고해소, 성 베드로와 바오로 대성당, 미국 필라델피아

[5-110] 고해소

우거나 등으로 표시한다. 고백하기 위해 기다리는 자리를 충분히 확보하고 고해소와의 거리도 충분히 떼어놓도록 한다. 신체장애자가 휠체어를 타고 들어갈 수 있게 문을 넓히고 문턱을 없애며 그 안에서 회전할 수도 있어야 한다. 청력이 약한 이들이 작은 소리를 들을 수 있는 설비도 마련한다. 관절질환으로 다리가 불편한 노약자를 위해 고해소 안에 작은 의자를 마련한다.

이와는 달리 '고해실(告解室, reconciliation room)'[5-111]은 고해성사 예식을 더욱 개인적으로 거행해야 한다는 교회의 추세에 따라 마련되는 방이다. 고해실은 고해소와 같은 방식으로 성사를 받을 수 있고 얼굴을 맞댈 수도 있다. 고백자는 고해사제를 직접 대면해서 앉는 경우도 있지만, 고백자의 뜻에 따라 칸막이형 고해틀 뒤에서 무릎을 꿇을 것인지 아니면 사제가 볼 수 있는 곳에서

[5-111] 고해실, 성녀 테레지아 성당, 아일랜드 더블린

성당, 빛의 성작

무릎을 꿇거나 의자에 앉는다. 그러려면 고해실을 열었을 때 고해사제가 직접 보이지 않도록 한쪽에 칸막이형 고해틀을 두어 고해소와 같이 만들고, 안쪽에는 대면하고 앉는 의자를 둔다. 고해실로 가는 사이에 고백자가 성경이나 영적 독서를 하며 마음의 준비를 할 수 있게 하는 것이 더욱 이상적이다.

나르텍스, 유보의 문랑

라틴어로 문턱, 문지방을 뜻하는 단어는 '리멘(limen)'이다. 이는 기둥과 기둥 사이 또는 문이나 창의 아래나 위를 가로지르는 나무인 인방(引枋)을 뜻한다. 한계라는 뜻의 영어 '리미트(limit)'는 여기에서 나왔다. '숭고한(sublime)'의 라틴어 '수블리미스(sublimis)'는 어원이 sub(~의 아래에)+limen(인방, 문지방)이므로 문지방을 넘어서는 상태가 숭고함의 시작이라는 말이다.

모든 집에는 문지방이 있다. 그러나 하느님의 집의 문지방은 이런 세속의 집에 있는 문지방과 다르다. 이쪽은 세속의 장소이고 저쪽의 안은 거룩한 장소다. 거룩한 곳의 문지방을 지날 때 더러운 신발을 신고 들어오면 안 되며 신발은 문 밖에 벗고 들어와야 한다. 무슬림도 모스크에 들어가기 전 손과 발, 얼굴을 깨끗이 씻고 신을 벗고 들어간다. 하느님을 찬미하기 위해 하느님의 집 안에 들어서려면 성당의 문을 지나야 하고 문턱을 넘어야 한다. 그래서 새 성당이 봉헌될 때 주교는 성당 문턱에서 이렇게 말한다. "이 문턱을 넘어서는 모든 이가 여기에서 구원과 축복, 도움과 위로를 얻을 것입니다."

하느님의 집에서 속(俗)의 한계와 성(聖)의 한계가 문턱에서 만난다. 그런데 문턱은 선(線)이다. 그러나 오래전부터 성당은 이 문턱을 문자 그대로 선으로 보지 않고 일정한 두께를 가진 공간으로 확장해서 생각했다. 일종의 문턱과 같은 공간이다. 이 문턱에 해당하는 공간이 4장 '성당의 평면과 용어'에서 문랑 (門廊)이라고 번역한 '나르텍스(narthex)'다.

문랑은 실제의 문턱을 넘어 잠시 멈추고 나를 정화하는 장소다. 성당의 문을 열고 들어와 금방 거룩한 곳에 들어가는 것이 아니라, 거룩한 저쪽을 향해 구원과 희망을 준비하는 장소가 문과 회중석 사이에 나타난다. 이는 한쪽은 알 수 있지만 다른 쪽은 알 수 없는, 그래서 불안하지만 기다리게 되는 시간 또는 장소를 가리킨다. 이곳이 구원이 시작되는 문랑이다.

솔로몬 성전은 세 개의 방으로 되어 있었다.[2-13, 14] 성소로 들어가는 문 사이의 지붕을 원기둥이 지지하는 포치(porch)[15]가 있었고 이를 '울람(ulam)'이라고 했다. 이것을 지나면 성소(hekal)가 있고, 다시 그 안으로 지성소(devir)가 있었다. 솔로몬 성전의 동쪽에 있는 포치를 마당에서 볼 때 오른쪽에는 야킨, 왼쪽에는 보아즈라는 두 기둥을 세웠고, 그 기둥 꼭대기에는 나리꽃 모양을 얹었다(1열왕 7,21-22). 지성소는 하느님의 나라, 성소는 새로운 지상의 낙원이며, '울람'은 세속의 세계와 거룩한 세계의 중간에 해당한다. 그러니까 초기 그리스도교 성당의 문랑은 포치인 '울람'에 대응한다.

교부들은 문랑을 죄가 완전히 사해지지 못한 세계의 상징이라고 보았다. 문랑은 종종 예루살렘 성전의 '이방인의 뜰'이나 '바깥 뜰'[2-16]과 비교되었다.[16] 이 뜰은 성전 안에 있는 1m 남짓한 낮은 벽이나 난간으로 둘러싸인 장소였다. 이 뜰은 이방인만이 아니라 누구에게나 개방되어 있었으며, 낮은 벽이나 난간을 통해 그 안을 볼 수 있었다. 그렇지만 유대인은 성전 안에 들어갈 수 있었고, 이방인들은 그 이상 들어갈 수 없었다. 그래서 이 뜰은 유대인과 이방인을 분리하기 위한 것이라는 생각을 낳았다. 정결법에 따라 성전세를 내려는 사람들에게 거룩한 돈인 옛 히브리 화폐로 환전해주던 곳이 '이방인의 뜰'이었다.

본래 초기 그리스도교의 성당 앞에는 사람들이 모이는 중정이 있었는데, 성당 정면에는 열주랑에 지붕이 덮인 콜로네이드(colonnade)가 붙어 있었다. 밀라노의 산탐브로지오 대성전(Basilica of Sant'Ambrogio)의 정면에 콜로네이드가 붙어 있는 중정이 그렇다.[5-112] 이러한 중정이 없어지면서 로마의 산타녜제 인 아고네 성당(Sant'Agnese in Agone 또는 Sant'Agnese in Piazza Navona, 1652)처럼 옆으로 긴 공간이 그 안에 하나 더 나타났다.[5-113] 이렇게 생긴 입구와 회중석 사이에 있는 부분을 '나르텍스(narthex)'라고 불렀다. 나르텍스가 건

---

15 포치(porch)는 입구 위를 지붕으로 덮은 구조물이 더 큰 본체 건물에 붙어 있는 것을 말한다. 여기에 포치의 지붕을 원기둥으로 받쳐준 것이 포르티코(portico)다. 열주 위에 지붕이 덮인 콜로네이드(colonnade)도 포르티코가 될 수 있다. 울람은 입구 위를 지붕으로 덮은 구조물일 것이며, 기둥 꼭대기에 나리꽃 모양으로 만든 것을 얹었다는 것으로 보아 지붕을 받친 것이 아니므로, 야킨과 보아즈는 울람 앞에 세운 독립한 기둥이었을 것이다.

16 이와 관련된 내용은 62~63쪽을 참조.

물의 안쪽에 있으면 에소나르텍스(esonarthex), 바깥쪽에 있으면 엑소나르텍스(exonarthex)라고 했다.[5-114]

1000년 무렵 로마네스크 시대에 이르러서는 성당 서쪽에 아트리움을 두지 않게 되면서 문랑은 성당을 특징짓는 서쪽 입구 쪽에서 발달했다. 성당의 서쪽 정면 좌우에 높은 탑을 두었다. 이 부분은 기둥이 많아서 어두웠으므로 밝은 안쪽 회중석과 제대와는 크게 구별되었다. 문랑으로 사용된 것은 앞부분의 높은 탑의 아래쪽이었다. 클뤼니(Cluny)나 베즐레(Vézelay)의 수도원 성당에서는 문랑이 13세기까지 사용되었다.

세례를 받은 이들은 주님의 말씀을 듣고 주님의 몸을 영하기 위해 회중석에 모일 수 있다. 오늘날에는 아직 세례를 받지 못했을지라도 주님의 말씀을 듣고자 하는 예비신자들은 단지 주님의 몸을 영하지 못할 뿐이지 당연히 회중석에 앉을 수 있다. 그러나 초기 그리스도교 교회나 정교회에서는 세례를 받은 사람과 그렇지 않은 사람이 성당 안에서 구분되었다. 예비신자나 회개하는 자들은 말씀의 전례가 끝나면 회중석에서 나가 문랑에 서 있었다.

그러나 잘 생각해보면 문랑은 구분만을 하기 위한 장소가 아니었다. 미사에 참례하지 못하고 성체를 영할 수 없는 이들도 회중석에서 복음과 가르침을 들었다. 보통 십자가 형태로 지어지는 정교회 성당에서는 제단과 제대가 있는 곳을 '지성소', 회중석을 '신자석', 문랑을 '예비신자석'이라고 부른다. 정교회 성당에서도 예비신자석은 성당 출입구와 맞닿아 있고, 수 세기 전까지만 해도 세례를 받지 않은 예비신자들과 참회자들이 성찬 예식이 거행되는 동안 머무는 곳이었다.

이렇듯 문랑은 전통적으로 참회와 갱신의 장소였다. 문랑은 대개는 폭이 길고 깊이가 얕으며, 낮은 벽이나 스크린으로 회중석과는 구분되었다. 특히 프랑스 베즐레의 생트 마리 마들렌 대성전에서는 회중석으로 들어가는 입구 위에는 위엄 있는 장대한 조각이 얹어져 있다.[5-115] 이곳은 거룩한 저쪽으로 넘어가기 위한 중간 지대와 같은 곳이며, 전례를 더 잘 준비할 수 있도록 마음을 준비하는 곳이다.

오늘날에도 세례 예식은 문랑에서도 한다. 이는 하느님 나라를 향한 구

[5-112] 중정, 산탐브로지오 대성전, 이탈리아 밀라노

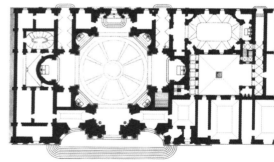

[5-113] 산타녜제 인 아고네 성당 평면, 이탈리아 로마

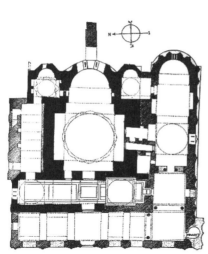

[5-114] 코라의 거룩하신 구세주 성당 평면, 터키 이스탄불

[5-115] 문랑, 생트 마리 마들렌 대성전, 프랑스 베즐레

원의 여정을 상징한다. 또한 세례대는 회중석의 바깥쪽 또는 안쪽 입구에 종
종 놓이는데, 미국 오하이오의 성 미카엘 대천사 성당에서는 문랑에 십자가
형태의 세례대를 두었다. 세례를 받은 사람은 이 장소에서 세례로 거듭난 자
신을 되돌아볼 수 있다. 정교회에서는 성주간의 소시간경과 같은 참회 예절
을 회중석이 아닌 문랑에서 거행하기도 하며, 전통적으로 장례식을 하거나 구

마의식(驅魔儀式)도 하고 초도 살 수 있었다. 문랑 한가운데에는 아날로기온
(analogion)이라는 이콘이나 복음서를 놓는 책 틀을 두고 고해성사를 주며, 세
례반, 성수대 등도 이 장소에 놓인다. 문랑을 통해 회중석과 왕의 문이 보인
다.[5-116]

　　그러던 것이 고딕 건축에 들어와서는 문랑이 사라졌다. 가톨릭 종교개혁
이후에는 세례를 받지 않은 이들을 분리해 문랑을 두지 않았다. 그렇지만 그
이후에도 교회 건축가들은 회중석에 들어가기 전에 방 하나를 만들어두었다.
이 방이 회중석의 일부이면 '전실(vestibule)'이라 불렀고, 건물에 붙어 입구를
지붕으로 덮는 구조물로 확실하게 구분되면 '포치(porch)'라고 불렀다. 나르텍
스와 포치가 서로 혼동되어 설명되는 것은 이 때문이다.

　　그렇지만 오늘날 우리의 성당에는 이런 깊은 의미를 가진 공간이 아예 사
라져버렸다. '나르텍스'라는 이름도 없어지고 그 대신 그곳을 '홀'이라 부른다.
또는 '홀'과 같은 공간인데 그것을 단지 이름만 '나르텍스'라고 부르는 경우도
간혹 있다. 그렇다고 나르텍스를 '현관(玄關)'이라고 번역해서는 안 된다. 현관

[5-116] 문랑, 페체르스키 예수 승천 수도원 성당, 러시아 니즈니 노브고로드

은 지금은 건물 정면의 입구를 뜻하지만 본래는 '깨달음을 얻기 위해 심원한 불도(佛道)의 수행으로 들어가는 입구'를 뜻하는 일본의 불교 용어였다.

거의 모든 성당은 면적을 절약하다 보니 문에서 들어오자마자 몇 발만 걸으면 금방 회중석으로 이어지고, 그 홀조차도 좁고 짧다. 이런 홀도 회중석의 중심축 위에 있지 않고 측면에 놓이게 되면 결국 긴 복도가 회중석 뒤로도 이어지는 셈이 된다. 이 홀에는 주보나 성가책, 헌금 봉투 등이 놓이고 게시판도 걸리는 등 복잡하고 산만하기까지 하다.

그럼에도 성당에서 문랑이 중요한 이유는 무엇일까? 문랑은 교회의 성사적 부분은 아니지만, 그렇다고 해서 완전히 교회의 바깥도 아니다. 그곳은 바깥 세계에서 하느님의 집 안으로 들어가기 위한 도입부이며 일종의 완충지대요 환영의 장소다. 따라서 문랑은 예비신자와 아직 교회의 지체가 되지 못한 이들을 위한 장소, 성체성사의 신비에 허락되지 못한 참회자나 아직 일치를 이루지 못한 이들을 위한 피난처이자 이들을 초대하는 장소, 유보적인 장소였다. 오늘날에는 이렇게 신중한 의미를 지닌 공간이 거의 다 사라져버렸지만, 역사적으로 보면 문랑은 전례에 참례할 수 없는 사람이나 참례하려 하지 않는 사람 등을 구분하지 않고 모든 이에게 열려 있는 깊은 뜻을 가진 영역이었다.

미국 가톨릭 주교회의의 성당 건축 지침서인《살아 있는 돌로 지음: 예술·건축·예배》에서는 나르텍스를 '모임 공간(gathering space)'이라고 달리 말하고 있다.[17] 그리고 건물의 입구이자 출구인 곳이면서 '모임 공간'으로 일상생활에서 전례를 거행하는 곳으로 넘어가게 도와주는 공간이라고 설명한다. 이 지침서에서는 모임 공간은 제의실, 성가대 연습실, 친교실, 사무실 등으로 이어질 수 있다고 본다. 이런 내용을 감안하면 문랑은 성당 입구에 이어져 있으면서 성당의 다른 방으로도 이어져서, 미사를 드리러 가기 전이나 미사를 마친 후 모든 신자가 함께 모이는 공간이 된다는 뜻이다. 그렇다면 오늘날 '나르텍스(문랑)'라는 용어는 쓰이지 않지만 함께 행렬을 이루며 미사 거행을 준비하기도

17　*Built of Living Stones: Art, Architecture, and Worship*, Guidelines of the National Conference of Catholic Bishops, 95~97항.

성당, 빛의 성작

하고, 전례를 마친 후 일상생활로 돌아가 미사에서 받은 은총의 신비를 살도록 도와주는 공간을 적극적으로 설계할 필요가 있다.

문랑은 일상 공간에서 전례 공간으로 넘어가는 곳, 성당에 들어서기 전 다시 세례와 미사의 의미를 되새기는 곳, 내가 정화되는 곳, 세례를 받은 이든 그렇지 않은 이든 모든 이가 구원의 희망을 가지게 되는 장소였다. 이와 같은 문랑의 진정한 의미는 이제라도 우리의 성당 건축 속에 다시 살려내야 하지 않을까.

문과 포털

"나는 문이다"

야곱은 누워 자다가 하늘까지 닿는 층계를 꿈꾸고 그 자리를 '하늘의 문'이라고 했다. "두려움에 싸여 말했다. '이 얼마나 두려운 곳인가! 이곳은 다름 아닌 하느님의 집이다. 여기가 바로 하늘의 문이로구나(Haec est Dei et porta coeli)'"(창 28,17). 요한묵시록에도 하늘의 문을 본 환시가 기록되어 있다. "그 뒤에 내가 보니 하늘에 문이 하나 열려 있었습니다. 그리고 처음에 들었던 그 목소리, 곧 나팔 소리같이 울리며 나에게 말하던 그 목소리가, '이리 올라오너라. 이다음에 일어나야 할 일들을 너에게 보여주겠다' 하고 말하였습니다"(묵시 4,1). 그러나 이 하늘의 문(Gate of Heaven)은 상징물이 아니다. 문은 말 그대로 문이다.

〈천국의 문(Porta del Paradiso, The Gate of Paradise, 1425~1452)〉은 피렌체 대성당 산 조반니 세례당의 북쪽 입구에 있는 도금을 한 청동문으로 조각가 로렌초 기베르티(Lorenzo Ghiberti)의 작품이다.[5-117] 완성된 후에는 동쪽 문에 설치되었다. 10개의 패널에 아담과 이브, 카인과 아벨, 노아와 그 가족, 아브라함 등 구약성서의 주요 내용을 그린 부조이다. 배경이 되는 건물과 풍경이 원근법으로 세심하게 묘사되어 있다. 그런데 이것이 처음부터 〈천국의 문〉은 아니었다. 미켈란젤로가 이 작품을 보고 너무나 감격하여 "이것은 천국으로 들어가는 문과 같다"고 격찬한 것에서 유래한다. 그도 그럴 것이 기베르티는 신약성서의 내용을 담은 북문을 만드는 데 21년, 구약성서의 내용을 담은 동쪽 문을 만드는 데 27년이 걸렸다고 하니 그의 인생 50년을 세례당 문 제작에 바친 셈이다.

문(門)이란 단어에는 사람이 드나들기 위해 만든 곳이거나 그곳에 달아 놓고 여닫게 만든 장치물이라는 두 가지 뜻이 있다. 영어로 'gate'는 드나들려 고 트여놓은 담장이나 바깥벽의 한 부분이고, 'door'는 한 변에 고정하고 입구 를 열고 닫는 평탄한 물체다. 예수님께서 "너희는 좁은 문으로 들어가라(Enter through the narrow gate)"(마태 7,13). 그리고 스스로 "나는 문이다(I am the gate)"(요한 10,9)라고 하실 때의 문은 'gate'다. 그런데 "보라, 내가 문 앞에 서서 문을 두드리고 있다(Behold, I stand at the door and knock)"(묵시 3,20)라고 할 때는 'door'다. 밖에서 성당 안으로 들어가려 할 때 지나는 담과 담 사이의 트

[5-117] 〈천국의 문〉(로렌초 기베르티), 산 조반니 세례당 북쪽 입구의 청동문, 이탈리아 피렌체

성당, 빛의 성작

인 곳은 'gate'지만, 일단 들어와서 회중석으로 열고 들어가는 문은 'door'다. 그러나 이 문은 모두 "나는 문이다"라고 하신 예수 그리스도를 드러내는 문이다.

문은 양들을 보호한다. 《가톨릭교회 교리서》는 이렇게 가르친다. "하느님의 집에 들어가려면 문지방을 넘어야 하는데, 이는 죄로 상처입은 이 세상에서 모든 사람이 부름 받은 새 생명의 세계로 넘어감을 상징한다. 가시적인 성당은 하느님 아버지의 집을 상징한다. … 그러므로 성당은 문이 활짝 열려 있어 누구든지 환영하는, 하느님의 모든 자녀들의 집이기도 하다"(1186항). 성당의 문과 경계는 닫고 들어오지 못하게 하는 것이 아니라, 반대로 열고 받아들이기 위한 것이다.

히브리어 '샤아르(shaar)'에는 생각이라는 뜻도 있고 성문이라는 뜻도 있다.[18] 성문의 안과 밖은 문명과 야만, 질서와 혼돈을 구분하는 곳이다. 성문을 지나려면 신분을 밝혀야 하고 그에 맞는 옷을 입고 있어야 한다. 그렇지 않으면 성문을 지나 안으로 들어갈 수 없다. 그래서 문은 안과 밖, 성(聖)과 속(俗), 어제와 오늘, 죽음과 생명이 갈라지는 곳이다. 문 안은 생명이고 문 밖은 죽음이다. 그래서 성당의 문은 하늘의 문이다.

그러면 하느님의 집의 문을 드나들 때 어떤 자세를 가져야 할까. 문을 어떻게 만들어야 할까. 문을 여닫으며 내 몸은 무엇을 깨닫게 될까. 문의 손잡이는 어떻게 만들어져야 이 깨달음에 도움을 줄 수 있을까. 문이 이루는 경계를 문지방이라고 하는데, 문지방의 안과 밖 그리고 좌우는 어떻게 있어야 마땅한가. "우리 모두 성당 문을 드나든 적이 한두 번이 아니다. 하지만 문으로 들어갈 때마다 들려오는 소리를 들었을까. 문이란 도대체 무엇을 하기 위해 있는 것일까."[19] 하느님의 집인 성당의 문은 결코 사무실에 들어가는 문과 같지 않다. 내가 나타나면 저절로 열리고 닫히는 세속의 자동문일 수 없다. 이 문은 자신의 과거를 단절하고 새로운 세계로 들어가라고 재촉하며, 그 안에 있는 세계를 확정해준다.

---

18   배철현, 《심연》, 21세기북스, 2019, 32쪽.

19   로마노 과르디니, 《미사, 제대로 드리기》, 김영국 옮김, 가톨릭대학교출판부, 2003, 39쪽.

이렇게 문의 의미를 찬찬히 생각해야 성당의 문을 어떻게 디자인해야 하는지 그 답을 찾을 수 있다. 성당의 문에 여러 문양을 두어 아름답게 만드는 것도 중요하지만 그보다도 더욱 중요한 것은 열고 닫을 때 묵직하고 아무 소리 없이 제자리에 멈추는 과묵한 문으로 만드는 것이다. 또 미사 드리러 많은 사람들이 오갈 때의 문의 모습과 아무도 없이 혼자 서 있을 때의 모습이 같은 문이도록 만드는 것, 들어올 때는 빛을 받아 밝지만 나갈 때는 약간 어두운 곳에서도 문이 스스로 이런 문이라고 말하도록 만드는 것이다. 그리고 문은 닫도록 만드는 것이지만, 활짝 열어두었을 때도 정확히 멈춰서 나가는 사람들의 좌우에서 메시지를 전하는 문이어야 한다.

사실 문은 사람이 지나다니는 것이므로 성당의 내부공간에 비해 작게 느껴지기 쉬우며, 자기 몸으로 밀고 들어오는 것이므로 지나치게 높을 수도 없다. 그러나 행렬 통로를 향해 입당하는 것은 예수 그리스도이시므로 그 높이가 일반적인 문의 높이일 수만은 없다. 성직자들 맨 앞에서 전례 행렬을 할 때 사용하는 행렬용 십자가(processional cross)의 전체 높이는 220cm 정도 되므로 이를 들었을 때 충분히 성당 안에 들어올 수 있도록 문의 높이를 정한다.

베르가모의 요한 23세 사목 센터 성당(2004)에서 회중석으로 들어오는 문은 이러한 모순점을 통합해놓았다.[5-118] 실제로 문은 높게 보이지만 일반적인 문의 높이로 분할하는 선을 넣었다. 또 이 문을 제단의 뒷면[5-31]과 같은 모양과 크기의 삼각형 푸른색 스테인드글라스 안에 문을 넣어 문의 영역을 확장했다. 입당할 때나 퇴장할 때 그냥 문이 아니라 하느님의 집의 문을 들어가고 나간다는 의미를 강조했다. 이와 비슷하게 샌프란시스코의 성모 승천 대성당(1971)에서는 문랑이라고 할 만한 공간이 없이도 문 위에 붉고 노란 색조의 대형 스테인드글라스를 두어 낮고 깊이가 얕아질 수 있었던 문을 크게 확장했다.[5-119, 120]

영광의 주님께서 들어가시는 문

1285년에 지어진 프랑스의 부르주 대성당(Cathédrale Saint-Étienne de Bourges) 정면에 있는 다섯 개의 문은 파노라마처럼 펼쳐지며 광장과 도시를

[5-118] 문, 요한 23세 사목 센터 성당,
　　　이탈리아 베르가모

[5-119] 포털, 성모 승천 대성당, 미국 샌프란시스코

압도한다.[5-121] 이 문은 실제로는 하느님 백성들이 드나드는 문이지만, 성당이 지어졌을 때는 본래 영광의 주님께서 들어가시는 문을 나타냈다.

　헨델의 〈메시아 33번〉 합창곡은 이렇게 노래한다. "성문들아, 머리를 들어라. 오랜 문들아, 일어서라. 영광의 임금님께서 들어가신다. 누가 영광의 임금이신가? 만군의 주님 그분께서 영광의 임금이시다"(시편 23,9-10). 이 〈메시아 33번〉을 들으며 대성당의 장대한 문을 바라보라. 그러면 저 문의 수많은 돌들이 소리 내며 우리와 함께 찬미하고 있음을 느끼게 될 것이다. 이 문은 문자 그대로 '머리를 들고 있는 문'이며 '일어서 있는 문'이다. 그래서 이 문은 밖에서 안으로 들어가시는 주님을 향해 언제나 웅장하게 노래하고 있다.

　대성당처럼 중요한 건물의 웅장한 정문을 특별히 '포털(portal)'이라고 부른다. 성당의 포털은 단순히 벽을 뚫어 만든 것이 아니다. 포털은 "나는 문이다"라고 말씀하신 그리스도를 상징하며, 포털에 들어서는 것은 그리스도교 공동체와 그것이 상징하는 모든 것 안에 들어서는 것이다. 포털이라고 하면 천상과 지상의 이미지가 조각된 중세 대성당의 포털을 가장 먼저 떠올릴 정도로, 포털

[5-120] 포털 안쪽, 성모 승천 대성당, 미국 샌프란시스코

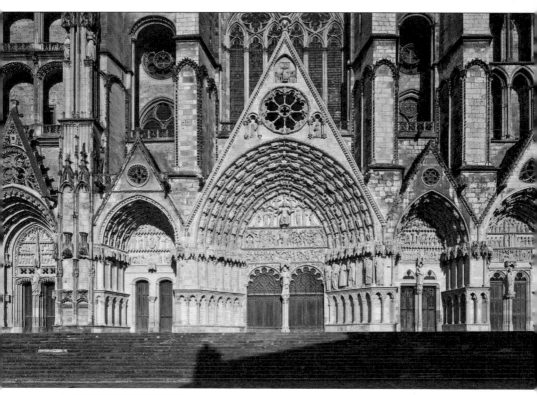

[5-121] 부르주 대성당 정면, 프랑스

404   성당, 빛의 성작

은 건물 전체의 의미가 응축되는 특별한 장소다.

초기 그리스도교 성당은 외관이 매우 간소했고, 르네상스나 가톨릭 종교개혁 시대의 외관은 엄숙하면서도 침착한 건축 요소가 많이 사용되었다. 그러나 로마네스크 성당에서는 고대 로마시대 이후 잊혔던 거대한 조각이 장대한 모습으로 포털에 다시 나타났다. 이것은 유럽 미술사에서 획기적인 일이었다. 고대 로마 문명과 그리스도교가 만나 조각을 만들게 된 것이다. 포털은 거룩한 장소와 속된 세계가 나뉘는 곳이고, 성당이라는 이 땅의 하늘나라는 포털에서부터 표현되었다.

이런 것이 중세의 고딕 대성당에도 이어져 실로 장려한 조각으로 그리스도교의 과거와 미래를 세상을 향해 있는 포털에 응축하여 새겼다.[3-32] 포털의 조각 모티프로는 십자가, 천사, 성인, 식물, 구원의 역사를 보여주는 장면 등이 사용되었다. 이와 같이 성당의 포털은 '하늘나라의 문'이었고, 그리스도교의 진리를 요약한 책의 표지와 같은 것이었다. 성당의 포털은 바깥 광장에 접해 있고 사람의 눈높이에 가까이 있으며, 성당에 들어가거나 그 앞을 지나갈 때 이 수많은 조각을 되풀이해 볼 수 있는 최적의 자리였다.

대성당 앞에 서면 중앙의 기둥을 중심으로 좌우의 벽에는 대략 사람의 크기이거나 그보다 큰 조각상이 눈높이보다 조금 위에 늘어서 있다. 이 조각상들은 그 뒤에 원기둥에 붙어 있지만, 조금씩 걸어 들어가면 상대적으로 우리 쪽으로 걸어 나오는 듯이 느껴진다. 더구나 예전에는 조각상에 생기 있는 색깔이 칠해져 있었다는 점을 감안하여 바라볼 필요가 있다. 그런데 조각상들은 사람과 가까운 쪽일수록 등신대(等身大)로 만들고, 크고 위로 갈수록 천상에 있는 거룩한 존재를 조금 작게 만들어, 보는 사람의 시점을 중심으로 우주적 전개를 원근법적으로 강조하고 있음도 주목해 보아야 한다.

처음에는 포털이 한 개였지만 내부 통로의 수에 대응하여 세 개로 늘어났으며 때로는 다섯 개가 되기도 했다. 그러나 그중에는 예외적으로 베네치아의 산 마르코 대성당처럼 본래 통로가 셋이었는데, 후에 문랑이 확장되어서 포털이 다섯 개가 된 것도 있다. 그렇지만 성당의 규모와 관계없이 신자들은 가운데로 들어가지 않고 측면의 문으로 들어간다는 점에서는 모두 같다. 가운데 문은 대축일 미사나 특별한 행사가 있을 때 성직자들이 들어갈 수 있도록 열린다.

돌로 지어진 성당에서는 문을 만들려면 벽의 일부를 떼어내야 했다. 이 때 문에 아무리 작은 성당이라도 문을 만들 때는 건물의 균형이 깨지지 않도록 세심하게 설계되었다. 문은 인방이라는 수평 부재와 이를 받치는 두 개의 기둥으로 구성된다. 로마네스크나 고딕 대성당의 문에서는 여러 개의 문설주가 뒤로 차례로 물러나며 문의 양쪽에 붙는다. 문설주 위로는 다시 여러 겹의 장식 아치가 뒤로 물러나며 얹힌다. 이 때문에 실제로 드나드는 문보다 훨씬 큰 문으로 확장되어 보이는 효과를 얻는다. 이 장식 아치가 뒤로 물러나며 많은 겹을 이룰수록 성당의 벽 두께가 두껍고 견고하다는 뜻이다.

이렇게 하면 문 위의 긴 인방과 장식 아치 사이에 반원형 또는 뾰족 아치형의 벽면이 생기는데, 이 부분을 팀파눔(tympanum, 프랑스어로는 탱팡 tympan)이라 부른다. 라틴어로 큰 북이라는 뜻이다. 눈에 띄는 장소에 있기 때문에 팀파눔에는 많은 조각이 장식된다. 일반적으로 고딕 대성당에서는 구조적인 이유로 문과 문 가운데에 기둥 한 개를 더 두는데, 이를 '가운데 기둥(트뤼모 trumeau)'이라고 한다. 독일의 쾰른 대성당에서 보듯이 가운데 기둥인 트뤼모에 성모자상이 놓여 있다.[5-122]

정면의 한가운데에 있는 주(主) 포털의 팀파눔 안에는 영광의 그리스도, 최후의 심판자 그리스도를, 좌우 포털의 팀파눔에는 그리스도의 탄생 등이 새겨졌다. 성당의 포털은 하늘나라의 문이므로, 후광으로 둘러싸인 그리스도가 사람들이 그 안에 들어가는 것이 온당한지를 여기에서 판정한다. 로마네스크 성당의 팀파눔에는 하느님을 준엄하신 절대자로 새겼으며, 고딕 성당의 팀파눔에는 사랑에 가득 찬 아름다운 하느님을 표현했다.

산티아고 데 콤포스텔라를 향하는 순례길의 중요한 장소였던 프랑스 남부의 작은 마을 므와삭(Moissac)에 있는 생피에르 수도원 성당 문 위의 탱팡에는 로마네스크 걸작 중의 걸작이라고 일컫는 장엄한 조각이 있다.[5-123] 성당 입구의 탱팡 중앙에는 장차 오실 그리스도께서 어좌에 앉으신 모습이 한층 높고 크게 조각되어 있다. 그 옆에는 네 복음사가인 날개가 있는 인간(마태오), 사자(마르코), 황소(루카), 독수리(요한)로 묘사되어 있으며, 주변에는 3단으로 배치

성당, 빛의 성작

[5-122] 포털, 쾰른 대성당, 독일

된 24명의 원로가 관을 쓰고 현악기와 옥배를 손에 들고 어좌에 계신 그리스도를 우러러보고 있다.

　이것은 요한묵시록 4장의 말씀을 돌에 새긴 것이다. "나는 곧바로 성령께 사로잡히게 되었습니다. 하늘에는 또 어좌 하나가 놓여 있고 그 어좌에는 어떤 분이 앉아 계셨습니다. … 그 어좌 둘레에는 또 다른 어좌 스물네 개가 있는데, 거기에는 흰옷을 입고 머리에 금관을 쓴 원로 스물네 명이 앉아 있었습니다. … 그리고 어좌 앞에서는 일곱 횃불이 타고 있었습니다. 그것은 하느님의 일곱 영이십니다. … 그리고 어좌 한가운데와 그 둘레에는 앞뒤로 눈이 가득 달린 네 생물이 있었습니다. 첫째 생물은 사자 같고 둘째 생물은 황소 같았으며, 셋째 생물은 얼굴이 사람 같고 넷째 생물은 날아가는 독수리 같았습니다. … 그리고 밤낮 쉬지 않고 외치고 있었습니다. '거룩하시다, 거룩하시다, 거룩하시다, 전능하신 주 하느님 전에도 계셨고 지금도 계시며 또 앞으로 오실 분!'"(묵시 4,2-8).

그리스도를 1로 보면 좌우의 두 천사의 크기는 그리스도의 절반이고, 네 복음사가는 다시 그것의 절반이다. 그리고 24명의 원로의 크기는 복음사가들의 절반이다. 탱팡에는 그리스도, 천사, 네 복음사가를 나타내는 동물 그리고 원로만 있다. 그러나 문 위의 인방과 아키볼트(archivolt, 아치의 아랫변의 곡선을 따라 생기는 장식도 쇠시리나 띠)에는 이런 도상이 없다. 인방에는 원형 잎사귀가 치밀하게 새겨져 있어서 탱팡 안에 묘사된 형상에 집중하게 한다. 이때 그리스도는 엄정하고 움직이지 않는 모습을 하고 있으나, 천사와 네 복음사가 그리고 24명의 원로는 재림하는 그리스도를 보며 몹시 놀라고 있다.

탱팡 아래 왼쪽 문설주에는 성 베드로, 오른쪽 문설주에는 이사야가 있다. 가운데 기둥의 왼쪽 면에는 성 바오로, 오른쪽 면에는 유럽 조각의 정점이라고 일컬어지는 걸작 예레미아가 있다.[5-123] 또 가운데 기둥 정면은 쌍을 이룬 사자가 위아래도 세 쌍이 배열되어 있다. 이렇게 하여 가운데 기둥의 왼쪽 문의 좌우는 교회의 기초를 세운 두 사도 성 베드로와 성 바오로가 있고, 기둥의 오른쪽 문의 좌우는 구세주가 오심을 알려준 대예언자 예레미아와 이사야가 서로

[5-123] 포털(왼쪽)과 트뤼모의 예레미아(오른쪽), 생 피에르 수도원 성당, 프랑스 므와삭

성당, 빛의 성작

쌍을 이루며 마주하고 있다.

현대에 이르러서는 이런 장대한 포털은 사라졌지만 그 전통은 여전히 남아 있다. 도미니쿠스 뵘이 설계한 노이울름(Neu-Ulm)의 성 요한 세례자 성당(1927)은 반드시 기억해야 할 근대 성당의 걸작이다.[5-124] 전쟁으로 파괴된 울름 성채에서 나온 돌을 사용해 세운 이 성당의 긴 정면에는 세 개의 높은 아치의 포르티코가 겹쳐 있다. 붉은 벽돌 띠가 포르티코의 아치 위를 지나게 하여 아치의 형태를 더욱 뚜렷하게 했다. 성당에 들어가는 다섯 개의 문 중에서 세 개의 문은 높은 아치로 된 포르티코 안에 있다. 아치 한가운데는 세례자 요한, 좌우에는 성녀 엘리사벳과 밤베르크의 성 오토를 두었다. 로마네스크적인 포털을 근대적으로 탁월하게 번안한 설계다.

샌프란시스코의 성모 승천 대성당(1971)의 포털[5-119]은 인간의 구원을 위해 이 땅에 머무시다가 승천하신 그리스도를 형상화했는데. 로마네스크나 고딕 대성당의 팀파눔을 현대적으로 응용한 것이다. 이것이 내부에서는 낮고 얕은 문 주변 공간을 확장해주는 역할을 한다. 로스앤젤레스의 '천사들의 모후 대성당'에는 남동쪽에 거대한 청동문을 달았다.[5-125] 조각가 로버트 그레이엄(Robert Graham)이 150명의 예술가와 함께 만들었다. 9x9m인 문을 다섯으로 나누고 높이의 3분의 1은 팀파눔으로, 그 아래의 3분의 2는 문으로 나누었다. 아래는 다시 3등분하고 좌우의 두 문은 L자형으로, 한가운데는 두 짝의 문을 두었다. 이 네 개의 문은 따로 열리기도 하고 닫히기도 한다. 25톤의 무게를 지닌 문은 전동으로 움직인다. 문에는 신구약성서에 나오는 성인과 성녀, 성서상의 이야기를 묘사하고 있어 문이 하나의 책이 되었다. 좌우 문의 7개 대각선은 성령칠은(聖靈七恩)이나 일곱 성사를, 그것이 이루는 3각형은 삼위일체를 나타내며, 이들은 모두 '천사들의 모후'로 수렴하고 있다.

현대 성당에서 가장 큰 포털은 뮌헨에 있는 예수 성심 성당(Herz Jesu Kirche, 2000)의 거대한 문이다.[5-126] 이 포털은 높이 14m, 폭이 18m이며 50톤이나 되는데, 못을 그린 푸른 유리가 무수히 반복되어 있다. 리모콘 하나로 이 거대한 문이 좌우로 완전히 열려 성당의 내부공간이 광장으로 이어진다. 오늘날에도 중세 대성당의 포털은 이와 같이 여전히 도시를 향해 그리스도의 구원을 증언

[5-124] 성 요한 세례자 성당, 독일 노이울름

[5-125] 청동문, 천사들의 모후 대성당, 미국 로스앤젤레스

성당, 빛의 성작

할 수 있다.

그렇지만 오늘날의 성당은 중세 대성당의 포털을 가질 정도로 클 수 없는 것이 거의 대부분이다. 대지의 제한도 많아서 정면에 이러한 문을 만들기조차 어렵다. 그래서인가. 이와는 달리 루돌프 슈바르츠가 설계한 성녀 안나 성당 (1956)은 규모도 크고 그 주변이 제법 넓은데도 딱히 정면이랄 것이 없다.[5-127] 성당 전체의 크기에 비하면 문이 아주 작아서 잘 모르면 성당 주변을 한 바퀴 돌아야 찾을 수 있을 정도다. 그러나 이것이 우리 시대의 성당 문이다. 일상의 다른 건물과 다를 바 없는 작은 문, 그렇지만 누구나 들어오라고 초대하는 겸 손한 문이며, 지나가는 이에게 묵묵히 말을 건네는 문이다.

오늘날 주님께서는 영광의 그리스도가 아니라, 우리 일상 속에서 자주 보 는 가난한 자, 헐벗은 자의 모습으로 이 문으로 걸어 들어오실 것이다. 그렇다 면 우리는 우리의 몸 크기로 작아진 문, "누구든지 나를 통하여 들어오면 구원 을 받고, 또 드나들며 풀밭을 찾아 얻을 것이다"(요한 10,9)라는 말씀을 공간과 형태로 잘 구현해서 '문이신 주님'을 겸손하게 만들어드려야 하지 않을까? 그러 면 그 문은 조용히, 그렇지만 중세의 장대한 포털 못지않게, 우리와 함께 주님 을 찬미하며 그곳에 늘 서 있게 될 것이다.

종탑과 마당

종탑

문을 열고 들어가 거룩한 성체성사가 거행되는 하느님의 제단을 찾아나서 는 여정을 저 멀리서 상기시켜주는 것이 있다. 그것은 종탑(belfry)이다.[5-128] 종 탑은 성당 옆에 세워서 종을 매다는 탑이지만, 전례 공간에 해당되지는 않는 다. 그러나 아무리 간소한 것일지라도 종탑은 저 건물이 하느님의 집임을 멀리 서 알아보게 해준다. 종탑의 종소리는 성당에 가지 않는 사람들에게도 성당의 존재를 알린다.

중세 유럽 도시에서는 종소리가 하루의 일과를 매듭짓는 역할을 했다. 소 리가 미치는 거리는 몇 킬로미터밖에 안 되었으므로 종탑은 중세도시의 초점 이 되었다. 발트 3국의 한 나라인 라트비아의 수도 리가는 불규칙한 중세도시

[5-126] 예수 성심 성당, 독일 뮌헨

[5-127] 문, 성녀 안나 성당, 독일 뒤렌

의 모습을 잘 간직하고 있는데, 높이 솟은 성당의 종탑 몇 개만 외워두면 지도가 없어도 얼마든지 잘 다닐 수 있다.

종탑에서는 오전 6시, 정오, 오후 6시 정각에 하루 세 번 종이 울렸다. 이렇

성당, 빛의 성작

게 종탑은 하느님의 아드님이 사람 되신 신비, 곧 강생의 신비를 묵상하며 바치는 삼종기도 시각을 알려주었고, 이제 곧 미사가 시작되니 어서 가서 참예하라고 발걸음을 재촉하는 종을 쳤다. 역사가 오래된 성당에서는 지금도 종탑의 종소리로 삼종기도 시각을 알려주던 전통을 이어가고 있다. 성체성사를 거행할 때도 성당의 종탑에서 종소리가 울리면 길을 걷던 사람은 이 소리를 듣고 성호를 긋는다. 죽은 이를 위해 기도할 때, 병자에게 노자성체를 모셔 갈 때, 전쟁에서 이겼을 때도 종이 울렸다. 나팔이 이스라엘 백성을 부르듯이 종탑의 종소리는 교회가 모든 사람들에게 기도하라고 부르는 공적인 목소리다. 19세기 영국의 고딕 리바이벌 양식의 건축가 오거스터스 퓨진(Augustus Pugin)은 이렇게 말했다. "성당의 종탑은 믿는 이들을 하느님의 집으로 향하게 하는 신호등이다."

　"지붕 위에서 선포하여라"(마태 10,27). 탑 위에서 울리는 종소리는 구원의 말씀을 선포하는 것이다. 또 그것은 공기와 공간을 영적으로 정화해준다. 성당은 안으로는 하느님의 현존으로 가득 차 있지만, 밖으로는 하늘을 향해 우뚝 솟은 종탑이 저 광활한 대기도 하느님의 것임을 웅변한다. 그래서 로마노 과르디니는 이렇게 말했다. "종소리는 말한다. '세상은 이렇게 넓단다, 이렇게 그리

[5-128] 종탑, 성녀 안나 성당, 미국 텍사스 보몬트

움에 차 있단다, 하느님은 부르신다, 하느님 안에만 평온이 있단다'"[20]라고. 그러나 우리나라에서는 오래 전부터 성당에서 종을 치지 않는다. 종소리가 들린다고 해도 그것은 실제 소리가 아니라 녹음된 종소리가 스피커를 통해 울려 퍼지는 소리다. 실제 종소리를 듣고 기도할 수 있도록 종이 매달린 종탑이 있어도 이웃에게 줄 피해를 우려하여 종은 치지 못하고 있다.

초기 그리스도교 성당에서는 종탑이 없었다. 종탑이 처음으로 세워진 것은 중세 후기의 로마네스크 수도원이나 대성당에서였다. 그리스도교에서 종은 수도원에서 기도, 미사, 식사 시간 등을 알리는 신호로 처음 생겼다. 이렇게 종으로 하던 호출 신호가 나무판자를 두드려 소리를 내는 것으로 차츰 바뀌었다. 그 후 가톨릭교회에서는 종이 많이 쓰였지만, 정교회에서는 돌릴 때 덜거덕거리는 소리를 내는 십자 모양의 나무 딱따기가 많이 쓰였다. 주님만찬 성목요일 대영광송부터 부활성야 대영광송을 노래할 때까지 종을 대신해 치는 '딱따기(clapper 또는 crotalus)'는 여기에서 나왔다.

예부터 종은 아름답고 맑은 소리를 멀리 보내기 위해서 청동으로 주조한 것을 특정의 음정으로 조정해서 만들었다. 가톨릭 성당의 종탑에서는 10개나 12개의 종을 매달기도 하고 큰 종 한두 개를 치기도 하지만, 대부분은 6개나 8개의 종을 달고 있다. 러시아 등 슬라브권의 정교회에서는 작은 종 여러 개를 치면서 일종의 멜로디를 만들었다. 많은 종을 음계 순서대로 달아놓고 치게 만든 악기인 '카리용(carillon)'이 프랑스에서 등장하자, 종을 심포니처럼 연주하게 되었다. 일반적으로 중세에는 로프를 잡아당겨 종을 울렸으나, 점차 발전해 활차를 움직여 종을 쳤다. 종이 있는 방인 종탑에서는 비바람이나 새로부터 종을 보호하고자 대부분의 종탑에 루버(louver)가 붙는다.

높이 솟은 종탑은 성당 건물을 가장 성당답게 나타내는 중요한 요소였다. 성당에서 탑의 배치는 정해진 패턴은 없다. 한 개만 세우는 경우도 있고 쌍으로 세우는 경우도 있다. 정면이나 후면 또는 측면 등 설치하는 위치는 여러 가지지만, 광장에 면한 성당에서는 정면에, 거리 안에 있는 성당에서는 거대한

---

20   로마노 과르디니,《거룩한 표징》, 장익 옮김, 분도출판사, 2000, 94쪽.

탑이 건물의 한 모퉁이에, 아니면 사람들의 시선을 하늘로 향하도록 긴 길이 끝나는 곳 등 지나가는 사람에게 강한 느낌을 주는 곳에 세워진다.

그러나 옛 성당에서는 아주 간단한 탑이라도 세우기가 어려울 뿐더러 막대한 공사비가 들었다. 그에 비하면 미사 전례에 꼭 있어야 하는 것은 아니어서 착공이 연기되거나 중지되는 경우도 있었다. 이렇게 미완성으로 인해 끝이 뾰족하지 않은 탑은 불명예스럽게도 주요 부분이 잘리거나 부러진 '그루터기'라는 이름으로 불렸다. 종탑이 없는 경우에는 '작은 종탑(bell-cot)'이라 하여 작은 집 모양의 작은 골조의 벽에 튀어나온 고정대를 두고 그것에 하나 이상의 종을 매달았다.

탑(tower)이란 폭보다는 높이가 높은 구조체이기는 하지만, 더 정확하게는 크기가 줄어들지 않고 위로 올라가는 구조물을 말한다. 종탑에는 두 종류가 있다. 하나 이상의 종이 달려 있는 높은 구조물로 건물과 독립해 있거나 일부이기도 한 종탑은 'bell tower'라 한다. 이에 대해 탑의 꼭대기에 종이 있는 방으로 된 종탑은 'belfry'라 한다. 그러나 종탑만 따로 독립해 있지 않은 경우에는 이와 관련된 용어가 구별이 잘 가지 않을 정도로 여러 가지다. 특히 이탈리아 건축에서는 이런 종탑을 '캄파닐레(campanile)'라고 한다. 캄파닐레를 가진 성당은 산타폴리나레 인 클라세 대성전(Basilica of Sant'Apollinare in Classe, 532~549)[5-18]이나 라벤나의 산타폴리나레 누오보 대성전(Basilica of Sant'Apollinare Nuovo, 490년경) 등이 있다.[3-3, 5-129]

탑 위에 종탑(belfry)이 놓이고, 그 위에 랜턴(lantern, 창문이 있는 탑)이 놓인다. 또 보통은 정사각형의 탑 위에 첨탑(spire) 등 여러 구조물이 층을 이루며 위로 올라가면서 크기가 줄어드는 구조물도 있다. 이 뾰족한 구조물을 '스티플(steeple)'이라고 한다.[5-130] '스티플'은 뾰족하게 올라가되 층을 이루며 올라가는 구조물이므로 '뾰족층탑'이라고 번역하는 것이 좋을 것이다. '뾰족층탑'의 한 부분이 '스파이어(spire)'다. 이는 'spear(창)'에서 나온 말로 경사를 이루며 제일 위에 놓인다. 이는 번역하기 어려우나 '뾰족층탑'의 일부이므로 '뾰족탑'이라 부르는 것이 좋겠다. 사전에는 'steeple'과 'spire'를 모두 '첨탑(尖塔)'이라고 하는데 우리말로는 모두 '뾰족탑'이니 'steeple'과 'spire'가 구별되지 않는다. 건물의 모

첨탑(Spire)

랜턴(Lantern)

종탑(Belfly)

[5-129] 캄파닐레, 산타폴리나레 누오보 대성전, 이탈리아 라벤나

[5-130] 종탑의 구성

퉁이에 튀어나온 채로 붙어 있는 작은 탑도 있다. 이를 '터릿(turret)'이라고 하는데 '모퉁이탑'이라고 부르는 것이 좋겠다.

종탑은 아니지만 탑의 일종으로 '피너클(pinnacle)'도 있다. '피너클'은 건물 지붕 위에 장식용으로 세운 작은 첨탑(뾰족탑)이다. 이것은 원래 작은 탑이지만 석조의 육중한 성당을 올려다보면 제일 마지막에 눈에 들어오는 것이 섬세한 피너클이다. 고딕 대성당에서 조금이라도 수직 하중의 부담을 덜어주면서도 동시에 하늘을 향하는 수직성을 더해주는 역할을 한다. 그럴 정도로 하늘 위를 향한 열망으로 성당의 수직성을 강조하는 요소가 많았다.

베를린의 마리아 레지나 순교자 기념 성당(Maria Regina Martyrum, 1963)[5-131]은 1933년에서 1945년 사이에 나치에 대항하여 신앙을 지키다가 순교한 이들을 기념하기 위해 지어졌다. 기념 성당이므로 직사각형의 땅에 같은 높이의 담장으로 둘러싸여 있다. 담장의 한 모퉁이에 입구를 두었으며 입구 위에 종탑을 두었다. 종탑은 흔히 보는 것과는 달리 크고 육중하다. 종탑은 그 안에 성당이 존재하고 있음을 미리 엄숙하게 알려준다. 종탑 밑을 지나 기념 조각이 걸려 있는 담장을 따라가면, 자갈이 깔려 있는 텅 빈 마당 너머로 성당의 밑에 놓인 작은 야외 제단으로 시선을 이끈다. 종탑은 담이자 문이고, 기념 성당의 상징적 공간 구조를 이루는 중요한 요소로 작용하고 있다.

가우디의 사그라다 파밀리아 성당에서는 종탑이 구조체가 되고 또 연주하는 악기가 되어 안과 밖으로 울려 퍼지게 한 최고의 성당이다.[5-132] 이 성당에는 18개의 높은 탑이 있다. 성당의 외관은 교차부 위에 네 개의 금속 기둥으로 지지되는 예수 그리스도의 탑이 있다. 높이가 172.5m이다. 그 옆에는 네 복음 사가에게 바쳐진 네 개의 130m 높이의 탑이 예수 그리스도의 탑을 둘러싸고 있으며, 그 뒤에 이 탑을 안듯이 높이 130m의 성모에게 바친 탑이 서 있다. 이 여섯 개의 탑의 상부에는 빛을 넣는 채광창 역할을 하기 위해 올린 구조물인 심보리오(cimborio)가 놓여 있다.

동쪽은 탄생의 파사드, 서쪽은 수난의 파사드, 남쪽은 영광의 파사드라 하는데, 각 파사드에는 네 개씩 모두 높이 120m의 열두 개의 종탑이 그 위에 솟아 있다. 12사도의 종탑이다. 특히 건물 주변의 벽을 내리누르는 12사도의 탑은 고딕 대성당의 플라잉 버트레스 대신에 측벽의 추력에 대항하는 종탑이다.

그런데 탄생의 파사드에는 84개의 관으로 된 종이 매달려 거대한 피아노가 된다. 이 탑에는 약간 기울어진 환기구가 뚫려 있어 종소리가 길에 닿게 했다. 그런가 하면 수난의 파사드 탑에는 파이프오르간이, 영광의 파사드의 탑에는 타악기 계통의 악기가 달릴 예정이다. 그야말로 성당 전체가 12개의 종탑으로 이루어진 돌의 공명 상자다. 얼마나 뛰어난 하느님의 집인가?

성당 마당

이 세상에서 가톨릭교회처럼 외부공간을 중요하게 바라본 종교는 없다. 성당 앞의 마당이 세속의 물질세계에서 하느님의 성소를 향할 때 울리는 종소리와 나침반과 같은 종탑, 돔, 뾰족충탑의 인도를 받아 성당과 그 주변이 연결됨을 느낀다. 유럽의 성당에서 광장(피아차 piazza)은 도시 안에서 거룩한 건물의 의미를 정의해줄 뿐 아니라, 전례가 시작되기 전이나 전례를 마친 후에 사람들이 모이는 목적을 가진 장소다. 또 광장은 사람들에게 기도하러 안으로 들어

[5-131] 마리아 레지나 순교자 기념 성당, 독일 베를린

[5-132] 사그라다 파밀리아 성당의 탑, 스페인 바르셀로나

성당, 빛의 성작

오게 돕는 역할도 한다. 그것은 호기심이 있는 이들에게는 자리를 떠나고 싶지 않아 더 오래 머물며 성당을 자세히 바라보게 하는 장소다. 이처럼 광장은 하늘의 문으로 들어가기 위해 준비하는 첫 번째 전이공간(轉移空間, transitional space)이고, 종교적인 기능과 시민의 일상을 이어주는 장소다.

중세 대성당에서는 성당 정면의 포털 위에는 탱팡을 두어 영광의 그리스도, 심판하시는 그리스도와 함께 천사와 성인의 모습을 조각으로 새겼다. 이것은 입구에 깊이를 주면서도 도시를 향해 교회의 가르침을 전하기 위한 것이고, 로마네스크나 고딕 대성당 앞에 있는 크고 작은 광장은 일상생활 안에서 사람들이 늘 만나는 자리였다. 성당의 장대한 문은 그 안에 들어오지 않고 광장에 머물러 있는 이들에게도 늘 말을 건넸다.

더욱이 깊이가 있고 수많은 조각이 새겨져 있는 대성당의 서쪽 정면 주변은 무대와 같은 공간이었다. 11세기에는 연극이 회중석에서 공연되기도 했지만, 실제로 성당 앞 광장에서는 성사극(聖史劇)을 공연했고 음유시인들이 사람들을 즐겁게 해주었다. 이들에게 교회의 앞 광장은 극장도 되었고, 장대한 포털은 연극의 무대 배경이 되었다. 이는 무엇을 말하는 것일까? 중세 대성당을 보며 성당 안의 높이와 깊이에 많은 찬탄을 보낸다. 그러나 성당 앞마당이 지역사회와 어떤 관계를 맺고 있었는가에 대해서도 다시 돌아보아야 할 대목이 있다는 뜻이 아닐까?

이런 광장의 스케일이 줄어든 것이 성당 앞에 있는 열린 마당인 아트리움(atrium)이다. 아트리움이란 어떤 한 건물에 둘러싸여 있으면서 위로는 열려 있고 공기나 빛이 가득 들어오는 공간을 말한다. 오늘날에는 내부공간인데도 아트리움이라고 부르는 예가 많아졌지만, 고대 로마 주택에서는 방으로 둘러싸이고 그 가운데에 있는 마당으로서, 가운데에는 지붕에서 떨어져 내려오는 빗물을 받는 깊이가 얕은 수반이 있었다. 성당에 들어가기 전 손을 씻는 분수가 있는데, 모스크에도 이와 비슷하게 중정 안에 '하우즈(howz)'라는 연못을 둔다. 아트리움 안의 꽃과 나무는 창세기에 나오는 동산, 하늘나라의 앞마당을 상징하며 솔로몬의 성전의 앞마당을 연상시켜 주었다.

특별한 날의 전례는 성당 마당에서 시작한다. 주님 수난 성지주일에는 미사 전에 성지(聖枝)를 축성하고 장엄한 행렬을 한다. 이 행렬은 승리의 기쁨으로 시작해 그리스도의 예루살렘 입성을 재현하는 것이다. 가능하다면 회중은 미사를 드릴 성당이 아닌 경당 또는 다른 적합한 장소, 특히 성당 밖에 모인 뒤에 복음 말씀을 봉독하고 간단한 강론을 한 다음 미사 드릴 성당으로 행렬한다. 성당 밖에서 행렬할 수 없으면 장엄한 입장이라 불리는 비슷한 행렬을 한다. 이때는 성당 입구나 성당 안에서 행렬을 시작한다.

부활 성야는 성토요일 밤에 다시 살아나신 그리스도의 파스카 신비를 경축하는 밤이다. 이때 4부로 이루어지는 부활 미사 중 1부인 빛의 예식은 성당의 불을 다 끄고 성당 밖 마당에 화로를 준비하고 부활의 상징인 새 불을 축성한다. 성당 바깥에서 준비할 수 없을 때는 성당의 문랑에서 준비한다. 그리고 부활초를 든 부제를 선두로 모든 이가 성당으로 들어간다.

성 베드로 대성전 앞에는 로렌초 베르니니가 설계하여 12년 만에 완공된, 284개의 장대한 기둥으로 둘러싸인 광장이 있다.[5-133] 예수 성탄 대축일이나 예수 부활 대축일에는 이 광장에서 수많은 신자들과 함께 교황이 집전하는 장대한 미사가 거행된다. 이 광대한 외부공간은 대성당 앞의 넓은 터가 아니라, 대성당의 연장이고 지붕이 없는 또 다른 성당이며, 성당과 바깥쪽 도시를 이어주는 곳이다.

건축물이 찻잔이라면 외부공간은 찻잔 받침이다. 마당이 없는 한옥을 생각할 수 없듯이 마당이 없는 건축물은 그 자체로 생기를 잃기 쉽다. 하물며 하느님이 집인 성당은 하느님 백성을 불러 모으기 위해 베푸시는 집이므로, 성당과 전례에 생기를 주는 외부공간과 마당을 어떻게든 마련하는 것이 아주 중요하다. 마당에서 이루어지는 신자들의 활동은 아주 많다. 성모상 앞에 서서 전구를 청하는 곳, 성모의 밤을 지내는 곳, 미사가 끝나면 많은 사람들이 서로 인사하게 되는 곳, 어려운 성당에서 도와달라고 가지고 온 물건을 사주는 곳, 전입교우와 새 영세자를 위한 안내 데스크가 있는 곳, 차 나눔터가 열리는 곳 등, 성당의 마당은 마치 주택의 거실처럼 많은 활동이 이루어지는 곳이다. 또한 혼배미사에는 새 가정을 이룬 이들을 기쁘게 축하해주는 곳이고, 장례미사에는 운구차가 세상을 떠난 이를 기다리는 곳이기도 하다.

　　　　　　　　　　　　　　　　　　　　성당, 빛의 성작

지금은 아트리움과 같은 마당을 둘 수 없어 커다란 포치나 포르티코가 이를 대신하는 경우가 많다. 우리나라에서도 특히 도시에 지어지는 성당은 땅값도 비싸고 큰 도로에 면하기도 어려워 충분한 마당이 가능한 적당한 땅을 얻기가 점점 어려워졌다. 1980년대 이전에는 지금에 비해 인구 밀도가 낮았고 대지를 크게 얻을 수 있어서 마당이 있는 성당이 많았다. 그러나 승용차 이용이 대중화되면서 자동차가 성당의 마당을 차지했다. 지가는 올라가고 주차장법이 강화되면서 성당을 새로 짓는 경우 더 많은 주차를 할 수 있는 대지를 확보하기가 어려워졌다. 밀집한 주거지역 안에 들어가 지어야 하므로 대지의 면적을 건축물로 거의 다 덮지 않을 수 없게 되었다. 심지어 상가를 리모델링하여 성당으로 써야 하는 경우도 많아졌다.

그런 성당일수록 '오래된 성당'의 이미지를 과도하게 표현하려고 거대한 원형, 첨탑, 폐쇄적인 벽돌 벽으로 주변을 압도하는 경우가 많고 높은 계단이 도로에까지 나와 있게 된다. 지형의 경사가 심한 경우는 토목에서 정한 높은 축

[5-133] 성 베드로 대성전 광장, 이탈리아 로마

대를 무정하게 그대로 쌓아올려 주변과 심하게 단절되기도 하고, 성당 마당을 들여다보일 수 있게 한다고 흔히 보는 기성제품인 초록색 철망 같은 것으로 담장을 만들어 성당 마당의 격을 떨어뜨리기도 한다. 이것은 아름다움을 논하는 문제 이전에, 이웃 주민에게 소통하는 성당인가 아닌가 하는 성당 건축의 정체성에 관한 것이라는 점에서 반드시 깊게 생각해야 할 숙제다.

성당의 마당은 광장을 앞에 둔 유럽의 성당과 같이 하느님의 집을 명시하는 것이며 성당과 도시 사이를 이어주는 것이다. 또 그것은 세상과 지역에 대하여 말하고 받아들이는 성당 건축의 중요한 모습이다. 또한 개인과 사회의 진정한 인간화라는 제2차 바티칸 공의회의 정신으로 보자면, 성당의 마당은 사회를 인간화하는 구체적인 방법이라는 면에서 새롭게 해석하고 마련해야 할 성당 건축의 중요한 부분이다.

6

성당 건축의
근본 과제

최고의 사회적 건축

건축에는 사회의 요구에 대응하는 방식의 하나로 건물 유형(빌딩 타입, building type)이라는 것이 있다. 주택, 학교, 병원, 사무소, 공장 등으로 나누어 사회가 필요로 하는 바를 일정한 건물이 담당하는 방식이다. 성당도 이러한 여러 건물 유형에 속한다. 이렇게 성당이 무엇인가라는 질문에 가톨릭교회가 미사를 행하기 위해 신자들이 모이는 건물 유형이라고 규정하면 그 이상은 더 말할 것이 없다. 그럼에도 이 질문이 한 권의 책으로 다시 엮을 정도로 중요한가라는 의문이 들 수도 있다. 또한 한 사람의 가톨릭 신자로서 자신의 신앙을 위해 책 한 권을 자세히 쓴 것일 뿐이라고 지나쳐버릴 수도 있다.

오늘날에는 건축 연구나 교육 과정에서 성당 건축을 거의 다루지 않는다. 그럼에도 건축의 역사책을 펴보면 그 내용의 대부분은 성당 건축이고, 건축가를 대표하는 작품도 성당 건축인 것이 많다. 이 사실 하나만으로 성당 건축은 인류의 건축사에서 가장 중요한 건물 유형인 것이 증명된다. 이를 보고 혹자는 유럽의 역사가 그리스도교가 주도한 역사이니 당연히 그럴 것이고, 중세의 대성당은 어두운 암흑 시대의 산물이니 부정해야 할 산물이 아니냐고 주장할지 모르겠다. 그러나 이런 관점을 뒤집어보면 인간 사회가 만드는 수많은 건물 유형은 이를 뒷받침하는 엄연한 사회적 배경과 인간의 노력이 있음을 가벼이 부정하는 것과 다를 바 없다.

이러한 오해를 벗어나려면 먼저 건축은 사회적인 예술임을 인정해야 한다. "건축은 예술"이라고 말할 때 그것은 개인적 심미안의 차원이 아니라, 모든 사람이 함께 나누고 공유한다는 의미에서 사회에 열린, 사회와 함께하는, 사회를 만들어간다는 의미의 사회적 예술을 의미한다. 그러나 건축은 그냥 사회적 예술이 아니다. 이에는 단서가 있다. 건축은 공학을 기반으로 하는 사회적인 예술이다. 공학을 기반으로 한다는 것은 건축이 땅 위에 구체적인 구조와 재료로 지어지는 물리적 존재라는 이유에서다. 그렇기 때문에 예부터 건축은 회화, 조각, 음악을 통합하는 예술의 어머니이고, 기술과 예술을 통합하는 문예의 아버지라고 일컬어져 왔다.

한편 건축과 사회를 넓게 바라보면 공간은 사회적이고 사회는 공간적이다.

성당, 빛의 성작

공간은 건축을 통해 사회적인 공통의 가치와 고유한 성격을 드러내고, 반대로 사회적인 공통의 가치와 고유한 성격은 건축을 통해 공간으로 나타난다. 사회의 고유한 성격은 언제나 그 사회의 건축으로써 공통의 가치관을 확인해왔다. 때문에 훌륭한 문화, 훌륭한 사회란 반드시 훌륭한 건축으로 구체화될 수밖에 없다.

미국의 철학자 존 듀이(John Dewey)는 이렇게 말했다. "건축은 그것에 내재한 지속하는 힘 때문에, 다른 어떤 예술보다도 우리 공동의 인간 생활의 전체적 특징을 기록하고 찬미한다." 존 듀이가 '우리 인간의 생활'이라 하지 않고 '우리 공동의 인간 생활'이라고 말한 것은 건축이 개인의 취향과 목적을 위해 만들어지는 것이 아니라 우리 안에 공동으로 잠재해 있는 가치, 곧 공동성(共同性, commonness)[01]을 표현하며, 나아가 그 공동성이 더욱 잘 드러나도록 하기 위해 만들어진다는 뜻이다. 따라서 건축은 우리 모두가 지니고 있는 공동성을 나타내는 예술이며, 이런 의미에서 건축은 사회적인 예술이다.

성당 건축의 기능은 다른 건물 유형과 비교하여 특별히 복잡하다고 할 수는 없다. 오히려 성당 건축의 진정한 가치는 공간과 인간에게 작용하는 힘을 가장 순수하게 그려내고 드높이 보여준다는 데 있다. 성당 건축은 실용을 넘어 그것을 만든 사람들의 공동의 정신을 나타내고, 이를 보고 사용하는 사람들에게 공동의 정신을 전달하는 매우 큰 힘을 가지고 있다. 그리스도인에게 성당은 단지 예배를 위해 사람이 모이는 홀이 아니다. 그것은 늘 처음부터 구조나 그것이 세워진 자리를 통해 초월적인 연관성과 정신적 통찰을 표현했다.

성당 건축은 아름다워야 하지만, 그 아름다움은 단지 예쁘고 말끔한 것이 아니다. 그것은 자기 자신을 넘어선 아름다움, 곧 거룩한 아름다움이다. 모든 사람에게는 공동의 질서에 대한 감각이 주어져 있다. 어떤 시대, 어떤 문화에 속한 사람일지라도 인간이기 때문에 공감하고 끊임없이 느끼게 되는 공동의 감각이 있다. 성당 건축이 나타내야 할 거룩한 아름다움도 다름 아닌 이 공동

---

01 김광현, "3장 건축과 공동성,"《건축이라는 가능성》(건축강의 제1권), 안그라픽스, 2018, 131~170쪽; 김광현,《건축 이전의 건축, 공동성》, 공간서가, 2014 참조.

6. 성당 건축의 근본 과제   425

의 감각에서 출발한다. 따라서 성당 건축은 공동의 근본적인 가치와 질서 그리고 감각을 가장 명료하게 나타낼 수 있는 최고의 사회적 건축이다.

모든 이의 기쁨인 건축

집은 한 사람의 힘과 기술만으로는 지을 수 없어서 언제나 여러 사람이 공동의 작업으로 만들어왔다. 인간이 집을 짓고 살기 시작할 때부터 이렇게 해왔다. 아주 오랜 원시시대부터 집을 세우는 것은 사람들의 최대의 공동 작업이었다. 노동의 역할을 분담하고 소유 개념 없이 모든 것을 나눠 쓰면서 생활하던 이들은 집을 지을 때 공동체의 구성원으로 함께했다. 건축가라는 직업을 가진 사람이 없던 시대에는 여럿이 함께 집을 지으며 기쁨과 어려움을 나누었다. 이와 같이 집은 건축가라는 전문가 혼자서 만드는 것이 아니다. 함께하는 모든 사람들이 그 존재의 본질에서 건축가다.

건축물은 혼자 사용하고 감상하는 것이 아니어서 건축의 기쁨을 많은 사람들과 나누게 되어 있다. 사람은 집을 짓기 시작할 때 모두 기뻐한다. 그리고 집을 짓고 나서 더욱 기뻐한다. 집을 설계한 사람이나, 집을 지은 사람이나, 그리고 집에서 살게 될 사람 모두 똑같은 기쁨을 나눈다. 왜냐하면 모든 인간은 본래 건축가이기 때문이다. 사람은 건축을 통해 인간 공동의 것을 바라고, 기뻐하며, 함께 사는 희망을 담는다. 이렇게 보면 집을 짓는다는 것은 우리가 이루어야 할 바, 곧 '공동선'을 이루는 또 다른 아주 평범한 방식이다.

넓은 의미에서 성당은 유용한 목적을 제공하는 건물이다. 그러나 성당은 단지 실용적이거나 문화적인 기념비와 같은 건물과는 다르다. 성당 안을 비추는 촛불이 그 안에 있는 모든 사물에 기쁨을 주고 있듯이, 성당이라는 건물은 그 안에서 하느님께 영광과 찬미를 드리는 모든 사람에게 기쁨을 준다. 그러므로 이 목적은 유용함만으로는 도저히 설명할 수 없다.

성당의 거룩한 아름다움은 단지 눈으로 보는 사람에게만 한정되지 않는다. 그 아름다움은 성당 건물을 기획한 사람, 성당을 구상하고 설계한 사람, 그것을 건설한 사람, 그리고 다 지어진 다음 그 안에서 매일 미사를 드리는 사람들의 마음속에서 비롯한다. 따라서 교회의 사제, 평신도, 교회 미술가의 마음속에 깊은 신앙과 더불어 건축에 대한 바른 이해와 뜨거운 정열이 없으면 성당이라는 건물은 빛날 수 없다.

이것이야말로 성당을 어떻게 지어야 할지를 이끄는 매우 중요한 기반이다. 성당을 진정한 건축물로 짓기 위해서는 건축가에게 그것을 만들어낼 수 있는 지식과 감성이 필요한 것은 당연한 것이지만, 성직자와 신자 모두 그것을 올바로 분별하는 식견을 잘 갖추고 있지 않으면 안 된다. 성당이야말로 모두가 함께 짓는 것이고, 그 짓는 기쁨이 모두에게서 나오기 때문이다.

물론 이것은 성당만이 아니라 모든 건축이 그렇지만, '하느님의 집'이고 '하느님 백성의 집'은 다른 어떤 건축물보다도 모두 함께 짓고 모든 사람이 짓는 기쁨을 진정성 있게 실현해야 할 책임이 있는 건물이다. 성당을 짓는 것은 우리가 이루어야 할 '공동선'을 이루는 평범한 방식을 실천하는 것이라고 했다. 그런데도 성당을 이렇게 짓지 못한다면, 교회는 이 사회에 대하여 '공동선'을 실천하지 못하는 것이 된다.

'하느님 백성의 집'은 하느님이 이끄시는 백성들이 들어가 모여서 사용하는 집이라는 뜻만은 아니다. 오늘날에는 '하느님 백성의 집'은 하느님 백성 모두가 짓는 집, 하느님 백성 모두가 거룩한 아름다움을 구현하는 집으로 확장하여 해석되어야 한다. 그래야 영원한 것, 보편적인 것을 믿는 정신이 거룩한 공간, 거룩한 창, 거룩한 계단이라는 물질을 통해 우리 앞에 나타날 수 있다. 이것은 건축이 가톨릭교회에 대해 무엇을 할 수 있는가 하는 과제이며, 동시에 가톨릭교회가 현대건축에 대해 무엇을 해야 하는가 하는 과제가 된다.

성당 건축의 역할은 우리가 어디에 있고, 어디에 있었으며, 어디로 가고 있는가를 보여줌으로써 전례와 함께 천상의 여정을 드러내는 것이다. 이 지상의 전례는 "거룩한 도성 예루살렘에서 거행되는 천상 전례를 미리 맛보는 것"(〈전례헌장〉 8항)이고, 성당은 "천상의 실재에 대한 표지와 상징"(《로마 미사 경본 총지침》 288항)이다. 그렇다면 성당이라는 건축은 왜 천상 전례를 미리 맛보게 하는가?

누구에게나 살아보고 싶은 집이 있다. '꿈의 집'이라 하고 '드림하우스(dream-house)'라 한다. 그런데 하느님께서도 당신의 집을 지으셨다. 이 세상 어디에나 계시는 하느님께서는 사람이 사는 집 같은 것이 하등에 필요가 없으신 분이다. 그런 분이 사람들 가운데 머무시겠다고 사람이 사는 집과 같은 집을 만드시고 이를 거룩한 곳이라 부르셨다. 이 집이 바로 '하느님의 집'이다. '하느님의 집'은 하느님께서 그분을 통해 모든 이들이 구원을 얻게 하시고 그 안에서 기뻐하시는 하느님의 '꿈의 집'이다. '하느님의 집'은 영원한 희망과 꿈을 구현하는 집이고, 이 땅에 살고 있는 모든 사람들과 그들의 미래 세대에게 기쁨과 꿈을 선물로 주시는 집이다.

집의 근본을 말하는 집

성당을 '하느님의 집'이라고 하며 또 '하느님 백성의 집'이라고 한다. 이때 과연 '하느님의 집', '하느님 백성의 집'인 성당을 어떻게 이해해야 할까? 여기에서 가장 큰 의문은 왜 하느님의 '집'이며 하느님 백성의 '집'인가이다. 이것은 어떤 역사적 경로를 거쳐 이런 이름으로 불리게 되었을까? 물질의 옷을 입은 '하느님의 집', '하느님 백성의 집'은 어떤 공간과 장소와 사물로 구체화되는가? 그리고 그것은 그 안에서 일어나는 미사 전례를 어떻게 뒷받침하고 있으며, 그 건물 안에서 찬미하고 기도하는 이들에게 어떻게 다가가는가? 이것이 이 책을 쓰게 된 본래의 목적이다.

'하느님 백성의 집'이라 할 때 '집'은 당연히 숙소(accommodation)도 아니고 큰 주택(residence)도 아니다. 이 '집'은 "사랑하는 사람들이 있는 곳이다(Home is where the heart is)"라는 격언과 같은 집, 곧 '홈(home)'이다. 이 집은 가족과 함께 사는 집이고 돌아가야 할 고향이며, 보살핌이 필요한 사람들을 위한 집이다. 이 집은 곤경에 처했을 때 피난하고 피신할 수 있게 은신처가 되어주는 곳이기도 하다. 이 집은 하느님 백성이 무릎을 꿇고 하느님을 경외하는 집이다. 또한 이 집은 그러한 사람들의 자랑이기도 한 집이다.

집(house)에는 인간이 만든 모든 건축의 근본이 숨어 있다. 이는 결코 과장된 말이 아니다. 집은 사는 사람의 행동을 구속하지 않으며, 사는 사람과 공간의 관계가 가장 자유로운 곳이다. 아주 먼 옛날 사람들이 지을 수 있는 건축은 단 한 가지 집뿐이었다. 집은 인간이 안에 들어가 살기 위한 것이었지만 신전이기도 했다. 그래서 사람은 집 안에서 살기만 한 것이 아니라 집에 모여 초월적 존재를 향해 기도했다. 집은 인간이 거주하면서 어떻게 사는지, 사물과 함께 사물 곁에서 어떻게 살아야 하는지를 생각하는 곳이고 배우는 곳이다. 건축은 사람이 살아가는 목적 그 자체다. 건축은 삶 그 자체이며, 집을 짓는 것은 사람이 살아가는 방식을 짓는 것이다. 루이스 칸이 "모든 건물이 주택이다"라고 한 것은 이 때문이다.

'하느님의 집'이라고 말한 최초의 인물은 야곱이었다. 그런데 그가 "이곳은 다름 아닌 하느님의 집이다. 여기가 바로 하늘의 문이로구나"라고 했다. 그러나 이 말은 간단하지 않다. 그는 이 집을 사람이 사는 하나의 '집(a house, a dwelling)'과 관련시켰다. 그럼에도 이 집은 하느님께서 소유하신 집이다. 이 말은 이렇게 지은 집은 인간이 사는 하나의 집 정도에 들어가 계실 분이 아닌데도 백성에게 자신을 알리시고자 인간이 사는 집을 선택하셨다는 것을 의미한다. 그래서 이 집은 한 분이신 하느님을 만나 뵙고자 할 수 있는 곳, 곧 하느님의 현존 안으로 들어갈 수 있는 집이다.

왜 하느님께서는 사람이 사는 '집(house)'을 택하시고 '하느님의 집'을 만드셨는가? 그것은 집이 사람에게 더할 나위 없는 근본이기 때문이다. 사람은 집을 짓고 살며, 집과 함께 살며, 무수한 집에 둘러싸여 살고 있다. 사람은 집 안에서 일하고 생각하며, 집 안에서 태어나고 집 안에서 죽는다. 그래서 사람은 집에서 도망갈 수 없다. 하느님께서 '하느님의 집'을 지으신 이유는 집을 통해 인간의 근본에 들어오시기 위함이다. 하느님도 인간이 사는 집을 통해 오실 정도로, 집은 인간 존재에 근본적이라는 말이다. '하느님의 집'인 성당 건축은 건축으로 인간의 근본을 다룬다. 따라서 성당 건축을 공부하는 것은 건축을 통해 인간의 근본에 다가가는 지름길이다.

공동체 공간의 원점

한편 그리스도교 성당은 사람이 모이는 공간으로 성립했다. 교회는 주님의 식탁을 에워싸기 위해서 하나로 모인 사람들의 집단을 이르는 말이다. 물론 건축은 사람들을 하나로 모이게 할 공간을 만드는 것이어서 성당 건축만 그렇다는 말은 아니다. 그러나 성당은 신앙을 공유하는 사람들의 공동체 건축으로서, 함께 모이는 사람들이 하나로 에워싸는 공간 형식의 원점을 보여준 건축의 시작이었다.

메소포타미아나 고대 그리스 신전이 사람들이 들어오는 것을 거부했으므로 내부공간이 없었다는 것을 상기하면, 그리스도교 성당이 사람을 안으로 불러들여 모이게 했다는 사실은 건축 역사에서도 몇 번이고 다시 생각해야 할 대단히 중요한 사실이다. 이것이 '하느님 백성의 집'인 성당이 건축 전반에 대해 갖는 의미다.

성당은 그 안에서 미사 전례가 거행되는 장소로 존재해왔다. 전례가 공간 속에서 거행되었고, 공간은 전례의 정신을 담고 있었다. 전례의 움직임이 공간의 움직임을 낳고, 공간의 배열이 전례의 의미를 분명히 한다. 그래서 존 헨리 뉴먼(John Henry Newman) 추기경은 "물질적인 건축물은 종교의 한 부분이 아니다. 그러나 그것이 없으면 종교의 예배를 드릴 수 없다"[02]고 말한 바 있다. 그러므로 성당에서 공간은 전례적이고, 전례는 공간적이다. 성당을 짓는 것은 돌과 유리로 영원히 지속하는 독서를 하는 것이고 강론을 하는 것이다.

더구나 그리스도교 성당은 그것이 공동체를 위한 공간으로 머릿속에서 이미지를 그리고 구상된 순간, 자기 세계를 확정하기 위해 공간을 구축하고자 한 인간 정신의 힘이 가장 탁월하게 작용하는 건축물이다. 이러한 공간을 실현하는 인간의 구상력에 신비에 가득 찬 절대자의 큰 힘이 작용하여 지금 여기에 그분의 현존을 선명하게 드러내는 수많은 성당 건축을 지어왔다.

사람들이 중심의 둘레에 모이고 그것을 본다. 그리고 보고 있는 그 사람들을 내가 본다. 이렇게 사람들에게 보고 보이는 관계가 성립하는 공간을 만드는 것은 건축으로서는 아주 어려운 과제이면서 흥미로운 과제가 된다. 이렇게 '보고 보이는' 관계는 건축공간에 대한 매우 중요한 기초다. 그런데 가톨릭 성당에서는 더욱 다양한 과제가 복잡하게 얽혀 있다. 회중은 극장의 관객처럼 앉

---

02   Edward Norman, House of God: *Church Architecture, Style and History*, Thames & Hudson, 1990, p.7 재인용.

아 있기만 하는 것이 아니라 서고, 무릎을 꿇고, 노래를 부르고, 침묵하고, 눈을 감고 기도하고, 성체를 영하기 위해 걸어 나간다. 여기에 사제와 봉사자의 움직임이 겹친다. 제대에 절하고 입 맞추고 복음을 읽으며 성합과 성작을 들며 분향한다. 미사 전례는 모여서 가만히 있는 것이 아니라 움직임의 연속이므로, 입당하고 퇴장할 때까지의 모든 움직임이 그야말로 흐름의 종합이다.

2,000년이나 계속된 미사는 말, 동작, 음악, 미술이 최종적으로 건축과 합쳐진 전례의 형식이며 그야말로 최고의 종합예술이다. 입당하는 행렬에서 시작하여 퇴장하는 행렬에 이르는 커다란 흐름이 그것이다. 가톨릭교회의 미사는 듣거나 보거나 하는 것만이 아니라 모든 사람이 그 흐름에 참여한다. 축일의 미사, 특히 특별한 복음과 음악 그리고 그것에 행렬이 더해지는 성주간의 전례와 촛불의 빛으로 절정이 이르는 부활대축일의 미사는 그 이상 아름다울 수 없는 공동체를 향한 최고의 종합예술이다.

공동체의 공간 내부를 가득 채우는 빛은 공간을 단순한 윤곽으로 둘러싸인 추상적인 존재로부터 우리들의 눈에 기쁨을 주고 온몸에 감동을 주는 실체로 바꾸어준다. 건축가 루이스 칸이 "구조체는 빛을 받고, 그 빛이 공간을 만들어낸다"고 했듯이, 이것은 모든 훌륭한 건축에 공통되는 사실이다.

성당의 내부공간이야말로 최종적으로 빛으로 통합된다. 이 빛은 오브제로서의 빛이 아니라, 그 안에 있는 사람들을 감싸고 하나로 만드는 빛, 공간화된 빛이다. 성당 건축의 공간을 가득 채우는 빛, 두꺼운 벽에 뚫린 창을 통해 들어오는 빛은 마음을 밝히는 거룩한 빛이다. 빛은 모든 공간의 존재에 대해 본질적인데, 무엇보다도 빛은 그리스도교에서 본질적이다. 그러므로 성당의 조형은 빛의 조형이다.

생드니 수도원 성당에서 최초로 고딕 대성당의 원형을 만든 수도원장 쉬제르는 청동의 문에 있는 명판에 이런 글을 남겼다. "이 집을 진실한 빛을 통해 고귀하게 빛나게 하시고, 고귀하게 빛나는 이 집이 우리 마음을 밝히게 하소서. 이 집의 빛으로 마음은 오직 하나의 진리의 빛에 이를 수 있으니, 그리스도께서는 그 빛의 진실한 문이시나이다(Nobile claret opus, sed opus quod nobile claret clarificet mentes ut eant per lumina vera Ad verum lumen, ubi Christus janua vera)."

이런 빛은 공간을 초월적인 것으로 만들어준다. 그러나 초월적인 공간이라고 해서 이를 크고 화려한 공간이라고 여겨서는 안 된다. 검소하고 작은 성당이라도 아침의 선명한 빛이 미사를 드리는 제단 위에 떨어지고, 해가 뉘엿뉘엿 넘어가는 저녁의 금색 빛이 하루의 일을 마치고 기도하는 사람의 어깨 위에 떨어지는 성당이 될 수 있다. 빛은 하늘에서 내려와 모든 사람들을 감싸고 다시 하늘로 올라간다.

이것은 빛의 물리적인 현상에 관한 것이 아니다. 인간의 공동체는 어떤 경우에도 함께 있기 위한 공간을 필요로 하는데 이 공간을 형성하는 것이 건축이다. 교회라는 신앙 공동체에는 성당이라는 탁월한 건축 공간이 필요하다. 그런데 미사 전례가 거행되는 성당의 초월적인 빛의 공간은 그곳에 함께 모인 사람들의 공동체를 비추며, 신앙이라는 눈에 보이지 않는 커다란 힘을 눈에 보이는 형태로 통합한다. 이처럼 시대를 초월한 빛과 공간의 영성은 오직 성당 건축만이 완벽하게 구현할 수 있다. 빛이 어떻게 신앙의 공동체를 성당의 최종적인 형태로 구현해주는가, 그것은 되풀이하여 영원히 마주 대해야 할 과제로 우리 앞에 있다.

전통과 고유성

오늘날의 현대건축은 전통을 새로운 창조의 기반으로 다시 파악하고 있다. 이러한 시대에 새로운 것만을 추구하는 근대건축은 성당 건축의 표본이 될 수 없다. 그럼에도 가톨릭교회의 사제나 신자들이 새로운 경향을 좇겠다며 역사와 전통, 장식과 의미를 부정하고 중립적이며 추상적인 근대건축 양식을 따라 짓는 것은 유감스러운 일이다. 근대건축의 획일성은 1960년대 후반에 크게 비판되었다. 이때 전통이란 창조를 방해하는 것이 아니라 오히려 창조를 지탱해주는 모체라는 사실에 주목했다.

이런 시기에 제2차 바티칸 공의회가 열렸다. 〈전례헌장〉은 전통의 보편성과 지역의 고유성을 동시에 받아들여야 한다고 말했다. 다만 〈전례헌장〉이 성당 건축에 대해 전통과 고유성을 언급한 내용은 없다. 그러나 그중에서 112항은 음악에 관한 것이지만, 교회의 음악 전통을 다른 여러 예술 표현들 가운데

성당, 빛의 성작

에서 매우 뛰어난, 그래서 그 가치를 이루 다 헤아릴 수 없는 보고라고 말하고 있다. 그런가 하면 119항에서는 지역의 고유한 음악 전통도 존중해야 한다고 본다. 여기에 123항은 교회는 어떠한 미술(건축)03 양식도 자기 고유의 것으로 여기지 않으며, 오로지 민족들의 특성과 환경에 따라 이루어진 것이어서 우리 시대와 모든 지역의 미술(건축)은 거룩한 성전과 거룩한 예식에 마땅한 존경과 마땅한 경외로 봉사한다면, 교회 안에서 표현의 자유를 가져야 한다고 규정하고 있다. 이는 건축에 그대로 적용된다.

제2차 바티칸 공의회가 끝난 후, '문화의 수육(受肉, inculturation)'이라 부르는 사상이 형성되었다. 교회란 각 지방 교회의 형제적 교제이며, 그중에서 각 지방 교회는 현지의 풍토와 그 교회의 구성원들이 가진 전통을 사용하면서 보편 교회에 숨을 불어넣고자 한 것이다. 이를 '문화의 적응(adaptation)'이라 하지 않은 것은 교회는 유럽과 하나가 아님을 분명히 하기 위한 것이었다. 당시 〈현대세계헌장〉은 문화를 겉에 나타난 것에 한정된 상징으로만 정의했다. 그러나 교황 바오로 6세는 1975년 발표한 〈복음선교〉에서 문화에 섞인 여러 요소를 중시하고 상징이 문화의 중심을 이룬다고 함으로써, 그리스도교와 여러 문화가 끊임없이 호혜적이면서 비판적이어야 한다는 바탕을 마련해주었다. '문화의 수육'이란 단지 외적인 문화의 적응이 아니라, 여러 문화가 본래 가지고 있는 가치가 안에서부터 변용해가는 것을 말한 것이다.

인간은 함께 모인다. 그런데 종교 건축은 특별히 인간의 모임을 세계와 관계하여 인간의 본질로 드러내는 건축이다. 이런 의미에서 종교 건축은 인류의 역사 속에 가장 오랜 존재로 남아 있다. 특히 가톨릭 성당은 2,000년이나 되는 긴 역사를 가지고 있고, 다른 건축과 달리 초기 그리스도교 성당에서 시작하는 독자적이며 풍부한 건축적인 오랜 전통은 고유한 전례와 함께 발전해왔다.

'시작(beginning)'은 언제나 그것 그대로 새로운 것의 다른 표현이다. "있던 것은 다시 있을 것이고 이루어진 것은 다시 이루어질 것이니 태양 아래 새로운 것이란 없다. '이걸 보아라, 새로운 것이다.' 사람들이 이렇게 말하는 것이 있더

---

03   '미술'이라는 단어에 저자가 '건축'이라는 단어를 덧붙인 것이다.

라도 그것은 우리 이전 옛 시대에 이미 있던 것이다"(코헬렛 1,9-10). '시작'은 제일 처음에 있었던 일이 아니라, 늘 새롭게 하는 것으로 과거에도 있었고, 지금도 있으며, 앞으로도 있을 것이라고 말한다.

가톨릭교회의 보편성과 전통은 오래되었지만 언제나 새로운 '시작'이다. '가톨릭'의 본뜻이 "모든 사람이 모든 시대에, 모든 장소에서 인류 전체를 대상으로 하는"이란 의미지만, 나는 이것을 '시작'의 다른 표현이라고 이해하고 싶다. 그러므로 가톨릭교회의 성당은 어떤 한 시대의 양식을 고정적인 도그마로 여겨서는 안 되고, 모든 사람, 모든 시대, 모든 장소에서, 인류 전체를 대상으로 하는 바를 새로운 현대 성당의 창조 원리로 하여 전통을 재발견하고 재구성해 가야 한다.

그러려면 먼저 유럽을 비롯한 세계의 성당 건축 유산을 교회의 유산으로서 소중하게 여겨야 한다. 현대의 우리가 그리스도교 전례가 과거에 어떠했는가를 알아야 하는 것처럼, 과거의 성당 건축이 어떠했는가도 잘 알아야 한다. 유럽의 전례에 나타난 현대 성당도 과거의 역사 없이 생겨난 것이 아니다. 따라서 새로운 성당을 지을 때 역사적 사례를 살피는 것을 마치 유럽의 로마네스크나 고딕 대성당을 지을 때의 일이라며 멀리하는 태도나, 성당이라면 무릇 고딕의 첨두 아치가 있는 벽면과 높은 첨탑의 이미지라고만 보는 태도로는 가톨릭교회가 세운 성당의 보편적인 전통을 제대로 이해할 수 없다.

각국의 고유한 문화를 존중한다고 해서 그것을 안이하게 상대화하거나 표면적인 관계만 중시하고 본질적인 관계를 피하려 하는 태도는 지양되어야 한다. 더욱이 성당 건축은 바깥 모양이 아니라, 하느님의 현존을 지역의 어떤 장소에 드러내야 한다. 따라서 로마네스크나 고딕과 같은 교회 건축양식의 일부 형상만을 표면적으로 본뜨고 이를 조합한 것은 올바른 성당 건축의 태도가 아니다. 또한 성당 건축이 각국의 고유한 문화에 바탕을 두어야 함을 잊고 현대적인 표현과 쓰임새에만 집중하여 세리머니 홀이나 오디토리움과 구분되지 않는 성당을 짓는 일이 비일비재한 것도 안타까운 일이다.

한국 교회만의 성당을 지어야 함은 말할 나위도 없으나, 우리나라의 것만이 전통을 계승하는 것이고 이것을 되살리는 것만이 토착화라고 볼 수는 없

성당, 빛의 성작

다.[04] 세계 교회가 세계의 전례에 이바지하고 한국 교회의 전례가 한국에서만 통용되는 전례가 아니듯이, 한국의 성당 건축도 과거의 양식을 재현이 아닌 현대에 근거하는 형식으로 다시 만들어낼 수 있어야 한다. 이를테면 파리 외방전교회가 지은 명동대성당[6-1]을 두고 "조선 사람에게 일방적으로 자신의 건축을 강요했고, 고딕 건축은 한국인의 자연관이나 건축 정서에 맞지 않았다"[05]고 비판할 수는 있다. 그러나 우리나라에는 진정한 양식의 고딕 건축은 없다. 그럼에도 중국을 거쳐 들어와 변형된 고딕 양식의 명동대성당은 오늘날 대도시 서울의 상징이며 우리의 몸과 같은 것으로 동화된 지 오래다. 오히려 이것을 호혜적이면서 비판적이어야 하는 '문화의 수육'의 훌륭한 유산이라고 보아야 하지 않을까?

근대와는 달리 현대라는 시대는 단지 미래에 다가올 새로움만이 아니라 늘 있어왔던 것에 근거한 새로움, 늘 있었으면서 지속적으로 오늘에 자극과 깨달음을 주는 것에 근거한 새로움을 요구하고 있다. 특히 오늘의 건축은 어제보

[6-1] 명동성당, 한국 서울

04   쯔찌야 요시마사, 《미사—그 의미와 역사》, 최석우 옮김, 성바오로출판사, 1990, 184쪽.
05   김원, "한국 교회 건축의 토착화" 교회 건축을 말한다 25회, 가톨릭 평화신문 2013년 1월 6일.

다 오늘, 오늘보다 내일의 새로움만을 추구하고 있지 않다. '언제나 그것 그대로 새로운 것'은 언제나 있다. 오늘날 기존 건축물의 재생이 크게 부각되는 것은 길고 짧은 역사의 흔적을 잇고 건축을 통해 과거와 현재를 잇고자 하는 데 그 본질이 있다. 건축에는 새로운 것과 오래된 것을 잇는 힘이 있다.

성당 건축의 보편적 전통과 지역의 고유성은 역사 속에서 행해져 온 교회의 계승과 개혁의 내용을 건축으로 실현해야 할 현대적 과제이기도 하다. 따라서 성당 건축은 새로움만 추구하는 현대사회의 한가운데에서 '시작'의 건축, '언제나 그것 그대로 새로운 것'을 나타내는 건축의 모습을 구현해야 할 책무가 있다.

찾지 않는 자를 찾는 건축

1748년 지암바티스타 놀리(Giambattista Nolli)라는 건축가가 교황 베네딕토 14세의 의뢰를 받아 제작한 독특한 로마 지도가 있다. '놀리의 지도(Nolli Map)'[6-2]다. 오늘날의 건축가와 도시계획가에게 널리 인용되고 있는 이 지도는 '그림—바탕(figure-ground)'으로 그려져 있어서 도시를 구성하는 특별한 건축물

[6-2] 놀리의 지도

성당, 빛의 성작

에만 관심을 두지 않는다.

건물이 '그림'이면 도로와 광장 등은 '바탕'이 되고, 반대로 도로와 광장 등이 '그림'이면 건물은 '바탕'이 된다. 이 지도는 건물 등 사람들이 함부로 드나들 수 없는 사적인 곳은 검은색으로, 나보나 광장(Piazza Navona), 몬테카발로 광장(Piazza Monte Cavallo), 판테온 앞 광장 등이나 길처럼 언제나 자유로이 드나들 수 있는 공적인 곳은 희게 나타나 있다.

이 지도에서 유난히 흰 부분이 많은 건물은 거의 모두 성당이다. 성당은 누구나 언제나 자유로이 드나들 수 있는 공간이라는 점에서 길이나 광장과 같은 공공 공간의 성격을 가지고 있다는 뜻이다. 물론 성당은 공공 건축물이 아니다. 다만 오늘날 다원적이며 여러 종교가 혼재하는 민주주의 국가에서는 성당이 다른 종류의 공공 공간적 성격을 지니고 있다고 넓게 해석하자는 것이다.

안토니 가우디는 그가 청년기에 쓴《장식 일기론》에서 이렇게 말했다. "성당 건축은 사적 또는 공적 건물에 에워싸여 간신히 진입하는 광장 하나만 가질 뿐이다. 우리 도시에서는 외부에서 지내는 삶이 큰 가치를 가진다. 따라서 다른 건물들과의 관계라는 측면에서 볼 때, 오늘날의 종교 건물은 세속 건물들의 겉모습이 그다지 우아하지 않았던 이전 시대들보다 더욱 풍요로워져야 한다."[06] 이 말은 '놀리의 지도'에서 보듯이 수많은 건물로 에워싸인 도시일수록, 성당 건축은 더욱 풍요로운 공간으로 지어져야 마땅하다는 뜻으로 읽어야 한다.

유럽에는 오래된 성당도, 성당의 종탑도 관광 명소가 되는 예가 많다. 그만큼 성당이 이루어내는 풍경 전체가 사랑받고 있다는 뜻이다. 그러면 우리나라의 성당은 동네의 사랑받는 풍경이 되어 있는 것일까? 야곱이 하느님의 집을 세우고 이 고장의 이름인 루즈를 베델로 바꾸었다고 했다. 이것은 성당이 대지 안에 지어지는 것으로 끝나지 않고 그로 인해 지역의 성격을 바꾸는 힘이 있어야 한다는 말이다. 지역의 성격을 바꾸는 힘은 성당이 폐쇄적이지 않고 들어

---

06   안토니 가우디,《가우디 노트1: 장식》, 이병기 옮김, 아키트윈즈, 2013, 51쪽. 여기에서 '우리 도시'는 지중해 도시를 가리킨다.

오기 힘들지 않으며, 신자가 아니더라도 많은 사람이 얼마든지 들어올 수 있게 하는 데에서 나온다. 이것이 열린 성당이다. 그렇기 때문에 성당에서 일어나는 여러 일이 지나가던 사람을 불러들이는 정감 있는 작은 마당은 매우 중요하다. 성당의 종탑도 단지 높이 솟아 있는 랜드마크로서만이 아니라 사람들을 성당으로 불러모으는 힘으로 작용한다.

루이스 칸은 성당을 예로 들며 이런 말을 한 적이 있다. 성당의 공간에는 세 종류의 사람이 있다는 것이다. "전혀 성당에 들어가지 않는 이들을 위한 공간, 성당 건물 가까이에 있지만 그 안에는 들어가지 않는 이들을 위한 공간, 그리고 성당 안으로 들어가는 이들을 위한 공간." 간단한 말이지만 의미하는 바가 크다.

사실 많은 사람이 매일 성당 옆을 지나 어딘가로 바쁘게 가고 있다. 성당 건물에 아무 관심 없이 그저 지나가는 사람들이다. 그렇지만 '전혀 성당에 들어가지 않는 이들'도 뭔가를 체험하며 성당 건물을 지나다닌다. 또 '성당 건물 가까이에 있지만 그 안에는 들어가지 않는 이들'은 성당 계단에 앉아서 앞에 있는 마당을 바라보며 누구를 기다리거나 아니면 성당 건물이 좋아서 벽면을 만지는 사람들이다. 그리고 '성당 안으로 들어가는 이들'은 당연히 미사를 드리거나 기도를 하러 온 사람들이다. 바로 여기에 루이스 칸의 혜안이 있다.

이것이 앞으로 지어질 성당 설계의 기본이다. '성당 안으로 들어가는 이들'만 염두에 두고 그들을 위해 설계하는 것도 중요하지만, 건축물은 그들만을 위해 존재하는 게 아니다. 성당은 '전혀 그 안에 들어가지 않는 이들'을 위해서도 존재하며, '가까이에 있지만 그 안에는 들어가지 않는 이들'을 위해서도 존재한다. 오히려 그런 사람이 성당 안으로 들어가는 사람보다 훨씬 많다. '가까이에 있지만 그 안에는 들어가지 않는 이들'은 '성당 안으로 들어가는 이들'과 '전혀 성당에 들어가지 않는 이들' 사이에 있다.

사회에 대해 열린 성당이란 신자가 아니더라도 동네의 주민이나 여행자가 신자가 드리는 미사가 과연 어떤 것이지 궁금하여 성당을 찾아와 전례 공간을 보고 싶어 하는 건축이라 할 것이다. 미사가 없는 시간에도 성당이라는 거룩한 공간에 찾아가고 싶어지는 성당, 신자가 아닌데도 번잡한 현대 도시를 떠나 조용히 자신을 발견하고 아직 자기도 모르는 초월자를 향해 마주하고 싶은 성당, 세례를 받지 않았지만 믿음을 갈구하며 찾아와 위로를 받는 성당. 이런 성당이 진정한 의미에서 가톨릭적이다.

이사야서는 이렇게 말한다. "묻지도 않는 자들에게 나는 문의를 받아줄 준비가 되어 있었고 나를 찾지도 않는 자들에게 나는 만나줄 준비가 되어 있었다. 나의 이름을 부르지 않는 겨레에게 나는 '나 여기 있다, 나 여기 있다' 하고 말하였다"(이사 65,1). '나를 찾지도 않는 자들'은 루이스 칸이 말한 세 사람 중에서 '전혀 성당에 들어가지 않는 이들' 또는 '가까이에 있지만 그 안에는 들어가지 않는 이들'이다. 이 말씀이 건축으로 실현될 때 가톨릭 성당은 도시에 대해서 열린 존재가 되었다고 할 수 있을 것이다. 그리고 이런 성당이 지역을 향해, 도시를 향해 열려 있는 건축공간이다.

[6-3] 사그라다 파밀리아 성당, 스페인 바르셀로나

6. 성당 건축의 근본 과제

안토니 가우디는 이렇게 말했다. "성당은 특권층이 다니는 곳이 아니다. 오늘날에는 모든 이가 성당을 드나들 권리가 있다. … 그리스도교 성당은 누구에게나 열려 있다. 나이와 성별, 사회적 조건이나 지위의 구별이 없다. 심지어 악한 사람도 예외가 아니다. 누구에게나 열려 있음은 당연히 큰 자와 작은 자, 부유한 자와 가난한 자 모두를 온전히 품는 성당의 헤아릴 수 없는 넓음을 표현하기 위해서다."07[6-3] "성당의 헤아릴 수 없는 넓음"이란 건축공간이 넓고 높아서가 아니다. 그것은 모든 사람을 온전히 품는 것에 있다. 성당은 어떤 건축인가? 그것은 하느님께서 "나를 찾지도 않는 자들"을 공간으로 부르는 건축이다.

---

07   안토니 가우디, 《가우디 노트1: 장식》, 이병기 옮김, 아키트윈즈, 2013, 73쪽. 번역 문장을 일부 수정해 인용했다.

성당, 빛의 성작

참고 문헌

Adam Caruso, Helen Thomas, Rudolf Schwarz and the Monumental Order of Things, gta publishers, 2018

Cardinal Donald Wuerl, Mike Aquilina, The Church: Unlocking the Secrets to the Places Catholics Call Home, Image, 2013

Cardinal Donald Wuerl, Mike Aquilina, The Mass: The Glory, the Mystery, the Tradition, Image, 2013

Cyril M. Harris(ed.), Illustrated Dictionary of Historic Architecture, Dover Architecture, 1977

Denis R. McNamara, Catholic Church Architecture and the Spirit of the Liturgy, Hillenbrand Books; Studies Series edition, 2009

Denis R. McNamara, How to Read Churches: A Crash Course in Ecclesiastical Architecture, New Amsterdam Books, 2001

Duncan G. Stroik, The Church Building as a Sacred Place: Beauty, Transcendence, and the Eternal, Liturgy Training Publications, 2012

Edward Norman, House of God: Church Architecture, Style and History, Thames & Hudson, 1990

Erwin Panofsky, Gothic Architecture and Scholasticism: An Inquiry into the Analogy of the Arts, Philosophy, and Religion in the Middle Ages, Merdian, 1985

Gerardus van der Leeuw, Sacred and Profane Beauty: The Holy in Art, Weidenfeld and Nicolson, 1963

George P. Majeska, Notes on the Archeology of St. Sophia at Constantinople: The Green Marble Bands on the Floor, Dumbarton Oaks Papers Vol. 32, 1978

Jean-Francois s & GAUDHenri LEROUX-DHUYS, Cistercian Abbeys: history and architecture, Konemann, 1998

Jeanne Halgren Kilde, Sacred Power, Sacred Space: An Introduction to Christian Architecture and Worship, Oxford University Press, 2008

Lucien Herve, Architecture of Truth, Phaidon Press, 2001

Mark A. Torgerson, An Architecture of Immanence: Architecture for Worship and Ministry Today, Eerdmans, 2007

Michael E. DeSanctis, Building from Belief: Advance, Retreat, and Compromise in the Remaking of Catholic Church Architecture, Liturgical Press, 2002

Michael S. Rose, Ugly As Sin: Why They Changed Our Churches from Sacred Places to Meeting Spaces and How We Can Change Them Back Again, Sophia Institute Press, 2001

Michael S. Rose, In Tiers of Glory: The Organic Development of Catholic Church Architecture Through the Ages, Mesa Folio Editions, 2004

Mircea Eliade, The Sacred and the Profane: The Nature of Religion, A Harvest Book, 1963

Michel Henry-Claude, Principles and Elements of Medieval Church Architecture of Western Europe, Fragile. 2001

Otto Von Simson, The Gothic Cathedral, Expanded Edition, Princeton University Press; Expanded edition, 1988

Richard Krautheimer, Early Christian and Byzantine Architecture (The Pelican History of Art) Third Edition, 1979

Richard Kieckhefer, Theology in Stone: Church Architecture From Byzantium to Berkeley, Oxford University Press, 2004)

Richard Stemp, The Secret Language of Churches & Cathedrals: Decoding the Sacred Symbolism of Christianity's Holy Building, Duncan Baird, 2016

Richard Taylor, How To Read A Church: A Guide to Images, Symbols and Meanings in Churches and Cathedrals, HiddenSpring, 2003

Robert Barron, Heaven in Stone and Glass: Experiencing the Spirituality of the Great Cathedrals, Crossroad, 2002

Robert F. Taft, The Byzantine Rite: A short History,(ed. American Essays in Liturgy), Liturgical Press 1992

R. Furneaux Jordan. A Concise History of Western History, Thames and Hudson, 1983

Rolf Toman, Achim Bednorz, Ars Sacra: Christian Art and Architecture from the Early Beginnings to the Present Day Special Edition, h.f.ullmann publishing, 2015

Rolf Toman, Churches and Cathedrals: 1700 Years of Sacred Architecture, Parragon Books, 2009

Romano Guardini, The Spirit of the Liturgy (Milestones in Catholic Theology), Herder & Herder, 1998

성당, 빛의 성작

Rolf Toman(ed.), Romanesque: Architecture. Sculpture. Painting, Konemann, 1997

Rolf Toman(ed.), Gothic: Architecture, Sculpture, Painting, Konemann, 1997

Rudolf Schwarz, trans. by Cynthia Harris, The Church Incarnate: The Sacred Function Of Christian Architecture, Henry Regnery Company, 1958

Spiro Kostof, A History of Architecture: Settings and Rituals, Oxford University Press(2nd edition), 1995

Steven J. Schloeder, Architecture in Communion: Implementing the Second Vatican Council Through Liturgy and Architecture, Ignatius Press, 1998

Wolfgang Braunfels, Monasteries of Western Europe: The architecture of the Orders, Thames and Hudson, 1972

'Built of Living Stones: Art, Architecture, and Worship', Guidelines of the National Conference of Catholic Bishops, 2000

게라르두스 반 델 레에우, 송봉호, 길희성 공역, 종교현상학 입문, 분도출판사, 1995

교황 베네딕토 16세(요셉 라칭거), 정종휴 역, '거룩한 장소- 교회 건물의 의미', 전례의 정신, 성바오로, 2008

김진소, 천주교 전주교구사 I, 천주교 전주교구, 1998

로마노 과르디니, 장익 옮김, 거룩한 표징, 분도출판사, 2000

로마노 과르디니, 김영국 옮김, 미사, 제대로 드리기, 가톨릭대학교 출판부, 2003

오토, 길희성 역, 성스러움의 의미, 분도출판사, 1995

이홍기, 미사전례, 분도출판사, 2003

배철현, 심연, 21세기북스, 2019

성아우구스띤, 최민순 역, 고백록, 제13권 제24장, 성바오로 출판사, 1991

송봉모, 집념의 인간 야곱, 바오로딸, 2004

에곤 카펠라리, 안명옥 주교 옮김, 전례와 일상의 거룩한 표징, 들숨날숨, 2011

장익, '성당 내부- 뜻과 쓸모와 아름다움을 찾아서', 마음과 모습, 한국가톨릭미술가협회 편, 가톨릭미술상 제정 10주년 기념문집 1, 2005

정의철, 전례봉사, 생활성서사, 2007

주비언 피터 랑, 박요한 영식 옮김, 전례사전, 가톨릭출판사, 2005

쯔찌야 요시마사, 최석우 옮김, 미사ㅡ그 의미와 역사, 성바오로출판사, 1990

크로스토퍼브룩, 이한우 옮김, 수도원의 탄생 유럽을 만든 은둔자들, 청년사, 2005

크리스티안 노르베르크 슐츠, 김광현 역, 실존·공간·건축, 태림문화사, 1985

한국천주교회의, 가톨릭교회 교리서(개정판), 한국천주교중앙협의회, 2009

로마 미사 경본 총지침

前川道郎, ゴシックと建築空間, ナカニシヤ出版, 1978

前川道郎, 聖なる空間をめぐるーフランス中世の聖堂, 学芸出版社, 1998

木俣元一, 都築響一, フランス ゴシックを仰ぐ旅, 新潮社, 2005

中村好文, 木俣元一, フランス ロマネスクを巡る旅. 新潮社, 2008,

佐藤達生, 木俣元一, 図説大聖堂物語: ゴシックの建築と美術, 河出書房新社, 2011

中島智章, 図説 キリスト教会建築の歴史, 河出書房新社, 2012

佐藤達生, 図説 西洋建築の歴史: 美と空間の系譜, 河出書房新社, 2014

辻本敬子, ダーリング益代, 図説 ロマネスクの教会堂, 河出書房新社, 2003

六田知弘, ロマネスク 光の聖堂, 淡交社, 2007

朝倉文市, 修道院ー禁欲と観想の中世, 講談社, 1995

馬杉宗夫, 大聖堂のコスモロジーー中世の聖なる空間を読む, 講談社, 1992

酒井 健, ゴシックとは何かー大聖堂の精神史, 講談社, 2000

アラン エルランド=ブランダンブルグ(Alain Erlande - Brandenburg), 山田美明 訳, 大聖堂ものがたり:聖なる建築物をつくった人々, 創元社, 2008

J. - K. ユイスマンス(Joris - Karl Huysmans), 出口裕弘 訳, 大伽藍, 平凡社, 1995

香山壽夫, イタリヤの初期キリスト教聖堂, 丸善, 1999

香山壽夫, '今日のキリスト教会堂について', 建築家の仕事とはどういうものか, 王国社, 1999

香山壽夫, '現代日本におけるカトリック聖堂建築の創造', 現代の典礼, 現代の典礼研究会, 1991

[가톨릭 평화신문 '교회건축을 말한다']

김광현, '성당이라는 공동체 건축'(교회건축을 말한다 1), 평화신문 2012년 1월 8일

김광현, '성당의 공간 : 장소와 빛'(교회건축을 말한다 2), 평화신문 2012년 1월 22일

김광현, '빛의 성당 1: 로마네스크 교회건축'(교회건축을 말한다 3), 평화신문 2012년 2월 12일

김광현, '빛의 성당 2: 고딕 교회건축'(교회건축을 말한다 4), 평화신문 2012년 2월 26일

김광현, '빛의 성당 3: 오늘의 교회건축'(교회건축을 말한다 5), 평화신문 2012년 3월 116일

김광현, '성당건축을 위한 사제와 건축가의 역할'(교회건축을 말한다 8), 평화신문 2012년 4월 22일

김광현, '성당건축의 외부공간'(교회건축을 말한다 16), 평화신문 2012년 8월 19일

김광현, '한국 교회건축 재고'(교회건축을 말한다 26), 평화신문 2013년 1월 13일

[가톨릭 평화신문 '가톨릭 문화산책 : 건축']

김광현, '하느님 백성의 집과 두라 유로포스 주택 교회'(가톨릭 문화산책 건축 1), 평화신문 2013년 2월 10일

김광현, '제대, 성당의 가장 거룩한 자리'(가톨릭 문화산책 건축 2), 평화신문 2013년 3월 24일

김광현, '회중석, 하느님 백성의 자리'(가톨릭 문화산책 건축 3), 평화신문 2013년 4월 28일

김광현, '나르텍스, 구원을 바라며 정화하는 장소'(가톨릭 문화산책 건축 4), 평화신문 2013년 6월 2일

김광현, '포털, 영광의 주님께서 들어가시는 문'(가톨릭 문화산책 건축 5), 평화신문 2013년 7월 7일

김광현, '성가대석, 성당 속의 작은 성당'(가톨릭 문화산책 건축 6), 평화신문 2013년 8월 25일

김광현, '세례당과 세례대, 새로운 생명으로 태어나는 자리'(가톨릭 문화산책 건축 7), 평화신문 2013년 9월 29일

김광현, '빛나는 창, 우리가 가게 될 천상 도시의 벽'(가톨릭 문화산책 건축 8), 평화신문 2013년 11월 10일

김광현, '독서대와 강론대, 하느님 말씀이 선포되는 곳'(가톨릭 문화산책 건축 9), 평화신문 2013년 12월 15일

김광현, '제의실, 침묵으로 시작해 침묵으로 마치는 방'(가톨릭 문화산책 건축 10), 평화신문 2014년 1월 26일

김광현, '감실, 그리스도의 몸이 계신 곳'(가톨릭 문화산책 건축 11), 평화신문 2014년 3월 9일

김광현, '성당, 빛의 성작 또는 어두운 성작'(가톨릭 문화산책 건축 12), 평화신문 2014년 4월 13일

[경향잡지 '세계 교회 건축의 영성']

김광현, '성당은 돌로 만든 기도서'(세계 교회 건축의 영성), 경향잡지, 2016년 1월

김광현, '세 가지 거룩한 공간, 통하여, 함께, 안에서'(세계 교회 건축의 영성), 경향잡지, 2016년 2월

김광현, '하느님을 말하는 하느님의 집'(세계 교회 건축의 영성), 경향잡지, 2016년 3월

김광현, '제단이 동쪽을 놓은 이유'(세계 교회 건축의 영성), 경향잡지, 2016년 4월

김광현, '회중석은 왜 배인가'(세계 교회 건축의 영성), 경향잡지, 2016년 5월

김광현, '모든 것이 제대를 향하여'(세계 교회 건축의 영성), 경향잡지, 2016년 6월

김광현, '천장, 은총이 내려오는 하늘'(세계 교회 건축의 영성), 경향잡지, 2016년 7월

김광현, '벽으로 에워싸인 거룩한 공간'(세계 교회 건축의 영성), 경향잡지, 2016년 8월

김광현, '회중석의 긴 등받이 의자'(세계 교회 건축의 영성), 경향잡지, 2016년 9월

김광현, '모자이크로 만든 높으신 이의 빛'(세계 교회 건축의 영성), 경향잡지, 2016년 10월

김광현, '수도원의 회랑, 구원의 성채'(세계 교회 건축의 영성), 경향잡지, 2016년 11월

김광현, '성당의 평면과 용어'(세계 교회 건축의 영성), 경향잡지, 2016년 12월

사진 차례/
저작권

이 책에 게재된 사진의 출처는 @, 저작권은 ©로
표기했습니다. 저작권이 불분명한 사진에 대해서는
저작권이 확인되는 대로 적절한 승인 절차를 거칠
예정입니다.

1. 성당, 돌로 만든 기도서

돌로 만든 기도서
〈세상을 재고 계신 하느님〉, 1250년경, 오스트리아
　　국립도서관 소장 @Romanesque: Architecture.
　　Sculpture. Painting, 1997, Konemann
십자형 평면의 성당, 두오모, 피사 @Wikimedia
　　Commons

'살아 있는 돌'로 지은 집
거리를 청소하다 경배하는 사람 ©Ronny Jaques
카푸치나스 사크라멘타리아스 수녀원 경당 ©Mark
　　Luscombe-Whyte

짓는 것이 믿는 것
통널 교회 ©Wikimedia Commons
토칼리 성당 ©Gerhard Huber
성 게오르그 성당 ©Nathan Harrison
랄리벨라 암굴교회군 @Art Institute, LALIBELA in
　　ETHIOPIA
브루더 클라우스 수사 야외 경당 ©김광현
브루더 클라우스 수사 야외 경당 내부 ©김광현
롱샹 경당 ©김광현
콜룸바 퀼른 대교구 미술관 ©김광현
전동성당 ©김광현

종교적 인간의 공간
두려움과 신비
칼라니시 스톤(Callanish Stones) @Wikimedia
　　Commons

원초적 종교 공간
브뤼니켈 동굴 @Michel SOULIER–SSAC
라스코 동굴 ©Cotton Coulson
괴베클리 테페(상상도) ©National Geographic

2. '하느님의 집'과 '하느님 백성의 집'

하느님의 집
거룩한 땅
〈모세와 불타는 떨기나무〉 ©Arnold Friberg

야곱의 돌, 하늘의 문
〈야곱의 꿈 풍경〉 (마이클 윌만, 1691) @Wikimedia
　　Commons
〈야곱의 사다리〉 (야코보 틴토레토, 1578) @Wikimedia
　　Commons
바스 대수도원 성당 ©Wikimedia Commons
세 폭 제단화 〈최후의 심판〉 중 왼쪽 '성 베드로와 함께
　　하늘의 문에 있는 축복받은 이들'(한스 멤링, 1467-
　　1473) @Wikimedia Commons
리미네의 산 토마소 성당 @Rolf Toman(ed.).
　　Romanesque: Architecture, Sculpture, Painting,
　　Konemann, 1997, p. 81
리미네의 산 토마소 성당 내부 @Wikimedia Commons

성막, 함께 움직이는 하느님의 집
모세의 성막 @Denis R. McNamara, Catholic Church
　　Architecture and the Spirit of the Liturgy,
　　Hillenbrand Books; Studies Series edition,
　　2009, p. 41
성막의 평면도 @Nahum M. Sarna, Exodus[JPS Torah
　　Commentary]
모세의 성막 일러스트레이션 @Pinterest
백성과 함께 머문 성막 @Denis R. McNamara, Catholic
　　Church Architecture and the Spirit of the
　　Liturgy, Hillenbrand Books; Studies Series
　　edition, 2009, p. 41
〈제자들의 영성체〉(Comunione degli apostoli, 프라
　　안젤리코, 1442) @Wikimedia Commons

성전, 종교의 구심점
솔로몬 성전 성소 3D 모델(Brian Olson) @Redeemer of
　　Israel
솔로몬 성전 단면과 평면 @Pinterest
성전과 성당 @Denis R. McNamara, Catholic Church
　　Architecture and the Spirit of the Liturgy,
　　Hillenbrand Books; Studies Series edition,
　　2009, p. 45
헤로데 성전 ©Wikimedia Commons
솔로몬 성전과 헤로데 성전 복합체 다이어그램
　　@Pinterest

4. 전례의 공간

성당의 공간적 본질

성당, 빛의 성작

제대 앞면 조립 @New Liturgical Movement
제대의 완성, 축성 전 @New Liturgical Movement
제자들의 성체성사가 그려진 성반, 덤바턴 오크스 박물관
　　@Dumbarton Oaks
안테펜디움 @trc-leiden.nl
로마 미사 경본대 @St Peter and St Paul Wakefield

제대를 강조하는 요소
제단 뒤 장식벽, 세비야 대성당 ©김광현
제단 뒤 장식벽, 요한 23세 사목 센터 성당 @Real.Elixir
이젠하임 제단화, 운터린덴 미술관 @Wikioo.org
치보리움, 산 파울로 대성당 @Pinterest
발다키노(베르니니), 성 베드로 대성전 ©Wikimedia
　　Commons
테스터, 성 메흐테른 성당(루돌프 슈바르츠) ©김광현
도미니코 수도회 신학대학 경당(미구엘 피삭) ©김광현

독서대와 강론대
말씀이 선포되는 곳
독서대, 칼람바카 수도원, 메테오라 @New Liturgical
　　Movement

독서대의 자리
독서대, 산 클레멘테 알 라테라노 대성전 @Pinterest
독서대, 산 마르코 대성당, 베네치아 @Marcantonio
　　Architects
독서대, 성 프란치스코 성당(루돌프 슈바르츠) ©김광현
독서대, 비톤토 대성당, 풀리아 @New Liturgical
　　Movement
화답송 전례서가 있는 독서대, 성 베드로 성당, 벤젠바흐
　　©김광현
독서대, 요한 23세 사목 센터 성당, 베르가모 @Real.Elixir

강론대와 해설대
강론대, 성 대(大)야고보 성당, 헤르프슈타인 ©Wikimedia
　　Commons

세례대와 성수대
세례당
세례당, 오르비에토 대성당 @Jagabond
산 조반니 세례당, 피렌체 ©Wikimedia Commons
십자형 세례반, 쉬브타 @Pinterest
세례당, 산 조반니 인 라테라노 대성전 ©Wikimedia
　　Commons
피사 세례당 내부 ©European Traveler

세례반과 세례대
세례반과 세례대, 막달레나 대성당 솔트레이크시티
　　©Robert Englis
세례소와 세례대, 성 요한 세례자 성당, 노이울름 ©김광현
세례소, 잔크트 엥겔베르트 성당 ©김광현
세례대, 우리 마을 성모 성당, 무띠에 @Real Elixir
세례대, 성 안토니오 성당, 에센-푼트하우젠 ©김광현
세례대, 거룩한 십자가 성당, 보트로프 ©김광현
세례대, 성 마태오 성당, 가라트, 뒤셀도르프 ©김광현

성수반과 성수대
작은 성수 그릇 @Pikist
성수대, 잔크트 엥겔베르트 성당 ©김광현
성수대, 주님 탄생 성당, 라인랜더 ©Ben Meyer-WXPR

회중석
회중석은 왜 '배'인가?
스폴레토에서 발굴된 관의 조각 단편, 피우스 그리스도교
　　박물관 소장, 바티칸 박물관 @Idle Speculations
회중석, 산토 스테파노 성당, 베네치아 @Wikimedia
　　Commons
센강 한가운데에 있는 노트르담 대성당 ©Wikimedia
　　Commons
배론 성지 성당 @굿뉴스 가톨릭갤러리
성 베드로 성당, 벤젠바흐, 2003 ©김광현

회중석의 등받이 의자
등받이 의자, 성 안드레아 성당,
　　뤼텐샤이트(Rüttenscheid) ©김광현
밀라노 대성당 바닥 @My Timeless Footsteps
사도 시몬 정교회 수도원, 아브카지아, 조지아 @Holy
　　Trinity Orthodox Church
성 이냐시오 성당, 프랑크푸르트 암 마인 ©김광현
등받이 의자, 성 이냐시오 성당, 프랑크푸르트 암 마인
　　©김광현
의자, 르 토로네 수도원 성당 ©김광현

천장
천장, 루터교 우스마 교회, 리가 민족지학 야외 박물관,
　　라트비아 ©김광현
천장, 반포성당 ©김광현
천장, 갈라 플라치디아 영묘, 라벤나 @Wikimedia
　　Commons
천장, 베네치아의 산 마르코 대성당 @Vivovenetia
천장, 산 조반니 세례당, 피렌체 @ReidsItaly.com
천장, 생트 샤펠 ©김광현
천장, 칼라일 대성당 @Wikimedia Commons

트뤼모의 예레미아 상, 므와삭 생 피에르 수도원 성당
　　©김광현
성 요한 세례자 성당, 노이울름 ©김광현
청동문, 천사들의 모후 대성당, 로스앤젤레스 @Pinterest
예수 성심 성당, 뮌헨 ©김광현
문, 성녀 안나 성당, 뒤렌 ©김광현

종탑과 마당

종탑

종탑, 성녀 안나 성당, 보몬트, 텍사스 @St. Anne Catholic
　　Church, Beaumont
캄파닐레, 산타폴리나레 누오보 대성전 @Wikimedia
　　Commons
종탑의 구성 @wordow.com
마리아 레지나 순교 기념 성당, 베를린 ©Célia Uhalde
사그라다 파밀리아 성당의 탑, 바르셀로나 ©김광현

성당 마당

성 베드로 대성전 광장 @Pinterest

6. 성당 건축의 근본 과제

전통과 고유성

명동대성당 ©가톨릭 인터넷 굿뉴스

찾지 않는 자를 찾는 건축

놀리의 지도 @Morphocode Academy
사그라다 파밀리아, 바르셀로나 @theguardian.com

찾아보기

김광현

서울대학교 건축학과 명예교수. 서울대학교 건축학과와 동 대학원 석사 과정을 거쳐 도쿄대학 대학원에서 박사 학위를 받았다. 2018년까지 42년 간 서울시립대학교와 서울대학교 건축학과에서 건축의 공동성(共同性, commonness)에 기초한 건축의장과 건축이론을 가르치고 연구했다.

대통령소속 국가건축정책위원회 위원, 대한건축학회 부회장, 한국건축학 교육협의회 회장을 역임했고, 대한건축학회 사회공헌진흥원 원장, 젊은 건축가들을 가르치는 '공동건축학교' 교장을 맡고 있다.

한국건축가협회상(1997, 2008), 대한건축학회상(2002), 가톨릭미술상 본 상(2005), 대한민국 생태환경건축대상(2013), 한국건축문화대상 올해의 건축문화인상(2018), 김정철건축문화상(2020)을 수상했으며, 무엇보다 도 건축학도들의 큰 스승으로 오랫동안 우리나라 건축계를 이끌어왔다. 2008년《시사저널》이 조사한 '가장 존경받는 인물'로 선정되었고, 2012 년에는 서울대학교 훌륭한 공대 교수상을 받았다.

저서로는 『한국의 주택-땅에 새겨진 주거』(1991), 『건축 이전의 건축, 공 동성』(2014), 『건축강의』(전 10권, 2018), 『건축이 우리에게 가르쳐주는 것들』(2018), 『건축, 모두의 미래를 짓다』(2021) 등이 있다.

성당, 빛의 성작
전례와 공간

김광현 지음

초판. 1쇄 발행 2021년 6월 29일

펴낸이. 이민·유정미
편집. 한승희
디자인. 오성훈

펴낸곳. 이유출판
출판등록. 제25100-2019-000011호
주소. 34630 대전시 동구 대전천동로 514
전화. 070-4200-1118
팩스. 070-4170-4107
이메일. iu14@iubooks.com
홈페이지. www.iubooks.com
페이스북. @iubooks11

정가. 33,000원
ISBN 979-11-89534-20-2 (03230)